Madame JULES FAVRE

LA MORALE
de Plutarque
(PRÉCEPTES ET EXEMPLES)

AVEC LES DISCOURS DE MM. CHANTAVOINE, LEMONNIER ET JOSEPH FABRE
PRONONCÉS AUX OBSÈQUES DE Mme JULES FAVRE

ET

Une notice sur Mme Jules Favre par Mademoiselle L. Belugou
DIRECTRICE DE L'ÉCOLE NORMALE SUPÉRIEURE DE SÈVRES

PARIS
HENRY PAULIN ET Cie, ÉDITEURS
21, RUE HAUTEFEUILLE, (6°)

La Morale de Plutarque

AUTRES OUVRAGES DE MORALE DE Mme JULES FAVRE

La Morale de Socrate, 1 vol. in-18, broché (*Félix Alcan*).   3 50
La Morale d'Aristote, 1 vol. in-18 broché (*Félix Alcan*).   3 50
La Morale des Stoïciens, 1 vol. in-18 broché (*Félix Alcan*). *Épuisé*

Madame JULES FAVRE

LA MORALE
de Plutarque
(PRÉCEPTES ET EXEMPLES)

AVEC LES DISCOURS DE MM. CHANTAVOINE, LEMONNIER ET JOSEPH FABRE
PRONONCÉS AUX OBSÈQUES DE M°° JULES FAVRE

ET

Une notice sur M°° JULES FAVRE par Mademoiselle L. BELUGOU
DIRECTRICE DE L'ÉCOLE NORMALE SUPÉRIEURE DE SÈVRES

PARIS
HENRY PAULIN ET C¹°, ÉDITEURS
21, RUE HAUTEFEUILLE, (6°)

1909

DISCOURS PRONONCÉS
AUX OBSÈQUES DE MME JULES FAVRE

PAR

MM. LEMONNIER, CHANTAVOINE ET JOSEPH FABRE

M. Henry Lemonnier, au nom des professeurs de l'École, M. Henri Chantavoine, au nom des élèves, M. Joseph Fabre, au nom des amis personnels de Mme Jules Favre, ont prononcé les discours qu'on va lire.

Discours de M. Henry Lemonnier,
Maître de conférences à l'École.

MESDEMOISELLES, MESDAMES ET MESSIEURS,

Je viens au nom des professeurs de l'École et de l'École tout entière dire un dernier adieu à Mme Jules Favre.

Elle a demandé qu'aucun discours ne fût prononcé à ses obsèques ; nous respectons ce vœu, mais elle ne voulait certainement pas nous interdire la suprême et douloureuse satisfaction de parler d'elle, ici où elle a si dignement vécu, de dire ce qu'elle a été, ce qu'elle a voulu faire.

Mme Jules Favre — elle tenait à ce nom tout entier, qu'elle portait avec autant de modestie que de dignité, et qui résumait pour elle tous les sentiments, toutes les convictions qui lui étaient chères — donnait, dès qu'on l'abordait, l'impression d'une âme forte, énergique jusqu'à l'austérité, indépendante jusqu'à l'intransigeance. C'était vrai.

Mais, pour la bien connaître, il fallait avoir été admis dans l'intimité de son cabinet directorial, où tous nous avons passé bien des moments qui n'ont jamais été perdus. On observait alors que son esprit, s'il était vigoureux, était également large et souple, qu'elle s'intéressait à tout, en allant plus naturellement à ce qui est beau et à ce qui est grand ; que son âme, qui semblait froide, recélait des trésors de dévouement, d'affection, de tendresse. Nous l'avons vu tout récemment, quand la mort de notre pauvre Lecène l'avait atteinte au cœur, quand on lisait sur sa physionomie les angoisses que lui causait la maladie d'un neveu très aimé. On découvrait aussi que son stoïcisme était encore plus rigide pour elle que pour les autres, que, forte en face des forts, elle se montrait toujours bonne aux humbles, secourable aux petits. C'est que, si elle s'attachait aux doctrines stoïciennes, son vrai guide était le doux Socrate, et c'est qu'elle avait les croyances chrétiennes les plus sincères, les plus assurées, les plus pures. Enfin, on découvrait chez elle, non sans quelque surprise, une simplicité, une candeur, je dirais presque une naïveté de sentiments, qui ajoutait une grâce singulière à ses entretiens familiers.

Elle porta ces qualités à un degré supérieur dans la direction de l'école, dès qu'elle l'eut reçue des mains d'un Ministre à qui nous gardons un reconnaissant souvenir. Elle s'y donna tout entière. Pendant quinze ans, à part la joie rarement prise d'entendre de la grande poésie ou de la grande musique, du Corneille ou du Beethoven ; à part quelques courts voyages dans ces Alpes qu'elle aimait tant, qu'elle avait parcourues pour la première fois avec son mari et dont elle ne parlait jamais sans attendrissement ; à part quelques retraites, c'est le mot, dans cet appartement où elle vivait entourée de ses chers souvenirs, elle n'a jamais quitté son cabinet de directrice que pour les salles de cours, où elle suivait avec autant de clairvoyance que de sympathie attentive, presque émue, le travail de nos élèves.

Elle s'était fait du rôle de l'École une conception juste, forte et élevée, où nous n'avons jamais cessé d'être en accord avec elle. Elle pensait que l'École, comme tout établissement d'enseignement, a une tâche sociale à remplir ; elle voulait préparer au pays, non seulement des professeurs, mais des femmes dignes de le servir dans la mesure de leur rôle, d'autant plus bienfaisant qu'il est plus modeste. Elle ne séparait ni l'éducation de l'instruction, ni l'instruction de l'éducation, pensant avec raison qu'il n'y a pas de pédagogie féconde ni de morale vivante sans la culture libre, désintéressée, forte, des intelligences, par les lettres ou par les sciences.

Mais le plus grand service peut-être qu'elle rendit, ce fut de développer dans la liberté notre École créée au nom de la liberté. Elle sentait que nos élèves, destinées un jour à conduire les autres et, par les nécessités de la vie, à se conduire elles-mêmes, devaient faire ici l'apprentissage de l'initiative, mais toujours guidée ou retenue par l'observation des devoirs de conscience les plus catégoriques. Discipline forte, sans danger, puisqu'on en peut surveiller sans cesse la pratique, et qui trempe les cœurs pour l'avenir.

Pendant ses quinze ans de direction, elle a rencontré des soucis, quelquefois des chagrins, mais elle a éprouvé aussi des joies bien douces.

Celle d'abord de voir vivre dans une atmosphère de bien-être physique et moral les jeunes filles qui lui avaient été confiées, et de sentir qu'elles étaient heureuses avec elle et par elle ; celle de constater à quel point l'École tout entière s'unissait dans une harmonie fondée sur l'absolue confiance, l'estime, l'affection entre la directrice, les maîtres, les répétitrices et les élèves. Cela justifiait, pour ainsi dire, la foi optimiste qu'elle avait, quoi qu'on en ait cru, dans la bonté naturelle de l'être humain.

Elle a eu aussi la joie de voir l'enseignement fondé ici se ramifier lentement, mais sûrement, dans toute la France et préparer dans la classe moyenne des générations de femmes distinguées et fortes, soucieuses de tous les devoirs et de tous les intérêts supérieurs ; de constater que nos élèves étaient partout ce qu'elle avait désiré qu'elles fussent : des professeurs dévoués à leur tâche, toujours en souci de se perfectionner, et aussi qu'elles portaient dans la vie une sagesse aimable et sans pédantisme, une dignité simple, et le sentiment du devoir qu'elle avait tant tenu à leur inspirer.

Cela se rattachait pour elle à des espérances qu'elle laissait entrevoir : que la femme, sans revendication et sans fracas surtout, se ferait sa place dans le monde par le travail, qu'elle contribuerait doucement, modestement, humblement, par la simple pratique des obligations morales, à un progrès d'idéal social qu'elle rêvait.

Aussi, dans les derniers temps de sa vie, une sorte de sérénité s'était répandue en elle et autour d'elle. C'est alors que la maladie l'a prise. Elle a vu venir sa fin, j'en suis sûr; elle l'a envisagée sans faiblesse, dissimulant avec une incroyable énergie ses souffrances, pour ne pas affliger ses proches, les répétitrices ou les surveillantes, qui l'entouraient de soins touchants, et au moins autant pour se persuader à elle-même qu'elle n'avait pas à abandonner sa tâche. Elle n'a quitté son cabinet de directrice que pour mourir, de la mort qu'elle eût souhaitée sans doute, dans cette Ecole qu'elle a tant aimée et à laquelle elle a tout sacrifié, sauf ses affections de famille.

Aussi, nous nous unissons tous, élèves et maîtres, dans un souvenir profond de regret et de vénération. C'est encore à Mme Jules Favre que nous pensons en disant — ce qui était le vœu de toute sa vie — que nous continuerons suivant son esprit et suivant son cœur, et d'accord avec les chefs de l'enseignement, l'œuvre à laquelle elle a contribué et à laquelle elle a donné le meilleur d'elle-même.

Discours de M. Chantavoine, Maître de conférences à l'École.

Au nom de l'administration et des élèves de l'École de Sèvres, je viens apporter à notre chère directrice un dernier hommage et lui dire, bien tristement, le dernier adieu.

Nous sentons aujourd'hui, plus que jamais, dans le chagrin de sa mort et le vide douloureux de son absence, combien Mme Jules Favre était nécessaire à notre école, quelle place unique elle tenait au milieu de nous. Nous ne pensions pas qu'elle dût nous quitter si tôt. Elle nous avait caché sa fatigue avec une discrétion si fière, elle est restée si courageusement, jusqu'à la fin, à son poste de devoir et de travail, nous éprouvions une sécurité si douce à la voir toujours diriger cette grande maison qu'elle n'habitera plus, que nous ne pouvons pas nous figurer qu'elle en soit absente. Elle en est partie cependant et nos yeux, Madame et chère Directrice, vous cherchent encore...

Je ne suis ici, Messieurs, que l'interprète de vos sentiments et de vos regrets unanimes, en vous rappelant tout ce que nous devons à Mme Jules Favre, toutes les preuves de sympathie et de bienveillance qu'elle nous donnait, tous les services qu'elle nous a rendus. Vous savez tous comme elle s'intéressait à nos travaux. Son esprit, son cœur et son caractère ajoutaient en elle à l'autorité qu'elle tenait de ses fonctions. Elle nous donnait la première l'exemple du dévouement avec ce stoïcisme fier et doux qui acceptait toutes les tâches et supportait toutes les peines, sans vouloir jamais ni être loué, ni être plaint. Elle portait en tout la conscience la plus délicate et la modestie la plus ombrageuse. Son expérience des choses de l'enseignement, son goût et sa pratique de la science, difficile et austère, de l'éducation, sa bonté parfaite, sa ferme et sereine philosophie faisaient d'elle, dans ses rapports et ses entretiens avec nous, la meilleure et la plus sûre des amies, la plus sage et la plus franche des conseillères. Nous honorerons sa mémoire et nous profiterons encore de ses exemples en restant attachés à l'esprit de sa direction.

Toutes ses élèves, les présentes et les absentes, la pleurent aujourd'hui avec les larmes d'une affection vraie. Laissez-vous aller, Mesdemoiselles, à cette triste douceur de votre chagrin. Vous savez mieux que personne combien la grande amie que vous avez perdue était pour vous tendre et maternelle. Mme Jules Favre s'était attachée de tout son cœur, dès le premier jour, à la chère famille qu'on lui avait confiée. Elle ne savait, elle ne voulait ni régenter, ni contraindre ; elle ne demandait rien à l'autorité impérieuse ; elle ne croyait pas à la vertu des lettres d'un règlement ; mais elle savait aimer. C'est le grand secret, c'est peut-être le seul en matière d'éducation. Ç'a été le sien, toute sa vie.

Ses chères élèves l'ont beaucoup aimée. Elles trouvaient en elle, dès leur arrivée à l'école, l'accueil le plus affectueux, la plus cordiale et la plus vigilante sympathie. Loin de les surveiller avec inquiétude, de les avertir avec froideur ou de les reprendre avec dureté, Mme Jules Favre ne cherchait qu'à les attirer par la confiance et à les retenir par le respect. Son estime et son amitié étaient des récompenses assez précieuses, pour qu'on prît à cœur de les obtenir, et on ne les obtenait qu'en les méritant.

Scrupuleusement attentive aux études, aux efforts et aux progrès de ses élèves, elle avait encore, — et justement — un souci plus vif de l'éducation des caractères, de la culture des âmes, de l'apprentissage des volontés, en un mot de la discipline morale. C'était son ambition, très noble et très haute, que sa chère Ecole de Sèvres fût vraiment une École normale, c'est-à-dire un foyer d'esprits éclairés, de consciences droites, fermes et libres, qui serviraient ensuite à nourrir d'autres esprits et à régler d'autres consciences. Elle semait, pour que la France récoltât ; car elle entendait que son œuvre profitât au pays tout entier et qu'il sortît de Sèvres, chaque année, comme une jeune colonie d'éducatrices, pénétrées des mêmes principes, animées du même zèle, dévouées à la même tâche qui, après avoir respiré ensemble l'air de « la maison », emporteraient toutes avec elles, en s'en allant, un peu de sa chaleur, de sa lumière et de sa foi.

Mme Jules Favre, Mesdemoiselles et Messieurs, a pu voir son œuvre porter ses premiers fruits. Ç'a été, n'en doutons pas, l'espérance, la consolation et l'orgueil, — elle n'en avait pas d'autre, — des années qu'elle a passées au milieu de nous. Quelque chose de son âme indépendante et recueillie habitera toujours dans cette maison qu'elle a dirigée. Elle avait le sens le plus juste et le plus large de sa mission, l'idée la plus claire et l'idéal le plus noble de l'instruction des jeunes filles, telle qu'elle doit être donnée dans une société comme la nôtre, inquiète et généreuse, hardie peut-être, mais vivante, et qui espère tant de l'avenir ! C'est à nous de recueillir son héritage, de nous inspirer de sa vie, et de marcher après elle dans son chemin, le droit chemin. Ses livres, sa parole, le souvenir même de son visage, grave et doux, qui était comme la figure, pensive et souriante, du devoir, nous aideront, Mesdemoiselles et Messieurs, à continuer après elle l'œuvre interrompue.

Adieu, Madame et chère Directrice, nous enfermons aujourd'hui avec vous dans cette tombe un peu de notre passé. Mais nous croyons, comme vous y avez cru, comme vous nous demandiez d'y croire, à la perpétuité des nobles tâches et aux espérances éternelles. Votre chère maison vous promet de rester fidèle aux leçons, simples et fortes, qu'elle a reçues de vous. Vous nous apprendrez encore à faire notre tâche, à la faire de notre mieux, et à regarder en haut, toujours plus haut, vers ces sommets du devoir et du bien où votre âme, exigeante et calme, s'élevait si naturellement.

Discours de M. Joseph Fabre, sénateur,
ancien Maître de conférences à l'École de Sèvres.

Que sont les mots là où coulent les larmes? Il n'y a qu'elles d'éloquentes.

Pourtant, il faut bien qu'à mon tour j'adresse un suprême adieu à cette noble femme que j'ai toujours trouvée d'autant plus grande qu'elle l'était avec simplicité.

Nature à la fois ingénue et fine ; douce et résolue ; irréductible avec les puissants et conciliante avec les faibles ; dédaigneuse des honneurs qu'elle se contentait de mériter ; ennemie jurée de tout favoritisme ; affamée de franchise ; étrangère et implacablement hostile à toute platitude, à toute hypocrisie, à tout mensonge, même officiel, surtout officiel, c'était un rare caractère qui n'eut de défauts, à la façon d'Alceste, que ceux qui peuvent naître de l'exagération des plus hautes vertus.

Infatigable au travail, méthodique, judicieuse, perspicace, naturellement inclinée aux pensées généreuses et aux nobles sentiments, elle s'était cultivée dans les lettres, la philosophie et les arts; elle était moraliste, peintre, musicienne à un degré éminent. Enthousiaste de tous les sommets, elle adorait les Alpes dans la nature, Michel-Ange dans les arts, Beethoven dans la musique, Corneille dans la poésie, Pascal dans la prose, Platon et Descartes dans la philosophie, Epictète et Marc-Aurèle dans la morale.

Elle était stoïcienne avec un mélange de grâce socratique ; elle était chrétienne avec une légère teinte d'austérité janséniste, et, en même temps, avec les larges vues d'un Channing, d'un Parker ou d'un Emerson ; elle était patriote avec la pieuse intransigeance d'une Alsacienne, deux fois Française. Elle eut deux passions dominantes : la passion du devoir dont elle parlait souvent parce qu'elle y pensait toujours, et la passion de la liberté.

Fière et indépendante, Mme Jules Favre voulait la liberté pour soi ; mais, large et tolérante, elle la voulait aussi pour les autres. Sous sa direction, Sèvres n'a rien eu ni de la caserne, ni du couvent. L'école dont elle a créé les traditions, dignes de se perpétuer, a été un vivant foyer d'études désintéressées, de vie intérieure et supérieure, où chaque personnalité gardait son originalité et son autonomie.

Chose bien rare, durant les quinze années de cette direction féconde, il n'y eut jamais l'ombre d'un conflit entre la directrice et les professeurs, ou les maîtresses, ou les élèves. Ce fut toujours la même fraternité d'efforts pour la réalisation de cet idéal de haute culture scientifique, esthétique et morale, dont elle avait et communiquait l'amour.

Cet ardent foyer de Sèvres a rayonné par toute la France en multiples foyers où les filles de Mme Jules Favre apportaient l'esprit de vie qu'elles avaient puisé ici, ne s'attardant pas aux puérilités d'une pédagogie scolastique, mais tout imprégnées de cette pédagogie naturelle qui n'est que droite méthode, cœur et bon sens, et qui consiste surtout à bien connaître et à bien aimer ce qu'on enseigne et ceux qu'on enseigne. Assez instruites pour se préserver de la superstition du savoir, gracieuses sans frivolité, graves sans pédantisme, pénétrées de leur mission bien supérieure à tout prosélytisme religieux ou politique, les professeurs formées à Sèvres ont été avant tout des âmes suscitant des âmes.

Dans ses relations, Mme Jules Favre révélait, sous des dehors de froideur qui lui étaient un mur de protection contre les indiscrets, une courtoisie, un tact, une délicatesse et une bonté agissante, qu'accompagnait toujours cette dignité ferme qui, en tout, était sa marque propre. Elle ne prodiguait pas le titre d'ami; mais, quand elle l'avait donné, c'était pour toujours, et elle savait aimer avec cette tendresse forte qui fait d'un ami votre seconde conscience. Vraiment amoureuse de l'amitié, elle ne tarissait pas dans son éloge. Il n'y a que quelques jours, elle écrivait encore : « L'amitié qui se donne elle-même est le don le plus précieux de Dieu et des hommes. »

Quelle a été pour ses neveux et nièces sa sollicitude maternelle, ceux qu'elle fit ses enfants pourraient seuls le dire ; et leur douleur le dit pour eux.

Mais ce ne serait pas louer Mme Jules Favre que de ne pas parler du grand calomnié, du patriote, de l'orateur illustre qui, vivant, fut sa joie, mort, fut son orgueil, et dont elle a porté le nom avec une dignité à la fois modeste et fière.

Sa confiance avait naguère mis entre mes mains la correspondance qui précéda leur mariage. Quelles lettres ! Comme Jules Favre, n'écoutant que son cœur, s'y était prodigieusement surpassé lui-même ! Plus rien de la pompe oratoire ; une simplicité, une grâce toutes nouvelles, avec cette forme toujours impeccable qu'on a tant admirée ; un sens merveilleux de tout ce qui est grand dans l'âme humaine et dans la nature ; l'expression vibrante et quelquefois sublime des sentiments les plus purs et les plus élevés ; la touchante révélation de deux êtres diversement supérieurs, qu'avait prédestinés l'un à l'autre cette candeur des nobles âmes qui leur était commune.

C'était un chef-d'œuvre : Mme Jules Favre le savait. Eh bien ! au prix d'une espèce d'amoindrissement des richesses littéraires et morales de l'humanité, elle a voulu que ces pages, dignes de vivre immortelles, fussent ensevelies avec elle, sur son cœur, dans cette tombe où son mari lui gardait sa place.

Bel exemple de pudeur morale, et bien digne de mention, à une époque où tant d'âmes se profanent par la divulgation de leurs intimités les plus sacrées !

Quelle que fût l'heure où elle vînt, la mort devait trouver prête une telle femme. Elle ne comprenait la vie qu'éclairée par la lumière de l'éternité, et, parmi tous les va-et-vient de l'existence quotidienne, elle gardait toujours la vision de l'Au-delà.

Mais, quoique bien résignée à une mort qu'à la suite de l'altération de sa belle santé, elle envisageait avec sérénité comme assez prochaine, elle ne pressentit pas sa prompte venue. Deux heures avant de mourir, elle formait le projet d'une courte villégiature aux pays du soleil, qu'occuperaient des travaux dont devaient profiter ses chères Sévriennes. Elle se promettait de reviser son manuscrit sur la Morale de Plutarque qui couronnera dignement ses beaux livres sur la Morale de Socrate, sur la Morale d'Aristote, sur la Morale de Cicéron, sur la Morale des Stoïciens, sur la Morale de Montaigne. Elle parlait de sa tâche de directrice, qu'elle n'avait interrompue que la veille et de vive force, semblable à cet empereur qui entendait mourir debout. Elle se préoccupait avec une mansuétude touchante de la peine prise par ceux qui l'entouraient... Et, quelques instants après, nous la voyons rendre le dernier soupir...

C'est ainsi : chaque jour, chaque heure, chaque minute frappe un coup sur notre vie fragile ; et, à l'improviste, arrive le coup suprême qui nous terrasse. Elle eut pourtant été digne de se voir mourir, elle qui tant de fois avait regardé la mort en face !

Chère amie, vous allez donc sortir pour jamais de cette maison que vous dirigeâtes avec une autorité et une influence qui ne se retrouveront pas. Cette bouche qui articulait lentement de grandes vérités, et qui si souvent, par un mot juste et concis, glissé d'une voix tranquille et douce, fit tomber tout l'échafaudage des raisonnements d'un contradicteur, nous ne l'entendrons plus. Ce regard scrutateur qui fouillait les âmes, ce regard clair qui respirait la sincérité et l'inspirait, nous ne le verrons plus. Ah ! ces lieux, hier si pleins de vous, comme ils vont être vides ! Pour tous, cette maison va paraître un désert, maintenant qu'y manquera celle qui en était le vivant génie ; et certains d'entre nous s'y trouveront désormais cruellement étrangers, par suite de la venue de nouvelles générations d'élèves, jointe à la disparition de la fondatrice vénérée qui restait le lien entre le passé et le présent.

Mais il me semble voir votre âme planer sur nos douleurs et nos regrets. Fidèle à elle-même, elle nous dit une fois encore : « Soyez forts ; ne vous attendrissez pas ! » Chère âme, faites-nous donc forts par votre exemple ! Que nous apprenions de vous cette virilité dans la vie et dans la mort dont vous avez été un inoubliable modèle !

MADAME JULES FAVRE

I

Mᵐᵉ Jules Favre, née Julie Velten, naquit à Wissembourg, le 15 novembre 1834. Son père, le pasteur Velten, avait dans l'église luthérienne la dignité d'inspecteur ecclésiastique. C'était un homme doux, d'esprit large, studieux et aimable. Sa fille devait garder toute sa vie un souvenir attendri des promenades très matinales qu'elle avait faites avec lui dans la campagne d'Alsace et jusque sur les confins de la Forêt Noire — tout comme du petit coin du cabinet pastoral, caché dans les vieux livres, où elle pouvait en tous temps se réfugier pour apprendre et lire.

C'est Mᵐᵉ Velten qui paraît avoir représenté, dans cette nombreuse famille, la vigilance attentive et la règle, un peu étroite peut-être, de la vie pratique et du devoir journalier. Dans les dernières années de sa vie, Mᵐᵉ Jules Favre aimait à se représenter sa mère la suivant des yeux d'une fenêtre de la maison paternelle, alors que, toute petite fille, elle partait bravement pour l'école, une règle à la main, afin de défendre ses jambes d'enfant contre les redoutables troupeaux d'oies qu'il fallait croiser dans la rue et sur le vieux pont. Elle la revoyait aussi les jours de grande fête, mobilisant la famille entière autour de la table de communion. De très bonne heure, les pratiques religieuses, imposées du dehors, furent pour sa conscience un sujet de trouble, de révolte même.

La maison devait être aimable et bien vivante ; six enfants y grandirent, quatre filles et deux fils ; le grand frère qui juchait si bien sur l'épaule la mignonne enfant délicate qu'était la petite Julie, une sœur aînée qui, le soir, dans son lit, contait de si belles histoires ; et plus tard pour la joie de tous, la toute petite sœur Marie qui mourut à vingt ans laissant un souvenir de tendresse et de charme.

Tout près, dans le voisinage, un oncle était pasteur. Très musicien, il avait pour sa nièce Julie, admirablement douée, une affection particulière. C'est lui qui, ravi d'apprendre un jour qu'elle avait, en étudiant, brisé une corde du piano, promettait à sa fille la plus belle récompense au cas où pareille énergie dans le jeu amènerait pareil accident. Chez lui aussi, on éprouvait sa force d'âme: les enfants oseraient-ils, de nuit, aller au fond de l'église en traversant le cimetière obscur, pour chercher une Bible et la rapporter. Mme Jules Favre l'avait fait.

Elle fit ses études et prit ses brevets d'institutrice dans un pensionnat de Wissembourg. Elle y apprit, en même temps que le français, l'allemand, et sans doute l'anglais, qu'elle possédait également. Elle devait y joindre plus tard l'italien et le latin. Mais le goût de la pensée, le besoin d'acquérir toujours davantage, la soif de sincérité, d'élévation morale, elle les dut surtout, croyons-nous, au petit coin réservé dans le cabinet paternel, parmi les vieux livres de la grande bibliothèque. Il y fut très probablement question de politique vers 1848 (elle avait alors quatorze ans) — car les généreuses aspirations des hommes de ce temps, leur enthousiasme, leur foi sincère, firent sur elle une profonde impression. Dès ce moment, elle fut républicaine.

Nous n'avons pu bien déterminer la date où, très jeune encore, elle vint à Paris, dans la pension de M⁰⁰ Frèrejean, en qualité de sous-maîtresse.

C'était dans la rue des Trois-Sabres, non loin de la rue de Charenton, une vieille maison avec un grand parc et de très vieux et beaux arbres. Le quartier était alors si retiré, la maison si mal entourée, qu'on sortait rarement dans Paris et qu'on y vivait un peu comme dans un cloître. Mais le jardin était beau, il devait être regretté plus tard quand la pension se transporta à Versailles, 41, rue de la Paroisse, dans une maison aujourd'hui démolie. Et ce qui, à Paris comme à Versailles, illuminait toute la vie, c'était la présence de M⁰⁰ Frèrejean. Femme très intelligente, aux idées larges, au cœur généreux, elle devait rester pour M⁰⁰ Jules Favre l'unique « Mon amie » ou « Mon amie qui avait trente-huit ans de plus que moi », elle ne la désigna jamais autrement.

M⁰⁰ Frèrejean se possédait moins que sa jeune amie, elle avait coutume de dire qu'un défaut dont on ne se corrige guère, c'est l'emportement. On s'en apercevait bien peu autour d'elle. Son cœur très chaud se donnait sans compter. « C'était aussi une âme d'élite, écrit une de ses anciennes élèves. Elle avait pour M¹¹⁰ Velten une tendresse et une sollicitude de mère, et c'est tout naturel qu'une amitié rare unît ces grands cœurs. »

« Quand j'envisage le passé, affirmait dans les tout derniers temps de sa vie Mme Jules Favre, et que je remonte à la source de mes deux plus grandes affections, j'y trouve l'admiration ; Plus j'ai admiré, plus j'ai aimé. »

Et dans une autre lettre :

« On est tout étonné quand je déclare que j'ai eu plus de bonheur que je n'en mérite. Y en a-t-il un plus grand que de témoigner l'admiration et l'amour à la vertu éprouvée ! Je crois en avoir joui dans toute sa plénitude et j'en jouis encore, car ce bonheur est infini. Mais il sera redemandé beaucoup à celui qui a reçu beaucoup. Il est plus facile d'admirer et d'aimer que d'imiter. Je crois que ce sont surtout mes sentiments qui m'ont fait aimer des belles âmes que je vous ai fait connaître. Elles ont vu en moi ce que je pouvais et devais devenir. Seraient-elles contentes de moi aujourd'hui ? »

Pendant sept ans, Mlle Velten jouit de cette amitié si haute dans la plus parfaite liberté. Elle connut « le bonheur « de la constante présence, dans cette vie à deux qui dou- « ble les joies et adoucit même les plus cruelles souffran- « ces et cette union des âmes plus forte que le temps et « l'espace, plus forte même que la mort. » Mais elle ne fut pas absorbée par sa maternelle amie : « Même vis-à- « vis des êtres que j'ai le plus vénérés et le plus chéris, « je ne comprendrai jamais une abdication de cons- « cience, a-t-elle écrit plus tard. Chacun doit demeurer « l'arbitre de ses actes et en assumer la responsabi- « lité. »

C'est ce que sentaient bien les élèves de la pension à la direction de laquelle Mme Frèrejean n'avait pas tardé à l'associer. « S'il est un moment de sa vie où Mme Jules

Favre ait pu donner une impression d'austérité, a dit l'une d'elles qui l'a toujours connue, c'est bien cette époque de grande jeunesse. Nous ne savions pas son âge et j'ai été pour ma part très étonnée quand j'ai compris de combien peu il différait du mien. Elle nous inspirait un respect extraordinaire ; nous redoutions son silence, ses petits mots si justes et qui frappaient si droit, et nous attachions un très grand prix à son approbation. »

Elle était alors de santé très délicate et travaillait beaucoup pour la pension et pour elle-même. Il lui arriva souvent de se trouver mal le soir en rentrant dans sa chambre, mais aucune élève ne se douta jamais de sa fatigue et du mauvais état de sa santé.

Comme tous les pensionnats de cette époque, l'Institut évangélique, fondé par Mᵐᵉ Frèrejean, avait un caractère confessionnel. Une forte éducation morale y était donnée par l'étude quotidienne de textes de la Bible ; mais l'esprit en était très large ; la discipline pratiquée dès 1852 y fait pressentir celle que les lycées de l'État connaîtront vers 1890 sous le nom de discipline libérale. On y allait même au delà. Mᵐᵉ Frèrejean tutoyait toutes ses élèves qui l'appelaient « mère ». Aucune surveillance étroite n'y était exercée. « A quoi bon conduire les enfants comme un régi-
« ment, dira plus tard Mᵐᵉ Jules Favre, se souvenant sans doute des expériences d'alors. Je ne vois pas l'utilité de cette discipline mesquine. »

Les élèves se sentaient responsables, données en garde à elles-mêmes. Elles étaient habituées, avant tout, à être sincères, à ne jamais user de faux-fuyants. « Chacune était
« à son devoir, atteste une ancienne élève et se sentait
« beaucoup d'initiative. Aussi quand une jeune fille ve-

« nant d'une autre pension arrivait parmi nous, étions-
« nous tout étonnées de sa mentalité. »

La même ouverture d'esprit se retrouve dans la direction des études. Mme Frèrejean acceptait avec enthousiasme ce que les méthodes nouvelles lui paraissaient offrir de meilleur : M. Chevé (dont M. Legouvé a fait si bien revivre dans ses *Souvenirs* l'originale figure) avait, avec son cours de solfège chiffré, ses grandes entrées dans la maison : il était resté dans les meilleurs souvenirs de Mme Jules Favre. Pour réagir contre la médiocrité de l'enseignement alors courant dans les écoles de filles, c'était la méthode Jacotot que Mme Frèrejean avait adoptée ; elle la préconisait, comme elle faisait toutes choses avec une conviction profonde. Des notes prises en 1856 par une élève étrangère à un cours où Mme Frèrejean initiait des mères de famille et des institutrices à ses vues sur l'éducation, nous en donnent l'expression la plus naïve et la plus sincère. Il nous est ainsi possible de connaître les premières idées adoptées par Mlle Velten, et sans doute bien souvent discutées entre les deux amies.

Le point de départ est celui-ci : le bon sens étant la chose du monde la mieux partagée, l'esprit est donné par la naissance ; c'est la volonté qu'il s'agit de faire naître et de développer. Ce qui manque à l'enfant, et même à l'homme fait, ce n'est pas le plus souvent la capacité de saisir des rapports, ce sont les bonnes habitudes de l'esprit. Amener l'élève à *regarder*, à *comparer*, à *juger par lui-même*, c'est ce que doit se proposer l'éducateur. Le rôle du maître n'est donc pas de déverser sur l'enfant un savoir passivement accepté, mais d'éveiller l'intelligence par l'appel constant à l'effort personnel. Il doit s'effacer, laisser agir, pousser à l'action, être pour ceux qu'il dirige l'aiguillon qui fait avancer, le régulateur qui équilibre les activités afin que rien ne se perde et que rien né nuise.

Cet appel à l'observation directe et personnelle qui a depuis régénéré de façon si admirable tout l'enseignement — était suivi en 1856 de conséquences qui nous étonnent un peu aujourd'hui. C'est par l'étude attentive d'un seul texte très bien connu, bien regardé, classé dans ses éléments, comparé en tous sens à lui-même, enfin, « imité » par l'élève, que Mᵐᵉ Frèrejean, à la suite du maître Jacotot faisait « trouver » la lecture, la grammaire, l'art de conduire et d'exprimer sa pensée. Ce texte unique était le Télémaque. Donner aux aventures du fils d'Ulysse une telle place dans la mémoire et dans l'éducation de nos enfants ne nous viendrait plus à l'esprit aujourd'hui ; et pourtant ne répondent-elles pas à des préoccupations bien modernes ces conclusions de la rédactrice convaincue du cours de Mᵐᵉ Frèrejean, qu'il s'agisse de l'enseignement du français ou du développement de l'énergie chez l'élève : « L'ancienne méthode présente d'abord la règle ; celle-ci présente d'abord l'exemple. De l'exemple elle fait sortir la règle et elle termine en faisant vérifier sur les auteurs : ainsi l'on vérifie la grammaire lorsqu'on l'a trouvée tout entière par ses propres recherches. »

Et ailleurs : « Il n'est pas de paresseux possible pour les élèves de la méthode. La volonté y devient un levier qui soulève tout et dont l'élève est toujours le maître. Fort contre sa paresse, il le sera aussi contre d'autres atteintes. Il aura travaillé pour la réforme de son caractère aussi bien que pour le développement de son esprit. »

De ces conceptions présentées avec une foi si sincère,

ce que Mˡˡᵉ Velten devait retenir surtout, c'est le respect qu'elles témoignent de la nature humaine, le souci de ne pas effacer l'individualité, le sentiment de la beauté d'une tâche d'autant plus grande qu'elle est plus désintéressée : et cela, avec quelle simplicité, quel oubli de soi-même, quelle grâce spirituelle et toute spontanée! On devine, après l'avoir connue à Sèvres, ce que durent être les entretiens des deux amies.

.˙.

Le 14 octobre 1860, Mᵐᵉ Frèrejean mourait à Versailles. « Ce fut pour Mˡˡᵉ Velten un si grand chagrin, dit une de ses anciennes élèves, et elle le supporta avec tant de courage. » Aucune lettre de cette époque ne trahit ses sentiments intimes, mais, malgré sa grande réserve ceux qui l'ont bien connue ont pu penser que ce fut dans sa vie un de ces moments décisifs de travail silencieux et solitaire où, dans la souffrance et la lutte, l'âme prend possession d'elle-même.

« Que Dieu vous accorde le bonheur d'une grande et profonde affection, écrivait-elle beaucoup plus tard à une élève de Sèvres, mais en l'espérant, préparez-y votre âme en aimant par-dessus tout l'idéal. C'est ce culte qui fait les nobles affections, et grâce à ce sentiment supérieur à tous les autres on peut se passer de ceux-ci. Le cœur en est moins satisfait, mais peut-être l'âme se fortifie-t-elle davantage par ce culte impersonnel du beau moral qu'elle admire et aime dans toutes ses manifestations, sans se perdre dans un être humain qui puisse le réaliser plus que les autres. »

Cet idéalisme, puisé aux sources stoïciennes et chrétiennes, est tout pénétré du souvenir de l'amie absente. C'est au nom d'une vieille expérience qu'elle relevait plus tard le courage d'un ami affligé : « Avec une douleur telle que la vôtre, on ne peut croire à la possibilité de vivre longtemps et tout ce qu'on demande à Dieu, c'est de vous faire la grâce de retirer votre âme de la terre des vivants qui est plutôt celle des morts. Mais la sainte âme qui toujours est liée à la vôtre a supporté vaillamment le poids de la vie dont elle a fait un si noble usage et elle vous enseigne à vivre pour Dieu et pour le bien. Faites toutes choses en sa mémoire ! vous devez sentir son inspiration dans tout ce qu'il y a de meilleur en vous. Courage, cher ami, la vie est grande et belle, quand elle est pour nous l'initiation à la vraie vie ! »

Et Mlle Velten se donna aux autres. Sa famille s'était groupée autour d'elle : son frère avait fait ses études de médecine à Paris, ses sœurs l'aidaient à la pension. La plus jeune, Marie, qu'elle aimait tendrement, y achevait ses classes. Elle devait y mourir en 1867. Et quand M. Velten ne fut plus, Mme Velten se joignit à ses enfants.

Auprès des élèves, elle avait tout naturellement pris la place de Mme Frèrejean. « Mlle Velten, écrit l'une d'elles, n'était pas une maîtresse de pension. C'était une vraie mère que nous aimions et vénérions toutes. Jamais elle ne nous punissait. Quand il y en avait une qui ne savait pas sa leçon, elle avait une telle façon de dire : « Ma chère enfant, je suis sûre que si tu savais comme tu me fais de la peine, tu ne recommencerais plus », et cela nous touchait tellement — que nous étions sages, rien que pour lui faire plaisir. Mlle Velten se fiait absolument à la droiture de ses élèves et elle avait raison, car, pour rien au monde, nous ne lui aurions menti. Il s'est trouvé parmi nous une jeune Américaine qui, sans doute, avait une mauvaise nature. Mlle Velten a essayé de la prendre de toutes les façons pour la rendre consciencieuse : rien n'y a fait. Elle prévint alors le père qu'il eût à retirer sa fille parce qu'avec le caractère de cette enfant il fallait sévir et que cela n'était jamais arrivé dans la pension. Non seulement notre chère maîtresse s'occupait de notre cœur et de notre esprit, mais elle s'occupait aussi de notre santé : tous les jours de la semaine nous faisions une promenade de deux heures dans ce beau parc de Versailles, et, tout en marchant, nous repassions nos leçons... »

Si occupées que fussent ses journées, le travail personnel, la musique — l'étude de Beethoven surtout — la méditation trouvaient place dans sa vie. Jamais elle ne fut la personne d'une fonction. Au-dessous des menus faits de la vie courante, on sentait circuler une vie intérieure très riche et très libre, qui ne se traduisait guère par des mots, mais n'en expliquait pas moins tout le reste. Et c'est pourquoi il était impossible de la rencontrer sans être frappé par ce quelque chose d'absolument sincère, de candide et de profond qui n'était qu'à elle.

II

La guerre de 1870 devait, par ses conséquences, changer la direction de sa vie. Ce fut un coup terrible pour la pension de Versailles : les élèves furent rendues à leur famille, six restèrent qu'il était impossible de renvoyer. Mⁱˡᵉ Velten ne songea pas à partir ; elle accepta même la garde de dépôts d'amis absents. Le cœur resta haut au milieu des événements les plus graves, et ces jours, où l'on connut, dans la maison même, la présence de l'armée étrangère, paraissent avoir laissé aux jeunes filles qui les traversèrent le sentiment d'une absolue sécurité, sous la calme sauvegarde de leur directrice.

Et pourtant, l'angoisse de celle-ci était profonde et cruelle. Comme les hommes de 48 à l'école desquels elle avait été élevée, elle avait cru à la fraternité des peuples, au beau rêve d'une humanité sans frontières, et c'était l'envahissement, bientôt la perte de la petite patrie, l'Alsace, les douleurs de la grande patrie, qui lui révélaient par quelles fibres profondes elle tenait à elles.

Elle essaya d'être utile ; s'engagea quelques jours dans une ambulance [où elle fut employée, nous racontait-elle, à transporter des matelas] ; puis se sentant nécessaire au milieu des siens, elle revint à Versailles, trompant les heures de préoccupations trop intenses en faisant des mathématiques, de l'algèbre surtout. Et quand l'Assemblée nationale se réunit à Versailles, elle en suivit passionnément les séances, aspirant de toute son âme à la régénération de la patrie.

Son admiration enthousiaste allait, dès ce moment, avec des révoltes d'indignation contre les attaques si vives dont il était l'objet — à celui qui, après avoir courageusement lutté pour la liberté et proclamé la République — incarnait toutes les douleurs et, semblait-il à beaucoup, toutes les hontes de la patrie en signant le traité de paix — à Jules Favre.

Dès 1871, ils étaient en rapport ; elle fit pour lui des traductions importantes de documents allemands. Le 6 août 1874, elle devait l'épouser. Le mariage civil eut lieu à Versailles, le mariage religieux fut béni par le pasteur Passa. Au foyer désolé [1] de l'homme d'État dont elle avait apprécié le grand cœur, elle allait apporter et trouver une joie profonde.

Ce n'est que d'une main pieuse qu'on peut toucher à des souvenirs auxquels, pendant les longues années de veuvage, Mᵐᵉ Jules Favre ne fit que de bien rares et discrètes allusions. Nous osons pourtant détacher quelques pages des notes que sa famille a bien voulu nous confier : celle qui les écrivit l'eût autorisé, nous semble-t-il, parce qu'elles permettent de mieux connaître celui auquel elle s'était si pleinement donnée.

« J'ai voulu mettre par écrit les souvenirs des voyages que j'ai faits avec mon mari bien-aimé, pour les relire, si Dieu veut que je vive, à l'âge où la mémoire s'affaiblit, et où les jours de plus en plus sombres de la vieil-

---

[1]. La première compagne de Jules Favre était morte depuis plusieurs années. Ses filles étaient mariées.

lesse ramènent sans cesse la pensée vers le beau passé. J'y vis depuis que j'ai vu disparaître à mes côtés celui qui était toute ma joie. Mon âme se plonge dans son bonheur d'autrefois. Il n'y a pas de jour où ne se présente à mon esprit un des brillants tableaux que j'ai pu contempler avec mon mari, et je les revois tous, depuis que, livrée à moi-même durant les longues vacances de 1882, je retrace au courant de la plume, ces incomparables souvenirs qui me soutiendront encore dans bien des heures difficiles jusqu'à ce que Dieu me permette de rejoindre celui que toujours appelle mon âme. »

Sèvres, 20 septembre 1882.

Voici quelques extraits de ces récits :

... L'été de 1876 avait été très pluvieux. Nous avions projeté pour le mois de septembre un voyage dans l'Isère, mais la persistance du mauvais temps nous avait fait renoncer à notre plan. Et nous nous trouvâmes si heureux de travailler côte à côte qu'il nous arrivait rarement de regretter notre voyage manqué. Mon mari étudiait une importante question qui l'occupait depuis longtemps, celle de la réforme de la magistrature. Il voulait bien m'appeler son collaborateur, parce que je lui aidais à réunir les documents qui lui étaient nécessaires pour son travail. Les jours s'écoulaient rapidement, et, à chaque nouveau réveil nous étions plus heureux de nous retrouver ensemble. Que ne puis-je retracer le bonheur de notre vie intime afin de faire comprendre aux époux ce dont ils se privent quand tout n'est pas commun entre eux, quand le mari n'essaie pas d'initier sa compagne à son travail intellectuel, et d'élever sa pensée par les entretiens et l'étude. Le mois de septembre se passa ainsi dans notre modeste retraite de Versailles. Quand vint octobre, le travail de mon mari était terminé. Un ciel d'azur et de chauds rayons de soleil nous invitèrent à courir.

Après avoir parcouru tous les guides de France sans pouvoir nous décider pour aucune plage, nous nous écriâmes d'une seule voix : « Allons à Brunnen... »

.·.

« J'ai surtout gardé une impression profonde de mon premier coup d'œil sur Marseille. La mer était splendide sous ce soleil si brillant : elle étincelait de mille feux. Il me tardait de la voir de près. Aussitôt débarqués et restaurés, nous parcourûmes la ville en tous sens, cherchant surtout les endroits les plus élevés pour ne pas perdre de vue la Méditerranée.

Tout est occasion de jouissance pour l'esprit et pour le cœur avec un tel compagnon. Avec quel empressement il allait au devant de tous mes désirs ! Avec quel soin ingénieux il prévoyait tout ce qui pouvait m'intéresser. Il avait oublié la politique et se livrait entièrement au plaisir toujours nouveau de voyager à deux. Le second jour, nous allâmes voir Notre-Dame de la Garde.

La route qui y conduit domine constamment la mer qui change à chaque instant d'aspect, et, au retour, nous suivîmes la route de la Corniche qui me transporta d'admiration. Mon mari, qui la connaissait déjà, jouissait de mon enchantement. Il se rappelait d'avoir contemplé là, à l'hôtel de la Réserve, le plus splendide coucher du soleil sur la mer. C'était peu de temps avant notre mariage. Il avait été appelé à Marseille pour y plaider, et ses confrères lui avaient offert un banquet dans ce séjour merveilleux d'où la Méditerranée se montre dans toute sa beauté. Il s'était promis de m'y conduire pour me faire partager ses grandes impressions.

Le propriétaire de l'hôtel consentit à nous recevoir, bien qu'il n'eût pas l'habitude de loger des voyageurs. Il se priva de sa chambre pour nous l'offrir. Elle était située à l'étage supérieur, et de là, la mer s'étendait au loin. Nous nous y installâmes le lendemain et nous y passâmes une journée complète dans le bonheur le plus parfait. Le temps était très doux. Nous avions même perdu la conscience des saisons car nous quittions Paris en plein hiver, et à Marseille on se serait cru au mois de mai. Après avoir longtemps marché sur le rivage, nous nous assîmes au bord de la mer, regardant les vagues se briser, en devisant de mille choses, et parfois aussi, en admirant en silence.

Souvent depuis ce moment béni, quand nous traversions des temps plus difficiles nous nous rappelions avec une profonde émotion ces heures de paix ineffable, et maintenant que je suis seule à m'en souvenir ici-bas, elles sont transfigurées par la sainte mémoire de l'ami absent. Oh! que doivent être les joies infinies du ciel si, déjà sur cette terre d'épreuves il nous a été donné d'en goûter de si pures et de si parfaites! La soirée fut aussi belle que la journée. A mesure que les ombres descendaient nous voyions scintiller au-dessus du flot une multitude d'étoiles; et quand la lune se leva sans voile, sa lumière argentée était reflétée par la mer qui nous berçait de son doux murmure.

...Le dimanche était le grand jour des élections à Lyon. Je restai seule à l'hôtel tâchant de faire diversion aux sentiments qui m'agitaient. J'y réussissais bien mal et involontairement mes yeux se portaient toujours sur le point où j'avais vu mon mari s'éloigner. Tout à coup j'entendis de sourdes clameurs qui s'approchaient de plus en plus et devenaient plus distinctes. Je m'élançai sur le balcon et vis arriver en diligence mon mari suivi d'une foule immense qui criait: « Vive Jules Favre ! » En un instant je fus dans ses bras. Il était aussi calme que j'étais agitée, et me souriait doucement. Bien qu'il ne fût pas indifférent à la nouvelle marque de confiance de ses compatriotes, le sentiment intime d'en avoir toujours été digne était supérieur à la satisfaction de tous les honneurs qu'on pouvait lui rendre.

Le lendemain, nous retournâmes à Paris, non sans avoir déposé notre pieux hommage sur la tombe de notre mère vénérée. »

.*.

M. et M⁻ Jules Favre voyagèrent beaucoup : une élection, une plaidoirie, un hommage rendu à quelque ami cher ou à quelque pieux souvenir les attirèrent à Lyon, à Toulouse, à Aix, à Nice, à Nancy, — et devinrent l'occasion d'excursions rapides et charmantes dans les Pyrénées, à la fontaine de Vaucluse, à Gênes ; mais le pays où ils revinrent le plus souvent avec une prédilection particulière, c'est la Suisse. La découvrir avait été pour elle un ravissement dont son mari n'avait pas moins joui qu'elle-même : les montagnes immuables « dont la majestueuse sérénité est si bien l'image de l'infini », leurs glaciers, leurs torrents, excitèrent pendant les étés — 1874, 1876, 1877, 1878, 1879 — leur admiration la plus vive. La seule ombre au tableau, s'il y en eut une, ce furent les trop grands hôtels et leur foule cosmopolite.

« Nous prenions nos repas à table d'hôte, selon le règlement de la maison. C'était la première fois que nous nous y soumettions, et nous eûmes de la peine à nous y habituer. Je dirai même que nous ne nous y sommes pas habitués. Pourtant nos voisins étaient très aimables, et souvent ils nous donnaient des renseignements sur les excursions à faire dans le pays. Mais nous aimions trop notre solitude à deux, et malgré notre âge, nous étions d'une timidité extrême, et par conséquent d'une gaucherie remarquable. C'était toujours pour nous une affaire terrible que de faire notre entrée dans cette immense salle à manger où plus de cent personnes étaient réunies. Nous y entrions de front pour nous donner mutuellement du courage et nous prenions discrètement nos places sans regarder rien, ni personne. Il fallut du temps pour que nous osassions nous mêler à la conversation; et cela nous arrivait bien rarement. Tous nos voisins semblaient désirer entendre mon mari, et l'on comprenait difficilement qu'un orateur toujours sur la brèche, soit à la barre, soit à la tribune, pût être timide et silencieux dans la conversation. Et pourtant cette fermeté d'une part, et cette réserve de l'autre sont loin d'être incompatibles. Il parlait en public lorsque c'était son devoir de surmonter sa timidité naturelle, mais il écoutait plus volontiers les autres dans un salon ou tel autre endroit où il ne se sentait pas obligé de parler.... Quelquefois dans un petit cercle d'amis, il parlait avec un abandon qui ravissait tous ses auditeurs : mais il fallait qu'il sentît la sympathie ; alors les paroles coulaient de source et caressaient l'oreille comme une douce musique. »

**

Dans le délassement des vacances à deux, la grande jouissance était les promenades, faites le plus volontiers à pied ou en voiture : alors quelles impressions de nature fortes et vives, quelle plénitude d'admiration !

Nous détachons cette description de la chute du Rhin:

« ..... Nous eûmes du plaisir à traverser lentement en voiture la vieille ville de Schaffhouse avec ses maisons à tourelles couvertes de peintures à fresques. Mais nous avions hâte de voir la chute. D'abord nous la contemplâmes du haut d'une terrasse, située en face, d'où le bruit est déjà formidable. Et quel magnifique aspect que celui de cette immense masse d'eau d'une blancheur éblouissante qui tombe entre trois énormes rochers recouverts de verdure d'une hauteur de vingt mètres et sur une largeur de cent ! Le soleil l'éclairait perpendiculairement et faisait étinceler les innombrables gouttes que le fleuve lance dans les airs. Nous descendîmes jusqu'à la rive droite avec l'intention de traverser le Rhin. J'hésitai quelque peu à m'approcher du remous, mais je rougis de ma pusillanimité en voyant le batelier qui se disposait à nous conduire, emmener sa femme et son petit enfant pour rassurer les timides. Aussitôt arrivés sur la rive gauche, nous nous engageâmes dans la galerie de bois qui aboutit au milieu des eaux. Le fracas épouvantable nous empêchait de nous entendre, mais l'admiration nous rendait muets et insensibles aussi à l'eau qui rejaillissait sur nous. Nous ne pouvions détacher les yeux de ce spectacle grandiose. Nous y étions encore à l'heure du soir où le soleil forme des arcs-en-ciel. Il faisait presque nuit quand nous rentrâmes à Schaffhouse..... » (12 septembre 1877).

Le centre le plus habituel de leurs excursions, celui où ils séjournèrent à trois reprises, c'est Brunnen sur le lac des Quatre-Cantons, si riche de souvenirs. A mesure que les années s'écoulent, aux grands enseignements du passé s'ajoutent pour eux le souvenir des joies des heures déjà vécues, et l'attachement aux modestes amis qu'on a laissés et qu'on retrouve.

« ... Il nous restait une semaine de vacances, et nous désirions la passer dans notre cher Brunnen et y revoir tous nos beaux souvenirs de l'année précédente : d'abord le merveilleux lac des Quatre-Cantons dont les bords nous captivaient encore plus que ceux du Léman, puis le Grütli, Tellsplatte où nous retrouvâmes nos profondes émotions, le beau Muottethal et ses hospitalières vieilles, l'agreste Bürglen et la grande mémoire de Guillaume Tell, le Seelisberg avec nos ravissements et nos espérances. Avec quelle joie nous saluions toutes ces magnifiques connaissances! Le maître de l'hôtel de l'Aigle d'Or nous traitait comme de vieux amis ; et, en effet, nous nous étions attachés à cette maison simple et cordiale où nous étions à l'abri du faste bruyant des grands hôtels ».

La séduction qu'exerçait la Suisse sur M. et Mme Jules Favre ne s'explique pas seulement par leur amour des beautés de la nature, mais par leurs habituelles préoccupations.

« Lorsqu'en s'éveillant après une nuit de chemin de fer, a écrit Jules Favre [1], les Français aux jours de l'Empire se trouvaient transportés au delà du Jura, ils s'écriaient à la vue des saisissants aspects qui s'étalaient à leurs regards : « Mon Dieu! que c'est beau! » et tout de suite, involontairement, ils ajoutaient : « Mon Dieu ! que c'est

---

[1]. *Introduction à l'histoire du peuple suisse* par Daendliker, trad. de Mme Jules Favre, née Velten.

bon de respirer l'air de la liberté, d'aller, de venir, de parler, de lire, de penser tout haut sans craindre le honteux espionnage de la police ; de goûter l'hospitalité de citoyens que le faste et l'hypocrisie des cours ne corrompent point et qui mettent leur honneur à se gouverner eux-mêmes avec droiture et bon sens ! » Les jours de l'Empire étaient passés ; mais la France, en travail pour se relever sous le régime démocratique qui seul a protégé et fait grandir la Suisse, n'avait-elle rien à apprendre de cette « petite grande nation qui apporte tant de sagesse, de bonhomie et d'esprit de suite, à se discipliner, à se perfectionner, à s'enrichir [1] ». C'est dans cet esprit que fut traduite de l'allemand par Mme Jules Favre l'*Histoire du peuple suisse* du Dr Daendliker qui parut en 1879. Jules Favre la fit précéder d'une introduction qu'il écrivit au Seelisberg en septembre 1878. L'historien allemand, fidèlement traduit, expliquait suivant les conclusions de la critique moderne les traditions nationales si chères au patriotisme suisse ; mais ni la traductrice, ni son introducteur ne se résignèrent pour leur part, à traiter sans discuter de légendes le serment du Grütli, le dévouement de Winkelried, l'histoire de Guillaume Tell. Ils aimaient à s'élever l'âme par ce que l'âme d'un peuple a rêvé de plus grand, et se plurent à rechercher ces héroïques souvenirs, trouvant dans le moindre village les représentations plus ou moins grossières qu'a multipliées le culte naïf d'une nation enthousiaste.

Avant de quitter Brunnen, raconte Mme Jules Favre, nous voulûmes retourner au Grütli.

« Nous fîmes la traversée par une journée magnifique et

[1]. Jules Favre. *Introduction à l'Histoire du peuple suisse.*

calme. Pas la moindre ride ne se montrait à la surface du lac. Cette fois-ci [1] aucun élément de la nature ne troubla notre pèlerinage qui s'acheva paisiblement. Il nous sembla que l'enthousiasme des vaillants conjurés du Grütli nous eût gagnés. Leur âme ne pouvait être plus grande que celle du noble patriote qui était à mes côtés, et moi, je ressentais toutes les nobles émotions de mon mari qui avait tant lutté, tant souffert pour la patrie et la liberté. Aussi, à toute ma douleur, se joint un souvenir d'inexprimable fierté d'avoir eu le bonheur de visiter avec lui ces lieux de grands souvenirs. »

*
* *

Les tristesses de la vie rendent plus étroite et plus précieuse encore une si intime communion d'âmes. Jules Favre ne se releva jamais du coup que lui avait porté la guerre. Il porta toujours le deuil des provinces perdues, n'assista plus à aucune fête, refusant, quelles que fussent les insistances, de figurer aux cérémonies publiques.

« Rarement il prenait la parole dans les grandes discussions politiques, a écrit Mme Jules Favre [2], craignant que la défaveur dont l'honorait la droite de l'assemblée, ne compromît le triomphe d'une idée chère à lui ou à ses amis ». « C'est toujours avec une profonde émotion, li-
« sons-nous dans les notes de voyage, que nous saluions
« le 4 septembre qui, malgré nos malheurs, est une grande
« et glorieuse date. Plus tard peut-être, la France rendra

---

1. M. et Mme Jules Favre avaient couru sur le lac, où une tempête s'était subitement déchaînée, le plus grave danger dans une précédente visite au Grütli.
2. Notice biographique. *Discours parlementaires de M. Jules Favre*, t. I.

« justice aux grands citoyens qui ont proclamé la Répu-
« blique et dirigé la défense nationale, surtout à celui qui
« a eu le courage de demander la déchéance de l'Empire.

Lui voyait dans l'impopularité même dont il se sentait entouré comme une dernière marque d'amour envers la patrie mutilée : « J'entends vos dénégations, Messieurs,
« s'écriait-il à l'Assemblée nationale le 25 janvier 1875, et
« je les respecte, et, tout en souffrant de leur injustice, je
« me suis expliqué que, dans ces grandes circonstances
« politiques, quand la patrie est aussi malheureuse, quand
« son sein est déchiré, il est bien naturel, alors qu'on est
« vaincu, de chercher des griefs dans la conduite de ceux
« auxquels le hasard a mis un jour le pouvoir... »

Mais cette réserve n'était pas une abdication. Il avait foi dans le relèvement de la France et voulait y travailler. De 1874 à la fin de 1879, en dehors de ses plaidoiries, de la publication des deux derniers volumes du *Simple récit d'un membre du gouvernement de la Défense nationale,* Jules Favre prit à l'Assemblée Nationale et au Sénat une part active aux débats sur des questions administratives et juridiques. Le 16 mai lui rendit pour un moment toute son activité politique, Mᵐᵉ Jules Favre était associée de la façon la plus complète à sa vie. « En stricte justice, écrivait son mari en 1878 [1], son nom devrait être à côté du mien pour tous les travaux auxquels depuis quatre ans, elle s'est fidèlement associée, et pour lesquels j'ai trouvé dans son esprit et dans son cœur le guide le plus sûr. »

La robuste santé de Jules Favre n'en était pas moins

[1] Introduction à l'*Histoire du peuple suisse.* Daendliker trad. de Mᵐᵉ Jules Favre.

profondément atteinte. La mort de M. Thiers, le 3 septembre 1877, avait été pour lui un coup terrible, car il aimait tendrement « son petit roi » comme il se plaisait à l'appeler. Dès le printemps de 1878, il inspira à sa femme des inquiétudes, qui s'assoupirent parfois, mais ne la quittèrent plus.

Les médecins l'engagèrent en juin à partir pour Nice où il devait plaider, comptant pour le soulager sur le changement d'air et la distraction du voyage. Il y fut si souffrant, pris par deux fois d'évanouissements étranges, que le jeune docteur appelé à la hâte crut bon de ne pas le quitter des yeux le soir dans une promenade qu'il avait conseillée.

« Le ciel étincelait d'étoiles sur cette mer si calme, et nous parlions de cette vie future dont ces brillantes messagères nous racontaient la gloire. En nous retournant pour reprendre le chemin de l'hôtel, nous vîmes notre bon docteur. Je devinai qu'il nous avait suivis pour veiller sur mon cher malade, et mon cœur en fut profondément touché. »

Ces malaises ne l'empêchèrent pas de remplir les devoirs de sa profession. Une visite aux parents de Gambetta à Villefranche, un voyage à Gênes, le retour par la Lombardie, le Val-de-Suse et le Mont-Cenis leur laissèrent de jolis souvenirs, mais les vacances d'été durent être avancées cette année-là.

« Mon mari sentait ses forces diminuer, il me parlait souvent de sa fin. Je ne pouvais y croire, et j'étais convaincue que, chez lui, le système nerveux seul était malade à cause des excès de travail auquel il se livrait depuis son enfance. J'espérais donc que le repos dans une belle nature suffirait à le remettre. »

Un séjour dans l'Isère, suivi d'une cure à Allevard et complété par un beau voyage en Suisse, fut un des plus heureux de leur vie ; mais, déjà leur intimité se fondait de plus en plus sur une vision commune d'espérances éternelles. « Le soleil n'était pas couché quand nous arrivâmes à Saint-Laurent du Pont, et, au-dessus du bourg, nous montâmes sur un mamelon pour jouir de la vue. De beaux reflets de pourpre et d'or illuminaient les montagnes qui encadrent cette large vallée, arrosée par le Guiers mort et le Guiers vif. Nul être humain ne troublait notre solitude. Quand nous quittâmes nos sièges de gazon, nous nous aperçûmes que nous étions près du cimetière de la chapelle ; et la vue de ces tombes, à la fin d'un beau jour d'été, nous remplissait de pensées qui nous étaient souvent communes, sans que nous nous les exprimions. Ah ! s'il nous eût été donné de quitter cette terre ensemble, l'idée de la mort nous eût été douce. Mais quand mon mari me parlait de son départ que souvent il croyait prochain, je ne pouvais admettre la possibilité de vivre un instant sans lui... »

Le Seelisberg, au-dessus du lac d'Uri, où se terminèrent ces longues vacances, leur laissa des impressions profondes.

« Après avoir tremblé pour les jours de mon mari, a écrit M*me* Jules Favre, je renaissais à l'espérance, et mon âme débordait de gratitude envers Dieu en le voyant bien portant et fort. Lui, de son côté, comme il l'écrivait de cette retraite même, voyait déjà l'aurore de la vie future et cette sublime perspective transfigurait toutes ses joies. Le matin nous errions dans les belles forêts de sapins, et nous nous assoyions en face du lac ou du majestueux glacier d'Urirothstock. L'après-midi, après avoir expédié notre correspondance et travaillé un peu, nous allions explorer le pays, du côté du Kaenzli, où l'on s'élève à travers la bruyère sur une hauteur d'où l'on entrevoit le bras du lac qui s'étend vers Lucerne et toutes les montagnes de la rive droite ; à Beroldingen où l'on monte des mains et des pieds pour contempler l'Urirothstock, le Bristenstock et les autres cimes les plus élevées de la rive gauche du petit lac[1] qui a donné son nom à la belle montagne. Bien souvent aussi, nous descendions au Grütli par une pente escarpée bordée de précipices, et, après y avoir tout revu nous remontions la pente, mon mari en chantant, et moi en le suivant lentement, tout essoufflée... »

C'est avec la même sérénité, la même joie de la douce intimité des vacances, qu'ils se retrouvent à la fin d'août et en septembre 1879, dans la petite ville de Luxeuil pour une cure, puis à Territet, sur le lac de Genève, où la nature les ravit. Cette fois, c'est le dernier voyage. Des pressentiments oppressent de plus en plus le cœur de Mme Jules Favre. Elle ne peut retenir ses larmes, raconte-t-elle, dans la petite église de Montreux d'où la vue est si belle. « La porte était restée ouverte, je vis le beau ciel, le lac et les montagnes... une immense tristesse avait inondé mon âme, comme un pressentiment de la douleur qui allait la frapper. »

Ils faisaient pourtant encore de belles promenades et eurent du plaisir à rencontrer sur un bateau du Léman un capitaine qui avait un culte pour Jules Favre. Dans la nuit du 30 septembre, il fut assez souffrant, et, au matin, il reparla de sa fin avec la plus grande sérénité :

« Je vois encore le banc où nous étions assis dans le

1. Seeli, en allemand.

petit jardin attenant à notre pavillon, sous un berceau de verdure en face du lac. Nous y étions parfaitement seuls. Il me parlait avec une onction qui avait quelque chose de divin. « Je sais, me disait-il, que je vais abréger ma vie « en plaidant les causes dont je suis chargé, mais tu me « laisseras faire, je ne comprends pas la vie sans l'ac- « tion. » Je lui promis... que je ne l'empêcherais pas de faire son devoir. J'ai bien souvent regretté de n'avoir pas écrit chaque parole de cet incomparable entretien dont je me rappelle la moindre circonstance. Le soir, se sentant mieux, il voulut aller à Montreux, pour choisir quelques souvenirs en bois sculpté. Nous prîmes le bateau, et au retour le lac était illuminé par le soleil couchant. Ses teintes pourprées étaient si vives que je ne pouvais les regarder sans en être éblouie. Ce sublime tableau et l'impression de notre conversation du matin émouvaient profondément mon âme : il me semblait que j'allais quitter la terre avec mon bien-aimé. Je n'osais plus retarder notre départ de Montreux que nous fixâmes au 5 octobre. La veille, mon mari avait terminé la première partie de *Henry Belval* et après m'avoir lu les dernières pages il me dit : « C'est toi qui le finiras. »

Devinant trop bien les pressentiments qui remplissaient son cœur, j'avais hâte aussi de quitter un pays qui, malgré sa beauté, était pour nous une terre étrangère.

. . . .

Sur la route de Mâcon à Paris, mon mari m'avoua qu'il avait eu à Montreux le pressentiment qu'il y mourrait..

... Grâce à Dieu, nous eûmes le bonheur de nous retrouver dans notre chère maison de Versailles et il eut la satisfaction de remplir tous ses engagements avant le 19 janvier 1880. »

Seize ans plus tard, le 31 janvier 1896, Mᵐᵉ Jules Favre mourait à son tour. On trouva dans ses papiers un passage de la Bible qu'elle avait préparé à l'avance pour être mis sur sa lettre de faire part, suivant la coutume protestante. C'était un chant de délivrance : « L'Eternel sera pour toi une lumière perpétuelle et les jours de ton deuil seront finis. »

∴

« Il y a des douleurs qui ne peuvent, ni ne veulent être consolées, écrivait quelques mois plus tard, Mᵐᵉ Jules Favre à une amie. Tout ce que je puis faire, c'est de ne pas trop appeler la mort et de chercher le moyen d'être un peu utile, car c'est la seule satisfaction que j'attende de la vie. » Et dans une autre lettre : « A l'idée seule de me déplacer ou de voir un beau paysage, tout mon être se trouble et je perds tout empire sur moi-même. Je ne sais si je serai toujours ainsi, mais je ne trouve quelque apaisement que dans le travail et aussitôt que mon ardeur se ralentit le désespoir m'envahit. »

C'est dans le travail en effet qu'elle se réfugiait avec une ténacité plus poignante que des larmes. Ses longues journées se passaient à la Bibliothèque nationale, compulsant des journaux, ne sentant ni la faim, ni la fatigue. C'était l'unique moyen de vivre encore avec et pour celui qu'elle pleurait. Les quatre volumes des *Discours Parlementaires de Jules Favre*, les deux volumes de ses *Plai-*

doyers et *Discours du Bâtonnat*, une brochure *la Vérité sur les Désastres de l'Armée de l'Est*, sortirent de ce labeur.

Elle y trouva plus encore :

« Oui, maintenez-vous dans les régions sereines, écrivait-elle plus tard à un ami dans le deuil, c'est là que les invisibles vous parlent. Entendez-les, ces voix célestes qui consolent et fortifient la pauvre âme exilée et solitaire. »

Peu à peu, dans le recueillement de ces heures paisibles, le devoir se précisait pour elle. C'était un exemple d'action que laissait Jules Favre : « Croire ce que ma raison comprend, marcher avec indépendance à la conquête du vrai, tendre la main à tous ceux qui souffrent, protéger dans la mesure de mes forces les faibles, les humbles, les petits ; détourner mes pas du sentier des grands et des heureux de la terre pour aller, quand cela est possible, essuyer des larmes et consoler des douleurs, courir sus au mensonge et démasquer l'hypocrisie partout où je les rencontrerai, tel est le programme non pas de ce que j'ai été, mais de ce que je voudrais être. » Elle avait choisi ces lignes pour être placées en tête du *Discours du Bâtonnat*. Et cette action, c'était à la patrie qu'il l'avait consacrée. « Quoique mort, il parle encore, concluait-elle dans la notice biographique. Il nous dit de travailler à cet épanouissement de la démocratie qui a été l'idéal de toute sa vie, et qui est l'aurore d'une ère nouvelle. Il nous rappelle sans cesse le but qui est assigné à l'humanité et qui n'est autre que l'égalité des droits, la pleine possession de la liberté, l'application stricte de la justice. »

Mme Jules Favre ne pouvait donc rester inactive. Pleinement indépendante, à l'âge, où d'autres, sentant leur bonheur brisé, se réfugient dans le souvenir, elle allait commencer son œuvre. « Il me faut le calme de la solitude, pour suivre ma pensée, écrivait-elle à une amie. Je ne veux pas me désintéresser de la vie, ni des humains. Je veux porter mon fardeau jusqu'à ce que Dieu me permette de le déposer et tâcher que cette vie désolée ne soit pas tout à fait inutile à moi et aux autres. »

Ces lignes sont datées du 6 juillet 1881 ; dès l'automne de cette année, Jules Ferry lui offrait la direction de la nouvelle École normale de Sèvres.

III

Après des discussions passionnées à la Chambre et au Sénat, la loi Camille Sée qui organisait l'enseignement secondaire des filles venait d'être promulguée le 21 décembre 1880. Les jeunes filles françaises pouvaient désormais recevoir dans leurs lycées et collèges, comme leurs frères dans les lycées et collèges de garçons, une instruction large et désintéressée. Mais tandis que, en Suisse et dans d'autres pays, les cours des hautes classes secondaires, tout au moins, sont confiés à des hommes, c'est par des femmes surtout que devaient être instruites les élèves de nos lycées. Un personnel nouveau devenait nécessaire. C'est dans ce but qu'avait été votée le 29 juillet 1881, la loi qui créait l'École normale d'enseignement secondaire des jeunes filles.

« Un séminaire laïque de jeunes filles qu'on appelle des professeurs femmes, je ne connais pas ce monstre », s'était écrié M. de Gavardie au Sénat. Ce monstre, c'était tout l'avenir de l'enseignement nouveau : de la hauteur de son esprit, de la valeur de son âme dépendraient plus ou moins directement celles des lycées et collèges de France.

L'enseignement secondaire avait alors à sa tête un ministre éminent, Jules Ferry, un directeur de grande valeur, M. Ch. Zévort. Il est permis de dire sans exagération que les premières nominations firent de l'École ce que, depuis, elle a été. C'étaient celles des professeurs d'élite qui orientèrent son enseignement et lui donnèrent son esprit de largeur et de sincérité; de son inspecteur général, M. Legouvé, qui lui servit de garant devant une opinion publique hésitante ou sceptique; de Mme Jules Favre, qui fut, « non pas seulement une excellente directrice mais la directrice qu'il fallait ».

« C'est au ministère de l'Instruction publique, à une réunion de professeurs de l'École que je vis Mme Jules Favre pour la première fois, a raconté M. Darboux[1]. Elle nous apparut dans ses longs vêtements de deuil qu'elle portait en mémoire de son illustre mari, avec sa bonne grâce souriante de grande dame, avec sa réserve empreinte de quelque timidité. Je ne la revis plus qu'à l'École après ma première leçon. » Et après avoir raconté son expérience de début avec les élèves, l'éminent professeur ajoutait : « C'est de ce moment que datent les relations de confiance et d'amitié respectueuse de ma part qui devaient durer jusqu'à la fin. »

Dès l'abord, tous ses collaborateurs sentirent en elle une force. Elle avait foi dans l'œuvre: foi dans cette instruction large et désintéressée qu'une loi réparatrice venait enfin de mettre à la portée des femmes, et qui, les appelant à une vie plus haute, devait surtout, pensait-elle, les rendre plus conscientes de leurs devoirs, plus

---

[1] M. Darboux. Discours à l'occasion du 25e Anniversaire de l'École. Les premiers professeurs nommés à Sèvres furent : MM. Darboux, Edmond Perrier, Alfred Rambaud, Joseph Fabre, Arsène Damesteter, Terrier, Serré-Guino, Henri Lemonnier, Miss Williams, M. Kœll et Mme Lenoël-Zevort. — MM. Chantavoine, Tannery, Brissaud, Appell, Van Tieghem ne devaient pas tarder à se joindre à eux.

capables de réaliser en elles l'harmonie de la douceur et de la force.

Tout ce qu'elle avait été, tout ce qu'elle avait fait jusqu'alors la préparait à la grande tâche qui lui parut toujours « un privilège et un honneur ». « La forte instruc-
« tion qu'elle avait reçue [1] faisait qu'elle attachait un grand
« prix à la culture intellectuelle, sa foi entretenue par de
« constantes méditations faisait qu'elle en attachait un
« plus grand encore au perfectionnement moral. Son union
« avec l'homme éminent dont elle gardait si pieusement
« la mémoire avait peut-être ajouté à son amour de la
« liberté, le sentiment passionné, presque héroïque, qui
« animait certains hommes de 1848... » Il faudrait ajouter à ces traits les longues années de travail de Paris et de Versailles, et, plus que tout le reste, depuis son grand deuil, son complet détachement. Elle acceptait son œuvre pour l'œuvre elle-même, comme un soldat sous les armes reçoit la consigne jusqu'au moment où il est relevé. Rien de personnel ne pouvait la toucher. Ce qui lui importait seulement, c'était le triomphe supérieur de la cause: de là, le caractère d'absolu désintéressement, d'obéissance unique aux principes qui fut comme la marque de sa direction.

∴

L'École s'ouvrit le 12 décembre 1881, jour que célèbrent par la fête annuelle les jeunes promotions. Elle était installée à Sèvres, dans les bâtiments de l'ancienne manufacture de porcelaine qu'une armée d'ouvriers s'empressait à rendre habitable. Un examen improvisé, por-

---

[1] H. Lemonnier. Rapport sur l'Ecole de Sèvres à l'occasion de l'Exposition Universelle de 1900.

tant sur les sciences et sur les lettres, avait permis de choisir les quarante premières élèves, la division en scientifiques et littéraires ne se fit qu'après la rentrée. La limite d'âge avait été fixée à trente ans, les conditions d'inscription au concours étaient le baccalauréat alors rare ou le brevet supérieur. Très différentes furent les élèves; il y avait deux directrices d'écoles communales de grandes villes, des institutrices qui avaient connu déjà de lourdes responsabilités, de toutes jeunes filles dont plusieurs sortaient du couvent. Cette toute première époque laissa des impressions très vives; un des professeurs les plus aimés de l'École les rappelait à la fête des vingt-cinq ans de Sèvres de façon toute charmante et familière: « Qu'allais-je trouver dans cette École dont je crois bien, j'avais à peine entendu prononcer le nom? Quel était cet enseignement nouveau que je ne connaissais pas ? La première promotion, la deuxième aussi étaient assez disparates. On s'en apercevait au premier abord, ne fût-ce qu'aux accents et, pardonnez ce détail intime, aux toilettes. Nos premières élèves venaient de tous les coins de la France. On les avait prises comme nous à l'improviste après un examen où on leur avait demandé tant de choses qu'elles étaient fort excusables de n'en pas savoir beaucoup. Mais aussi quelle belle curiosité, quelle ardeur, quel enthousiasme, quel désir d'entrer dans le monde nouveau de la Science ! »

« Je crois pouvoir dire, ajoutait-il, qu'une des choses qui nous ont le plus touchés c'est l'absolue confiance qui, dès le premier jour, est née comme spontanément de vous à nous. Il y a vingt-cinq ans, ce n'était peut-être pas si simple que vous le croyez. Je me rappelle que, remplaçant dans une institution de jeunes filles un professeur de la vieille Université, excellent homme et peut suspect s'il en fut, il me recommanda gravement de porter des lunettes. « C'est très commode, disait-il, pour voir les élèves sans avoir l'air de les regarder. » Nous n'avons jamais mis de lunettes ici, au moins à cet usage : nous vous avons regardées bien en face, et vous aussi. Comme nous aurions étonné Mme Jules Favre en faisant autrement... » Et tous ceux qui ont connu Mme Jules Favre revoient le sourire si fin, si expressif de malice spirituelle, auquel rien de conventionnel ni de factice ne pouvait résister. Entre la directrice, les professeurs et les élèves, s'établissaient déjà ces bonnes relations de naturel, de simplicité et de respect qui firent à l'école une atmosphère si aimable et si pure.

Comme autrefois à Versailles, autour de M. Jules Favre une famille se formait, et, malgré les âges différents, les diversités de toutes natures, l'union s'établissait peu à peu, fondée plus ou moins consciemment pour quelques-unes peut-être, sur les raisons les plus élevées, Mme Jules Favre vivait très près des élèves : elle leur consacra pendant les premiers temps presque toutes ses soirées, se fit même répétitrice d'anglais ou d'allemand pour les plus novices.

On campait un peu dans la grande maison froide, dont toute une partie encore était livrée aux ouvriers : ces conditions peu confortables, mais pittoresques favorisaient une plus grande intimité. Le vieux parc sauvage, avec ses beaux horizons sur Paris et la vallée, n'avait pas encore ses allées tracées. C'était un pays de découvertes. Tels étaient la force des préjugés et le mauvais esprit qu'on sentait autour de l'École, que Mme Jules Favre ne fut pas autorisée à permettre aux élèves, dont plusieurs avaient eu charge d'âmes, de faire tous les jours par groupes, une promenade au tout voisin parc de Saint-Cloud.

L'enseignement naissant était raillé, caricaturé sur la scène, condamné d'avance ; mais, à Sèvres, on avait foi dans l'avenir.

« Plus nous serons unies, plus nous serons fortes pour combattre les préjugés qui entourent encore cette œuvre, disait M⁽ᵐᵉ⁾ Jules Favre à la première réunion de l'Association des anciennes élèves. Et dans cette noble lutte, nos armes, vous le savez, doivent être surtout la patience, la douceur, la simplicité, la droiture, le dévouement. Les dons de l'intelligence sont inappréciables mais c'est surtout par les qualités morales que vous contribuerez au triomphe de la belle cause qui est dans vos mains. L'instruction dispensée avec talent par un esprit éclairé est puissante pour élever et fortifier l'intelligence, mais l'exemple de la libre soumission au devoir, si humble qu'il soit, est plus puissant encore pour gagner les cœurs et leur faire aimer le devoir. »

.·.

Dans les conseils des professeurs, dans les comités réunis sous la présidence du recteur, M. Gréard, l'organisation définitive de l'École s'élabora pendant cette année de début ; les idées directrices se précisèrent.

« Nous étions unis par l'amour de nos nouvelles fonctions, a dit M. Lemonnier[1], par la pensée que nous contribuions à une œuvre féconde, par des sentiments qui valaient peut-être des théories. Il fallait cependant des théories: elles divisèrent parfois les esprits, pourquoi ne le rappellerai-je pas ?...

1. Discours (25ᵉ anniversaire de l'École).

... Plus indépendants, nous étions peut-être plus hardis. Nous rêvions une école où la discipline puiserait surtout sa force dans les exigences de la conscience — et quelle conscience que celle de notre directrice ! un enseignement secondaire des filles dont le modèle ne fût pas exclusivement pris dans celui des garçons... Nous obtînmes quelque chose (pas tout ce que demandaient quelques-uns de nous) lorsque le temps eut fait son œuvre et l'enseignement nouveau ses preuves. »

Le rêve des professeurs de Sèvres, passionnément poursuivi par Mme Jules Favre, tenait chez elle à des convictions si profondes qu'elles faisaient pour ainsi dire partie d'elle-même. Elle avait au plus haut degré le respect de l'âme, de chaque âme individuellement, avec les facultés qui lui sont propres, les progrès qu'elle est appelée à réaliser, la conquête personnelle qu'elle doit faire de sa moralité, de son idéal et de sa foi. Préparer cette éclosion lui paraissait l'œuvre sainte de l'éducation, mais quelle discrétion, quel désintéressement, quel don de soi-même ne réclame pas cette œuvre où la crainte constante du maître doit être de substituer sa petite personnalité éphémère à l'idéal éternel qui doit être l'objet de la conquête de tous.

Ces idées pénétrèrent à Sèvres l'éducation tout entière. Une grande liberté fut laissée aux élèves sous leur propre responsabilité. L'autorité ne s'y affaiblit pas, bien au contraire; elle fut d'autant plus puissante qu'elle était plus discrète, d'autant plus ferme qu'elle était puisée plus haut. C'était la discipline réelle, non extérieure et factice, mais voulue et acceptée. Pendant quinze ans, à Sèvres, une parole, un regard, un silence de Mme Jules Favre ont été les plus efficaces des sanctions Et combien d'autre part, toutes les dispositions heureuses s'y développaient dans la joie !

« ... Des sanctions, il y en a toujours », écrivait en mai dernier une ancienne élève de l'École [1], évoquant nos chers souvenirs : « la surveillance la plus vigilante ne vaut pas
« le respect de soi et le sentiment du devoir remplace tous
« les règlements du monde. Or, le sentiment du devoir, et
« un souci très vif de la dignité personnelle, était comme
« l'air que l'on respirait à Sèvres. Sans être à l'abri de toute
« incertitude et de toute défaillance de la volonté, on s'y
« sentait soutenu par une sorte d'âme commune qui était
« véritablement l'esprit de l'École.

« J'ai vu s'opérer de vraies transformations dans cette
« atmosphère de calme et de haute vaillance ; j'ai vu s'as-
« sagir d'eux-mêmes les caractères les plus indisciplinés,
« s'élargir des âmes trop mesquines ; certaines petitesses,
« certains manques d'élévation morale étaient impossibles
« à Sèvres, l'âme de la maison s'y opposait : « Maison de
« bon vouloir, de sagesse et de joie. » Et cette âme nous
« paraissait incarnée dans une personne, Mme Jules Favre.

« Son sentiment tout stoïcien du devoir, de la vertu, de
« la liberté et de la responsabilité personnelle, sans préten
« dre s'imposer aux consciences, finissait par les pénétrer ;
« et telle élève lui doit beaucoup au point de vue moral
« qui n'a pas adopté cependant l'étiquette de ses doctrines
« philosophiques. C'était une physionomie particulière et
« si puissante ! En classe, elle assistait à presque tous les
« cours : assise à gauche de la chaire avec sa robe noire,
« ses cheveux blancs, son teint jeune, ses yeux marrons
« pétillants, elle livrait parfois de vraies batailles philoso-
« phiques au professeur. D'une ténacité intransigeante, elle
« soutenait jusqu'au bout ses opinions en regardant mali-

[1]. GRANDE REVUE. J. Benaben, *Souvenirs de Sèvres*, 25 mai 1907.

« cieusement le plafond pour éviter d'être influencée par
« la vue de son adversaire qui était presque toujours M. Jo-
« seph Fabre. Elle-même nous faisait un cours de droit ;
« mais ce n'est pas là surtout que s'exerçait son action.
« C'est dans la cérémonie quotidienne du *bonsoir*, cérémo-
« nie, je crois, sans analogue ailleurs ; c'est dans les réu-
« nions du mercredi et les invitations du dimanche.

« Tous les soirs, un peu avant huit heures et demie, tou-
« tes les élèves qui n'en étaient pas empêchées par une
« raison majeure, se massaient à la porte du cabinet de tra-
« vail de Mme Jules Favre et attendaient que la demie son-
« nât. Alors l'élève la plus rapprochée de la porte frappait
« quelques coups timides, mais distincts, et distinctement
« aussi, on lui répondait : « Entrez. » Puis, chaque élève
« pénétrait dans le cabinet encombré de livres, de papiers,
« de portraits, de souvenirs où travaillait Mme Jules Favre,
« et par-dessus la table recevait d'elle une poignée de main.
« Cette habitude n'était pas une simple marque de respect
« de la part des élèves, ni de la part de la directrice un
« acte de souveraineté. C'était autre chose, quelque chose
« comme une sorte d'examen de conscience, chaque soir,
« de toute l'École, où était dressé, élève par élève, le bilan
« de la journée : à celle qui avait fait une leçon remarquée,
« un devoir intéressant, un sourire et une bonne parole ; à
« celles qui avaient manifesté de fâcheuses tendances, un
« regard froid, quelquefois un reproche court, mais cin-
« glant, à l'emporte-pièce ; à la seule façon dont était pro-
« noncé le traditionnel : « Bonsoir, mon enfant », on sen-
« tait percer la satisfaction ou le mécontentement. Aussi,
« quel moment vaguement redouté que l'heure du bonsoir !
« Quelquefois l'entretien se prolongeait, à la grande impa-
« tience des autres qui attendaient derrière la porte ; et

« c'était un curieux spectacle et un moment très particulier
« à Sèvres, que cette « queue » de huit heures et demie du
« soir derrière une porte entrebâillée pour un bonsoir à la
« fois solennel et intime.

« Le mercredi, après dîner, il y avait une autre habitude,
« également très spéciale à l'École. Les élèves dont le tra-
« vail n'était pas trop pressé se réunissaient dans la petite
« salle à manger de Mme Jules Favre, un ouvrage de cou-
« ture à la main ; assise au milieu d'elles, la directrice
« lisait une œuvre de philosophie, de littérature ou de mo-
« rale, souvent de l'Emerson, souvent aussi des Stoïciens,
« Epictète ou Marc-Aurèle, quelquefois du Molière ou du
« Corneille ; et, aux passages frappants, s'interrompait
« pour demander aux élèves ce qu'elles pensaient ; elle les
« interrogeait individuellement, au hasard, en les appelant
« par leur prénom. Une discussion commençait alors qui
« était comme le commentaire animé, parfois capricieux, de
« la lecture. Ce n'étaient pas des explications de textes car
« la lecture en était le principal objet ; c'étaient des con-
« versations philosophiques ou littéraires, suggérées par
« le texte. Sans doute bien des élèves, préférant à ces
« conversations désintéressées le travail utile, se dispen-
« saient souvent de ces réunions d'ailleurs facultatives ;
« même parmi celles qui les fréquentaient, plusieurs se
« cachaient derrière les chaises de leurs compagnes ou
« même derrière le dos de Mme Jules Favre afin d'éviter les
« interpellations. Mais on ne pouvait pas ne pas conser-
« ver un souvenir amical de ces lectures, qui, à la gravité
« intéressante des pensées, joignaient la légèreté, le
« caprice et parfois la gaîté de la causerie. »

∴

Les invitations du dimanche étaient surtout consacrées à la musique. Pour M⁰⁰ Jules Favre, la musique était une partie de la vie. De dix heures du soir jusque vers minuit, alors que la grande École dormait tout entière, des sons très lointains de belle musique classique pouvaient être perçus quelquefois dans la partie supérieure de la maison, celle des chambres d'élèves. Ils montaient de l'harmonium ou du piano du grand salon de M⁰⁰ Jules Favre.

« Le travail et la musique vous aideront à supporter la tristesse, écrivait-elle à une élève qui venait de quitter l'École [1] : je ne suis pas étonnée que vous ayez envie de jouer du Beethoven. Savez-vous que Mozart m'est insupportable quand je suis triste ; je le joue quelquefois au milieu du jour, par un soleil brillant, mais il a rarement le pouvoir de me charmer et il n'a jamais celui de me consoler. »

Et dans une autre lettre adressée à un ami [2] :

Je souhaite que vous ayez entendu l'ouverture du *Fidelio* de Beethoven. Le public a eu le bon goût de la redemander. Je l'aurais bien écoutée plusieurs fois avec la même émotion. Il n'y a que Beethoven qui remue si profondément mon âme : ces sublimes mélodies semblent réveiller tous les souvenirs d'une existence plus parfaite ; elles sont comme les réminiscences d'un monde idéal, et la tristesse délicieuse qu'elles causent est aussi le pressentiment de la véritable vie, de la libre expression de toutes les forces actuellement ensevelies dans l'âme. Que vous dirai-je des autres œuvres que j'ai entendu exécuter ? J'ai regretté qu'il y en eût d'autres. Pourtant la symphonie en la mi-

---

1. Lettre du 31 mai 1886.
2. Lettre du 19 oct. 1884.

neur de Mendelssohn est belle, mais je ne crois pas que ce soit une œuvre de génie ; elle donne un plaisir intellectuel et n'a pas le caractère élevé de la musique de Beethoven. »

Sa prédilection marquée ne la rend cependant pas absolument exclusive : « J'ai eu, à défaut de Beethoven dont je n'ai pas cessé de regretter l'absence, des fragments de Lohengrin qui en font désirer davantage. On m'a dit que M. Lamoureux avait l'intention de faire jouer toute l'œuvre ; pour ce jour-là je vous retiens malgré vos visites. Elle est digne d'un auditeur tel que vous... »

La musique n'était pas la seule de ses jouissances. Quel que fût son deuil, son goût pour sa chère solitude, elle accueillait avec reconnaissance, pour elle et pour les autres, toutes les joies.

« Ceux qui nous ont aimé et qui nous aiment encore et bien mieux dans cette terre nouvelle où ils vivent en réalité, nos bien-aimés morts qui sont les vrais vivants, n'exigent pas que nous nous crucifiions, que nous fermions notre cœur à tout ce qui pourrait adoucir notre douleur ; il me semble qu'ils doivent être heureux du moindre soulagement qui nous arrive et dont nous pouvons leur attribuer la bienfaisante influence. Ceux qui nous ont prodigué une tendresse si désintéressée ne se réjouissent-ils pas de tout ce qui peut diminuer notre abandon ? »

Elle jouit donc avec bonheur, ainsi qu'elle l'écrit elle-même, de la vie idéale de l'École ; de la jolie nature qui l'entoure et qu'elle aime en toutes les saisons :

« La nature est une amie dont le commerce apaise l'âme, assure-t-elle. Avec elle il n'y a jamais de dissonance. »

D'une façon vive et toute spontanée, elle en perçoit toutes les harmonies : « Ne tardez pas trop à revenir à Sèvres. Les bois sont dans toute leur beauté printanière, toujours nouvelle. La nature seule allie harmonieusement le vieux et le nouveau : c'est en cela qu'elle est le meilleur symbole de l'âme. » Et par une matinée de novembre : « Que vous auriez joui de ce beau jour d'hiver ! J'ai bien pensé à vous en voyant le givre étinceler ce matin sur nos jolis coteaux qui n'ont pas perdu toutes leurs feuilles. »

Elle écrit au moment d'un départ.... « Je suis rentrée dans la seule et sainte compagnie des étoiles ; et l'une d'elles a traversé le ciel au moment où je ne songeais qu'au désir de vous revoir avant votre départ pour la Suisse. Vous savez que, dans la légende alsacienne, une étoile filante qui parcourt le ciel au moment où l'on formule un souhait, vous assure l'accomplissement de ce souhait. Puisse-t-elle être bon prophète ! »

Elle trouva la force dès 1885 de reprendre seule, pendant les vacances, les voyages d'autrefois.

« ...Je suis ici depuis mardi et bien des fois je me demande si c'est bien moi. Je voudrais pouvoir dire que c'est votre lettre qui m'a décidée à partir, mais je ne saurais vous laisser croire que j'ai obéi à mon sage conseiller. Je m'étais au contraire remise au travail avec acharnement ; il me semblait que jamais je n'en avais plus senti les bienfaits ; mais après cette surexcitation j'éprouvais une si grande lassitude que je pris le parti de m'en aller sans plus réfléchir. Le temps est splendide, la chaleur est presque trop forte ; mais malgré tout je jouis des montagnes. Le grand charme de ce pays c'est qu'on peut se promener seule partout, et que ne puis-je vous faire connaître ces solitudes alpestres ! Ce matin j'ai suivi pendant trois heures le cours d'un torrent que j'avais en vain cherché pendant deux jours. Il m'appelait de sa voix tantôt murmurante, tantôt impétueuse. Et quand je croyais le plus m'en approcher, il semblait m'avoir fui bien loin. Enfin je l'ai vu se précipiter dans les gorges profondes, se perdre entre des rochers noirs qui resserraient son lit, puis rebondir en cascade, puis s'élargir dans son cours, s'apaiser par degrés, ne formant plus que de toutes petites vagues cristallines et se perdre dans le grand lac. J'étais entièrement seule avec Dieu et mes pensées au milieu d'une nature qui présente les plus frappants contrastes et dont les puissantes impressions vous saisissent sans vous accabler. » (Righi-Vaudois, 17 septembre 1885...)

« Je suis rentrée ici ce matin et je vous espérais un peu toute la journée tout en désirant pour vous que vous fussiez encore à la mer qui doit être très belle dans ces temps orageux. Avant-hier il a neigé à Glion tout le jour et je m'en voulais d'attendre si impatiemment l'heure du départ, car c'était bien de l'ingratitude pour un pays qui m'avait donné de si vives jouissances. Aussi, pour m'en punir, ai-je résisté à l'entraînement de la multitude des voyageurs qui se hâtaient de fuir Glion. C'est sans doute pour cela que les montagnes se sont montrées à moi hier matin sous leur voile aérien d'un blanc incomparable, et le lac, avec ses mille nuances, m'envoyait ses plus charmants sourires. Mais une heure après, il était agité par la tempête ; en le voyant moutonner, je me figurais admirer avec vous la mer.

« L'illusion ne pouvait être complète, car les montagnes se montraient en même temps, avec leur sol raviné, la tête et les flancs étincelants de neige, leur sombre verdure semblait noire comme si elles portaient le deuil. De Lausanne à Pontarlier et même au delà, nous avons trouvé de la neige sur tout le parcours du chemin.

« Et me voici de nouveau chez moi où j'ai repris une partie de mes occupations, et je me demande si vraiment j'ai quitté Sèvres un seul jour. Je ne puis assez m'étonner de la fugacité de mes impressions : cet être mobile que j'appelle moi, doit être composé d'un nombre infini d'êtres, car il n'est pas possible que le même être soit plus changeant que la surface d'un lac. Heureusement, il y a des sentiments et des pensées qui demeurent, si fugaces que soient les formes qui les expriment ; et c'est grâce à ce meilleur moi, plus stable, qu'on peut ne pas douter de son identité. Mais où est-ce que je m'engage avec un philosophe qui voit clair là où je n'ai que des idées confuses. Pardonnez-moi de vous écrire ainsi au courant de la plume ; quand elle marche pour vous elle voudrait suivre toutes les sinuosités de la pensée : ainsi il arrive ce que j'ai éprouvé parfois dans mes promenades, le sentier rocailleux après avoir décrit mille zigzags semble s'arrêter tout d'un coup, et le promeneur tout interdit cherche en vain le fil disparu... » (30 septembre 1885).

.·.

Dès qu'on pénètre dans l'intimité de Mme Jules Favre, sa fraîcheur d'impressions, sa jeunesse de cœur ne peuvent manquer de vous frapper. Elle eut jusqu'à la fin le culte de l'amitié. Et voici comment elle sait remercier : « Pardonnez-moi, cher ami, les heureux sont ingrats, et souvent c'est par ignorance et par enfantillage. La joie rajeunit les plus vieux et les transforme en d'innocents enfants qui se laissent vivre et s'épanouissent sous les délicieux rayons de l'infinie bonté ! »

C'est avec tout son cœur qu'elle s'écrie: « Oh ! qu'Émerson a bien raison de dire « pour un ami la vie est trop « courte ». Il n'y a pas de questions sur lesquelles il ait mieux parlé que sur l'amitié, et il y revient comme à la question des questions. »

Les maîtresses de l'École se groupaient autour de Mme Jules Favre dans une intimité d'année en année plus cordiale et plus douce. Ce qu'elle fut pour ce petit cercle qui sentait avec intensité ses privilèges, chacune de celles qui le composaient pourrait seule le dire. Et quels souvenirs de gaîté, de souriante et fine malice, laissent à celles qui les ont connues ces heures de réunions heureuses. « Quand on prend l'habitude de prêcher, disait-elle, on prêche comme on respire. » Mme Jules Favre ne prêchait jamais. Mais que d'idées s'éveillaient auprès d'elle. C'était parfois à la suite d'un cours; la discussion commencée continuait après « le bonsoir » dans le cabinet de travail que nous aimions. Voici ce qu'elle écrit au professeur de philosophie le lendemain d'une de ces conversations : « Votre importune auditrice n'a pas voulu mettre le comble à son audace en prenant contre vous la défense de Kant. Je trouve très belle sa règle de conduite, savoir : d'agir en sorte que notre action puisse servir de loi à toute créature humaine. Elle me semble comprendre toute la vie morale. Mais je crois aussi qu'il y a des cas où l'on a la conviction de bien agir dans des circonstances données, tout en sentant que notre conduite ne doit pas être érigée en règle générale. Il y a de sublimes folies, de nobles imprudences et de généreuses témérités dont il serait dangereux de faire des lois... »

Les sujets étaient loin d'être tous les soirs aussi graves : politique, littérature, art, amour, amitié, mode, cuisine même, que n'abordait-on pas ? Mais la conversation s'élevait toujours et l'on se trouvait à la fois plus haut et plus près en se quittant. Elle avait une manière si personnelle d'apprécier ceux qu'elle aimait ou n'aimait pas. Bossuet était de ces derniers.

« Merci de m'avoir confié votre précieux volume. Lui seul peut opérer le miracle de ma conversion. Mais hélas ! j'en désespère. Tout à l'heure, j'ai lu quelques pages de la *Vie Cachée*. Je trouve cela savant, beau, mais je ne sens pas frémir l'âme. Bossuet ne m'a émue jusqu'à un certain point que lu par vous aujourd'hui. Ne désespérez pas encore de moi, et recommencez l'expérience, j'allais dire l'opération. N'est-ce pas celle de la cataracte ? »

Ces causeries avaient tant de charme qu'elles se seraient volontiers trop prolongées : « Votre vieille amie est revenue sagement à Sèvres après sa promenade à Versailles. Elle comptait travailler, mais les visites ne lui ont pas laissé le temps. Nos aimables maîtresses me prennent une grande partie de mes soirées ; aussi je ne fais plus rien, et je leur ai déclaré que, passé une certaine heure, il faudrait désormais faire trêve à la causerie. »

Elle pouvait avoir avec les élèves une gaîté jeune ; personne ne comprit mieux les vers amusants, les dessins plus ou moins satiriques. Elle aimait à plaisanter quelle que fût sa réserve et cette apparence un peu austère qui, pendant longtemps, faisait peur à beaucoup. Voici comment elle apprend à une élève qu'elle peut prolonger ses vacances :

Ma chère enfant,

« J'espère qu'une âme charitable vous aura dit avant moi que vous pouvez continuer l'exécution du programme de La Fontaine jusqu'au 4 octobre.

J'aurai de cette manière la double satisfaction de vous revoir avec des joues normandes que vous tâcherez de conserver en dépit de l'influence scolaire. En pensant à vous, je vois une figure allongée où tout est pointu, et si vous avez oublié les examens, ce dont je vous félicite, j'ai encore présente à la mémoire votre mère effarée et tant soit peu piteuse que vous tourniez vers moi comme pour m'implorer dans la détresse. Grâce à Dieu, vous en êtes sortie et je vous conseille d'ajourner les soucis d'agrégation. » (Sèvres, 20 septembre 1886).

« Toutes les fois que je pense à vous, écrit-elle à un tout jeune professeur, et que je vois paraître devant moi cette petite coureuse que j'aimais à rencontrer dans les corridors ou au tournant des escaliers, je vois en même temps votre tendre mère, la vénérable L... qui vous aimait et vous défendait si bien. Je suis heureuse que vous soyez si bien d'accord pour bien faire, mais je n'en suis nullement étonnée : une telle amitié était faite pour durer. »

Deux ans après (20 oct. 1887) même note aimable pour encourager une autre élève aux premiers débuts :

Ma chère enfant,

« Votre première lettre de Nice est indécise comme le ciel d'automne. Pourtant je crois que la gaîté y domine, ainsi que le soleil à Sèvres depuis quelques jours.

Notre première quinzaine a été affreuse, et il n'est pas étonnant que même votre beau climat ait été un peu atteint par la brise de nos régions. A l'École même, tout a assez bien marché, malgré le ciel de plomb et les pluies glaciales ; mais on a beau faire, l'homme s'en ressent et le soleil intime est souvent éclipsé.

Enfin vous voici débarrassée de vos examens et très occupée à préparer vos cours et aussi à dresser des menus et peut-être même des plats. Ne vous plaignez pas de fonctions aussi variées qui coupent agréablement la monotonie et procurent des satisfactions aux autres et à vous. Ne vous en veuillez pas trop non plus d'être distraite au milieu d'une leçon par la pensée d'un mets à goûter en aimable compagnie. La gourmandise à plusieurs est moins coupable, puisqu'on songe surtout au plaisir à faire à autrui. Ne voilà-t-il pas que je deviens casuiste, et j'ose exposer mes théories dangereuses à un professeur de morale... » (Sèvres, 20 octobre 1887).

.·.

Tout à Sèvres parlait de paisible bonheur, et pourtant les quatorze années de sa direction furent pour Mme Jules Favre souvent traversées et douloureuses. L'habituelle sérénité qui frappait les élèves était bien une conquête de la volonté. Un enseignement nouveau, accueilli par tant de défiance, conçu par ses fondateurs mêmes avec d'assez sensibles divergences de vue, ne s'établit pas sans souffrance et même sans combats.

« Ah! si de temps en temps je ne voyais de nobles sentiments, comme je me sauverais dans un petit coin et ne vivrais plus que du culte de ce que j'aime, écrit-elle le 23 octobre 1884. Je ne suis pas découragée, je suis même heureuse quand je puis, par une parole de sympathie, faire sourire un cœur triste. Cela me donne encore plus de joie que le soleil radieux sur nos splendeurs d'automne. »

Et le 13 décembre 1886 : « Vous me parlez de découragement : si vous me connaissez, comme je le crois, vous ne devez redouter pour moi que celui qui prendrait sa source dans le cœur ou dans la conscience... »

Cette conscience était très exigeante, soumettait à son contrôle tous les actes administratifs, n'admettait ni petits moyens, ni formes vides, ni apparences vaines : « Je ne comprendrai jamais une politique qui sacrifie les principes aux apparences d'un jour, et livre ainsi au hasard la direction des affaires les plus importantes, écrivait-elle. Qu'un gouvernement procède ainsi pour se maintenir à tout prix, cela semble tout naturel, mais les expédients ne sont-ils pas indignes de législateurs désintéressés voulant faire œuvre qui dure ? »

Rien de moins opportuniste que la façon d'agir de Mme Jules Favre. Elle parlait fort peu d'elle-même, mais chacun savait à Sèvres que son affection pour l'École ne l'y retiendrait pas une heure si elle devait y sacrifier quelque chose de sa franchise ou de ses convictions. Sa direction si forte et si haute nous parut souvent précaire : ce fut une souffrance, mais quelle discipline tonique que cette pensée constante de quelque chose de supérieur au bonheur, et même à l'intérêt immédiat d'une œuvre chère ; que cette certitude qu'il serait possible à Sèvres de différer de jugement sur la matière du devoir, mais qu'il n'y aurait jamais d'abdication de conscience.

« Toute conscience droite et délicate, écrivait Mme Jules Favre, doit reconnaître, par son expérience personnelle, qu'il est difficile d'être toujours vrai et de vivre dans le monde sans y perdre plus ou moins sa droiture. Combien il importe donc de fortifier l'âme pour lui conserver le plus noble et le plus précieux de ses droits, celui de s'estimor et d'être respecté d'autrui en restant inébranlable dans son amour de la vérité. » (Préf. de J.-P. Richter, p. 19.)

Elle s'y attachait elle-même de façon scrupuleuse, et, pour garder son âme libre ne permettait à aucune des conventions qui tiennent tant de place dans certaines vies, d'en prendre aucune dans la sienne. Voici ce qu'elle répondait à une directrice qui la consultait sur une question d'égards dus à son lycée.

Ma chère enfant,

J'espère que vous n'avez pas attendu mon avis pour savoir jusqu'à quel point vous devez tenir pour votre lycée au droit d'être invitée aux fêtes officielles. Je ne crois nullement qu'en cela gît quelque chose de la considération qui est due à nos établissements. Aussi je ne réclame jamais rien pour l'École qui n'est jamais invitée nulle part. Ai-je tort ou raison ? Je ne m'en préoccupe pas. La directrice qui me succédera fera peut-être tout autrement, et je ne doute pas qu'elle ne fasse mieux. Mais que chacun agisse selon qu'il est persuadé en son esprit, je ne dis pas en sa conscience, car il n'en peut être question ici. Vous avez autour de vous des personnes beaucoup plus aptes à vous conseiller que moi... » (11 mars 1895).

Elle avait décliné, dans le même sentiment, les interventions amicales qui s'offraient pour faire élever son très modeste traitement [1] et refusé très simplement le 1ᵉʳ janvier 1887 les palmes académiques.

---

1. « Ne faites rien pour la directrice de Sèvres... Quand la France sera à flot, c'est... francs qu'elle devra lui donner. En attendant je préfère le *statu quo*. Je ne m'évalue pas d'après le chiffre de mon traitement. Si ma situation de fortune me permettait de ne rien accepter du tout, en vaudrais-je moins pour cela ? »

La lettre officielle qu'elle écrivit à ce sujet nous est parvenue, comme post-scriptum d'une sorte de méditation de fin d'année adressée à un ami. L'ensemble est caractéristique.

Minuit, 1ᵉʳ janvier 1887.

« L'homme s'élève au-dessus de la terre sur deux ailes: la simplicité et la pureté.

« La simplicité doit être dans l'intention, et la pureté dans l'affection.

« La simplicité cherche Dieu, la pureté le trouve et le goûte. »

C'est à ces paroles de l'*Imitation de Jésus-Christ* que je me suis arrêtée au moment où l'horloge m'annonçait le commencement de l'année nouvelle. Je vous les transmets, cher ami, à vous par qui Dieu me dispense ce divin enseignement. Vous avez bien raison de dire que l'*Imitation de Jésus-Christ* fait pâlir même les *Pensées* de Pascal.....

... P.-S. — Voici la copie de la lettre que je viens d'adresser à M. le Ministre et à M. le Recteur :

« J'ai appris aujourd'hui au Ministère que j'étais nommée officier d'Académie, et cette nouvelle m'a été confirmée ce soir par le *Journal Officiel*.

« Bien pénétrée des principes qui toujours ont guidé mon mari, M. Jules Favre, j'estime que ceux qui essaient de faire leur devoir sont bien récompensés.

« J'ai donc l'honneur, monsieur le Ministre, de décliner toute distinction honorifique et de vous offrir l'assurance de mon profond respect. »

A deux reprises, Mᵐᵉ Jules Favre crut devoir donner sa démission : en juillet 1885 et en septembre 1891. M. Gréard ne transmit pas la première ; la seconde souleva parmi les professeurs un tel mouvement de regret, et fut auprès du ministre, M. Bourgeois, l'objet de si pressantes démarches de leur part que, sans rien sacrifier de ses principes, Mme Jules Favre dut la retirer. Revenir sur des décisions aussi graves fut certainement le plus grand sacrifice que Mme Jules Favre fit à Sèvres.

Une lettre du 27 juillet 1885 permet de mieux comprendre son esprit :

« Vous ne pouvez croire, mon excellent ami, que l'amour de la retraite domine en moi jusqu'à me faire repousser, même d'une main, une tâche que j'aime et que j'étais disposée à continuer tant que Dieu me prête force.

Durant ces quatre années je n'ai peut-être pas eu un seul jour sans ennui du côté de l'administration, mais les bons sentiments de nos élèves m'aidaient à tout supporter. Et comme je l'ai dit au ministre, bien souvent j'ai exécuté des instructions que je n'approuvais pas, mais il y a des concessions que l'on ne peut faire. Je regrette déjà ma tâche, et je sens que je la regretterai encore bien plus dans ma retraite. Je me rappelle trop bien ce que j'éprouvais avant d'avoir cette tâche et même dans mes jours les plus heureux où je me reprochais d'avoir une vie trop douce et de ne rien faire pour les autres. Alors même que je me croirais nécessaire ici, je n'aurais pas agi autrement. Il me semble que je suis à ma place, que je puis y être utile, je suis étonnée d'être poussée dehors par les circonstances indépendantes de ma volonté. J'ai essayé de réagir et vous savez comment j'ai réussi. Il faut donc bien que je croie que pour l'œuvre même et peut-être aussi pour moi, il vaut mieux qu'elle soit remise en d'autres mains. Et comme toutes les joies de cette vie sont plus douces au déclin, je découvre des attraits jusqu'à ce moment inaperçus : les élèves les plus inertes me semblent mieux penser et sentir et il n'y en a pas une qui ne m'intéresse. Voilà mon âme telle que je la vois. »

.*.

Les élèves de l'École ne furent pas troublées par ces incidents : « L'orage que je pressentais a éclaté le 29, écrivait en juillet 1885 M⁽ᵐᵉ⁾ Jules Favre. Le faible roseau n'a pas plié ; mais le lendemain, il s'est mis à l'abri du souffle de Borée. Gardez-lui le secret pour ne pas agiter les petits roseaux qui l'entourent. »

Le secret a été bien gardé. Les promotions de cette époque seront peut-être aujourd'hui bien étonnées d'apprendre que M⁽ᵐᵉ⁾ Jules Favre, si dure pour elle-même, si peu disposée aux tendresses amollissantes, avait voulu se retirer parce qu'elle ne se trouvait pas à l'École une autorité suffisante pour assurer à celles qui lui étaient confiées le bien-être qui pouvait leur être donné. Elle agit et ne parla pas. Il en fut de même en 1891 où des divergences avec le jury d'agrégation faillirent entraîner son départ. Son intransigeance n'est qu'une soumission à une loi supérieure.

Aussi quelle sagesse dans ces conseils, quelle sévérité même pour celles qui, substituant leur satisfaction personnelle au devoir, méconnaissent l'autorité légitime.

« ... Votre directrice avait tout droit de vous faire des observations ; en admettant même qu'elle les ait faites avec un ton blessant pour vous, vous avez le plus grand tort de ne pas mettre tous les bons procédés de votre côté...

La discipline qui vous pèse est plus ou moins celle de tous les établissements d'instruction publique ; c'est un bien léger ennui quand on songe à la grande idée pour laquelle vous travaillez et qui doit vous élever au-dessus de toutes les mesquines questions de personnes... »

« ...Tâchez de supporter vos difficultés le plus philosophiquement que vous pourrez. Vous pensez qu'à distance, il m'est facile de vous faire cette recommandation ; en vous la faisant, je me le dis bien aussi, car je me rappelle combien de telles épreuves sont pénibles, et combien elles usent le courage qui a besoin de se retremper dans le travail solitaire. Dans la région sereine des idées où l'enseignement vous permet, et vous fait même un devoir de vous réfugier, on retrouve toujours le calme et des satisfactions pures à l'infini... La vie est grande avec une profession telle que la vôtre ; et malheur aux éducateurs qui ne la verraient pas telle ! malheur aussi à leurs élèves ! »

« ...Ne jugez pas trop sévèrement la prudence, quelquefois exagérée, de celles qui ont la responsabilité de la direction des lycées. Je crois que cette prudence a pour but de rassurer les timides, de gagner les esprits les plus prévenus et de faire ainsi bénéficier le plus grand nombre d'enfants d'un enseignement si propre à contribuer aux progrès de notre cher pays. Je regrette que vous n'enseigniez pas la morale, mais vous l'enseignez quand même à toutes vos élèves par le précepte et par l'exemple... » (Octobre 1884).

Je vous plains bien d'avoir de tels ennuis. Voyez-les de haut, efforcez-vous de « procurer la paix », selon la parole de l'Évangile qui est bien profonde, bien vraie et bien consolante (Octobre 1884).

Il faut que je vous gronde, ma bien chère enfant, non de ce que vous me dites tout, cela me fait trop de plaisir, mais de votre excessive défiance de vous-même qui vous fait chercher ailleurs qu'en vous et au-dessus de vous, la direction dont vous avez besoin. Je ne suis pas étonnée de l'impression pénible que vous éprouvez dans cette grande fabrique d'intelligences. Certainement le souffle devrait venir de l'âme qui dirige, mais dans un externat si nombreux, il me semble bien difficile d'exercer une influence morale. C'est plutôt aux professeurs qui sont directement en rapport avec les élèves, qu'il appartient d'éveiller et de cultiver la vie morale, en même temps que la vie intellectuelle ; et l'une et l'autre me semblent si étroitement unies qu'elles se développent de concert sous une saine direction. Il ne peut être ici question d'opposition, vous n'avez pas à signaler ce qui manque, ni à rechercher les responsabilités de chacun. Vous avez à faire votre œuvre ; faites-la aussi parfaitement que possible pour ce qui vous concerne, et puisque vous avez le bonheur d'avoir quelques collègues qui pensent comme vous, fortifiez-vous par de fréquents entretiens dont les questions de personne soient bannies tout naturellement par l'importance de la fin supérieure que vous poursuivez. Ainsi, vous ferez luire votre lumière devant vous, et ce petit noyau d'âmes dévouées et fidèles s'accroîtra pour le plus grand bien de toutes... Ne prenez pas au sérieux ma gronderie, ma bien chère enfant, c'est pour moi une bien douce satisfaction d'entrer le plus possible dans votre vie. Ne craignez donc pas de me confier, même ce que vous appelez « vos découragements ». Ce n'en sont pas en réalité, vous avez l'esprit trop ferme et la foi trop robuste pour ne pas surmonter toutes les défaillances. » (31 janvier 1886).

*
**

Ce qu'elle écrit aux autres, Mᵐᵉ Jules Favre se le dit sans cesse à elle-même. On retrouve dans sa correspondance des témoignages constants de cette discipline intérieure.

« ...Laissez-moi m'accuser comme je le dois d'une parole brusque qui peut-être vous a fait de la peine. Si j'ai mal répondu à votre extrême bienveillance, ce n'est pas que je n'en sois pas touchée, c'est uniquement parce que j'ai peur d'aimer trop les éloges qui me viennent d'un ami aussi estimé et aimé que vous. » (30 novembre 1883).

« ...J'éprouve tous les jours ce qu'il y a de salutaire dans la discipline imposée tout naturellement par la responsabilité de ceux qui s'occupent d'éducation; cette constante observation de soi-même pour mettre les sentiments et les actes en harmonie avec les paroles, donne plus de force pour se vaincre et pour essayer de prêcher d'exemple. Le travail solitaire ne saurait remplacer cette discipline, malgré tous les bienfaits dont il est la source intarissable. » (12 octobre 1884).

« ...Il n'est pas possible que vous ne rendiez pas justice à un sentiment sincère, même lorsque vous souffrez de ses duretés. Certaines natures ont trop d'aspérités pour ne pas les faire sentir à ceux qu'elles aiment le mieux, et surtout à ceux-là. Peut-être y a-t-il beaucoup d'orgueil dans leur façon d'agir, mais il y a aussi quelque chose de moins mauvais. Elles ne parleraient pas si rudement si elles aimaient moins; elles garderaient même le silence vis-à-vis des indifférents ou des simples connaissances. Elles ont un desir si ardent de voir parfaits ceux qu'elles veulent admirer et aimer sans réserve, qu'elles sont peut-être pour eux plus exigeantes qu'elles ne devraient l'être. Vous auriez le droit de leur dire : « Commencez par être parfaite, et pour cela, soyez d'abord douce. » C'est ce que je me dis moi-même en toute humilité. »

...« Mais hélas ! il est plus facile de haïr son moi que de s'en détacher, de le condamner que de l'oublier ! »

Et jusque dans les toutes dernières années de sa vie, alors que ceux qui l'entourent sont frappés par sa sérénité grandissante, la même note se retrouve : « Je me demande si j'ai contribué à votre tristesse, ce que je regretterais beaucoup. Les examens qui me font sortir de notre région sereine de Sèvres me sont de plus en plus pénibles. Les hommes et les choses ne sont pas ce que je voudrais et je n'ai pas ce qu'il faut pour les accepter et supporter. J'y réussis assez bien en me disant que je ne suis pas non plus ce que les autres voudraient... »

« Vous avez bien raison de dire qu'en ce monde on est plus heureux par le bonheur qu'on donne que par celui qu'on reçoit. « Il y a plus de joie à donner qu'à recevoir. » Mais vienne une affection profonde, capable autant que cela se peut de remplir toute la vie, on sent que le bonheur de donner est bien grand aussi. Ces affections sont rares, de plus le ciel les interrompt et les transforme par la mort. Alors on finit par comprendre que faire son devoir, c'est le but de la vie... » (août 1894).

Mais la douceur domine la tristesse : « J'aime beaucoup ce sujet, dit-elle à propos d'un texte de leçon : Que puis-je lui apprendre ? Il ne m'aime pas. » On pourrait dire quelquefois : Je ne l'aime pas. Les deux conditions sont indispensables... « Plus on vit dans l'enseignement, insiste-t-elle les tout derniers temps de sa vie, plus on se sent des raisons de devenir humble et indulgent. »

∴

Une vie intérieure si effective, une si parfaite sincérité attirent invinciblement la confiance : elles l'inspirent surtout à ceux qui sont troublés et mécontents d'eux-mêmes. Mme Jules Favre reçut beaucoup de confidences : elle ne les provoqua jamais. Sa préoccupation constante était de ne pas trop conseiller, de ne pas diriger, mais de mettre en face d'eux-mêmes ceux qui avaient recours à elle.

Les réponses dont nous donnons ici quelques extraits témoignent de son entière franchise, elle affirme sa propre foi, mais avec le respect de la conscience, le souci de la liberté dont elle ne se départait jamais.

« ...Ne croyez pas, mon enfant, que j'aie pu rire de vos scrupules exagérés ; je ne ris jamais d'aucun scrupule, quelque étroit qu'il me semble, parce que je le crois inspiré par un bon sentiment... » (Octobre 1884).

« ...Dans l'ardeur de votre désir, vous vous figurez que ce voyage (à Sèvres) vous aidera à mieux remplir votre devoir ; mais ce n'est pas ailleurs qu'en Dieu et en soi qu'il faut puiser le courage de bien faire. Tout ce que je pourrais ou ce que d'autres pourraient vous dire aurait peut-être plus d'effet sur le moment que les leçons que vous pouvez vous faire. Mais croyez-moi, ma chère enfant, avec les ressources que vous avez en vous-même, il faut que vous sachiez vous conduire en toute circonstance et les avis d'autrui ne font impression sur nous que quand ils sont d'accord avec les inspirations de notre conscience. » (Mars 1885).

« Il est si bon de se confier à Dieu pour toutes les choses qui ne dépendent pas de nous. La Providence chrétienne plus personnelle et plus agissante que celle d'Epictète et de Marc-Aurèle s'occupe beaucoup plus des individus et se reposer sur elle c'est s'épargner bien des inquiétudes. Vous me demandez ce qu'il faut faire pour devenir moins égoïste, plus ferme. Mais vous le savez tout aussi bien que moi, il faut veiller sur soi, lutter, toujours lutter. Ce que je vous dis là est aussi vieux que le monde, mais je ne sais rien de nouveau à cet égard. Tous nos maîtres de morale nous ont donné sous diverses formes le même conseil. » (Janvier 1888).

« ...Ne croyez pas que vous soyez la seule à éprouver des moments de sécheresse pendant lesquels le devoir seul vous fait marcher. Je ne doute pas qu'il n'y en ait dans toutes les vies et peut-être même les meilleures. Mais il faut faire son possible pour en sortir et, comme en général, on souffre de cet état d'âme on s'efforce d'y remédier. Les principes seraient moins indispensables si les bons sentiments avaient toujours la même force. La vie sensible, hélas ! c'est comme la mer, un flux et un reflux perpétuels ; avec cette différence que les mouvements de la mer sont réguliers et périodiques... »

« ...L'amour du devoir est aussi une religion, et quand je le rencontre, je l'estime à l'égal d'une autre. Là où il y a une conviction sincère, elle doit influer sur la moralité. Mais il faut une force morale extraordinaire pour rester honnête quand on est dépourvu de convictions : aussi je crois que l'amour du bien, en pareil cas, est encore une conviction tenant lieu de religion... »

« Le désir de prier est déjà une prière. « Tu ne me cher-« cherais pas si tu ne m'avais point trouvé. » Tout ce qui élève l'âme, la rapproche de Dieu est une manifestation de la prière. »

« Ce que Dieu demande, c'est une prière sincère. Priez donc d'abondance et quand vous ne le pouvez pas, priez que Dieu dispose votre cœur à prier. Une pensée vers Dieu vaut mieux que de longues prières où la pensée n'est pas : c'est même la seule élévation qui vaille... »

« ...Je n'ai pas voulu dire que l'intolérance soit le propre de l'orthodoxie protestante, on la trouve malheureusement chez tous les sectaires. Il y en a même qui excluent et persécutent au nom de la libre pensée. Je voudrais que l'esprit large de l'École où toutes les opinions religieuses sont respectées dans la plus entière liberté, devienne de plus en plus l'esprit de la France, et je crois comme vous que les lycées doivent y contribuer. Là se rencontrent sans acception de religion et de conditions sociales un grand nombre de jeunes filles qui, dans le monde, ne pourront plus oublier cette intelligente et douce confraternité. Je vois dans ces lycées des moyens sûrs de perfectionner dans notre pays, la liberté, l'égalité et la fraternité. »

« ... Mlle T... m'a dit que vous vous marierez au mois d'août; j'en suis bien contente. Il paraît que vous voulez vous passer de la cérémonie religieuse et vous désirez savoir ce que j'en pense. Mais, mon enfant, je suis d'avis que vous agissiez selon vos convictions. Il n'y a rien que j'estime plus que la sincérité, et c'est précisément parce que je respecte la religion, que je déteste les actes religieux faits sans foi. Je regrette beaucoup pour vous que vous ne croyiez pas, mais je ne voudrais pas que, par respect humain, vous fissiez ce que font d'autres par conviction. Je souhaite que vous veniez à croire, et je ne comprends pas qu'une âme telle que la vôtre ne soit pas religieuse. Mais je crois qu'au fond elle l'est, seulement elle ne peut pas s'accommoder de la religion de tradition. Faites-vous la vôtre... » (29 août 1890).

« ...Ma chère enfant, je regrette que vous ayez fait connaissance avec le mal de dents ; mais j'espère que vous l'avez supporté avec patience et que vous n'en avez pas fait souffrir ceux qui vous entourent.

Vos lettres sont tristes ; vous me parlez de déceptions qui se succèdent et vous en concluez peut-être que la vie est un mal. Je crois que la vie est ce que nous la faisons, un bien ou un mal. Je ne veux pas dire que les événements qui ne dépendent pas de nous ne contribuent pas à notre bonheur ou à notre malheur. Mais la vie, malgré la souffrance, et peut-être beaucoup par la souffrance, est grande et belle quand on travaille à se perfectionner et à faire du bien aux autres. C'est ce que vous vous proposez et c'est aussi ce que vous essayez de faire, ma chère enfant. Aussi pourquoi dites-vous que vous n'êtes pas digne de mon estime ? Est-ce parce que vous avez parfois des défaillances ? Hélas ! qui n'en a point ! Mais, grâce à Dieu, on se relève, et l'on remet la main à la charrue. » (29 août 1890).

« ... Tout en aspirant à ce qui vous semble le plus élevé, ne vous désespérez pas de ne pas y atteindre malgré tous vos efforts. La vie est une lutte continuelle qu'il faut soutenir humblement, avec persévérance. Les beaux élans ne sont jamais des résultats définitifs, et il est bien rare qu'ils ne soient pas suivis de défaillances, peut-être pour nous apprendre à ne pas nous relâcher et à n'avoir pas trop de confiance en nous-mêmes.

Promenez-vous beaucoup à l'air libre et ne veillez pas. Fortifiez-vous par quelque tonique, ne serait-ce que du quinquina. Priez beaucoup pour rasséréner votre âme. » (9 mai 1892).

« ... Je n'ai jamais prétendu dire que « tous les endroits sont indifférents ». — Je comprends trop bien qu'on préfère tel ou tel ; mais j'estime que celui où nous sommes placés par les circonstances qui ne dépendent pas de nous est aussi celui où nous pouvons et devons faire du bien. Les endroits sont donc indifférents à l'égard de notre contentement intérieur que nous devons porter partout avec nous, et aussi à l'égard de notre œuvre à faire dans l'œuvre universelle... Ne cessez de chercher pour l'âme ce qu'il y a de meilleur... »

∴

Ces lettres donneraient une idée incomplète de la correspondance de Mme Jules Favre avec les élèves de l'École. Tout ce qui les concerne l'intéresse ; elle embrasse toute leur vie avec ses préoccupations multiples, les grandes questions d'enseignement comme les infimes détails de la tâche, comme les soucis et les joies de famille. Il lui arriva, pour soutenir un professeur de collège chargé par intérim de la direction dans des circonstances difficiles, de lui écrire tous les jours une lettre de réconfort. Mais elle ne serait jamais intervenue, si bien qu'elle connût l'une et l'autre dans les rapports entre directrice et professeur ou dans les relations avec l'administration supérieure.

Parmi ces lettres, dont plusieurs ne pourraient être données, nous avons choisi les suivantes :

« Je suis loin de vous trouver aristocrate, ma chère enfant, en souhaitant qu'il n'y ait à l'Ecole de Sèvres que des esprits distingués et des caractères élevés. Je suis tout autant aristocrate que vous, et je vous approuve de ne pas diriger de notre côté toutes les jeunes filles qui le voudraient. Mais si parmi les esprits médiocres, vous en trouvez ayant du bon sens, de la simplicité, du cœur, ce que j'appelle un bon esprit, je crois qu'ils peuvent gagner beaucoup à Sèvres, et qu'ils serviront bien l'enseignement secondaire, sans souffrir trop dans leur famille, quelque humble qu'elle soit. Plus je vieillis, plus je me convaincs que le bon sens et la bonté sont les choses essentielles pour se conduire dans la vie et pour exercer une heureuse influence. Je redoute autant, sinon plus ici, la coquetterie et la frivolité, ainsi que la vanité et l'ambition, que la vulgarité qui souvent n'est que l'apparence et disparaît par la culture. Envoyez-nous donc, ma chère enfant, à défaut d'esprits distingués, de bons esprits, simples, droits et justes. Je compte sur votre cœur pour suppléer à tout ce que je ne sais pas bien dire. » (31 mai 1886).

« ... Vous avez bien raison de préférer la bonté à toute autre chose. Je dirai même que la vraie bonté donne de la clairvoyance à l'âme, de la justesse à l'esprit, de sorte qu'on ne peut être réellement bon, sans être réellement intelligent. Et que me fait la science qu'on apprend dans les livres quand on le veut! Je vous félicite d'être arrivée à cette conviction, j'aimerais mieux passer ma vie avec une personne bonne et tout à fait dépourvue de science livresque qu'avec l'intelligence la plus forte, mais déshéritée des dons du cœur. » (Avril 1888).

«...Je crois comme vous qu'il faut témoigner beaucoup de confiance aux élèves et que c'est là un des principaux moyens d'éveiller et de développer le respect de soi. Celles qui ne répondent pas à cette confiance ne profiteraient pas plus d'un autre système d'éducation. Je n'ai jamais très bonne opinion de ceux qui rient de la confiance et qui haussent les épaules quand ils la voient pratiquer. Je crois que ce scepticisme, le plus triste de tous, provient de ce qu'ils n'ont pas de foi dans la nature humaine telle qu'elle est en eux-mêmes. » (Octobre 1884).

«...Savez-vous que je n'aurais jamais osé donner à une élève un livre en lui désignant les pages qu'elle ne devait pas lire. C'est l'exposer à une trop grande tentation. Je ne crois pas non plus qu'il soit sage de signaler ainsi les pages qui peuvent exciter la mauvaise curiosité. » (Février 1888).

« .... J'ai toujours peur qu'après avoir été trop confiante vous n'exagériez la défiance. Il est tout naturel que ceux qui trouvent plaisir à mal faire, dissimulent pour le faire le plus longtemps et s'assurer l'impunité. Quand vous ferez de la surveillance à outrance, vous ne pourrez pas vous flatter de les garder du mal; il faut leur apprendre à s'en garder elles-mêmes. Sans cela, vous encouragez la fausseté et l'hypocrisie. J'espère que vous reviendrez bientôt à des sentiments plus justes et plus vrais. » (Juin 1890).

«..... Courage, ma chère enfant! Les ennuis extérieurs ont cela de bon, qu'ils nous arrachent à nous-mêmes et nous réveillent pour la lutte. C'est dans ces moments-là qu'on trouve tout son ressort. » (Mai 1890).

« Certainement il ne faut pas prendre à la lettre la devise des jansénistes: « Patience et silence », surtout silence. Il faut bien parler à l'enfant, mais ne pas chercher à lui imposer notre manière de voir, redresser la sienne, mais lui laisser toute son originalité et j'ajoute même ne pas être trop prompt à la redresser. Pourquoi, dans les choses où il ne court pas de trop grands risques ne pas le laisser déjà instruire par l'expérience ? » (Avril 1886).

« Vous me demandez si vous devez accepter des invitations des parents de vos élèves: un peu de distraction ne vous nuirait pas, mais peut-être pour ne blesser personne, seriez-vous forcée de sortir de chez vous trop souvent, de voir des personnes qui ne vous plairaient pas. Je ne me hâterais pas de répondre à de telles avances, mais ne vous laissez pas aller à l'ennui. Ne trouvez-vous pas autour de vous une jeune fille pour laquelle vous ayez plus de penchant que pour d'autres? Je crois que les relations sociales ne satisferaient pas une nature telle que la vôtre, mais qu'il vous faudrait une bonne amitié.

Vous faites bien d'étudier Port-Royal. Ces grands caractères, même jugés par le petit Sainte-Beuve, sont d'excellents modèles. Quel dommage que Vinet ne nous ait pas laissé une histoire de Port-Royal! » (Novembre 1884).

« Gardez-vous de trop flatter vos élèves, je veux dire de trop louer celles qui font bien et qui ne sont que trop disposées à se croire des phénix dans le petit milieu où elles vivent. Puis, n'encouragez pas trop l'amour de l'indépendance; efforcez-vous de leur donner une conscience ferme et droite qui soit leur guide en toutes circonstances, mais blâmez les fanfaronnades par lesquelles les jeunes filles trop souvent veulent affirmer leur indépendance. Et vous-même, apprenez davantage à faire de petites concessions pour avoir plus d'autorité dans les grandes choses......

Je ne puis que vous désapprouver de permettre à vos élèves de vous donner des témoignages d'affection si extérieurs qui peuvent encourager toutes sortes de mauvais sentiments. Il vaudrait mieux ne jamais les embrasser que d'abuser ainsi de ces marques d'une sympathie qui se témoigne encore bien plus par les actes. Des élèves ont tant d'occasions de prouver à leurs maîtres qu'ils les estiment et les aiment. Vous allez au-devant de la réprimande et vous connaissez si bien ma pensée que je n'ai pas besoin de m'étendre sur ce sujet. Vos lectures du jeudi sont excellentes si vous pouvez agir un peu plus sur le grand nombre pour l'attirer à vous, mais je crois qu'il ne vous déplaît pas de resserrer le cercle autant que possible. Quand on a une tâche aussi grande que la vôtre, ma chère enfant, on s'efforce d'élargir son cœur et de témoigner de la bienveillance à tous ceux qui vous sont confiés. C'est à vous de faire des avances à vos élèves, c'est tout à fait dans vos fonctions. Vous devez tâcher de les gagner toutes, et vous n'y réussirez pas si vous distinguez si visiblement quelques-unes. »

Ma chère enfant,

« Je suis bien en retard pour vous remercier de votre beau bouquet et de vos charmantes lettres. J'ai été très heureuse de cet affectueux souvenir d'une de nos chères anciennes qui me manqueront toujours. Quand je songe à tout le bien qu'elles font, je me résigne moins difficilement à ne plus les voir autour de moi, et surtout à n'en avoir gardé aucune pour collaborer à notre œuvre. Ceci est pour moi un regret de tout instant. Mais là où vous êtes, vous avez plus d'initiative, vous prenez plus librement votre essor et vous volez plus haut !

J'ai lu les devoirs de vos élèves, je trouve que vous leur avez donné un sujet bien difficile pour des enfants de quinze ans. Il me semble que vous les avez bien corrigés, celui de Sarah est bien supérieur aux autres, mais elle se répète aussi. Le style de presque toutes est bien incorrect. Ont-elles le temps de lire ! je crois qu'il y aurait de l'avantage à leur faire apprendre par cœur un peu de bonne prose pour leur donner plus de correction. Quant aux deux élèves qui vous intéressent le plus, vous leur feriez peut-être plus de bien en ne vous occupant pas beaucoup de leur mélancolie. Je ne pense pas que ce soit chez elles de la pose, mais il y a un âge où les jeunes filles intelligentes qui ont lu beaucoup de poésies deviennent facilement sentimentales. Occupez-les beaucoup, donnez-leur beaucoup de travail à faire ; au besoin ne craignez pas d'user de la raillerie... Ne pourriez-vous pas exhorter Lucile à se juger plutôt que de juger les autres, et lui faire comprendre que la mauvaise opinion qu'elle a de ceux-ci tient plutôt à l'état de son âme ? Il me semble qu'une âme occupée de sa propre culture ne songe pas à juger autrui et

que la connaissance de sa propre faiblesse la rend indulgente.
Recommandez-lui le « connais-toi toi-même ». Dirigez-la dans ses lectures. » (23 novembre 1885).

« Un mot seulement, ma chère enfant, pour vous prouver que je suis bien sensible à votre affectueux souvenir, et qu'à défaut de signe visible de ma pensée, elle n'en est pas moins souvent avec vous. Je tiens à vous dire aussi combien vous réjouissez mon cœur par votre zèle à remplir vos devoirs et votre dévouement pour vos élèves. Je n'ai pas besoin de vous exhorter à ne pas croire ceux qui prétendent que le feu sacré s'éteint ; ils ne savent pas, ceux-là, qu'il s'alimente sans cesse dans les âmes ferventes. C'est à nous qu'il faut nous en prendre quand la flamme s'affaiblit : c'est que nous ne l'entretenons point par la foi et la prière. Dieu donne toujours à celui qui demande. » (8 février 1886).

. . . .

« ... On me dit que vous êtes moins enrhumée. Malheureusement le congé a été trop court pour que vous ayez pu vous laisser gâter par cette excellente maman si attentive à tout. Ne négligez pas votre santé ; ne travaillez pas outre mesure, et ne vous dissipez pas dans le monde. N'est-il pas vrai que vous y prenez goût ? Vous avez ce qu'il faut pour vous y plaire, et je ne vous conseille pas de le fuir tout à fait. Mais le recueillement et la solitude sont les éléments indispensables de culture morale : plus on s'y tient, plus ils sont salutaires. C'est là qu'on se retrempe pour soi et pour les autres. » (14 mars 1886).

« ... Si vous voyez que la méthode interrogative produit peu de résultats en troisième année, essayez de faire autrement. Faites une courte leçon et laissez vos élèves vous aider à en faire des applications. Posez un principe facile à comprendre, facile à retenir, mais ne dictez pas de sommaires en morale. Je crois qu'il faut se laisser guider un peu par les circonstances quant à la manière de présenter les choses, et accommoder les méthodes d'enseignement aux esprits qu'on doit diriger. Vous êtes vous-même le meilleur juge de ce qu'il faut à vos élèves. » (Janvier 1888).

Ma chère enfant,

« Merci de vos bons souhaits et de votre lettre si sincère où je vous ai retrouvée tout entière. Je vous dirai : Détestez-vous un peu moins et agissez un peu plus courageusement. Il est très bon, très nécessaire de se connaître, mais il n'est pas utile de s'analyser, et, comme vous le dites fort bien, l'amour-propre trouve encore son compte au mal que nous disons de nous-mêmes.

Je ne crois pas que vous soyez paresseuse mais vous êtes rêveuse, et vous ne savez pas discipliner votre esprit qui s'attarde, çà et là, au lieu de savoir se borner et de faire les choses promptement. Dans cette vie, il faut se résigner à être toujours pressé. Un devoir, un travail en pousse un autre ; et souvent il faut, non se contenter, mais se résigner à faire les choses plus imparfaitement que si l'on y avait tout le temps...

Souvenez-vous que le mieux est quelquefois l'ennemi du bien. » (3 janvier 1891).

A une directrice,

« ...J'espère que votre rentrée de novembre (car il y en a une) vous fera plaisir. Mais n'attachez pas trop d'importance au nombre, malgré l'administration, et méprisez les intrigues. Il n'y a qu'une manière de répondre à tout cela, c'est de s'efforcer de faire le mieux possible. Et si le succès ne vient pas, ce ne sera pas votre faute. *Il y a des choses qui valent mieux que le succès.* » (Octobre 1890).

Je trouve que vous avez très bien fait de ne pas quitter votre poste à la Toussaint, mais je vous blâme de vous laisser ainsi abattre, par d'apparents insuccès, comme la diminution du nombre des élèves. Ce qui est plus sérieux, c'est l'inutilité de vos efforts pour donner une bonne direction morale à vos élèves. Mais en cela vous manquez de foi : qui est-ce qui vous assure que vous semez en vain ? Continuez de le faire avec un esprit de prière, en attendant de Dieu l'accroissement. Peut-être vous cherchez-vous encore trop vous-même. Si vous avez envie de renoncer à votre profession, c'est que vous ne l'aimez pas en effet ; sans cela vous ne vous lasseriez pas d'espérer et de mettre la main à l'œuvre. » (Novembre 1890).

A une ancienne élève dont le mari est en mer.

Ma chère enfant,

« Je regrette de ne pas encore avoir trouvé le temps de vous adresser un mot de sympathie dans l'isolement où vous êtes ; mais soyez sûre que je n'en ai pas moins pensé à vous. Espérez en un avenir plus heureux où vous pourrez jouir de près de toutes vos affections. Vous avez passé de tristes vacances dans cette solitude du cœur qu'il faut avoir éprouvée pour savoir ce qu'elle a de poignant. Je vous plains bien, ma chère enfant. Mais dites-vous bien que vous êtes plus heureuse, malgré tout, que d'autres qui n'ont pas une âme sur qui se reposer entièrement.

Votre pensée cherche sans cesse celle de votre mari ; vous savez que la sienne cherche aussi en vous toute sa joie ;

et, grâce à cette union des âmes, ni le temps ni l'espace ne peuvent les séparer. Puis vous allez avoir une grande et belle tâche, jointe à celle que vous remplissez déjà avec tant de conscience et de succès : c'est celle de former un homme.

Songez un peu plus à toutes les satisfactions que le ciel vous accorde et vous aurez plus de courage pour supporter les privations de celles qu'il vous refuse. Je vous embrasse bien, ma chère enfant, et votre enfant aussi... » (Inspruck, 13 septembre 1887).

« ...Je me demande comment vous faites pour concilier vos devoirs de professeur avec ceux de la mère. Vous savez que je compte sur les élèves de Sèvres pour résoudre cette difficulté qui me semble bien grande. L'amour vous aidera comme déjà il a été votre maître pour vous faire apprendre l'espagnol en huit jours.

Quelle vaillante petite femme ! et comme votre mari doit être fier de vous! Quelle brave petite mère vous allez être aussi quand votre fils ne sera plus en nourrice !... »

La sollicitude de Mme Jules Favre s'étendait à tout : un de ses rêves favoris était la création sur le bord de la mer, dans le Midi, d'une maison de retraite qui eût assuré à la vieillesse des isolées parmi les élèves de Sèvres ou à la fatigue des plus délicates, le repos et la sécurité nécessaires. Elle avait désiré tout au moins qu'une Association fraternelle facilitât aux élèves de l'École les moyens de se prêter une assistance efficace. Fondée aussitôt après le départ de la première promotion en 1883-1884, l'Association a rendu déjà, sans faire de bruit, beaucoup de services. La nouvelle de sa reconnaissance d'utilité publique arriva à l'École deux heures après le dernier soupir de celle que, par un mouvement spontané de reconnaissance et d'affection, les premières élèves de l'École avaient nommée présidente honoraire à perpétuité. Jamais comme devant ce cercueil l'union ne parut chose réelle et nécessaire, et l'on sentit que celle qui partait ne nous quittait que sa tâche bien terminée.

.·.

Cette vie si active se doublait pour Mme Jules Favre d'une vie de travail personnel et de méditation.

Elle appliqua sa pensée d'abord aux études de l'École. Sa large culture, très rare chez une femme, lui permettait de s'y intéresser personnellement — et c'était un grand bien pour les élèves qui sentaient toute la valeur et toute la portée de son jugement. « S'il fallait nommer des professeurs, a rappelé M. Darboux, Mme Jules Favre s'inquiétait de savoir qui convenait le mieux pour chaque enseignement, écoutait et sollicitait nos avis, faisait ses propositions qui reçurent presque toujours un accueil favorable. C'est ainsi que tant de professeurs distingués sont venus se joindre au petit noyau qui avait été primitivement choisi »... « Que de fois, ajoutait-il, je l'ai vue traverser cet interminable couloir de l'École pour aller assister à quelque conférence d'histoire, de littérature ou de philosophie ! Elle ne venait jamais à celles de mathématiques... Pourtant elle s'intéressait à notre section des sciences et se plaisait à reconnaître que l'enseignement des sciences peut revendiquer, lui aussi, une action morale de réelle valeur. »

Elle s'intéressait si bien à toutes les études, de concert avec les maîtres de l'École, qu'elle obtint pour la troisième année une spécialisation nécessaire. En 1894, l'agrégation des Lettres fut scindée en agrégation d'histoire et de lettres, celle des sciences en mathématiques et sciences physiques et naturelles.

Mais le souci des autres n'absorbait pas toute son activité intellectuelle. Elle lisait beaucoup et travaillait pour elle-même. Ses lectures ! elle ne les disperse pas : un journal lui suffit pour suivre la politique du jour, elle se concentre sur les vieux amis qu'elle trouve ou retrouve avec un bonheur toujours renouvelé. Ce sont les maîtres : la Bible, Homère, l'Imitation, Pascal, Corneille, Molière, un des derniers qu'elle ait ouverts peut-être, Don Quichotte, les Stoïciens, Platon, Montaigne : les rois de la pensée, les grands maîtres de l'héroïsme ou ceux qui ont su voir avec la pénétration de génie ou confesser avec ingénuité les faiblesses de la nature humaine.

« Ce n'est jamais sans profit, même pour les plus petits, écrit-elle [1], que l'âme cherche à se mettre en communication directe avec les grands génies qui sont la gloire de l'humanité. Elle puise dans ce commerce un respect plus profond pour la dignité humaine et une volonté plus ferme et plus constante, sinon d'égaler les rois de la pensée ou de la vertu, du moins de développer en elle toutes les forces dont elle est douée. Et quelle joie infiniment élevée et pure, elle trouve à contempler le bien et le beau dans ces âmes d'élite ; à les découvrir, pour ainsi dire, grâce à une intuition plus intime et plus rapide que les procédés de la dissection scolastique ! L'âme parle à l'âme, et les plus grandes sont les plus limpides et les plus accessibles : elles ne dédaignent pas de se révéler à qui cherche sincèrement à les comprendre. »

De cette indicible satisfaction de vivre dans la com-

---

1. Préface d'Aristote, p. 2.

munion d'âmes pures, et de la haute idée que Mme Jules Favre se faisait de la mission de Sèvres, naquirent ses livres. Elle avait dans ses soirées du mercredi bien souvent lu et commenté les textes aimés. Au départ des premières élèves, elle désira réunir pour elles, ses idées, ses expériences, au sujet de la grande tâche qui allait être la leur. Chacune d'elles reçut de sa part un petit livre au commencement de 1886. C'était une traduction de fragments de J.-P. Richter, précédée d'une assez longue préface.

« En m'occupant de cet ouvrage, écrivait-elle, je me suis bien souvent dit que ce serait mon testament à nos élèves. »

Toutes ses directions, tous ses vœux pour elles s'y retrouvent en effet. Presque aussitôt elle se remettait au travail.

« Vous voyez que le bon accueil fait à Jean-Paul m'a bien encouragée », écrivait-elle, en mai 1886. (C'étaient les Stoïciens qui l'occupaient cette fois.) « Ce que nous avons trouvé dans ces études de force et d'élévation morale, nous voudrions le communiquer à toutes les âmes qui travaillent à se perfectionner... Est-il besoin de dire qu'en choisissant ces textes, nous avons surtout pensé à nos chères élèves de Sèvres. Elles retrouveront dans ce souvenir de nos lectures et de nos causeries intimes de précieux encouragements à poursuivre l'idéal moral dans l'éducation de soi et dans celle d'autrui. »

C'est ainsi qu'ont été publiées de 1887 à 1891 la *Morale des Stoïciens*, la *Morale de Socrate*, *Montaigne Moraliste et Pédagogue*, la *Morale d'Aristote*, la *Morale de Cicéron*; et c'est ainsi que fut écrite, dans les toutes dernières années, la *Morale de Plutarque* qui paraît aujourd'hui et qu'elle n'a pu revoir elle-même.

Ce qui nous touche beaucoup dans ces livres d'une inspiration si haute, c'est d'abord la grande modestie de l'auteur.

« Quelle outrecuidance de dire « mon Cicéron, mon Socrate, mes Stoïciens, écrit-elle à un ami. Pourtant je n'ai pas la moindre velléité de croire qu'ils m'appartiennent et je ne fais aucune confusion entre ces hommes si grands, leurs œuvres si grandes et mes pâles commentaires. »

Faire connaître aux simples et aux petits ces maîtres vénérés, voilà ce qu'elle se propose, sûre, dit-elle, qu'ils ne s'offenseraient pas du « maladroit hommage des ignorants qui viennent s'éclairer à leur lumière ». Et elle, qui les connaissait si bien, s'efface le plus possible, se contentant de présenter ces textes et de les relier entre eux suivant un plan très déterminé.

Ce qui nous touche aussi, c'est la grande sincérité, la candeur, l'ingénuité de l'expression. Les idées sur lesquelles elle revient dans ces livres, la force d'âme, la connaissance de soi, la préparation à la mort, l'admiration féconde, l'amitié qu'elle a conçue si parfaite, les choses éternelles au sujet desquelles les grandes âmes de tous les temps arrivent à s'unir, ce sont celles qui la faisaient vivre ; et l'on peut même saisir, semble-t-il, les dispositions de son âme. Tandis que dans la *Morale des Stoïciens*, elle insiste sur les qualités viriles, sur le courage nécessaire pour lutter et pour vaincre, il semble que l'on retrouve dans les derniers temps de sa vie, quelque chose de cette sérénité qui frappait de plus en plus ceux qui l'entouraient.

.˙.

« Je vais commencer ma dernière année, écrit-elle, le 1ᵉʳ novembre 1894... Oui, cher ami, après soixante ans, toutes les années sont des années de grâce pour une femme ; et, plus j'y pense, plus je suis d'avis qu'il serait imprudent de rester chargée plus longtemps d'un fardeau que je craindrais à chaque instant de ne plus pouvoir porter. C'est ainsi que parle ma conscience qui ajoute que d'autres plus jeunes rempliraient bien mieux la tâche. Et mon cœur soupire après le recueillement qui doit précéder le grand départ... »

La dernière année commençait en effet : elle ne devait être prolongée que de quelques mois ; mais la retraite ne précéda pas le grand départ. C'est à son poste, sans avoir déposé les armes, que Mme Jules Favre devait tomber.

La direction de l'École était devenue depuis quelque temps une tâche très lourde ; les heures de repos étaient rares, la correspondance écrasante, les soucis, ceux de presque tous les Lycées de France. « Par notre affection et notre confiance même, nous changions en journées de réceptions et de fatigue des congés déjà trop courts. Peut-être ne l'avons-nous pas assez compris, et qui n'a senti au contraire l'amer regret de n'avoir pas fait une fois de plus le voyage de Sèvres. »

La belle santé de Mme Jules Favre était profondément atteinte. La pensée de la mort lui devint-elle alors plus habituelle encore. Elle vivait si constamment avec ceux qui l'avaient quittée qu'il ne serait pas possible de le dire. Elle ne permettait à personne de s'inquiéter à son sujet, montait régulièrement à son cabinet dès huit heures et travaillait comme si de rien n'était. Vers l'été 1895 les symptômes devinrent alarmants. Elle ne s'y trompa point elle-même, car, dès la fin de juillet, elle fit à une ancienne élève qu'elle aimait toutes ses recommandations au sujet de l'École, jugeant ce qu'elle avait cru devoir faire, et prévoyant avec la plus grande largeur ce qui pourrait être désirable un jour.

•

Les vacances commencèrent ; ses chères montagnes l'attiraient, elle préféra cependant se joindre à sa famille sur la plage de Perros-Guirec.

C'est là que la rencontra M. Lemonnier. « Nous eûmes l'occasion les miens et moi de passer quelques jours auprès d'elle en Bretagne, pendant les vacances de 1895. Je vis alors combien il y avait de tendresse dans cette âme qu'on croyait quelquefois rigide et qui n'était que ferme, de simplicité dans cet esprit vigoureux. Elle jouissait passionnément et naïvement de la nature, elle s'y reposait avec abandon ; elle goûtait des joies presque maternelles à avoir auprès d'elle sa famille dont elle était si aimée ; elle avait des gaietés jeunes avec la jeunesse qui l'entourait. Et je compris que son autorité à Sèvres était faite d'amour autant que de fermeté. Elle se savait à ce moment atteinte du mal terrible qui devait l'emporter et qu'on devinait seulement à quelques tressaillements involontaires. Elle ne revint guère à l'École que pour y souffrir et y mourir, pour y accomplir son devoir jusqu'au bout : non pas même jusqu'à la veille, jusqu'au matin de sa mort. »

Bien que la mer lui parût belle, « avec son mouvement perpétuel qui peint si bien les agitations de la vie humaine », elle garda de ce séjour une vraie nostalgie des hauts sommets.

« Il me semble que, si j'étais dans une solitude alpestre, je serais bientôt entièrement remise. Je ne me rappelle pas d'avoir jamais désiré autant de me trouver sur une haute cime, plus près du ciel. C'est peut-être un dernier désir qui ne se réalisera pas plus que beaucoup d'autres. Vous me direz sans doute que l'âme peut s'élever et retrouver partout son équilibre pour le communiquer à la machine, mais il est si facile de s'en prendre aux choses extérieures quand on se sait un peu détraqué. »

Sa tendresse pour ceux qu'elle aimait s'exprimait toujours de façon aussi vive : « Vous ne m'en voudrez pas, n'est-ce pas, d'avoir été toute à la joie de vous revoir. L'amitié qui se donne sans cesse elle-même est le plus précieux don de Dieu et des hommes. Que Dieu vous garde et vous multiplie la vraie joie ! » Elle eut vers la fin de novembre une grande douleur : la mort d'un de ses amis les plus chers, M. Lecène, professeur d'histoire à l'École. « Oui, nous perdons, écrivait-elle le 26 novembre, un excellent ami qui était le parfait homme de bien. Mais je crois qu'il vit, et je voudrais que ceux qu'il a si tendrement aimés fussent soutenus dans leur douleur par le sentiment de cette meilleure vie. »

Au mois de janvier qui devait être celui de sa mort elle mit à répondre à ses enfants absentes une hâte singulière : douze ou treize lettres étaient par elles expédiées chaque jour, en sorte qu'il en est bien peu parmi les élèves de l'École qui n'aient reçu d'elle, les tout derniers temps, un affectueux message sans se douter que ce dût être le dernier. Ses nuits se passaient, sans qu'on le sût autour d'elle, dans d'atroces tortures. Sa fidèle femme de chambre essayait de veiller à son insu dans son cabinet attenant à sa chambre, mais elle ne le permettait pas dès qu'elle s'en apercevait.

« Oui le temps marche vite, écrivait-elle le 17 janvier, mais quand nous comptons les années de nos deuils, nous trouvons la vie bien longue. Ils sont nombreux les jours de souffrances, rares sont ceux où nous avons le sentiment d'avoir fait quelque chose de bon. »

Elle regardait cependant en avant, avec espérance :
« Il en est de l'Ecole comme des choses qu'on regrette

de laisser derrière soi dans un beau voyage, mais qui ne vous retiennent pas aussi fortement qu'on est attiré par le désir et l'espoir de l'inconnu. »

Mme Jules Favre ne devait pas se voir mourir ; elle avait tant lutté pour rester debout que la mort la surprit elle-même. « Le 26 janvier [1], dernier dimanche de sa vie, elle nous réunissait encore dans l'une de ses soirées de quinzaine, et, bien que très souffrante, elle fit de la musique. Elle assistait à une conférence le lundi ; le mardi, malgré son extrême fatigue, elle serrait encore la main de toutes les élèves : ce fut le dernier bonsoir. La nuit fut très mauvaise, il lui fut le matin impossible de monter dans son cabinet où jusqu'alors comme par le passé elle se trouvait toujours dès huit heures. Les souffrances s'aggravaient, les vomissements noirs apparurent, puis ce fut presque le calme. Elle reçut ses chères maîtresses le vendredi matin, 31 janvier, jour où elle devait mourir, mais ne leur permit pas de s'inquiéter de sa santé ; elle se préoccupait de l'École, du bien-être des membres de sa famille accourus à son chevet, de la fatigue de sa fidèle Anna dont elle serra la main avec affection. Deux heures avant la fin, elle parlait à M. Joseph Fabre, son grand ami des années de Sèvres, de villégiature au pays du soleil, du manuscrit du Plutarque qu'elle voulait reviser, de son École... « Je ne souffre plus, disait-elle un peu après, il n'y a que cette oppression. » C'était le râle de la mort.

A sept heures du soir, elle s'endormait paisiblement.

*
* *

Dans la grande bibliothèque, dont les hautes fenêtres s'ouvrent sur les coteaux de Sèvres qu'elle aimait, le

---

1. V. *Bulletin de Sèvres*, février 1896.

buste de Mme Jules Favre est aujourd'hui placé. Il semble qu'elle veille encore sur le travail et la méditation des jeunes filles qui se préparent à l'œuvre de demain.

Sa haute et pure figure prend, avec les années, pour tous ceux qui l'ont connue, quelque chose de plus impressif encore... On l'a bien senti à l'École, lors de la fête anniversaire des vingt-cinq ans de Sèvres. Beaucoup des anciennes élèves qui se retrouvaient venant de tous les coins de France, s'étaient déjà réunies pour les funérailles et pour l'inauguration solennelle du buste de leur directrice vénérée : jamais elles ne la sentirent plus vivante et ne communièrent mieux dans son esprit.

Le secret de son influence a été l'accord parfait de la conviction et de la vie. Elle est partie sans avoir vu le triomphe complet de l'idée en laquelle elle a cru. Mais, plus que la progression croissante du nombre des élèves, l'eussent touchée la confiance des familles et l'hommage rendu au personnel sorti de Sèvres par ceux mêmes qui croient devoir lutter contre lui [1]. Ce qui l'eût émue surtout, ce qui est tout à fait dans son esprit, ce sont les morts simples et vaillantes de celles qui, prématurément parmi nous, héroïquement parfois, sont tombées au devoir.

Se rapprocher d'elle, aujourd'hui comme autrefois, c'est s'élever ; et, ainsi qu'elle l'eût désiré, s'attacher à ces idées éternelles qui dominent toutes les personnalités, même les plus hautes.

L. Belugou.

Sèvres, 14 mai 1908.

---

[1]. V. *Écho de Paris*, 1er mai 1908, article de M. Lamy, membre de l'Institut.

AVANT-PROPOS

L'édition que nous donnons aujourd'hui du dernier ouvrage de Mme Jules Favre : *la Morale de Plutarque* appelle quelques explications. Le manuscrit, en effet, nécessitait une mise au point. Ce que Mme Jules Favre voulait y faire, la mort ne lui en avait pas laissé le temps. M. Joseph Fabre, qui était au courant de ses intentions à ce sujet, a bien voulu me les communiquer en me demandant de me charger de ce travail.

Voici de quoi il s'agissait :

1° Les extraits recueillis par Mme Jules Favre en vue de son ouvrage étaient trop nombreux, trop longs parfois, quelques-uns faisaient double emploi; d'où nécessité de réduire et de supprimer;

2° La traduction choisie était tout naturellement la traduction d'Amyot. Mais désirant en rendre la lecture plus courante et plus familière à tous, n'ayant aucun souci d'érudition là où elle voulait avant tout faire œuvre morale, Mme Jules Favre avait pris le parti de moderniser l'orthographe d'Amyot; et même là où quelques expressions du xvi° siècle risquaient d'arrêter ou tout au moins de surprendre les lecteurs novices en la matière, elle se proposait d'y substituer les expressions d'aujourd'hui.

Ce dernier travail, qui restait à faire entièrement, m'inspirait quelques scrupules. Personnellement, j'aurais mieux aimé ne pas toucher au texte. Je l'ai fait cependant, pour que les intentions de Mme Jules Favre fussent exécutées. Mais, quoique j'aie réduit le plus possible ces changements, je tiens à avertir

que le texte donné dans ces Extraits *n'est pas un texte pur
d'Amyot* (1).

Quant au premier travail (suppressions et allégement), il
était d'une tout autre nature et ne prêtait à aucune objection.
Je me demande seulement si mon choix eût été celui de
Mme Jules Favre, si parmi les passages sacrifiés il n'y en a pas
quelques-uns auxquels elle aurait tenu. Mais à cela il n'y a
pas de réponse.

Enfin j'ajoute que tout ce qui était de Mme Jules Favre elle-
même a été scrupuleusement respecté et est publié tel quel.
Les anciennes Sévriennes seront heureuses d'entendre de nouveau cette parole qu'elles connaissaient et qui leur arrive
aujourd'hui comme une voix d'outre-tombe. Mais elles savent
aussi que même là elles ne la retrouveront pas tout entière.
Il y a des gens que leurs écrits peignent beaucoup meilleurs et
plus charmants qu'ils ne sont. Il n'en était pas ainsi pour
Mme Jules Favre. Ceux qui la liront sans l'avoir connue sau-
ront que c'était une âme haute, droite, sincère, incapable d'aucun compromis avec le mal, aimant et admirant toutes choses
belles et élevées, modeste cependant et toujours en éveil sur
elle-même. Mais ils ignoreront en grande partie son charme,
son sourire malicieux, son ironie douce, son esprit qui frappait souvent si juste d'un seul mot et savait trouver pour toutes les circonstances les paroles appropriées. Pourquoi n'avons-
nous pas recueilli tout cela? C'eût été à nous de la faire revivre
en la peignant, par ses actes et ses paroles, telle que nous
l'avons connue. Mais nous n'y songions pas; et maintenant
ce passé a fui, et nous disons aujourd'hui avec un poignant
regret : « Qui la connaîtra plus tard, quand auront cessé de
battre nos cœurs où elle vit? »   A. COUVREUR.

Cavalaire (Var), septembre 1906.

---

1. Je sais que malheureusement on ne trouve plus le *Plutarque d'Amyot*
en librairie. Voilà pourquoi il faut doublement avertir ceux qui voudraient se reporter au présent ouvrage pour y chercher des fragments
d'Amyot, de ne pas s'en servir sans contrôle.

LA MORALE EN ACTION D'APRÈS PLUTARQUE

(PRÉCEPTES ET EXEMPLES)

> « L'habitude de la réflexion qui perfectionne la vie intérieure, jointe à la force morale qui résiste aux entraînements extérieurs, maintient l'âme dans une sérénité qui lui assure la pleine possession d'elle-même. »

PRÉFACE

Les plus puissantes inspirations sont celles de l'exemple. C'est une prédication vivante qui nous fait voir en action les démonstrations de notre conscience. Subjugués par le beau moral, nous éprouvons une admiration et une sympathie profondes pour ceux qui honorent en eux-mêmes l'humanité ; et nous sentons l'obligation de développer toutes les forces de notre âme pour devenir leurs émules. Plus nous les voyons vivre et exercer leur activité pour le bien, plus les impressions qu'ils nous causent sont fortes et durables. Mieux aussi la vertu qui est en eux appelle à la vie celle que nous pouvons créer en nous.

C'est ainsi qu'agissent sur nous les héros de Plutarque.

A quelque époque reculée, à quelque nation antique qu'ils appartiennent, nous les sentons près de nous, parce qu'ils sont éternellement humains. Ils viennent à nous avec nos instincts, nos sentiments et nos passions. Ils ne font pas beaucoup de paroles, mais ils sont fermes et vigoureux dans leurs actes qui dénotent chez les plus parfaits la rectitude de vue et la droiture de volonté d'une invariable constance dans la vertu. Et le principe souverain de leur vie lui donne tant d'unité qu'un acte isolé de l'un d'eux, que ce soit Aristide ou Epaminondas, Phocion ou Caton, révèle à notre âme leur personne morale tout entière.

L'éducation chez les uns, et la vie chez tous ont développé le goût des choses bonnes et honnêtes. Initiés à la vie par la raison élevée de maîtres dignes de ce nom, ils ont appris d'eux à se discipliner en se donnant pour règle la loi morale qu'ils avaient comprise par la vie même de leurs éducateurs et de leurs modèles. Et c'est ainsi que leur âme a grandi, maintenue dans la santé par une raison droite et une volonté bonne. Et la santé est en même temps la force qui accomplit le bien. On comprend que les anciens aient appelé la vertu force. C'est en effet la force d'âme qui triomphe de l'amour du repos, de la paresse et de la crainte pour se porter avec courage au devoir ; qui soumet les désirs et les passions contraires à la raison et tempère tout ce qui est excessif dans les mouvements de l'âme ; qui surmonte l'égoïsme, l'orgueil et la colère pour pratiquer la justice, la bonté et la douceur, et s'élever dans l'oubli de soi, jusqu'à la plus complète abnégation. Et cette vertu est toujours et partout à la hauteur des devoirs prescrits par les circonstances, dans la famille ou dans l'État. Elle apprend à Caton et à Cornélie à faire de leurs fils des hommes ; à Epaminondas et à Sertorius à se préparer par la piété filiale à leur noble carrière ; à tous les grands citoyens, à considérer avant tout le salut et la gloire de la patrie ; à tous ceux qui veulent servir Dieu, à l'honorer par un culte sincère, celui d'une âme qui se transforme à sa ressemblance.

Les grands hommes de Plutarque ont tous un air de famille qui est à la fois l'empreinte de l'âme simple et pure dont l'admiration les fait revivre, et l'indice du lien supérieur qui les unit. Sujets de la loi éternelle qui n'a été décrétée par aucun pouvoir humain, ils sont habitués à faire prévaloir cette autorité parfaite sur toute autre, à y subordonner toute leur vie, et à lui rendre fidèlement témoignage. Malgré les particularités extérieures qui distinguent les Perses, les Grecs, les Romains, etc., l'âme humaine est toujours et partout la même, et la loi qui la régit est universelle, alors même que ses interprétations et ses applications sont diverses. Le courage, la tempérance, la justice, la bonté, la clémence, le dévouement inspirent partout les mêmes actions admirables, dont les traits particuliers varient selon le génie national ou le caractère individuel de leurs auteurs.

Ce langage éloquent est compris de tous ceux qui ont la même religion du devoir. Qu'ils se réclament de Socrate, de Platon, d'Aristote, de Zénon ou de tout autre maître des temps présents ou passés, ils forment une communauté indissoluble qui perpétue, à travers les âges, les plus nobles traditions de l'âme humaine. C'est parce que Plutarque fait partie de cette élite qu'il en est un si puissant témoin. Tous les systèmes de philosophie, toutes les écoles de morale des membres de sa glorieuse famille ne trouvent pas également grâce devant ses yeux. Mais il ne perd pas son temps à les discuter. C'est à la vie qu'il regarde, c'est la vie qu'il juge et qu'il retrace en caractères immortels.

Sa nature facile, pleine de grâce et d'abandon, ne paraît pas avoir beaucoup de penchant pour le stoïcisme. Chemin faisant, il décoche même quelques épigrammes aux exagérations des théories stoïciennes, mais il rend sincèrement hommage au stoïcisme en action. Il semble avoir une prédilection toute spéciale pour les Spartiates, ces stoïciens d'avant le Portique, et pour tous ceux qui leur ont ressemblé par l'indépendance d'âme, la fermeté et l'intrépidité.

Il n'aurait pas refusé l'accolade fraternelle à leurs admirateurs de tous les temps qui se sont inspirés de leur exemple. Il encourage par sa bienveillance toutes les âmes vaillantes et sincères qui viennent lui demander des leçons de courage, de patriotisme, de désintéressement.

Sèvres, 1895

Vve JULES FAVRE, NÉE VELTEN.

CHAPITRE PREMIER

L'ÉDUCATION PROPREMENT DITE

Plutarque a foi dans l'éducation, qu'il croit puissante, non seulement pour développer les bonnes natures, mais aussi pour réformer les mauvaises. Et la force de cette conviction tient à sa confiance dans le pouvoir de la volonté raisonnable et persévérante, qui accomplit la chose si difficile de transformer par l'accoutumance de la vertu, ce qui de nature lui est contraire. Une foi si complète produit la patience qui sait attendre le moment favorable pour agir et poursuivre son œuvre sans méconnaître les droits de la libre initiative, même dans ses manifestations souvent violentes et étranges. La foi produit aussi l'amour et les tendres ménagements qu'il inspire pour ceux qui apprennent plus ou moins péniblement à se servir de leur raison et de leur liberté. Et l'amour rend clairvoyant pour discerner leurs aptitudes et leurs inclinations. Quand sa perspicacité ne réussit pas à pénétrer les âmes, il supporte, il espère, il attend. C'est grâce à cette sage temporisation que les personnalités se développent selon le génie qui leur est propre.

On ne s'étonne pas que Plutarque, si fervent éducateur, ait élevé au-dessus de toutes les gloires celle de former les hommes à la vertu. Les pensées de Lycurgue, en effet, vivent à jamais dans les actes héroïques de ses compatriotes et de leurs émules de tous les temps. Le grand législateur de Sparte ne voulait pas faire de sa cité une ville puissante à l'extérieur, son ambition était de la rendre heureuse par la pratique de la vertu. Ainsi nous montre-t-il que le but de l'éducation est de créer une forte vie intérieure, en apprenant à se gouverner selon les préceptes et les règles de parfaite sapience, et à se rendre conforme à la divinité. »

Il serait insensé d'abandonner au hasard la seule chose nécessaire, c'est-à-dire le soin d'enseigner à bien vivre, tandis qu'on s'occupe avec diligence de toutes les choses accessoires qui servent à rendre la vie extérieure agréable et facile. Une telle imprévoyance ne se comprend que dans ceux qui doutent que la vertu existe ou qu'elle puisse être enseignée. Mais comment peut-on douter de la vertu, si ce n'est par une perversion de la volonté, qui fait qu'on nie ce qu'on n'a pas le moindre souci de rechercher ? Le manque de conviction quant à l'efficacité de l'enseignement dans le domaine moral peut dépendre d'une erreur de jugement ou de la part plus large que l'on fait à l'action divine de la grâce. Quoi qu'il en soit, pour être digne et capable de « faire que les choses bonnes et honnêtes plaisent aux enfants », il faut avoir foi dans le bien, l'aimer et s'efforcer de le réaliser en soi.

Il faut encore que le pédagogue, père, mère ou maître, soit aimable. A tout âge, le sentiment joue un grand rôle dans l'éducation, dans les déterminations et la conduite de l'homme ; mais dans l'enfance, c'est, pour ainsi dire, le seul mobile d'action. Se faire aimer, c'est donc presque se faire obéir dans le premier âge où les moyens d'éducation se réduisent à l'inspiration, à l'exemple et à l'habitude. Pour être aimé, il faut que l'éducateur soit doux, indulgent et bon. Aussi ses enseignements, ses conseils, ses ordres, ses reproches même, se confondent avec sa personne dans le cœur de l'enfant, qui tient à honneur de satisfaire le maître qu'il chérit et dont les désirs sont actuellement toute sa loi. Mais à l'inspiration de l'amour doit se joindre celle de l'exemple.

On se condamne soi-même, lorsqu'on fait le mal que l'on reprend chez les autres. On anéantit toute autorité morale et l'on frappe de stérilité l'enseignement quand on ne s'efforce pas de mettre en pratique les conseils que l'on donne. Et ce qui est plus funeste encore, par l'opposition évidente entre les paroles et les actes, on détruit la foi dans les âmes que l'on dirige et qui dans le principe attribuent tout naturellement un caractère d'infaillibilité à leurs éducateurs. Si ceux-ci ne suppléent pas à la perfection qui leur manque par des efforts sincères et soutenus pour y parvenir, ils rendent leur œuvre impossible. L'éducation n'est féconde que si elle agit à la fois sur le maître et sur les élèves, transformant les uns et les autres, et donnant ainsi à la parole esprit et vie. L'obéissance est plus apparente que vraie lorsqu'on ne voit dans les maîtres que celui qui est investi de l'autorité et qui a le droit de commander. Mais elle s'impose au cœur et à la conscience quand l'éducateur se montre soumis à la loi sainte du devoir et s'observe avec la plus scrupuleuse vigilance pour y conformer toute sa vie. Cette vivante démonstration de la morale persuade les âmes plus sûrement que la plus éloquente prédication.

Mais à côté de l'action plus ou moins bienfaisante du maître, bien des influences, directes ou indirectes, viennent agir sur l'élève. Il ne servirait à rien d'essayer de l'en préserver, elles l'atteindraient toujours, en dépit de toutes les portes fermées. D'ailleurs, il ne serait pas désirable de priver l'enfant de ces moyens d'éducation, alors même que le bien et le mal s'y mêlent. C'est là une initiation toute naturelle et progressive à la vie sociale ; et ces leçons en action qui lui viennent du dehors doivent contribuer à former son jugement et son caractère. Mais il serait imprudent de l'exposer sans défense à des influences décidément mauvaises : il faut lui donner pour sauvegarde le goût des choses bonnes et honnêtes. Ainsi muni, il se défendra lui-même contre la tentation des pernicieux exemples, tentation qu'il n'est au pouvoir de personne de lui épargner.

Le mal extérieur n'aurait aucune prise sur lui, s'il n'y avait dans son cœur des instincts et des penchants mauvais qu'il faut combattre par l'action constante de sa propre volonté. Dans cette lutte, il a besoin d'être soutenu par les judicieux conseils et les réprimandes discrètes d'un maître affectueux et vigilant, toujours attentif à éviter dans sa conduite les fautes qu'il doit reprendre chez son élève. L'efficacité des conseils dépend en grande partie du tact et de la bonté de celui qui les donne. Quant aux réprimandes, elles doivent être de nature à relever le courage de celui qui les a méritées, en faisant appel à ce qu'il y a d'estimable dans son caractère. Il faut qu'elles expriment aussi une indulgente sympathie pour l'âme faible qui a succombé, pourvu qu'elle se condamne elle-même et se décide à reprendre la lutte avec plus de vigueur. Ce serait une erreur de croire que le maître puisse perdre quelque chose du respect de ses élèves en ne voulant pas paraître à leurs yeux comme un être parfait, tellement au-dessus de toutes les tentations et de tous les entraînements, qu'aucun mal ne l'atteigne jamais. Pourvu qu'il s'efforce de parvenir à la vraie supériorité morale, il ne se diminue pas, dans leur opinion, en renonçant à la supériorité illusoire. D'ailleurs, qu'il le veuille ou non, ses élèves ne tarderont pas à découvrir que lui aussi participe de l'humaine faiblesse. Et même s'il pouvait soutenir le rôle de parangon de la vertu, ce ne serait qu'aux dépens de la sincérité et de la modestie. Ainsi sacrifierait-il la réalité à l'apparence ; et par son exemple, il encouragerait l'hypocrisie chez ses élèves. Si, au contraire, il a le sentiment de son imperfection et que, loin de se faire un piédestal de son autorité, il ne s'en serve que pour condescendre aux autres et compatir à leurs faiblesses, il devient réellement leur confident, leur guide, leur conseiller, leur ami.

Et s'il se trouve dans la nécessité d'infliger un châtiment, ses élèves souffrent plus du regret de l'avoir mérité que de la peine qu'ils ont encourue. Mais le bon maître est rarement contraint de se faire le vengeur de la loi morale, parce qu'il la fait aimer par son équité et sa douceur. Il apprend de Dieu à user d'indulgence et de patience envers les rebelles ; il les avertit, il les attend et ne les frappe que pour leur épargner de plus grands maux. Aussi frappe-t-il sans colère, et ne mêle-t-il jamais à ces actes de justice aucun ressentiment personnel. C'est au nom de la loi qu'il punit. Ainsi les enfants confondent le respect de la loi et l'amour de ses représentants dans la soumission et l'obéissance qu'ils leur rendent. Et grâce au sage désintéressement du maître, ils s'habituent à voir au-dessus de tous les juges humains, le tribunal suprême de la conscience dont relèvent à la fois les maîtres et les élèves.

L'éducateur n'est pas digne de ce nom, s'il n'est pas

capable de renoncer aux satisfactions de vanité que lui donne l'empire qu'il exerce sur les âmes. Sa gloire n'est pas de gouverner un grand nombre d'individus qui l'aiment et le respectent, mais de ne se servir de son autorité que pour les assujettir au devoir reconnu et aimé. Son œuvre est de former des âmes fortes qui cherchent leur règle non dans l'opinion d'autrui, mais dans leur conscience dont les dictées doivent toujours prévaloir sur les inspirations de l'amour-propre. Il est d'autant plus fort pour réprimer chez les autres les mobiles bas et intéressés, qu'il les méprise et y résiste davantage pour lui-même. Ainsi les véritables succès de l'éducateur, son œuvre de création ou de régénération morale dépend beaucoup plus de ce qu'il est que de ce qu'il fait. Il appartient à une grande âme d'en susciter d'autres par sa vertu simple, modeste, toujours égale à elle-même.

L'instruction, selon Plutarque, est un moyen d'éducation. Il considère le savoir comme une richesse supérieure à toutes, en ce qu'elle est immatérielle, indépendante des événements ; mais le savoir ne doit pas être séparé de la vertu qu'il éclaire, fortifie et embellit. L'éducation est une « nourriture », selon l'expression pittoresque des anciens : elle nourrit le cœur par l'éveil et la culture des bons sentiments ; elle nourrit l'esprit par les idées qu'elle fait éclore, qu'elle suggère et fait fructifier. Elle entretient la vie et le progrès de tout l'être par l'exercice convenable de toutes ses activités. Pour qu'il y ait, en effet, nourriture, il faut que toutes les choses bonnes et honnêtes enseignées à l'enfant viennent à faire partie de sa nature par son élaboration intérieure. L'exemple et l'habitude commencent à le former à la vie avant même qu'il s'en doute. Mais cet enseignement plus ou moins inconscient a besoin d'être suppléé et sanctionné par la raison, afin que l'enfant apprenne par son propre choix ce qui d'abord lui avait été inspiré par autrui. Les bons livres et les sages discours sont rarement efficaces là où l'inspiration et l'habitude n'ont pas produit un commencement de vie morale. Mais ils ont une action profonde sur l'âme en qui le sentiment moral est déjà éveillé. Dans les préceptes qu'il lit ou entend, l'enfant retrouve les excellentes leçons pratiques qu'il a reçues de ses éducateurs et qu'il a essayé de suivre avant que de les bien comprendre. C'est ainsi qu'il se confirme par la raison dans le respect de la loi, le respect de la personne humaine, la sincérité, la droiture, le courage de se priver et de souffrir, l'obligation de maîtriser sa colère pour être doux et bon.

Tous les livres et tous les discours ne sont pas propres à inspirer ainsi. Et les mauvais discours sont encore plus pernicieux que les mauvais livres, en ce qu'ils communiquent l'erreur et le vice d'une façon plus directe et plus vivante. L'éducateur doit exercer son contrôle sur l'instruction que reçoit l'élève par la vue et par l'ouïe. Qu'il ne dédaigne pas le secours de la fiction poétique pour lui présenter d'une manière plus concrète et plus saisissante les vérités philosophiques et morales. Ce serait de la rigidité excessive que de bannir les œuvres qui mettent en scène des caractères pervers. Si ces caractères sont peints selon la nature, ils doivent inspirer l'horreur du mal. D'ailleurs l'art en soi, pourvu qu'il ne soit pas décidément immoral par sa tendance, a le pouvoir de développer l'amour du beau. La musique mérite aussi bien que la poésie sa place dans l'éducation ; car tout ce qui est capable d'élever et de réchauffer l'âme, est favorable à la culture morale.

La nature et l'habitude.

Quant à la nourriture, ce que nous avons accoutumé de dire généralement en tous arts et toutes sciences, cela se peut encore dire et assurer de la vertu : *c'est que, pour faire un homme parfaitement vertueux, il faut que trois choses y soient concurrentes : la nature, la raison et l'usage.* J'appelle *raison* la doctrine des préceptes ; et usage, l'exercitation. Le commencement nous vient de la nature ; le progrès et accroissement, des préceptes de la raison ; et l'accomplissement, de l'usage et exercitation ; et puis la cime de perfection de tous les trois ensemble. S'il y a défectuosité en aucune de ces trois parties, il est forcé que la vertu soit aussi en cela défectueuse et diminuée ; car la nature sans doctrine et nourriture est une chose aveugle ; la doctrine sans nature est défectueuse, et l'usage sans les deux premières est chose imparfaite. Ni plus ni moins qu'au labourage, il faut premièrement que la terre soit bonne ; secondement, que le laboureur soit homme entendu, et, tiercement, que la semence soit choisie et élue. Aussi la nature représente la terre ; le maître qui enseigne ressemble au laboureur, et les enseignements et exemples reviennent à la semence. Toutes lesquelles parties j'oserais bien pour certain assurer avoir été conjointes ensemble ès âmes de ces grands personnages qui sont tant célébrés et renommés par tout le monde, comme Pythagore, Socrate, Platon, et autres semblables qui ont acquis gloire immortelle.

Or est bien heureux celui-là et singulièrement aimé des dieux, à qui le tout est octroyé ensemble. Mais pourtant, s'il y a quelqu'un qui pense que ceux qui ne sont pas totalement bien nés, étant secourus par bonne nourriture et exercitation à la vertu, ne puissent aucunement réparer et recouvrir le défaut de leur nature, sache qu'il se trompe et se mécompte de beaucoup, ou pour mieux dire de tout en tout. *Car paresse anéantit et corrompt la bonté de nature, et diligence de bonne nature en corrige la mauvaiseté. Ceux qui sont nonchalants ne peuvent pas trouver les choses mêmes qui sont faciles ; et, au contraire, par soin et vigilance l'on vient à bout de trouver les plus difficiles.* Et peut-on comprendre combien la labeur et la diligence ont d'efficace et d'exécution, en considérant plusieurs effets qui se font en nature : car nous voyons que les gouttes d'eau qui tombent dessus une roche dure la creusent. Le fer et le cuivre se vont usant et consumant par le seul attouchement des mains de l'homme ; et les roues des chariots et charrettes que l'on a courbées à grand'peine ne sauraient plus retourner à leur première droiture, quelque chose que l'on y sût faire ; comme aussi serait-il impossible de redresser les bâtons tordus que les joueurs portent en leurs mains dessus les échafauds. Tellement que ce qui est contre nature changé par force et labeur, devient plus fort que ce qui était selon nature.

Mais ne voit-on qu'en cela seulement combien peut le soin et la diligence ? Certainement il y a un nombre infini d'autres choses esquelles on le peut clairement apercevoir. Une bonne terre, à faute d'être bien cultivée, devient en friche ; et de tant plus qu'elle est grasse et forte de soi-même, de tant plus se gâte-t-elle par négligence d'être bien labourée ; au contraire vous en verrez une autre dure, âpre et pierreuse plus qu'il ne serait de besoin, qui néanmoins pour être bien cultivée, porte incontinent de beau et bon fruit. Qui sont les arbres qui ne naissent tordus, ou qui ne deviennent stériles et sauvages, si l'on n'y prend bien garde ? A l'opposite aussi, pourvu que l'on y ait l'œil et que l'on y emploie telle sollicitude comme il appartient, ils deviennent beaux et fertiles. Qui est le corps si robuste et si fort qui, par oisiveté et délicatesse, n'aille perdant sa force et ne tombe en mauvaise habitude ? Et qui est la complexion si débile et si faible qui, par continuation d'exercice et de travail, ne se fortifie à la fin grandement ? Y a-t-il chevaux au monde, s'ils sont bien domptés et dressés de jeunesse, qui ne deviennent enfin obéissants à l'homme pour monter dessus ? Au contraire, si on les laisse sans dompter en leurs premiers ans, ne deviennent-ils pas farouches et revêches pour toute leur vie, sans que jamais on en puisse tirer service ? Et de cela ne se faut-il pas émerveiller, vu qu'avec soin et diligence l'on apprivoise et rend-on domestiques les plus sauvages et les plus cruelles bêtes du monde. Pourtant répondit bien le Thessalien à qui l'on demandait qui étaient les plus sots et les plus lourdauds, entre les Thessaliens : *ceux*, dit-il, *qui ne vont plus à la guerre.*

Quel besoin donc est-il de discourir plus longuement sur ce propos ? Car il est certain que les mœurs et conditions sont qualités qui s'impriment par long trait de temps. Et qui dira que les vertus morales s'acquièrent aussi par accoutumance, à mon avis, il ne se fourvoiera point.

(*Comment il faut nourrir les enfants.*)

Les grandes natures ne peuvent rien produire de petit, ni la véhémence et force active qui est en icelles ne peut jamais demeurer oiseuse, tant elle est vive et subtile ; ains branlent toujours en mouvement continuel, comme si elles flottaient en tourments, jusques à ce qu'elles soient parvenues à une habitude de mœurs constante, ferme et perdurable.

Tout ainsi donc comme celui qui ne se connaîtra pas guère en l'agriculture et en fait du labourage, ne prisera pas une terre laquelle il verra pleine de broussailles, de méchants arbres et plantes sauvages, où il y aura beaucoup de bêtes, beaucoup de ruisseaux, et conséquemment force fange ; et au contraire toutes ces marques-là et autres semblables, donneront occasion de juger à celui qui s'y connaîtra bien, la bonté et force de la terre; aussi les grandes natures des hommes mettent hors dès leur commencement plusieurs étranges et mauvaises choses, lesquelles nous, ne pouvant supporter, pensons qu'il faille incontinent couper et retrancher ce qu'il y a d'âpre et de poignant. Mais celui qui en juge mieux, voyant de là ce qu'il y a de bon et de généreux, attend l'âge et la saison, qui sera propre à favoriser la vertu et la raison, auquel temps cette forte nature sera pour exhiber et produire son fruit.

(*Pourquoi la justice divine diffère quelquefois la punition des maléfices* [1].)

---

[1]. Une fois pour toutes les éditeurs avertissent le lecteur que les passages cités de Plutarque ont été pris dans la traduction Amyot revisée et modernisée par Mlle A. Couvreur.

Responsabilité des éducateurs.

Les hommes apprennent à chanter, à baller, à lire et à écrire, à labourer la terre, à piquer chevaux ; ils apprennent à se chausser, à se vêtir, à donner à boire, à cuisiner ; il n'y a rien de tout cela qu'ils sachent bien faire, s'ils ne l'ont appris. Et ce pourquoi toutes ces choses et autres s'apprennent, qui est la prud'homie et la bonne vie, sera chose casuelle et fortuite, qui ne se pourra ni enseigner ni apprendre ? O bonnes gens, pourquoi est-ce qu'en niant que la bonté se puisse enseigner, nous nions quand et quand qu'elle puisse être ! Car s'il est vrai que son apprentissage soit sa génération, en niant qu'elle se puisse apprendre, nous affirmons aussi qu'elle ne peut donc être.

Il se voit que, comme les nourrices forment et dressent les membres de leurs enfants avec les mains, aussi les gouverneurs et pédagogues, les prenant au partir des nourrices, les dressent par accoutumance au chemin de la vertu. Auquel propos un Laconien répondit sagement à celui qui lui demandait quel profit il faisait à l'enfant qu'il gouvernait : *je fais*, dit-il, *que les choses bonnes et honnêtes lui plaisent.*

(*Que la vertu se peut enseigner.*)

Ainsi que les sceaux et cachets s'impriment aisément en de la cire molle, aussi se moulent facilement les esprits des petits enfants toutes choses que l'on leur veut faire apprendre.

A raison de quoi il me semble que Platon admoneste prudemment les nourrices de ne conter pas indifféremment toutes sortes de fables aux petits enfants, de peur que leurs âmes, dès au commencement, ne s'abreuvent de folie et de mauvaise opinion ; et aussi conseille sagement le poète Phocylide, quand il dit :

> Dès que l'homme est en sa première enfance,
> Montrer lui faut du bien la connaissance.

Et si ne faut pas oublier que les autres jeunes enfants que l'on met avec eux pour les servir ou pour être nourris quant et eux, soient aussi, devant toutes choses, bien conditionnés, et puis Grecs de nation, et qui aient la langue bien déliée pour bien prononcer, de peur que s'ils fréquentent avec des enfants barbares de langues ou vicieux de mœurs, ils ne retiennent quelques taches de leurs vices ; car les vieux proverbes ne parlent pas sans raison quand ils disent : *si tu converses avec un boiteux, tu apprendras à clocher.*

Mais quand ils seront arrivés à l'âge de devoir être mis sous la charge des pédagogues et des gouverneurs, c'est lors que pères et mères doivent plus avoir l'œil à bien regarder quels seront ceux à la conduite desquels ils les commettront, de peur qu'à faute d'y avoir bien pris garde, ils ne mettent leurs enfants en mains de quelques esclaves barbares ou écervelés et volages. Car c'est chose trop hors de tout propos, ce que plusieurs font maintenant en cet endroit ; car s'ils ont quelques bons esclaves, ils en font les uns laboureurs de leurs terres, les autres patrons de leurs navires, les autres facteurs, les autres receveurs, les autres banquiers, pour manier et trafiquer leurs deniers ; et s'il en trouve quelqu'un qui soit ivrogne, gourmand et inutile à tout bon service, ce sera celui auquel ils commettront leurs enfants, là où il faut qu'un gouverneur soit de nature, tel comme était Phénix, le gouverneur d'Achille. Encore y a-t-il un autre point plus grand et plus important que tous ceux que nous allons alléguer, c'est qu'il leur faut chercher et choisir des maîtres et des précepteurs qui soient de bonne vie, où il n'y ait que reprendre, quant à leurs mœurs, et les plus savants et plus expérimentés que l'on pourra recouvrer : *car la source et la racine de toute bonté et toute prud'homie, est avoir été de jeunesse bien instruit.* Et ni plus ni moins que les bons jardiniers fichent des paux auprès des jeunes plantes pour les tenir droit, aussi les sages maîtres plantent de bons avertissements et de bons préceptes à l'entour des jeunes gens, afin que leurs mœurs se dressent à la vertu.

Je conclurai donc en somme, et me semble que ma conclusion, à bon droit, devra être plutôt estimée un oracle que non pas un avertissement, *que le commencement, le milieu et la fin, en cette matière, gît en la bonne nourriture et bonne institution, et qu'il n'est rien qui tant serve à la vertu et à rendre l'homme bien heureux, comme fait cela.* Car tous autres biens auprès de celui-là sont petits, et non dignes d'être si soigneusement recherchés ni requis.

(*Comment il faut nourrir les enfants.*)

Cela n'était pas la fin ni le but auquel tendait Lycurgue, que de laisser sa cité commandant à plusieurs : ainsi estimant que la félicité de toute une ville, comme celle d'un homme particulier, consiste principalement en l'exercice de la vertu, et en union et concorde des habitants, il composa et dressa la forme de son gouvernement à cette fin que ses citoyens devinssent francs de cœur, contents du leur, attrempés en tous leurs faits, pour se pouvoir maintenir et conserver en leur entier très longuement. Cette même intention eurent aussi Platon, Diogène et Zénon, en écrivant leurs livres, ès quels ils discoururent du gouvernement des choses publiques, et semblablement tous les autres grands et savants personnages, qui se sont mis à écrire de même sujet ; mais ils n'ont laissé après eux que des écritures et des paroles seulement ». Et, au contraire, Lycurgue n'a point laissé de livres ni de papiers, mais a produit et mis réellement en être une forme de gouvernement, que nul avant lui n'avait jamais inventée et que depuis autre quelconque n'a pu imiter ; et a fait voir à ceux qui croient que la définition du parfaitement sage soit chose imaginée en l'air seulement, et qui ne peut être réellement en ce monde, toute une ville entière vivant et se gouvernant philosophaiement, c'est-à-dire, selon les préceptes et les règles de parfaite sapience, au moyen de quoi il a à bon droit surmonté la gloire de tous ceux qui se sont jamais entremis d'écrire ou d'établir le gouvernement d'aucun état politique.

(Lycurgue.)

Les nourrices (chez les Lacédémoniens) usaient de certaine diligence avec artifice à nourrir leurs enfants, sans les emmailloter, ni lier de bandes, ni de langes, de sorte qu'elles les rendaient plus délivrés de leurs membres, mieux formés, et de plus belle et gentille corpulence ; et si en devenaient indifférents en leur vivre, sans être difficiles à élever, ni mignards ou friands, ni peureux et craignant d'être laissés seuls en ténèbres, ni criards ou pervers aucunement, qui sont tous signes de nature lâche et vile. Tellement qu'il se trouvait des étrangers qui achetaient des nourrices du pays de Laconie expressément pour leur faire nourrir leurs enfants : comme l'on dit que *Amycla*, celle qui nourrit Alcibiade, en était ; mais Périclès son tuteur lui bailla depuis pour son maître et gouverneur un serf nommé Zopyre, lequel n'avait partie quelconque meilleure que les autres communs esclaves.

Ce que ne fit pas Lycurgue, car il ne mit point la nourriture et le gouvernement des enfants de Sparte entre les mains des maîtres mercenaires, ou de serfs achetés à prix d'argent et si n'était pas loisible au père de nourrir ses enfants à sa mode, ainsi que bon lui semblait. Car sitôt qu'ils étaient arrivés à l'âge de sept ans, il les prenait et les distribuait par troupes pour les faire nourrir ensemble, et les accoutumer à jouer, apprendre et étudier les uns avec les autres ; puis choisissait en chaque troupe celui qui avait apparence d'être le mieux avisé, et le plus courageux au combat, auquel il donnait la super-intendance de toute la troupe. Les autres avaient toujours l'œil sur lui et obéissaient à ses commandements, en endurant patiemment les punitions qu'il leur ordonnait, et les corvées qu'il leur commandait : de manière que presque toute leur étude était d'apprendre à obéir. Mais outre cela les vieillards assistaient souvent à les voir jouer ensemble, et la plupart du temps leur mettaient en avant des occasions de débats et de querelles les uns contre les autres, pour mieux connaître et découvrir quel était le naturel de chacun, et s'ils montraient signes de devoir être une fois couards ou hardis.

Quant aux lettres, ils en apprenaient seulement autant qu'il leur en fallait pour le besoin ; et au demeurant, tout leur apprentissage était apprendre à bien obéir, endurer le travail, et à demeurer vainqueurs en tout combat.

(*Lycurgue.*)

Le bon éducateur

Je dis notamment que l'on doit attraire et amener les enfants à faire leur devoir par bonnes paroles et douces remontrances, non pas par coups de verges ni par les battre ; pour ce qu'il semble que cette voie-là convient plutôt à des esclaves, que non pas à des personnes libres, pour ce qu'ils s'endurcissent aux coups, et deviennent comme hébétés, et ont le travail de l'étude puis après en horreur, partie pour la douleur des coups, et partie pour la honte. Les louanges et les blâmes sont plus utiles aux enfants nés en liberté, que toules verges ou tous coups de fouet : l'un pour les tirer à bien faire, et l'autre pour les retirer du mal ; et faut alternativement user tantôt de l'un, tantôt de l'autre, et maintenant leur user de répréhension, maintenant de louange. Car s'ils sont quelquefois trop gais, il faut en les tançant leur faire un peu de honte, et puis tout soudain les remettre en les louant ; comme font les bonnes nourrices qui donnent le tétin à leurs petits enfants après les avoir fait un peu crier ; toutefois il y faut tenir mesure, et se garder bien de les trop haut louer, autrement ils présument d'eux-mêmes, et ne veulent plus travailler depuis que l'on les a loués un peu trop.

Au demeurant j'ai connu des pères qui, pour avoir trop aimé leurs enfants, les ont enfin haïs. Qu'est-ce à dire alors? Je l'éclaircirai par cet exemple. Je veux dire que, pour le grand désir qu'ils avaient que leurs enfants fussent les premiers en toutes choses, ils les contraignaient de travailler excessivement : de manière que pliant sous le faix ils en tombaient en maladies, ou se fâchant d'être ainsi, surchargés, ne recevaient pas volontiers ce qu'on leur donnait à apprendre. Ni plus ni moins que les herbes et les plantes se nourrissent mieux quand on les arrose modérément, mais quand on leur donne trop d'eau, on les noie et suffoque; aussi faut-il donner aux enfants moyen de reprendre haleine en leurs continuels travaux, faisant compte que toute la vie de l'homme est divisée en labeur et en repos, à raison de quoi nature nous a donné non seulement le veiller, mais aussi le dormir, et non seulement la guerre, mais aussi la paix ; non seulement la tourmente, mais aussi le beau temps ; et ont été institués non seulement les jours ouvrables, mais aussi les jours de fête. En somme, le repos est comme la source du travail. Ce qui se voit non seulement ès choses qui ont sentiment et âme, mais encore en celles qui n'en ont point ; car nous relâchons les cordes des arcs, des lyres et des voiles, afin que nous les puissions retendre puis après ; et bref, le corps s'entretient par réplétion et par évacuation, aussi fait l'esprit par repos et travail.

(*Comment il faut nourrir les enfants.*)

Je ne voudrais point que les pères fussent trop âpres et trop durs à leurs enfants, mais désirerais qu'ils laississent aucune fois passer quelque faute à un jeune homme, se souvenant qu'ils ont autrefois été jeunes eux-mêmes. Et tout ainsi que les médecins, mêlant et détrempant leurs drogues qui sont amères avec quelque jus doux, ont trouvé le moyen de faire passer l'utilité parmi le plaisir : aussi faut-il que les pères mêlent l'aigreur de leurs répréhensions avec la facilité de clémence ; et que tantôt ils lâchent un petit la bride aux appétits de leurs enfants, et tantôt aussi ils leur serrent le bouton, et leur tiennent la bride raide, en supportant doucement et patiemment leurs fautes; ou bien s'ils ne peuvent faire qu'ils ne s'en courroucent, à tout le moins que leur courroux s'apaise incontinent.

(*Comment il faut nourrir les enfants.*)

Il fait bien à noter que jamais Lycurgue ne voulut qu'il y eût pas une de ses lois mise par écrit, mais est expressément porté par l'une de ses ordonnances, qu'ils appellent *Rhetus*, qu'il ne veut point qu'il y en ait aucune écrite : car quant à ce qui est de principale force et efficace pour rendre une cité heureuse et vertueuse, il estimait que cela devait être empreint, par la nourriture, ès cœurs et ès mœurs des hommes, pour y demeurer à jamais immuable. C'est la bonne volonté, qui est un lieu plus fort que toute autre contrainte que l'on saurait donner aux hommes, et le pli qu'ils prennent par bonne institution dès leur première enfance, qui fait que chacun d'eux se sert de loi à soi-même. Et au demeurant, quant à ce qui concerne les contraux des hommes les uns avec les autres, qui sont choses légères, et que l'on change tantôt en une sorte, et tantôt en une autre, selon le besoin, il pensa qu'il valait mieux ne les étreindre point sous contraintes rédigées par écrit, ni en établir des coutumes qui ne se pussent changer, mais plutôt les laisser à la discrétion et à l'arbitrage des hommes qui auraient été bien nourris et bien institués, pour en ôter ou y ajouter, selon que l'occurrence et la disposition des temps le requerrait. Car en somme il estima que le but principal d'un bon établisseur et réformateur de chose publique devait être faire bien nourrir et bien instituer les hommes. L'une donc de ses ordonnances portait, expressément, qu'il n'y eût pas une loi écrite.

(*Lycurgue.*)

Philippe, considérant que la nature d'Alexandre était difficile à manier, parce qu'il s'opiniâtrait à ne vouloir point être forcé en rien, mais que par remontrances on le conduisait facilement à la raison, lui-même tâcha toujours de lui persuader qu'il lui voulait faire faire plutôt que de le lui commander. De plus, pour l'enseigner, il envoya quérir Aristote, le plus renommé et le plus savant philosophe de son temps.

(*Alexandre.*)

Cransis, père de Philopœmen, était un homme excellent, libéral et magnifique en toutes sortes, et particulièrement affectionné en son endroit.

Or, tout comme ledit Cransis vécut, Cassandre, son ami, qui avait été chassé de la ville de Mantinée après y avoir bien dirigé les affaires publiques, fut si bien traité de Cransis qu'il n'eut faute d'aucune chose ; et après qu'il fut décédé, Cassandre lui voulant rendre la pareille du bon accueil et amiable traitement qu'il lui avait fait en sa vie, dressa et institua son fils, étant demeuré orphelin, de la manière qu'Homère dit qu'Achille fut institué et nourri par le vieillard Phénix. Si prit incontinent le naturel de l'enfant un pli de nourriture véritablement généreuse et royale, en croissant toujours de bien en mieux. Depuis, au sortir de son enfance, Pademus et Démophane, tous deux Mégalopolitains, le prirent en leur gouvernement. C'étaient deux philosophes qui avaient été familiers et auditeurs d'Arcésilas en l'école de l'académie et depuis employèrent ce qu'ils avaient appris en l'étude de la philosophie au gouvernement de la chose publique et maniement des grandes affaires, autant ou plus que nuls autres de leur temps : car ils délivrèrent leur ville de la tyrannie d'un Aristodème, qui la tenait sous le joug de la servitude, en attitrant ceux qui le tuèrent ; et aidèrent aussi à Aratus à déchasser de Sycione le tyran Nicoclès ; et à la requête des Cyréniens, qui étaient travaillés de séditions civiles et de partialités qu'ils avaient entre eux, allèrent à Cyrène, là où ils reformèrent l'état de la chose publique, et leur établirent de bonnes ordonnances ; mais quant à eux, ils comptaient entre leurs plus beaux actes la nourriture et l'institution de Philopœmen, estimant avoir procuré un bien universel à toute la Grèce, en nourrissant un personnage de telle nature ès enseignements et préceptes de la philosophie.

Aussi, à la vérité, la Grèce l'aima singulièrement, comme le dernier homme de vertu qu'elle aurait porté en sa vieillesse, après tant de grands et renommés capitaines anciens, et lui augmenta toujours sa puissance et son autorité, à mesure que sa gloire croissait, au moyen de quoi il y eut un Romain qui, pour le louer, l'appela *le dernier des Grecs*, comme voulant dire que depuis lui jamais la Grèce ne porta de grand personnage, ni qui fût digne d'elle.

(Philopœmen.)

Quand le fils de Marcus Caton fut parvenu à l'âge de raison, et qu'il commença à être capable d'apprendre, son père lui-même lui enseigna les lettres, la grammaire, les lois, l'escrime, non seulement pour lancer le javelot, jouer de l'épée, voltiger, piquer chevaux, et manier toutes armes, mais aussi pour combattre à coups de poing, endurer le froid et le chaud, passer à la nage le courant d'une rivière impétueuse et raide ; et si dit davantage qu'il composait et écrivait de sa propre main de belles histoires en grosses lettres, afin que son fils, dès la maison de son père, eût conscience des gens de bien du temps passé, et de leurs faits vertueux, à l'exemple desquels il pût former sa vie pour en mieux valoir. Et si dit qu'il se donnait autant garde d'user de paroles sales et vilaines en la présence de son fils, comme il eût fait devant les religieuses vestales.

On ne défaillait point de bon vouloir au fils de Caton, qu'on désirait faire un chef-d'œuvre, en le formant et composant au moule de la parfaite vertu ; car il avait le cœur gentil, qu'il tâchait à faire tout ce que son père lui montrait ; mais il avait le corps de nature si débile et si faible, qu'il ne pouvait pas endurer grand travail : en raison de quoi son père lui relâcha un petit la trop dure et trop étroite austérité et règle de vie que lui-même observait.

Mais néanmoins, quoiqu'il fût de nature débile et de petite et faible complexion, n'en laissa-t-il pas pourtant d'être vaillant homme, et de faire très bien son devoir en la guerre, car il combattit vaillamment en la bataille où Persée, le roi de Macédoine, fut défait par Paul-Emile, là où, lui étant l'épée volée des poings par un grand coup qu'il reçut dessus, avec ce qu'il avait la main suante, il en fut fort déplaisant, et pria quelques-uns de ses amis qu'ils lui aidassent à la recouvrer. Si se ruèrent tous ensemble sur les ennemis à l'endroit où elle lui était tombée, et firent tant à force d'armes qu'ils fendirent la presse, et éclaircirent le lieu, où à la fin ils la trouvèrent ; mais ce fut à grand'peine, parce qu'elle était jà couverte de monceaux d'autres armes et de corps morts, tant des Romains que des Macédoniens entassés les uns sur les autres. Le général Paul-Emile ayant entendu cet acte, en loua et prisa grandement le jeune homme ; et l'on trouve encore aujourd'hui une lettre missive de Caton à son fils, par laquelle il loue et magnifie fort hautement cet acte de prouesse, et cette diligence qu'il fit de recouvrer son épée.

(*Caton.*)

L'exemple

Il faut que les pères se gardent bien de commettre aucune faute, ni d'omettre aucune chose qui appartienne à leur devoir, afin qu'ils servent de vif exemple à leurs enfants, et qu'eux regardant à leur vie, comme dedans un clair miroir, s'abstiennent à leur exemple de faire et de dire chose qui soit honteuse ; car ceux qui reprennent leurs enfants des fautes qu'ils commettent eux-mêmes, ne s'avisent pas que, sous le nom de leurs enfants, ils se condamnent eux-mêmes ; et généralement tous ceux qui vivent mal ne se laissent pas la hardiesse d'oser seulement reprendre leurs esclaves, tant s'en faut qu'ils pussent franchement tancer leurs enfants.

Mais qui pis est, en vivant mal, ils leur servent de maîtres et de conseillers de mal faire ; car là où les vieillards sont déhontés, il est bien forcé que les jeunes gens soient de tout point effrontés ; pourtant faut-il tâcher de faire tout ce que le devoir requiert, pour rendre les enfants sages, à l'imitation de cette noble dame Eurydice, laquelle étant de nation esclavonne et par manière de dire, triplement barbare, néanmoins, pour avoir moyen de pouvoir instruire elle-même ses enfants, prit la peine d'apprendre les lettres, étant déjà bien avant en son âge.

(*Comment il faut nourrir les enfants.*)

Là où il faut que, comme la règle étant elle-même droite et non gauche ni tordue, dresse et rend droites toutes autres choses, les faisant à soi semblables, en s'approchant et appliquant à elles : semblablement aussi, que le prince ayant établi et dressé premièrement en soi-même sa principauté, c'est-à-dire après avoir bien composé sa vie et ses mœurs alors il accommode et applique à soi ses sujets, pour les rendre aussi droits.

Car ce n'est pas affaire à celui qui tombe, de redresser ; ni à celui qui ne sait rien, d'enseigner ; ni à celui qui est désordonné, d'ordonner ; ni à celui qui est déréglé, de ranger ; ni à celui qui ne sait obéir, de commander ; mais la plupart des hommes, se trompant en cela, estiment que le premier et principal bien qu'il y ait à commander, soit de n'être point commandé, comme faisait le roi de Perse qui estimait que tous ses sujets lui étaient esclaves, excepté sa femme seule, de laquelle plus que d'autre il devait être seigneur.

Mais qui sera-ce donc qui commandera au roi et au prince ? Ce sera la loi, qui est reine de tous et mortels et immortels, comme dit Pindare, non pas une loi écrite dehors en quelques livres, ou dessus quelque bois ; mais la raison vive imprimée en son cœur, toujours demeurant avec lui, toujours le conservant et jamais ne l'abandonnant sans conduite ; car le roi de Perse avait un de ses chambellans ordonné à cet office, pour lui venir dire tous les matins entrant en sa chambre : *lève-toi, sire, et pourvois aux affaires, auxquelles Mesoromade,* c'est-à-dire le grand Dieu, *t'a ordonné pour pourvoir ;* mais à l'endroit d'un sage prince et bien appris, c'est la raison qu'il a au dedans qui lui sonne toujours cela à l'oreille.

Après que l'on a acquis autorité et foi grande envers le peuple, c'est alors que l'on doit tâcher à réformer son naturel, s'il est vicieux, et le retirer petit à petit, et ramener tout doucement à ce qui est meilleur ; car c'est chose bien laborieuse et bien difficile, de changer toute une commune ; mais pour y parvenir, il faut que tu commences à toi-même le premier, en réformant ce qu'il y a de déréglé en ta vie et en tes mœurs, sachant que tu as à vivre désormais comme en un théâtre ouvert, où tu es vu de tous côtés.

Tout ainsi comme une lentille, un seing, une verrue en la face de l'homme, font plus d'ennui que ne feraient une balafre ou une cicatrice ou une mutilation en tout le reste du corps ; aussi les fautes petites et légères de soi apparaissent grandes ès vies des princes et de ceux qui ont le gouvernement de la chose publique entre leurs mains, pour l'opinion imprimée en l'entendement des hommes, touchant l'état de ceux qui gouvernent et qui sont en magistrat, estimant que c'est chose grande, et qui doit être pure et nette de toutes fautes et de toutes imperfections. Pourtant à bon droit fut grandement loué Livius Drusus, sénateur romain, de ce qu'il répondit à quelque ouvrier qui lui promettait de faire en sorte, s'il voulait, que ses voisins, qui découvraient et voyaient en plusieurs endroits de sa maison, n'auraient plus nullement de vue sur lui, et ne lui coûterait que trois mille écus seulement : *Mais je t'en donnerai six mille*, dit-il, *et fais en sorte que l'on voie dedans ma maison de tous côtés, afin que tous ceux de la ville voient et sachent comment je vis* ; car c'était un personnage grave, honnête et sage. Mais à l'aventure n'était-il jà besoin que l'on lui rendît sa maison vue de tous côtés, parce que le peuple pénètre jusques à voir au fond des mœurs, des conseils, des actions et vies, que l'on pense être plus cachées et couvertes, de ceux qui gouvernent, non moins par ce à quoi ils s'adonnent en privé, qu'à ce qu'ils leur voient faire et dire en public, en aimant les uns, et les estimant pour cela, et en haïssant et méprisant les autres.

(*Qu'il est requis qu'un prince doit être savant.*)

La répréhension

Comme Platon commande que les vieillards qui veulent imprimer la honte aux jeunes enfants aient eux-mêmes les premiers honte devant les enfants ; aussi la remontrance d'un ami, qui est elle-même honteuse, fait grande honte à son ami ; et quand douteusement, avec crainte, et peu à peu elle vient à approcher et toucher le faillant, elle sape et mine petit à petit son vice en remplissant de honte et de révérence celui qu'elle-même doute d'aborder de honte ; et pourtant sera-t-il toujours très bon, en telles répréhensions, d'observer ce précepte :

Bas en l'oreille, afin qu'autres ne l'oyent.

Et se faut-il diligemment donner garde de cela, entre autres observations, que l'on ne fasse ces remontrances par manière d'ostentation ni de vaine gloire, mais seulement en intention qu'elles soient utiles et profitables ; mais outre cela, ce que Thucydide fait dire aux Corinthiens d'eux-mêmes, qu'à eux appartenait de reprendre les autres, n'étant pas mal dit, doit être en ceux qui se mêlent de reprendre et corriger les autres. Car comme Lysandre répondit à un Mégarien qui s'avançait de parler hautement et librement pour la liberté de la Grèce, en une assemblée et conseil des alliés et confédérés, *ces propos-là, mon ami, auraient besoin d'une puissante cité*, aussi pourrait-on dire à tout homme qui se mêle de parler librement pour reprendre autrui, qu'il a besoin de mœurs bien réformées. Cela est très véritable de tous ceux qui s'entremettent de vouloir châtier et corriger les autres ; ainsi que Platon disait qu'il corrigeait Speusippe par l'exemple de sa vie. Et tout de même Xénocrate jetant son œil sur Polémon qui était entré en son école en habit dissolu, de sa vue seule le changea et le réforma tout ; là où un homme léger ou mal conditionné, qui se voudrait ingérer de reprendre les autres, oirait incontinent qu'on lui mettrait devant le nez :

Tout ulcéré, il veut guérir les autres,

Ce néanmoins, pour autant que les affaires mêmes nous mènent bien souvent à reprendre les autres, qui ne valent pas mieux que nous, ni nous aussi guère mieux qu'eux, le plus honnête et le plus dextre moyen de le faire en ce cas est, quand celui qui remontre et reprend s'enveloppe lui-même et se comprend aucunement en ce dont il accuse les autres.

Socrate arguait ainsi tout bellement les jeunes gens, comme n'étant pas lui-même délivré d'ignorance, mais ayant besoin d'être avec eux instruit de la vertu, et de rechercher la connaissance de la vérité ; car on aime, et l'on ajoute foi à ceux que l'on estime être sujets à mêmes fautes, et vouloir corriger ses amis comme soi-même, là où celui qui répanouit ses ailes en rognant celles d'autrui, comme étant homme net et sincère, sans aucune passion, si ce n'est qu'il soit beaucoup plus âgé que nous, et qu'il n'ait acquis une autorité de vertu et de gloire toute notoire et confessée de tous, ni gagne ni ne profite autre chose, sinon qu'il se fait réputer importun et fâcheux. Pourtant n'est-ce pas sans cause que le bon Phénix, en priant Achille, lui allègue ses infortunes, comme il avait un jour été près de tuer son père par une soudaine colère, mais que incontinent il s'en était repenti. Mais le fait afin qu'il ne semble qu'il le reprenne bien à son aise, n'ayant jamais éprouvé quelle force a la passion de la colère, et comme s'il n'eût jamais été sujet à faillir ; car ces façons-là de reprendre nous entrent plus affectueusement dedans le cœur, et nous y rendons-nous plus volontiers, quand il nous semble qu'on nous les fait par compassion, et non pas par mépris. Mais pour ce que ni l'œil enflammé ne reçoit une claire lumière, ni l'âme passionnée un parler franc, ni une répréhension toute crue, un des plus utiles secours et remèdes que l'on y saurait trouver, serait d'y mêler parmi quelque peu de louanges.

Car cela n'adoucit pas seulement l'âpreté de la répréhension et de la passion, mais engendre une émulation envers soi-même, lui faisant avoir honte des choses laides et déshonnêtes par la recordation des belles et honnêtes qu'il a autrefois faites, en prenant de soi-même l'exemple de mieux faire ; car quand nous lui en comparons d'autres de ses citoyens ou de ses compagnons égaux en âge, ou même de ses parents, alors le vice, qui de soi-même est opiniâtre, revêche et contentieux, s'en ennuie et s'en courrouce, et répond souvent tout bas entre ses dents : *Que ne vous en allez-vous donc à ceux-là qui valent mieux que moi, et que vous ne me laissez en paix, sans me plus fâcher?*

(*Comment on pourra discerner le flatteur d'avec l'ami.*)

Les châtiments

Je m'aigrissais le plus souvent à l'encontre de mes serviteurs, pensant qu'ils devinssent pires à faute d'être bien châtiés ; mais je me suis à la fin aperçu bien tard, premièrement, qu'il valait mieux par patience et indulgence rendre mes valets pires, que de me décordre et gâter par âpreté et colère moi-même en voulant redresser les autres. Secondement, je voyais plusieurs, qui parce qu'on ne les châtiait point, bien souvent devenaient honteux d'être méchants, et prenaient le pardon qu'on leur donnait pour un commencement de mutation de bien en mal, plutôt qu'ils n'eussent fait la correction, et certainement obéissaient plus volontiers et plus affectueusement aux uns avec un clin d'œil sans mot dire, qu'ils ne faisaient à d'autres avec soufflets et coups de bâton : tellement que je me suis finalement persuadé que la raison était plus apte et plus digne de commander et de gouverner, que non pas la colère, car je n'estime pas qu'il soit totalement vrai ce que dit le poète:

Où est la peur, là même est la honte.

Mais au revers, je pense qu'en ceux qui sont honteux s'imprime la crainte qui les retient de mal faire, là où l'accoutumance ordinaire d'être battu sans merci n'imprime pas une repentance du mal faire, mais une prévoyance de se garder d'y être surpris. Tiercement je considérais en moi-même, et me ramenais en mémoire que celui qui nous enseigne à tirer de l'arc ne nous défend pas de tirer, mais de faillir à tirer : aussi celui qui nous enseigne à châtier en temps et bien modérément, opportunément, utilement, et ainsi qu'il appartient, ne nous empêche pas de châtier. Je m'efforce d'en soustraire et ôter entièrement toute colère, principalement par n'ôter pas à ceux qui sont châtiés le moyen de se justifier, et par les ouïr : car le temps apporte cependant à la passion son délai et une remise qui la dissout, et cependant le jugement de la raison trouve et le moyen et la mesure de faire la punition convenablement. Et puis on ne laisse point de lieu à celui qui est châtié de résister au châtiment s'il est puni et châtié, non pas en courroux et par colère, mais convaincu de l'avoir bien mérité, et qui serait encore plus laid, on ne trouvera point que le valet châtié parle plus justement que le maître qui le châtie.

Car il n'y a rien qui tant soit cause de faire châtier en colère, comme de ne châtier pas quand la colère est passée, et être tout décousu, et faire comme les paresseux mariniers, qui durant le beau et le bon temps demeurent en repos dans le port, et puis, quand la tourmente se lève, ils font voile et se mettent en danger ; aussi nous reprenant et blâmant la raison de n'être pas assez roide, mais trop lâche et trop molle en matière de punition, nous nous hâtons de l'exécuter alors que la colère est présente, qui est comme un vent impétueux : car naturellement celui qui a faim use de viande ; mais de punition ne doit user sinon celui qui n'en a ni faim ni soif ; ni ne faut se servir de la colère comme d'une sauce à la viande, pour nous mettre en appétit de châtier, mais lorsque l'on est le plus écarté, et que l'on y est contraint nécessairement, y employant le jugement de la raison.

(*Comment il faut refréner la colère.*)

Ce qu'il faut enseigner

Ce de quoi plus on doit instruire les jeunes gens, et qui leur est de non moindre, voire j'ose bien dire, de plus grande conséquence que tout ce que nous avons dit jusqu'ici, c'est *qu'ils ne soient délicats ne superflus en chose quelconque, qu'ils tiennent leur langue, qu'ils maîtrisent leur colère et qu'ils aient leurs mains nettes.* Mais voyons particulièrement combien emporte un chacun de ces quatre préceptes, car ils sont plus faciles à entendre, en les mettant devant les yeux par exemples : comme, pour commencer au dernier, il y a eu de grands personnages qui pour s'être laissés aller à prendre argent injustement, ont répandu tout l'honneur qu'ils avaient amassé au demeurant de leur vie, comme Gylippe Lacédémonien, qui pour avoir décousu par-dessus les sacs pleins d'argent qu'on lui avait baillés à porter, fut honteusement banni de Sparte. Et quant à ne se courroucer du tout point, c'est bien une vertu singulière ; mais il n'y a que ceux qui sont parfaitement sages qui le puissent du tout faire ; comme était Socrate, lequel, ayant été fort outragé par un jeune homme insolent et téméraire, jusques à lui donner des coups de pied, et voyant que ceux qui se trouvaient lors autour de lui s'en courrouçaient amèrement, et en perdaient patience, et voulaient courir après : *Comment*, lui dit-il, *si un âne m'avait donné un coup de pied, voudriez-vous que je lui en redonnasse un autre ?* Toutefois il n'en demeura pas impuni, car tout le monde lui reprocha tant cette insolence, et on l'appela si souvent et tant, *le regibleur et donneur de coups de pied*, que finalement il s'en pendit et étrangla lui-même de regret.

(*Comment on pourra recevoir utilité de ses ennemis.*)

Il fallait que les jeunes hommes révérassent non seulement leurs propres pères, et se rendissent sujets à eux, mais aussi qu'ils portassent révérence à tous autres vieilles gens, en leur cédant le dessus, et se détournant d'eux par les chemins, en se levant de leurs sièges au-devant d'eux, en s'arrêtant quand ils passaient ; et pourtant un chacun commandait non seulement comme aux autres villes à ses propres enfants, à ses propres serviteurs, et disposait de ses propres biens, mais aussi à ceux de son voisin, ni plus ni moins qu'aux siens propres, et s'en servaient comme de choses communes entre eux, afin qu'ils en eussent soin chacun comme de leurs propres.

Et pourtant si un enfant ayant été châtié par un autre l'allait rapporter à son père, c'était honte au père, s'il ne lui donnait encore d'autres coups ; car par la commune discipline de leur pays ils s'assuraient que un autre n'avait rien commandé qui ne fût honnête à leurs enfants.

L'effet pour lequel leur vivre de tous était fort étroit c'était afin que de longue main ils s'accoutumassent à n'être jamais pleins, et à pouvoir endurer la faim, pour ce qu'ils avaient opinion qu'ils en seraient plus utiles à la guerre, s'ils apprenaient à pouvoir porter la peine et travailler sans manger et qu'ils en seraient plus continents, plus sobres et plus simples s'ils apprenaient à durer longtemps à peu de dépense. Bref ils avaient opinion que s'abstenir de manger chair ou poisson apprêtés en cuisine, et se passer ou de pain ou de la viande la première venue, rendait les corps des hommes, plus sains et plus grands, pour ce que les esprits naturels n'étant point pressés par trop grande quantité de vivres, ni rebattus contre-bas, ni étendus en large, élevaient les corps contre-mont, et si les laissaient plus beaux, d'autant que les habitudes et corpulences grêles et vides obéissent mieux à la vertu de nature qui forme les membres, là où celles qui sont grasses, pleines et sujettes à beaucoup manger, pour leur pesanteur y résistent.

Ils étudiaient aussi à composer de belles chansons, et non pas moins à les chanter, et y avait toujours en leurs compositions ne sais quel aiguillon qui excitait le courage, et inspirait aux cœurs des écoutants un propos délibéré et une ardente volonté de faire quelque belle chose. Le langage était simple, sans fard ni afféterie quelconque, qui ne contenait autres choses que les louanges de ceux qui avaient vécu vertueusement et qui étaient morts en la guerre pour la défense de Sparte comme étant bienheureux et le blâme de ceux qui par lâcheté de cœur avaient rétivé à mourir, comme vivant une vie misérable et malheureuse ; ou bien c'étaient promesses d'être à l'avenir, ou vanteries d'être présentement gens de bien, selon la diversité des âges de ceux qui les chantaient : car y ayant ès fêtes solennelles et publiques toujours trois danses, celle des vieillards commençant disait :

> Nous avons été jadis
> Jeunes, vaillants et hardis.

Celle des hommes suivait après, qui disait :

> Nous le sommes maintenant,
> A l'épreuve de tout venant.

La troisième des enfants venait après, qui disait :

> Et nous un jour le serons,
> Qui bien vous surpasserons.

Lycurgue s'étudia à conjoindre l'exercice de la discipline militaire avec le plaisir de la musique, afin que cette véhémence belliqueuse, mêlée avec la douceur de la musique, en fût tempérée de bon accord et harmonie.

(*Les coutumes et façons de faire des anciens Lacédémoniens.*)

Théophraste écrit touchant l'ouïe : *que c'est celui de tous les cinq sens de nature qui donne plus et de plus grandes passions à l'âme* ; car il n'y a rien de tout ce qui se voit, ni qui se goûte, ni qui se touche, qui cause de si grands ravissements hors de soi, si grands troubles, ni si grandes frayeurs, comme il en entre en l'âme par le moyen d'aucuns bruits, sons et voix qui viennent à férir l'ouïe. Mais si elle est bien exposée et bien propre aux passions, encore l'est-elle plus à la raison ; car il y a plusieurs endroits et parties du corps qui donnent aux vices entrée pour se couler au-dedans de l'âme ; mais la vertu n'a qu'une seule prise sur les jeunes gens, qui est *les oreilles*, pourvu qu'elles soient dès le commencement contregardées pures et nettes de toute flatterie, non amollies ni abreuvées d'aucuns mauvais propos. Et pourtant, à bonne cause, voulait Xénocrate que l'on mît aux enfants des oreillettes ou templiers de fer, pour leur couvrir et défendre les oreilles, plutôt qu'aux combattants à l'escrime des poings, parce que ceux-ci ne sont en danger que d'avoir les oreilles rompues et déchirées à coups de poing seulement, et ceux-là les mœurs gâtées et corrompues ; non qu'il les voulût du tout priver de l'ouïe, ou les rendre totalement sourds, mais bien admonester de ne recevoir les mauvais propos, et s'en donner bien de garde, jusqu'à ce que d'autres bons y étant nourris de longue main par la philosophie eussent saisi la place des mœurs la plus mobile et la plus aisée à mener, y étant logés par la raison, comme gardes, pour la préserver et défendre.

Par quoi puisque ainsi est que l'ouïe porte aux jeunes gens si grande utilité avec non moindre péril, j'estime que ce soit sagement fait de discourir et deviser souvent, et avec soi-même et avec autrui, *comment c'est qu'il faut ouïr*, attendu mêmement que nous voyons que la plupart des hommes en abusent, attendu qu'ils s'exercitent à parler devant que s'être accoutumés à écouter, et qu'ils pensent qu'il y ait une science de bien parler, et une exercitation pour l'apprendre ; et quant à l'écouter, que ceux qui en usent sans art, comment que ce soit, en reçoivent du profit. Combien que au jeu de la paume on apprend tout ensemble, et à recevoir l'esteuf et à le renvoyer ? Mais en l'usage du parler il n'est pas ainsi ; car le bien recevoir précède le rejeter. Or, dit-on que les œufs des oiseaux que l'on appelle vulgairement éventés, n'ont pu avoir vie ; aussi le parler des jeunes gens qui ne savent écouter, et qui ne sont pas accoutumés à recevoir profit par l'ouïe, n'est véritablement que vent ; car ceux qui veulent recevoir aucune chose que l'on verse d'un vase en un autre, inclinent et tournent la bouche de leurs vases devers ce que l'on y verse, afin que l'infusion se fasse bien dedans, et qu'il ne s'en répande rien en dehors ; et ceux ne savent pas se rendre attentifs et par attention accommoder leur ouïe, afin que rien ne leur échappe de ce qui se dit utilement : mais, ce qui est digne de plus grandes moqueries, s'ils se trouvent présents à ouïr raconter l'ordre de quelque festin, ou d'une montre, ou un songe, ou un débat et querelle que le récitant aura eu contre un autre, ils écoutent en grand silence et s'arrêtent à ouïr diligemment ; mais si quelqu'un les tire à part pour leur enseigner chose utile, ou pour les exhorter à quelque point de leur devoir, ou pour les reprendre quand ils faillent, ou apaiser quand ils se courroucent, ils ne le peuvent entendre et tâchent à réfuter par arguments, en contestant à l'encontre de ce que l'on leur dit s'ils peuvent ; et s'ils ne peuvent, ils s'enfuient pour aller ouïr quelques autres fols propos, comme de méchants vaisseaux pourris, remplissant leurs oreilles de toute autre chose plutôt que de ce qui leur est nécessaire.

Ceux donc qui veulent bien dresser les chevaux leur enseignent à avoir bonne bouche, et obéir bien au mors ; aussi ceux qui veulent bien instruire les enfants les doivent rendre simples et obéissants à la raison, en leur enseignant à beaucoup ouïr et à ne guère parler. Car Spinthame, louant Epaminondas, disait qu'il n'avait jamais trouvé homme qui sût tant comme lui, ne qui parlât moins ! Aussi dit-on que nature, pour cette cause, a donné à chacun de nous une langue seule et deux oreilles, *parce qu'il faut plus ouïr que parler.*

Or est-ce partout un grand et sûr ornement à un jeune homme que le silence, mais encore principalement quand, en écoutant parler un autre, il ne se trouble point, ni n'aboie point à chaque propos, ains, encore que le propos ne lui plaise guère, il a patience néanmoins, et attend jusqu'à ce que celui qui parle ait achevé, et encore après qu'il a achevé, il ne va pas soudainement lui jeter au-devant une contradiction ; mais, comme dit Eschine, il laisse passer entre deux quelque petit intervalle de temps pour voir si celui qui a dit voudra point encore ajouter quelque chose à son dire, ou y changer, ou en ôter.

Mais ceux qui tout soudain contredisent, n'étant écoutés ni écoutants, ains parlant toujours à l'encontre de ceux qui parlent, font une faute malséante, et de mauvaise grâce, là où celui qui est accoutumé d'ouïr patiemment, avec honnête contenance, en recueille mieux le propos qu'on lui tient, s'il est utile et bon ; et s'il est inutile ou faux, il a meilleur loisir de le discerner et de le juger, et si se montre amateur de vérité, non de querelle.

(*Comment il faut ouïr.*)

La *noblesse* est belle chose, mais c'est un bien de nos ancêtres. *Richesse* est chose précieuse, mais qui gît en la puissance de fortune, qui l'ôte bien souvent à ceux qui la possédaient, et la donne à ceux qui point ne l'espéraient. C'est un but où tirent les coupe-bourses, les larrons domestiques, et les calomniateurs ; et s'y a des plus méchants hommes du monde qui, bien souvent, y ont part. *Gloire* est bien chose vénérable, mais incertaine et muable. *Beauté* est bien désirable, mais de peu de durée, *Santé* chose précieuse, mais qui se change facilement. *Force de corps* est bien souhaitable, mais aisée à perdre, ou par maladie ou par vieillesse ; de manière que s'il y a quelqu'un qui se glorifie en la force de son corps, il se déçoit grandement ; car qu'est-ce de la force corporelle de l'homme auprès de celle des autres animaux ? J'entends comme des éléphants, des taureaux et des lions. Et au contraire, *le savoir* est la seule qualité divine et immortelle en nous.

Car il y a en toute la nature de l'homme deux parties principales : *l'entendement et la parole*, dont l'entendement est comme le maître qui commande, et la parole comme le serviteur qui obéit. Mais cet entendement n'est point exposé à la fortune ; il ne se peut ôter à qui l'a par calomnie ; il ne se peut corrompre par maladie, ni gâter par vieillesse, pour ce qu'il n'y a que l'entendement seul qui rajeunisse en vieillissant, et la longueur du temps, qui diminue toutes choses ajoute toujours savoir à l'entendement. La guerre qui, comme un torrent, entraîne et dissipe toutes choses ne saurait emporter le savoir. Et me semble que Stilpon le Mégarien fit une réponse digne de mémoire, quand Démétrius, ayant pris et saccagé la ville de Mégare, lui demanda s'il avait rien perdu du sien. *Non*, dit-il, *car la guerre ne saurait piller la vertu*. A laquelle réponse s'accorde et se rapporte aussi celle de Socrate, lequel étant interrogé par Gorgias, ce me semble, quelle opinion il avait du grand roi, s'il l'estimait pas bien heureux : *Je ne sais*, répondit-il, *comment il est pourvu de savoir et de vertu* ; comme estimant que la vraie félicité consiste en ces deux choses, non pas ès biens caducs de la fortune.

Mais comme je conseille et admoneste les pères qu'ils n'aient rien plus cher que de bien faire nourrir et instituer en bonnes mœurs et bonnes lettres leurs enfants ; aussi, dis-je, qu'il faut bien qu'ils aient l'œil à ce que ce soit une vraie, pure et saine littérature.

(*Comment il faut nourrir les enfants.*)

Sur toutes choses, il faut exercer et accoutumer la mémoire des enfants, pour ce que c'est, par manière de dire, *le trésor de science* : c'est pourquoi les anciens poètes ont feint que *Mnémosyne*, c'est-à-dire *Mémoire*, était la mère des Muses, nous voulant donner à entendre qu'il n'y a rien qui tant serve à engendrer et conserver les lettres et le savoir qui fait la mémoire. Pourtant la faut-il diligemment et soigneusement exerciter en toutes sortes, soit que les enfants l'aient ferme de nature ou qu'ils l'aient faible ; car aux uns on corrigera par diligence le défaut, aux autres on augmentera le bien d'icelle, tellement que ceux-là en deviendront meilleurs que les autres, et ceux-ci meilleurs que eux-mêmes.

Davantage les pères doivent savoir que cette partie mémorative de l'âme ne sert pas seulement aux hommes à apprendre les lettres, mais aussi qu'elle vaut beaucoup aux affaires du monde, pour ce que la souvenance des choses passées fournit d'exemples pour prendre conseil à l'avenir.

(*Comment il faut nourrir les enfants.*)

Conjoindre et accommoder les passages des poètes aux préceptes et arrêts des philosophes, tire la poésie hors des fables, et lui ôte le masque, et donne efficace de persuader et profiter à bon escient aux sentences utilement dites, et davantage ouvre l'esprit d'un jeune garçon et l'incline aux discours et raisons de la philosophie, en prenant déjà quelque goût, et en ayant ouï déjà parler, non point y venant sans jugement, encore tout rempli de folles opinions qu'il aura toute sa vie ouïes de sa mère ou de sa nourrice, et quelquefois aussi de son père, voire de son pédagogue, auxquels il aura ouï réputer très heureux, et par manière de dire, adorer les riches hommes et redouter effroyablement la mort avec horreur, ou le travail, et au contraire, estimer la vertu chose non désirable, et n'en faire compte, non plus que de rien, sans avoir des biens de ce monde, et sans autorité. Car quand les jeunes gens viennent de prime face à entendre les décisions et raisons des philosophes toutes contraires à ces opinions-là, ils en demeurent tout étonnés, troublés et effarouchés, ne les pouvant recevoir ni endurer, non plus que ceux qui ont longuement demeuré en ténèbres ne peuvent soudain supporter la lumière des rayons du soleil, s'ils ne sont premièrement accoutumés petit à petit à quelque clarté bâtarde, dont la lueur soit moins vive, tant qu'ils la puissent regarder sans douleur. Ainsi les faut-il peu à peu accoutumer du commencement à une vérité qui soit un peu mêlée de fables, pour qu'ils soient moins troublés et dépaysés, quand ils entendront dire chez les philosophes, *que nous ne nous devons point soucier de la mort ; que nature a mis une borne aux richesses ; que la béatitude et le souverain bien de l'homme ne gît point en quantité grande d'argent, ni en maniement de grandes affaires, ni en magistrats, et en crédit et autorité, mais en ne sentir point de douleur, en avoir les passions adoucies, et en une disposition de l'âme suivant en toutes choses ce qui est selon nature.* Bref le jeune homme a besoin d'être bien guidé en la lecture des poètes, afin que la poésie ne l'envoie point mal édifié, mais plutôt préparé et rendu ami et familier à l'étude de philosophie.

(*Comment il faut lire les poètes.*)

Pour ce que la poésie représente quelquefois, par imitation de méchants actes, des passions mauvaises, et des mœurs vicieuses et reprochables, il faut que le jeune homme sache que ce que l'on admire en cela et que l'on trouve singulier, il ne le doit pas recevoir comme véritable, ni l'approuver comme bon, mais le louer seulement comme bien convenable et bien approprié à la personne et à la matière sujette. Car tout ainsi comme il nous fâche et nous déplait, quand nous oyons ou le grognement d'un pourceau ou le cri que fait une roue mal ointe, ou le sifflement des vents, ou le rugissement de la mer, mais si quelque bouffon et plaisant le sait bien contrefaire, nous y prenons plaisir ; semblablement aussi jugeons-nous une personne malade ou pourrie d'ulcères, comme chose hideuse à voir et néanmoins, quand nous venons à voir le *Philoctète* d'Aristophon, et la *Jocaste* de Silanion, où l'un est décrit tombant par pièces, et l'autre comme rendant l'esprit, nous en recevons délectation grande. Aussi le jeune homme soit instruit et averti de louer l'art et la suffisance de celui qui a bien su naïvement représenter le plaisant et l'homme vicieux, mais au demourant de blâmer et détester les actions et conditions qu'il représente ; car il y a grande différence entre représenter bien et représenter chose bonne, parce que le représenter bien, c'est-à-dire naïvement et promptement ainsi qu'il appartient. Or, les choses déshonnêtes sont propres et convenables aux personnes déshonnêtes. Et, comme les souliers du boiteux Démonide qui avait les pieds bots, lesquels ayant perdus, il priait aux dieux qu'ils fussent bons à celui qui les lui avait dérobés. Ils étaient bien mauvais de soi, mais bons et propres pour lui.

Si donc nous avertissons les jeunes gens que les poètes n'écrivent pas telles choses comme s'ils les louaient et les approuvaient, mais que, sachant bien que ce sont mauvais et méchants langages, ils les attribuent aussi à de mauvaises et méchantes personnes, en ce faisant, ils ne recevront aucunes pernicieuses impressions des poètes ; mais au contraire la suspicion qu'ils prendront de la personne qui parlera, leur fera incontinent trouver mauvaises la parole et la sentence, comme étant faites ou dites par une méchante et vicieuse personne.

L'abeille trouve naturellement, parmi les plus aigres fleurs et les plus âpres épines, le plus parfait miel et le plus utile : aussi les enfants, s'ils sont bien nourris en la lecture des poètes, en tireront toujours quelque bonne et profitable doctrine.

(*Comment il faut lire les poètes.*)

La musique a été donnée aux hommes par les dieux, pour les rendre modestes, gracieux et bien conditionnés, non pas pour délices, ni pour une volupté, ni un chatouillement d'oreilles, pour ce qu'il advient aucune fois, à faute de Muses et Grâces, grande confusion et désordre dans les accords et consonances de l'âme qui se débauche outrageusement par intempérance ou par nonchalance ; et la musique, survenant là-dessus, les ramène et les remet derechef tout doucement en leur ordre et en leur lieu.

(*De la superstition.*)

CHAPITRE II

L'ÉDUCATION DE SOI

Il serait difficile de marquer le commencement de l'éducation de soi, car on ne peut déterminer la part de la volonté dans l'éducation initiale qui s'appuie tour à tour sur l'habitude, la persuasion et même la contrainte. Mais le but constant des maîtres doit être d'amener leurs élèves à se gouverner eux-mêmes par la raison, à vouloir ce qu'il faut et à vivre comme ils veulent. Pour éveiller et fortifier la raison, il est nécessaire d'y faire sans cesse appel. L'action de la volonté peut s'exercer avant la raison, mais la volonté ne devient autonome que par la raison. On n'est maître de soi que si l'on est capable de se donner à soi-même sa loi, qui ne peut être que celle de la raison, c'est-à-dire la loi morale acceptée par libre choix. Mais ce n'est que par une longue habitude de se soumettre à la raison qu'on arrive à la pleine possession de soi. Il faut y travailler durant toute la vie, et résister sans cesse aux entraînements des passions pour obéir au maître que nous nous sommes donné.

Cette action intérieure et constante de la raison sur les passions, cette lutte entre le principe divin qui est en nous et notre nature inférieure, ne peut se faire victorieusement, si nous ne connaissons ni les ennemis que nous avons à combattre, ni les forces que nous sommes capables de leur opposer, ni les moyens à employer pour faire triompher le bien. La connaissance de nous-mêmes, sans laquelle il n'y a point d'éducation de soi, est entravée par bien des causes, qui toutes ont leur source dans l'amour-propre. Trompés par cet insinuant flatteur, nous nous voyons, non tels que nous sommes, mais tels que nous voudrions être dans l'opinion d'autrui, tout parés de vertus illusoires, sous lesquelles se dérobent nos défauts et nos vices. Cet être tout d'apparence nous est bien plus cher que notre être réel : aussi redoutons-nous de le perdre. Et loin d'écouter le langage sincère de ceux qui nous aiment assez pour nous dire la vérité, nous prêtons une oreille complaisante aux discours séducteurs qui nous confirment dans l'idolâtrie de ce faux moi. Au lieu de rentrer en nous-mêmes, nous dispersons notre attention sur une foule de choses qui entretiennent une basse et malsaine curiosité, et notre regard se détourne de nous-mêmes pour se porter avec une malveillante clairvoyance sur tout ce qui concerne le prochain.

Nous seuls pouvons guérir le funeste aveuglement à l'abri duquel se développent tous nos mauvais penchants. Il suffit de le vouloir et d'anéantir courageusement l'être de parade que nous avons choyé, pour créer selon la vérité l'homme nouveau dont l'idéal est dans chaque âme. Ce sacrifice de notre amour-propre est cruel, et il faut le renouveler souvent, afin que la véritable humilité puisse croître en notre âme et la mettre en possession de réelles vertus. La vue de nos innombrables fautes nous découragerait, si nous n'avions en même temps conscience de la force divine qui rend notre volonté toute-puissante pour nous purifier du mal. Ainsi le sentiment de nos imperfections s'unit à celui de la perfection que nous devons et pouvons réaliser, et nous porte vers le bien avec d'autant plus d'ardeur que nous nous en voyons plus éloignés. Tout devient une source d'instruction et un moyen de perfectionnement pour l'âme humble. Ses propres fautes la maintiennent dans la vigilance, celles d'autrui la font rentrer en elle-même pour reconnaître en elle les mêmes causes de chute. La malveillance attentive à saisir ses points faibles contribue à l'éclairer. Aussi, loin de s'irriter contre ceux qui scrutent sa conduite d'un œil haineux, elle se sert de leur perspicacité pour se juger plus impartialement et veiller avec plus de soin sur elle-même.

Le premier pas vers l'amendement, c'est la connaissance de nos fautes. Le second, c'est la ferme détermination d'éviter toutes les occasions de faiblir et de réaliser en nous les vertus que nous admirons dans les autres. Notre perfectionnement ne peut être que graduel. Mais si nous ne pouvons être transformés tout d'un coup, il y a cependant pour chacun de nous, dans la vie morale, le moment où nous devons prendre une orientation décisive, où notre volonté réfléchie se marque une fin à poursuivre et rompt brusquement avec tout ce qui nous éloigne de notre but. L'amour sincère du bien nous inspire le courage de l'accomplir. Nous ne sommes pas encore changés, mais un principe nouveau amène notre être pour diriger toutes ses forces vers le bien. Alors le mal ne perd pas tout son empire sur nous, bien des tentations peuvent encore éprouver notre résolution et nécessiter de notre part de rudes combats et de douloureux sacrifices. Mais l'habitude de résister nous rend la lutte moins pénible et la victoire plus certaine. Et c'est à cela que nous reconnaissons nos progrès, si le bien nous est plus facile et si nous sommes des émules moins indignes des hommes vertueux qui nous servent de guides.

Éducation de soi, gouvernement de la raison.

Toi qui as souvent entendu que c'est une même chose, suivre Dieu et obéir à la raison, dois estimer que le sortir hors d'enfance et entrer au rang des hommes, n'est point une délivrance de subjection, mais seulement une mutation de commandant, pour ce que la vie, au lieu d'un maître nécessaire, loué ou bien acheté à prix d'argent, qui avait coutume de nous gouverner en notre enfance, prend alors un guide divin, *qui est la raison*, à laquelle ceux qui obéissent doivent être réputés seuls francs et libres : car ceux-là seuls, ayant appris à vouloir ce qu'il faut, vivent comme ils veulent, là où ès actions et affections désordonnées et non régies par la raison, la franchise de la volonté y est petite, faible et débile, mêlée de beaucoup de repentance.

(Comment il faut ouïr.)

Les mœurs ne sont autre chose qu'une qualité imprimée de longue main en cette partie de l'âme qui est irraisonnable. La raison n'en veut pas du tout ôter ni déraciner la passion, parce qu'il n'est ni possible ni utile, mais seulement lui tracer quelques bornes, et lui établir quelque ordre, faisant en sorte que les vertus morales ne sont pas impassibilités, mais plutôt règlements et modérations des passions et affections de notre âme : ce qu'elle fait par le moyen de la prudence, laquelle réduit la puissance de la partie sensuelle et passible à une habitude honnête et louable. Ainsi ces trois choses sont en notre âme, *la puissance naturelle, la passion et l'habitude*. La puissance naturelle est le commencement, et par manière de dire, la matière de la passion, comme la puissance de se courroucer, la puissance de se vergogner, la puissance de s'assurer. La passion après est le mouvement actuel de cette puissance, comme le courroux, la vergogne, l'assurance.

Et l'habitude est une fermeté établie en la partie irraisonnable par longue accoutumance, laquelle devient vice quand la passion est mal gouvernée, et vertu quand elle est bien conduite et menée par la raison.

(*De la vertu morale.*)

D'actions vertueuses où il n'y ait rien à redire, qui soient entières et parfaites, il ne s'en pourra point trouver, ni de mœurs tellement composées à tout devoir, qu'il n'y ait mélange aucun de passion ; mais si, par fortune, la nature d'elle-même en produit quelques-unes qui soient belles et bonnes, elles sont incontinent offusquées et obscurcies par autres mixtions étrangères, ni plus ni moins qu'un fruit franc, qui serait altéré par adjonction de matières et nourritures sauvages.

(*Flaminius.*)

Ceux qui profitent en la vertu, qui ont déjà planté et assis le fondement doré de bonne vie, comme d'un saint temple ou d'un palais royal, n'y reçoivent rien à bâtir dessus témérairement, mais y ajoutent et y appliquent toutes choses avec le plomb et la règle de la raison. C'est pourquoi nous estimons que Polyclète, faiseur d'images, avait coutume de dire, *que le plus fort à faire et le plus difficile de leur besogne, était quand la terre était venue jusques à l'ongle,* c'est-à-dire que la difficulté plus grande de la perfection gît à la fin.

(*Comment l'on pourrra apercevoir si l'on amende et profite en l'exercice de la vertu.*)

Connaissance de soi.

Platon écrit que chacun pardonne à celui qui dit qu'il s'aime bien soi-même, mais néanmoins que de cela il s'engendre dedans nous un vice, outre plusieurs autres, qui est très grand : c'est que *nul ne peut être juste et non favorable juge de soi-même.* Car l'amant est ordinairement aveugle à l'endroit de ce qu'il aime, si ce n'est qu'il ait appris et accoutumé de longue main à aimer et estimer plutôt les choses honnêtes, que ses propres et celles qui sont nées avec lui ; cela donne au flatteur la large campagne qu'il y a entre flatterie et amitié, où il y a un fort assis bien à propos pour nous endommager, qui s'appelle *l'amour de soi-même*, moyennant laquelle chacun étant le premier et le plus grand flatteur de soi-même, n'est pas difficile à recevoir et admettre près de soi un flatteur étranger, lequel il pense et veut bien être témoin et confirmateur de l'opinion qu'il a de soi-même ; car celui auquel l'on reproche à bon droit qu'il aime les flatteurs, s'aime aussi bien fort soi-même, et, pour l'affection qu'il se porte, veut et se persuade que toutes choses soient en lui, desquelles la volonté n'est point illicite ni mauvaise, mais la persuasion en est dangereuse, et a besoin d'être bien retenue.

Or, si c'est chose divine que la vérité, et la source de tous biens aux dieux et aux hommes, ainsi que dit Platon, il faut estimer que le flatteur donc est ennemi des dieux, et principalement d'Apollon, pour ce qu'il est toujours contraint à celui sien précepte, *connais-toi toi-même* ; faisant que chacun de nous s'abuse en son propre fait, tellement qu'il ignore les biens et les maux qui sont en soi, lui donnant à entendre que les maux sont à demi et imparfaits, et les biens si accomplis, que l'on n'y saurait rien ajouter pour les amender.

(*Comment on pourra discerner le flatteur d'avec l'ami.*)

Nous admonestons les lisants de chasser arrière d'eux l'amour et l'opinion de soi-même ; car cette présomption-là, nous flattant premièrement nous-mêmes au dedans, nous rend plus tendres et plus faciles aux flatteurs de dehors, comme y étant jà tous disposés, là où si obéissants au dieu Apollon, et reconnaissants combien en toutes choses fait à estimer son oracle, qui nous commande de nous connaître nous-mêmes, nous allions rechercher notre nature, notre institution et notre nourriture, quand nous y trouverions infinies défectuosités de ce qui y dût être, et tant de choses malement ou témérairement mêlées, qui ne dussent pas être en nos actions, en nos propos et en nos passions, nous ne nous abandonnerions pas aussi facilement aux flatteurs à nous fouler aux pieds, et faire ainsi, par manière de dire, litière de nous à leur plaisir.

Si nous considérions, chacun en son privé, plusieurs choses laides, fâcheuses, imparfaites et mauvaises que nous avons, nous trouverions que nous aurions besoin, non d'un ami qui nous louât et qui dît du bien de nous, mais plutôt qui nous parlât librement, qui nous reprît et blâmât des fautes que nous commettons en notre particulier.

(*Comment discerner le flatteur d'avec l'ami.*)

Ainsi comme les fables disent que la fée Lamia ne fait que chanter quand elle est en sa maison étant aveugle, d'autant qu'elle a serré ses yeux en quelque vaisseau à part, mais quand elle sort dehors, elle se les remet et voit alors; aussi chacun de nous au dehors, et pour contempler les autres, ajoute à la male intention la curiosité, comme un œil, et en nos propres défauts, et en nos maux, nous avons la berlue par ignorance à tout propos, à faute d'y employer les yeux et la clarté de la lumière. Voilà pourquoi le curieux est plus utile à ses ennemis qu'il n'est à lui-même, d'autant qu'il découvre, met en évidence et leur montre ce dont il se faut garder et ce qu'ils doivent corriger, et cependant il ne voit pas la plupart de ce qui est chez lui, tant il est ébloui à regarder ce qui est au dehors.

Nous mettant à nonchaloir, et ne nous souciant point de savoir ce qui nous touche, allons rechercher la généalogie des autres, que le grand-père de notre voisin était venu de la Syrie, que sa nourrice était Thracienne, que un tel doit trois talents et n'en a point encore payé les arrérages, et nous enquérons de telles choses, d'où revenait la femme d'un tel, et qu'était ce qu'un tel et un tel disaient à part dans un coin.

Il y en a qui pour rien ne veulent voir leur vie, comme leur étant un très mal plaisant spectacle, ni replier et retourner leur raison comme une lumière sur eux-mêmes, ains leur âme, étant pleine de toutes sortes de maux et redoutant et enseignant ce qu'elle sent au dedans d'elle-même, saute dehors, et va errant çà et là à rechercher les faits d'autrui, nourrissant et engraissant ainsi ses malignités; car ainsi que la poule, bien souvent qu'on lui aura mis à manger devant elle, s'en ira néanmoins gratter en un coin, là où elle aura peut-être aperçu en un fumier quelques grains d'orge : semblablement aussi les curieux, passant par-dessus les propos exposés à chacun, et les histoires dont chacun parle, et que l'on ne défend point d'enquérir, ni n'est-on point marri quand on les demande, vont recueillant et amassant les maux secrets et cachés de toute la maison.

(*De la curiosité.*)

Pour autant qu'il y a des passions de l'âme pestilentes et dommageables, comme celles qui lui apportent travail, tourments et obscurité, le meilleur serait les chasser de tout point et les jeter entièrement par terre, pour se donner à soi-même une vue libre, une lumière claire et un vent salubre, ou pour le moins les rechanger et rhabiller en les changeant ou détournant autrement; comme pour exemple, sans en chercher plus loin, la curiosité est un désir de savoir les tares et imperfections d'autrui, qui est un vice ordinairement conjoint avec envie et malignité : car « *pourquoi est-ce, homme* « *par trop envieux, que tu vois si clair ès affaires d'autrui et si* « *peu ès tiennes propres? Détourne un peu du dehors et retourne* « *au dedans ta curiosité, si tant est que tu prennes plaisir à* « *savoir et entendre des maux, tu trouveras bien chez toi-même* « *à quoi passer ton temps* »,

« Autant que d'eau autour d'une île il passe,
« Et qu'en un bois de feuilles il s'amasse,

« autant trouveras-tu de péchés en ta vie, de passions en ton « âme, et d'omissions en ton devoir. Car comme Xénophon « dit, que chez les bons ménagers, il y a lieu propre pour les « ustensiles destinés à l'usage des sacrifices, autre lieu « pour la vaisselle de table, et qu'ailleurs sont situés les « instruments du labourage, et ailleurs à part ceux qui sont « nécessaires à la guerre ; aussi trouveras-tu en toi des maux « qui procèdent les uns d'envie, les autres de jalousie, les « autres de lâcheté et les autres de chicheté. Amuse-toi de les « revisiter, à les considérer ; étouffe et bouche toutes les « avenues et toutes les portes et fenêtres qui regardent chez « les voisins et en ouvre d'autres qui répondent à ta chambre, au cabinet de ta femme, au logis de tes serviteurs : « là tu trouveras à quoi t'amuser avec profit et sans malignité ; là tu trouveras des occupations profitables et salutaires, si tu aimes tant à enquérir et rechercher ce qui est « caché. »

(*De la curiosité.*)

Les maladies de l'âme trompent bien souvent ceux-mêmes qui les ont, lesquels ne pensent pas que ce soient maladies, et d'autant sont-elles pires qu'elles ôtent aux patients le sentiment de leur mal ; car les discours de la raison, quand il est sain, sent les maladies du corps ; mais ès maladies de l'âme, lui-même étant malade, n'y a point de jugement de ce qu'il souffre : car cela même qui doit juger souffre, et faut estimer que la première et principale maladie de l'âme, c'est la folie, pour raison de laquelle le vice est irrémédiable et incurable en plusieurs, avec lesquels il habite, il vit et meurt ; car le commencement de la guérison d'une maladie, c'est le sentiment qui conduit le patient à chercher ce qui le peut secourir, mais celui qui, pour ne croire point qu'il soit malade, ne connaît pas ce dont il a besoin, encore que ce qui le peut guérir se présente à lui, il le refuse ; car même entre les maladies corporelles, celles-là sont les pires qui prennent avec privation de sentiment, comme une léthargie, une frénésie, une épilepsie ou haut mal, une apoplexie, les fièvres ardentes qui augmentent l'inflammation, jusques à mettre l'homme en rêverie et lui faire perdre l'entendement, en lui troublant le sens comme d'un instrument de musique,

> Touchant du cœur les cordes plus cachées,
> Qui ne devraient pour rien être touchées.

Voilà pourquoi les médecins veulent et souhaitent en premier lieu, que l'homme ne soit jamais malade, ou s'il l'est, au moins qu'il n'ignore pas qu'il soit malade, ains sente bien son mal, ce qui advient presque ordinairement à toutes les maladies de l'âme ; car ni ceux qui sont fols et éventés, ni ceux qui sont dissous et désordonnés, ni ceux qui sont injustes, ne pensent pas pécher ni faillir, ains y en a quelques-uns mêmes qui pensent bien faire. Il n'y eut jamais homme qui estimât que la fièvre fût santé, ni l'être phthisique fût être bien dispos, ni que la goutte aux pieds fût être bien enjambé, ni que pâlir fût rougir, là où ils appellent la colère *raillance*, l'amour *amitié*, l'envie *émulation*, la couardise *prudence*. Et puis ceux-là appellent les médecins quand ils se sentent malades, car ils sentent bien de quoi ils ont besoin ; mais ceux-ci fuient les sages et savants, parce qu'ils cuident bien faire en ce qu'ils font mal.

Par cette même raison-là, nous disons que l'*ophthalmie*.

c'est-à-dire le mal des yeux, est moindre maladie que la manie, qui est la rage et fureur, et la podagre, qui est la goutte aux pieds, que la frénésie, qui est une aposthume dedans le cerveau ; car celui-là sent son mal, et criant envoie quérir le médecin ; venu qu'il est, il lui montre son œil, il baille sa vue à ouvrir, sa tête à entamer, là où nous voyons Agavé dans les tragédies, si transportée hors de son bon sens par sa rage et manie qui la tient, qu'elle déconnaît les personnes qui lui sont chères.

Tout ainsi donc, comme plus dangereuse est la tourmente qui empêche le navire de surgir et prendre port que celle qui ne permet pas sortir des ports, et faire voile : aussi les tourments de l'âme sont les pires, qui ne permettent point à l'homme de se recueillir, ni de rasseoir le discours de sa raison, qui est troublé et renversé sens dessus dessous, sans pilote et sans câble, ni amarre en tourmente, errant sans guide çà et là, et qui est emporté malgré lui en courses téméraires et mortelles, tant qu'à la fin il s'en va tomber en quelque effroyable naufrage, là où il brise sa vie : tellement que pour ces raisons et autres semblables, je conclus qu'il est pire d'être malade de l'âme, que non pas du corps.

Aussi entre ceux qui pèchent et qui faillent, ceux-là sont incurables et incorrigibles, qui se courroucent amèrement, et haïssent mortellement ceux qui les remontrent et qui les reprennent, et ceux qui les endurent, et qui les reçoivent sont en meilleur état et plus beau chemin de recouvrer guarison, mais ceux qui se baillent eux-mêmes à ceux qui les reprennent, qui confessent leur erreur, et qui découvrent eux-mêmes leur pauvreté, n'étant pas bien aises qu'on en sache rien, ni contents d'être secrets, ainsi l'avouent, et prient ceux qui les en reprennent et admonestent, de leur y donner remède, cela n'est pas un des pires signes de profit et amendement, suivant ce que voulait dire Diogène, *que celui qui se veut sauver et devenir homme de bien, il a besoin d'avoir ou un bon ami, ou un âpre ennemi, afin que ou par amour de remontrances, ou par force de justice, il se châtie de ses vices.*

Mais tant que l'on fait gloire de montrer au dehors une souillure de robe, ou une tache des vêtements, ou un soulier rompu, et que par une façon d'humilité présomptueuse on se moque de soi-même, de ce que l'on sera d'aventure ou petit, ou courbé et bossu, pensant faire une galanterie, et cependant on couvre et cache les ordures de sa vie et vilenies de ses mœurs, les envies, les malignités, l'avarice, les voluptés, comme des ulcères et aposthumes, ne souffrant pas que personne y touche, non pas qu'on les voie seulement, parce qu'on craint d'en être repris, certainement on a fait peu de profit ou plutôt à vrai dire, rien du tout.

Mais celui qui donne à travers, et qui peut ou qui veut principalement se penser soi-même, et se faire douloir, et sentir regret quand il a failli, ou sinon, à tout le moins, qui endure patiemment qu'un autre par ses répréhensions et remontrances le nettoie et le purge, celui-là certainement semble haïr la méchanceté, et avoir envie de s'en défaire. Je ne veux pas dire qu'il ne faille avoir honte, et fuir d'être estimé et tenu pour méchant, mais celui qui a en haine la substance de la méchanceté, plus que non pas l'infamie, celui-là ne feindra point de faire dire du mal de soi, et d'en dire lui-même, pourvu qu'il voie qu'il soit pour en devenir meilleur. A quoi l'on peut appliquer une gentille parole que dit un jour Diogène à un jeune homme, lequel, s'étant aperçu que Diogène l'avait vu en une taverne, s'était vitement fui plus au dedans de la taverne : *Tant plus, lui dit-il, que tu fuis au dedans, tant plus avant es-tu dans la taverne;* aussi peut-on dire des vicieux, que, tant plus ils nient leur vice, tant plus se fourrent-ils avant au dedans du vice, comme les pauvres qui contrefont les riches, en sont d'autant plus pauvres pour leur vanité, car personne ne leur donne.

(*Comment l'on pourra apercevoir si l'on amende et profite en l'exercice de la vertu.*)

Humilité, modestie.

Celui qui est une fois entré dans l'étude de la philosophie, et qui a vu celle grande lumière, comme si le repositoire des choses saintes lui était ouvert, alors prenant une tout autre contenance, un silence et un ébahissement, il devient humble, souple et modeste, suivant la raison comme Dieu, et me semble que l'on peut bien appliquer et accommoder à cela ce que Ménédème en jouant disait : c'est que plusieurs venaient aux écoles à Athènes qui du commencement étaient sages, puis devenaient *amateurs de sagesse,* car cela signifie ce mot de philosophie : car d'autant que, plus ils approchent de la raison, d'autant diminuent-ils plus de l'opinion de soi-même et de la présomption.

Une maigre invention, une impropre locution, un mauvais langage, une laide contenance, un éblouissement de sotte joie, quand on s'entend louer, et toutes autres telles impertinences qui adviennent souvent à ceux qui font les harangues en public, nous apparaissent beaucoup plutôt en autrui quand nous écoutons, qu'ils ne font en nous-mêmes quand nous haranguons. Et pour ce, faut-il transférer l'examen et la correction de celui qui aura harangué en nous-mêmes, en examinant si nous ne commettons point par mégarde de telles fautes en orant. Car il n'est rien au monde si facile que de reprendre son voisin; mais cette répréhension-là est vaine et inutile, si on ne la rapporte à une instruction de corriger ou éviter semblables erreurs en soi-même.

Ce n'est pas chose difficile, ains très facile, que de contredire une oraison prononcée ; mais en prononcer et dire une autre sur le même sujet, qui soit mieux faite et meilleure, c'est cela qui est bien difficile à faire, comme dit un Lacédémonien quand il entendit que Philippe, roi de Macédoine, avait démoli et rasé la ville d'Olynthe : *mais il n'en saurait*, dit-il, *faire une telle*.

(*Comment il faut ouïr.*)

Il me semble que ce qui est en l'inimitié le plus dommageable, pourra devenir le plus profitable, qui y voudra bien prendre garde. Et qu'est-ce que cela ? C'est que ton ennemi veille continuellement à épier toutes tes actions, et fait le guet à l'entour de ta vie, cherchant partout quelque moyen de te surprendre à découvert, pour avoir prise sur toi, ne voyant pas seulement à travers les chênes, comme faisait Lysias, ou à travers les pierres et les tuiles, mais aussi à travers un ami, à travers un serviteur domestique, et à travers tous ceux avec qui tu auras familière conversation, pour découvrir, autant qu'il lui sera possible, ce que tu feras, sondant et fouillant tout ce que tu délibéreras et que tu proposeras de faire.

L'ennemi s'attache principalement aux fautes, et est ce que

plus il recherche à la trace. Et tout ainsi que les vautours volent à la senteur des corps pourris et corrompus, et n'ont aucun sentiment de ceux qui sont sains et entiers ; aussi les parties de notre vie qui sont malsaines, mauvaises et gâtées, sont celles qui plus émeuvent notre ennemi : c'est là que sautent incontinent ceux qui nous haïssent, c'est ce qu'ils harassent et qu'ils déchirent.

Et c'est cela qui plus nous profite, en nous contraignant de vivre réglément, et prendre bien garde à nous, sans dire ni faire rien négligemment, à l'étourdie, ni imprudemment, ains conserver toujours notre vie comme en étroite diète irrépréhensible.

(*Comment on pourra recevoir utilité de ses ennemis.*)

On dit que les sept sages se trouvèrent un jour tous ensemble en la ville de Delphes, et une autre fois en celle de Corinthe, là où Périandre les assembla en un festin qu'il fit aux autres six. Mais ce qui plus augmenta leur gloire et leur donna plus de bruit et de réputation, fut le renvoi qu'ils firent du trépied, quand ils le refusèrent tous, et le cédèrent en tour les uns aux autres par une honnête humilité. Car ayant, comme on dit, quelques pêcheurs de l'île de Co jeté leur filet en mer, il y eut quelques étrangers passants de la ville de Milet, qui achetèrent le trait du filet avant qu'il fût tiré, mais quand on mit à le tirer, il se trouva dedans un trépied d'or massif, lequel on dit qu'Hélène, en s'en retournant de Troie, avait jeté en cet endroit, pour la souvenance d'un ancien oracle qui lui vint lors en mémoire. Si y eut débat pour ce trépied, premièrement entre les pêcheurs et les étrangers, à qui l'aurait : mais puis après les villes mêmes prirent la querelle pour leurs gens respectivement, laquelle eût procédé jusques à guerre ouverte, n'eût été que la prophétesse Pythia leur rendit un même oracle à toutes les deux, *qu'elles donnassent ce trépied au plus sage.*

Si fut premièrement envoyé à Thalès, en la ville de Milet, cédant volontairement ceux de Co à un particulier, ce pourquoi ils avaient guerre contre tous les Milésiens ensemble. Thalès déclara qu'il estimait Bias plus sage que lui, et lui fut envoyé. Celui-là derechef le renvoya à un autre, comme plus sage ; et l'autre encore à un autre : de sorte qu'ayant ainsi tournoyé et passé en tour par les mains de tous, il retourna à la fin, pour la seconde fois, entre les mains de Thalès, en la cité de Milet, et finalement fut porté à Thèbes, et dédié au temple d'Apollon, surnommé *Isménien*. Toutefois, Théophraste écrit qu'il fut premièrement envoyé en la ville de Priène, à Bias ; et puis à Thalès, en la ville de Milet, par la cession de Bias ; et qu'étant ainsi passé par les mains de tous, il retourna encore à la fin entre les mains de Bias, et que finalement, il fut envoyé en la ville de Delphes.

(*Solon.*)

Les Athéniens eurent dix capitaines pour la conduite de la guerre contre Darius, roi de Perse. Entre ces capitaines, Miltiade était bien celui qui avait plus de dignité et d'autorité ; mais Aristide le suivait de bien près en réputation et en crédit, d'autant mêmement qu'il servit de beaucoup à la victoire quand il s'accorda à l'opinion de Miltiade au conseil où il fut conclu qu'on donnerait la bataille aux Barbares, et aussi quand il céda volontairement l'autorité de commander souverainement en l'armée à Miltiade, pour ce que chaque capitaine à son tour avait un jour, auquel il commandait à toute l'armée, et, quand le tour vint à lui, il remit sa prééminence de commander entre les mains de Miltiade, enseignant à ses autres compagnons que se soumettre et obéir aux plus sages, non seulement n'est point chose reprochable, ains est et salutaire et honorable.

Ainsi apaisant par son exemple le débat qui eût pu s'émouvoir entre eux, et les admonestant de s'accorder à suivre tout le conseil et avis de celui qui entend mieux le fait de la guerre, il fortifia grandement Miltiade, lequel se sentit bien plus assuré et plus ferme quand l'autorité de commander ne fut plus distraite ; car depuis qu'Aristide lui eut une fois cédé son autorité, chacun des autres en fit autant quand ce vint à son tour, et se soumirent tous à lui.

(*Aristide.*)

Discipline à s'imposer pour progresser dans le bien.

Tout ainsi qu'en l'étude des lettres, en la musique, quand on apprend à jouer de la lyre, ou à lutter, les commencements sont fort laborieux, bien embrouillés et pleins de difficulté, mais puis après, en continuant petit à petit, il s'engendre à la journée une familiarité et connaissance grande, ainsi qu'il se fait avec les hommes, laquelle rend toutes choses faciles, aisées à la main et agréables, tant à faire comme à dire ; ainsi est-il de la philosophie, laquelle du commencement semble avoir ne sais quoi de maigre et d'étrange, tant ès choses, comme ès termes et paroles ; mais pour cela il ne faut pas, à faute de cœur, s'étonner à l'entrée ni lâchement se décourager, ains faut essayer en persévérant et désirant toujours de tirer outre et passer en avant. Bien peut-il à l'aventure que les jeunes non expérimentés trouvent au commencement des difficultés qu'ils ne peuvent comprendre dans les choses ; mais n'est-ce pourtant que la plupart de l'obscurité et de l'ignorance leur vient d'eux-mêmes, et par façons de faire toutes diverses commettent une même faute.

Car les uns, pour une révérence respectueuse qu'ils portent au disant, ou pour ce qu'ils le veulent épargner, ne l'osent interroger et se faire entièrement déclarer son discours, et font signe de l'approuver par signe de la tête, comme s'ils l'entendaient bien ; les autres, à l'opposite, par une importune ambition et vaine émulation de montrer la promptitude de leur esprit contre d'autres, devant qu'ils l'aient compris, disent qu'ils l'entendent, et ainsi jamais ne le conçoivent.

Par quoi rejetant arrière de nous toute telle lâcheté et vanité, mettons peine, comment que ce soit, d'apprendre et comprendre en notre entendement les profitables discours que nous oirons faire aux philosophes ; et pour ce faire, supportons doucement les risées des autres qui seront ou penseront être plus vifs et plus aigus d'entendement que nous ; comme Cléanthe et Xénocrate, étant un peu plus grossiers d'esprit que leurs compagnons d'école, ne fuyaient pas à apprendre pour cela, ains se riaient et se moquaient les premiers d'eux-mêmes, disant *qu'ils ressemblaient aux vases qui ont le goulet étroit, et aux tables de cuivre, pour ce qu'ils comprenaient difficilement ce qu'on leur enseignait, mais aussi qu'ils le retenaient sûrement et fermement.*

Il faut se laisser moquer, endurer des hontes, des piqûres, des traits de gaudisserie, pour repousser de tout son effort et combattre l'ignorance. Toutefois, si ne faut-il pas aussi passer en nonchaloir la faute que font au contraire ceux qui, pour être d'appréhension tardive, en sont importuns, fâcheux et changeants ; car ils ne veulent pas quelquefois, quand ils sont à part en leur privé, se travailler pour entendre ce qu'ils ont ouï, mais donnent le travail au docteur qui lit, en lui demandant et l'enquérant souvent d'une même chose, ressemblant aux petits oiselets qui ne peuvent encore voler, et qui bâillent toujours attendant la becquée d'autrui, et voulant que l'on leur baille jà tout mâché et tout prêt.

Je conseillerai à ceux qui sont d'entendement tardif que, retenant les principaux points du discours, ils composassent eux-mêmes à part le reste, et qu'ils exerçassent leur mémoire à trouver le demeurant, et que prenant en leur esprit les paroles d'autrui, ne plus ne moins qu'une semence et un principe, ils le nourrissent et l'accrussent, pour ce que l'esprit n'est pas comme un vaisseau qui ait besoin d'être rempli seulement, mais plutôt a besoin d'être échauffé par quelque matière qui lui engendre une émotion inventive et une affection de trouver la vérité.

C'est tout ainsi comme si quelqu'un ayant affaire de feu en allait chercher chez ses voisins, et là y en trouvant un beau et grand, il s'y arrêtait pour toujours à se chauffer, sans plus se soucier d'en porter chez soi ; aussi si quelqu'un, allant devers un autre pour l'ouïr discourir et apprendre de lui, n'estime point qu'il faille allumer son feu ni son esprit propre, mais prenant plaisir à ouïr seulement, s'arrête à jouir de son contentement, il tire des paroles de l'autre l'opinion seulement, ne plus ne moins que l'on fait une rougeur et une lueur de visage quand on s'approche du feu ; mais à la moisissure et au reland du dedans de son âme, il ne l'échauffe, ni ne l'éclaircit point par la philosophie.

(*Comment il faut ouïr.*)

Fabius Maximus fut surnommé *Oricula*, qui vaut autant à

dire comme brebirette pour la douceur, tardité et pesanteur dans nos façons de faire, dès qu'il était encore enfant ; car sa nature lente, coite et reposée, avec une taciturnité, et ce qu'on le voyait peu souvent et réservément s'ébattre à jeux d'enfants, et aussi qu'on le voyait dur d'entendement, et qu'il avait peine à comprendre ce qu'on lui enseignait, joint qu'on en faisait ce qu'on voulait, tant il était obéissant à tous ceux avec qui il hantait ; le tout ensemble faisait que plusieurs qui ne le connaissaient que par dehors, jugeaient qu'il ne serait jamais qu'un lourdaud et un niais. Mais il y en avait d'autres qui, le considérant de plus près, apercevaient en sa nature une constance immuable, et une magnanimité de lion. Et lui-même depuis étant excité par les affaires, donna bientôt à connaître que ce qu'on estimait en lui bêtise était gravité qui ne s'émouvait de rien, et que ce qu'on jugeait timidité était prudence ; ce qu'il n'était point hâtif ni remuant en chose quelconque, était fermeté et constance.

Pourquoi, considérant la grandeur de la seigneurie de leurs choses publiques et les continuelles guerres qu'ils avaient, il endurcit et exercita son corps, comme une arme née avec lui, pour s'en pouvoir mieux servir à la guerre, et son éloquence aussi comme un instrument de persuasion, pour en pouvoir mener le peuple à la raison. Si était son langage conforme et convenable à ses mœurs et à sa manière de vivre, car il n'y avait fard ni afféterie quelconque, mais était toute substance avec poids et profondeur de sentences et de conceptions singulières et propres à lui, sinon que l'on dit qu'elles ressemblaient fort à celles de Thucydide.

(*Fabius Maximus.*)

Il n'est possible que l'on se connaisse, ni que l'on se sente profiter en vertu, si ce profit et amendement n'amène à la journée quelque diminution de vice et de folie, et si le vice, nous aggravant tout à l'entour de pesanteur égale, nous retient toujours à bas,

Comme le plomb tire à fond le filet ;

ni plus ni moins qu'en l'art de la musique ou de la grammaire, on ne saurait jamais combien on avancerait, si l'on ne voyait qu'en étudiant on vidât et épuisât toujours quelque partie de l'ignorance de ce que traitent ces arts-là, et que l'on sût toujours aussi peu que devant. — Ni la cure que le médecin emploie à panser un malade, ne lui baillerait aucun sentiment de différence, si elle n'apportait quelque meilleur portement, et quelque allègement, par la diminution de la maladie, s'en allant peu à peu, jusqu'à ce que la disposition contraire fût entièrement restituée, et le corps retourné de tout point en sa santé et sa force premières.

Aussi, en ceux qui font profession de la philosophie, il ne faut point concéder qu'il y ait amendement ni sentiment d'aucun amendement, si l'âme ne se dépouille peu à peu et ne se purge toujours de sa folie, et qu'il faille qu'elle soit toujours saisie d'un souverain mal, jusqu'à ce qu'elle ait atteint le souverain et parfait bien ; car par ce moyen il s'ensuivrait, si en un instant et en un moment d'heur le sage passait d'une extrême méchanceté en une suprême disposition de vertu, qu'il aurait tout à coup, en un moment, fui le vice entièrement, duquel il n'aurait pu en longtemps ôter de soi la moindre partie.

Et s'il se faisait une si grande et si soudaine mutation, que celui qui était au matin très vicieux, se trouvât un soir très vertueux ; et s'il était jamais advenu à aucun tel changement que s'étant endormi fol, il se fût éveillé sage, et qu'il eût ainsi parlé aux folies et tromperies qu'il avait hier, et qu'il aurait aujourd'hui chassées de son âme :

Allez-vous-en arrière de moi, songes,
Vous n'étiez rien que décevants mensonges ;

serait-il possible que quelqu'un n'eût senti une si grande et soudaine mutation qui se serait faite dedans lui-même, et une sapience qui tout à coup lui aurait ainsi illuminé et éclairé l'âme ? Quant à moi, il me semble qu'un homme qui aurait été transmué par les dieux, à sa requête, de femme en homme, comme l'on dit de Canneus, ignorerait plutôt cette métamorphose et transmutation, que non pas étant rendu tempérant, prudent et vaillant, de dissolu, fol et couard qu'il était auparavant, et étant transporté d'une vie bestiale en une céleste et divine, il en ignorât le point de l'instant auquel se serait fait un tel changement.

Mais nous qui voyons qu'en tout genre de mal, principalement en désordre et débauchement de l'âme, il y a toujours plus et moins, et que c'est en quoi diffèrent les amendements, selon que la raison petit à petit enlumine, purge et nettoie l'âme, en diminuant la méchanceté comme l'ombre et l'obscurité, estimons qu'il n'est point hors de raison d'assurer que l'on en sent la mutation, bien qu'elle sorte comme d'un fond obscur ; mais elle compte et estime combien elle va droit en avant, ni plus ni moins que ceux qui courent avec voiles par l'infinie étendue de la mer, en observant ensemble la longueur du temps et la force du vent qui les pousse, viennent à mesurer le chemin qu'ils ont fait, combien il est vraisemblable qu'en tant de temps et étant portés par une telle puissance de vent, ils en aient passé.

Les mathématiciens appellent les planètes *stationnaires* et disent qu'elles s'arrêtent quand elles cessent d'aller en avant; mais à profiter en philosophie, c'est-à-dire en correction de mœurs et de vie, il n'y peut avoir intervalle d'amendement, ni pause et cessation aucune, pour ce que la nature étant en un perpétuel mouvement, veut toujours qu'on la pousse en la meilleure part, ou autrement elle se laisse emporter, comme une balance, en la pire. Si donc, suivant l'oracle qui fut répondu par Apollon à ceux de Cirrha, que s'ils voulaient vivre en paix les uns avec les autres, il fallait qu'ils fissent la guerre sans cesse jours et nuits au dehors : aussi, si tu sens en toi-même que tu aies combattu jour et nuit continuellement contre le vice, ou non guère souvent abandonné ta garnison, ni reçu ordinairement de lui des hérauts et messagers, qui sont les voluptés, les négligences et les mouvements à traiter de paix, il est vraisemblable que tu peux alors, assurément et hardiment, passer outre. Mais encore qu'il y eût des interruptions de vivre philosophiquement, pourvu que les derniers fussent toujours plus rares et les reprises plus longues que les premières, ce serait un signe qui ne serait pas mauvais, d'autant qu'il témoignerait que par labeur et exercitation, la paresse s'en irait peu à peu chassée : comme le contraire aussi serait mauvais signe qu'il y eût plusieurs intermissions, et près l'une de l'autre, pour ce que cela montrerait que la chaleur de l'affection première s'en irait peu à peu anéantissant et refroidissant.

Car tout ainsi comme la première boulée qui fait les germes du roseau, ayant force de pousser grand, produit une longue tige droite, égale et unie du commencement, pour ce qu'elle ne trouve rien qui l'arrête ni qui la repousse ; et puis après, comme si elle se lassait au haut par une défaillance de courte haleine, elle est souvent retenue par plusieurs nœuds non guère distants l'un de l'autre, comme si l'esprit qui pousse contre-mont trouvait quelque empêchement qui le rabattît et qui le fît trembler ; aussi tous ceux presque qui, d'entrée, font de grands élans en l'étude de philosophie, et puis un peu après trouvent souvent des empêchements et des divertissements, ceux-là, sans sentir aucune différence de mutation en mieux, à la fin se lassent, quittent tout, et demeurent tout court, là où aux autres des ailes leur naissent ; et pour le fruit qu'ils sentent, donnent à travers toutes excuses, et fendent tous empêchements, comme une presse de gens qui leur voudraient empêcher le passage par force et bonne affection de venir à chef de leur entreprise.

Un signe d'amendement est celui que décrit Hésiode quand on ne trouve plus la voie trop âpre ni roide, mais facile, pleine et unie, comme étant aplanie par l'exercitation, et que la lumière y commence à reluire clairement au milieu des perplexités, fourvoiements en ténèbres, et des repentances, lesquelles encourent bien souvent ceux qui laissent un pays qu'ils connaissent bien, et ne voient pas encore celui auquel ils tendent par mer. Car ayant abandonné les choses communes, et qui leur étaient familières, devant qu'avoir connu les meilleures et en avoir joui, en cet intervalle du milieu ils sont fort travaillés, tellement qu'aucuns retournent en arrière.

Quand les tentations de divertissements ne reviennent pas souvent, et que la raison s'élève incontinent à l'encontre, qui les rembarre, et au retour comme de la chasse de ses ennemis, dissout aisément tout le nuage de désespoir, et de languissant ennui qui s'était concréé en l'entendement, alors se peut-on assurer qu'il y a certain profit et amendement.

Mépriser et rejeter ce que les autres estiment jusques à l'admiration, il n'est homme qui le sût faire sans une grande, vraie et constante magnanimité.

(Comment l'on pourra apercevoir si l'on amende et profite en l'exercice de la vertu.)

César étant né pour faire toutes grandes choses, et ayant de sa nature le cœur convoiteux de grand honneur, les prospérités de ses conquêtes et prouesses passées ne le convièrent point à vouloir jouir en paix et en repos du fruit de ses labeurs, mais plutôt l'échauffèrent et l'encouragèrent d'en vouloir entreprendre encore d'autres pour l'avenir, lui engendrant toujours de plus en plus imaginations de plus hautes entreprises et désir de gloire nouvelle, comme si la présente fût déjà tout usée. Laquelle passion n'était autre chose qu'une jalousie et émulation de soi-même, ni plus ni moins que d'une autre personne, et son obstination de se vouloir toujours vaincre soi-même, combattant toujours en lui l'espérance de l'avenir avec la gloire du passé, et l'ambition de ce qu'il désirait faire avec ce qu'il avait déjà fait.

(*César.*)

Comme le peintre Agatharchus se glorifia de ce qu'il peignait promptement et facilement des bêtes, Zeuxis l'ayant entendu, répondit : *Et moi, au contraire, je me glorifie de demeurer longtemps à les faire* ; pour ce qu'ordinairement la soudaineté et facilité ne peut donner une fermeté perdurable ni une beauté parfaite à l'œuvre : mais la longueur de temps ajoutée à l'assiduité de labeur en la manufacture d'un ouvrage lui donne force et vigueur de longue durée.

(*Périclès.*)

CHAPITRE III

LA VERTU

La vertu est la disposition à suivre en tout les inspirations de la droite raison. Elle est donc toute dans la direction imprimée à la vie. Ainsi l'on comprend que les Stoïciens n'aient point admis de degrés entre la vertu et le vice. L'homme est vertueux, s'il se soumet à la raison ou à la loi morale ; vicieux, s'il se révolte contre elle. La vertu, une dans son principe, est infiniment diverse dans ses manifestations, selon les cas auxquels on l'applique. Là où Alexandre a agi en sage, sa vertu, vaillance, continence, justice ou clémence, a été ce qu'elle devait être dans les circonstances données, parce qu'elle n'était autre que l'inspiration d'une haute raison. Les fautes de ce héros, aussi éclatantes que ses belles actions, sont des révoltes passagères contre la raison. De même l'histoire nous montre d'autres hommes plus parfaits, toujours égaux à eux-mêmes, tour à tour modérés, équitables et doux dans le succès, constants et fermes dans le malheur. Et quand la vertu humaine s'élève à sa plus haute perfection, tous ses actes portent si bien l'empreinte d'une grandeur souveraine, qu'on y reconnaît à la fois tous les nobles attributs de la vertu. Aussi l'on ne peut plus la désigner alors que par le nom de magnanimité.

On a beau se défendre contre l'ascendant de la vertu : il est irrésistible et d'autant plus fort que la vertu est plus simple et plus désintéressée, c'est-à-dire plus parfaite. Beaucoup subissent cet ascendant sans en avoir conscience, parce qu'ils n'ont jamais réfléchi à ce qui fait la supériorité du caractère, et qu'ils ne se doutent pas qu'il y ait une vie morale à entretenir et à perfectionner. D'autres encore se vengent de l'estime qu'ils ne peuvent refuser à la vertu en la haïssant d'autant plus qu'elle es plus contraire à leur manière de voir. La vertu n'est un objet d'envie que lorsque le pouvoir visible s'y joint et la met en évidence, lui assurant ainsi la considération extérieure de la foule. Ce n'est pas la vertu que l'on envie alors, mais l'honneur, la distinction qui en est la conséquence. Ce qui dans la vertu est le plus digne d'envie, savoir son influence sur les âmes, n'est connu que de ceux qui la subissent et à qui elle fait admirer, aimer et rechercher le bien. Cet empire invisible échappe à ceux qui le poursuivent pour soi : il n'appartient qu'aux cœurs simples qui aiment la vertu pour elle-même et lui rendent un culte sincère et désintéressé.

A eux seuls aussi est la joie intime, profonde, céleste même, qui fait de la vie de l'âme une fête perpétuelle, en dépit de toutes circonstances extérieures. Mais ce bonheur pur, indestructible, inaltérable, est à la portée de tous, car la vertu s'épanouit partout où elle est aimée avec sincérité et cultivée avec dévotion. Et elle fait de l'âme qui lui est consacrée un saint temple où habite la paix de Dieu.

Unité de la vertu qui est la raison.

Ménédème, natif de la ville d'Érétrie, ôtait toute pluralité e toute différence de vertus, pour ce qu'il tenait qu'il n'y en avait qu'une toute seule, laquelle s'appelait de divers noms, disant que c'était une même chose qui s'appelait *tempérance, force, justice*, comme c'est tout un que *homme*, et *mortel* ou *animal raisonnable*. Ariston, natif de Chio, tenait aussi qu'en substance il n'y avait qu'une seule vertu, laquelle il appelait *santé*, mais selon divers respects il y en avait plusieurs différentes l'une de l'autre, comme qui appellerait notre vue quand elle s'applique à regarder du blanc, *Leucothoé* ; et à regarder du noir, *Mélanthée*, et ainsi des autres choses semblables. Car la vertu (disait-il) qui concerne ce qu'il faut faire ou laisser s'appelle *Prudence*, et celle qui règle la concupiscence, et qui limite ce qui est modéré et opportun dans les voluptés, se nomme *Tempérance* : et celle qui concerne les affaires et contraux que les hommes ont les uns avec les autres, est *Justice* : ni plus ni moins qu'un couteau est toujours le même, mais il coupe tantôt une chose et tantôt une autre : et le feu agit bien en diverses et différentes matières, mais c'est toujours par une même nature.
Et semble que Zénon même le Citicien penche un petit en cette opinion-là, quand il définit que la prudence qui distribue à chacun ce qui lui appartient est la *justice* : celle qui choisit ce qu'il faut élire ou fuir, *tempérance* ; ce qu'il faut supporter et souffrir, *force* ; et ceux qui le défendent en telle opinion, disent que par la prudence il entendait la science. Mais Chrysippe estimant que chacune qualité a sa vertu propre, sans y penser, introduisit en la philosophie un essaim, comme disait Platon, et toute une ruchée, par manière de dire, de vertus : car comme de fort se dérive *force*, de juste *justice*, de clément *clémence*, aussi fait de gracieux *grâce*, de bon *bonté*, de grand *grandeur*, de beau *beauté*, et toutes autres telles galanteries, gentillesses, courtoisies, et joyeusetés, qu'il mettait au nombre des vertus, remplissant la philosophie de nouveaux termes, sans qu'il en fût besoin.
Mais tous ces philosophes-là ont cela de commun entre

eux qu'ils tiennent que la vertu est une disposition et une puissance de la principale partie de l'âme, qui est la raison, et supposent cela comme chose toute confessée, toute certaine et irréfragable, et n'estiment point qu'il y ait en l'âme de partie sensuelle et irraisonnable, qui soit de nature différente de la raison, mais pensent que ce soit toujours une même partie et substance de l'âme, celle qu'ils appellent principale, ou la raison et l'entendement qui se tourne et se change en tout, tant dans les passions, comme dans les habitudes et dispositions, selon la mutation desquelles il devient ou vice ou vertu ; car ils veulent que la passion même soit raison, mais mauvaise, prenant sa force et véhémence d'un faux et pervers jugement.

(*De la vertu morale.*)

Zénon met plusieurs vertus selon leurs différences, comme aussi fait Platon, prudence, force, tempérance, justice, et autres, disant qu'elles sont bien de fait inséparables, mais néanmoins diverses et différentes de raison, et néanmoins en les définissant les unes après les autres, il dit que la force est prudence en ce qu'il faut exécuter, justice prudence en ce qu'il faut distribuer, comme si ce n'était qu'une seule vertu ayant diverses relations selon la différence des choses qui tombent en action.

(*Les contredits des philosophes stoïques.*)

Nos actions ne peuvent être bonnes qu'en une sorte, et mauvaises en plusieurs, comme l'on ne peut asséner un but que par une sorte seulement, mais bien le peut-on faillir en plusieurs, en donnant ou plus haut ou plus bas qu'il ne faut. L'office donc de la raison active selon nature est d'ôter et retrancher tout excès et toutes défectuosités aux passions, parce que quelquefois l'instinct et ébranlement, soit par infirmité ou par délicatesse, ou par crainte ou par paresse, se lâche et demeure court au devoir, et là se trouve la raison active, qui le réveille et l'excite. Et quelquefois aussi au contraire se laisse aller à la débordée, étant dissolu et désordonné, et la raison lui ôte ce qu'il a de trop véhément, réglant ainsi et modérant ce mouvement actif, elle imprime en la partie irraisonnable les vertus morales, qui sont médiocrités entre le peu et le trop : car il ne faut pas estimer que toute vertu consiste en médiocrité, d'autant que la sapience et prudence, qui n'ont besoin aucun de la partie brutale et irraisonnable, gisent seulement au pur et sincère entendement et discours du pensement, non sujettes aux passions, n'étant autre chose que sensuelles, en laquelle raison se forme et engendre la très divine et très heureuse science ; mais la vertu morale tenant de la terre à cause du corps, a besoin des passions comme d'outils et de ministres, pour agir et faire ses opérations, n'étant pas corruption ou abolition de la partie irraisonnable de l'âme, mais plutôt le règlement et l'embellissement d'icelle, et est bien extrémité quant à la qualité et à la perfection, mais non pas quant à la quantité, selon laquelle elle est médiocrité, ôtant d'un côté ce qui est excessif, et de l'autre ce qui est défectueux.

(*De la vertu morale.*)

Les arts et sciences, qui sont composés avec raison pour choisir et lire ce qui est bon, et pour refuser et fuir ce qui est mauvais, considèrent l'un des contraires, principalement et pour l'amour de soi, et l'autre accidentellement pour s'en garder : car le médecin traite casuellement et par accident que c'est que maladie, et la musique, que c'est qu'un faux accord, afin de mieux pouvoir faire le contraire, à savoir entretenir la santé, et faire de bons accords. Aussi tempérance, justice, prudence, les plus parfaites sciences de toutes ne nous donnent pas seulement connaissances de ce qui est honnête, juste et profitable, mais aussi de ce qui est déshonnête, injuste et dommageable, et tant s'en faut qu'elles louent cette sotte et niaise simplicité, qui se glorifie comme d'une belle chose de ne savoir que c'est que du mal, qu'elles l'estiment une bêtise et ignorance des choses que doivent principalement savoir ceux qui veulent vivre droitement et en gens de bien.

(*Démétrius.*)

Camille demeurant caché tout le temps de sa jeunesse comme une perle qui attend d'être mise en œuvre, sans faire grand montre, se découvrit tout à coup. Et au lieu que Thémistocle employa beaucoup de temps à tournoyer et à trouver entrée aux affaires d'État, Camille y fut incontinent poussé par sa vertu, et pour son premier coup d'essai, en l'état de censeur, fit des actes de mûre sagesse. Au reste, ses exploits de guerre contre tant d'ennemis du peuple romain, par lui subjugués sans ressources, et le grand cours de sa vie, où tant de vertus, comme piété, justice, prudence et débonnaireté, reluisent clairement, ôtent beaucoup de lustre à Thémistocle, qui souilla ses ruses de guerre d'un cruel sacrifice, et après une ou deux défaites de Barbares, ne fit chose digne de mémoire, et passa le reste de ses jours bien empêché à se garantir du glaive de ses propres citoyens, et de l'envie des Perses, entre les bras desquels on peut dire qu'il s'en alla perdre ; là où Camille entassant glorieusement trophées sur trophées, et ne cessant de servir au bien de son pays, fut redouté et aimé de tous.

Vrai est que pour avoir été indignement traité des siens il les quitta ; mais tant s'en faut que sa gloire en diminue, qu'au contraire on peut dire que l'ingratitude des Romains, son volontaire bannissement, le ravage des Gaulois, et les ruines de Rome, fut un champ spacieux où Camille fit montre et belle preuve des grandes vertus dont il était doué. Et peut-on dire que si Camille n'eût été perdu, Rome ne se fût pas retrouvée.

(*Thémistocle et Camille.*)

Alexandre n'est pas tant admirable en ce qu'il défit par prouesse ses ennemis qu'en une infinité de sages et vertueux déportements parmi les armes, où il se montra philosophe par effet, de quoi il est bon d'alléguer quelques exemples qui nous tireront un beau discours des vertus de ce prince, surpassant César en cet endroit. Donc on voit sa prouesse accompagnée d'une grande justice, une attrempance douce, une excellente bonté, un bel ordre et prudence exquise, conduisant toutes choses par sens rassis et mûr jugement. A peine saurait-on discerner en ses gestes, cela est un fait de vaillance, cela d'humanité, cela de patience : mais tout exploit de lui semble avoir été mêlé et composé de toutes les vertus ensemble.

Bien est-il vrai que toujours en chaque action il y a une vertu éminente par-dessus les autres : mais cela les pousse et dresse à même fin. On voit aux faits d'Alexandre que sa vaillance est humaine et son humanité vaillante, sa libéralité ménagère, sa colère aisée à apaiser, ses amours tempérées, ses passes temps non oisifs, ses travaux gracieux. Qui est celui qui a mêlé la fête parmi la guerre et les expéditions militaires parmi les jeux ? Qui a entrelacé parmi les sièges des villes, parmi les escarmouches et combats, les joyeusetés, les banquets et les chansons nuptiales ? Qui fut oncques plus ennemi de ceux qui font injustice, ou plus gracieux aux affligés ? Qui fut jamais plus âpre aux combattants, ou plus équitable aux suppliants ? Rapportons ici l'apophthegme de Varus, lequel amené prisonnier à Alexandre, et enquis par lui comme il voulait qu'on le traitât, répondit : *en Roi*. Et comme Alexandre poursuivit, demandant s'il voulait rien dire davantage : *Non*, dit-il, *car tout est compris sous ce mot-là*.

Aussi peut-on en tous les faits d'Alexandre envers amis et ennemis, au commencement, en la suite et en fin de sa vie ajouter ce refrain, *en sage*. Comment a-t-il vécu ? *En sage*. Comment s'est-il comporté en tous ses exploits de guerre ? *En sage*. Comment a-t-il conversé en public et en particulier? *En sage*. Il y a quelques fautes en ses déportements et nous n'oublierons pas d'en parler : mais comme toutes règles ont des exceptions qui ne les abolissent pas pourtant, et non lentille ou verrue n'éteindra pas les perfections d'un visage autrement très beau ; aussi les imperfections et folies d'Alexandre ne peuvent lui ôter cet honneur que les sages lui attribuent.

(*Alexandre.*)

Agésilas, ayant à demeurer homme privé, fut nourri en la discipline laconique, laquelle était bien dure et pénible; mais aussi enseignait-elle aux enfants à obéir, et estime-t-on que ce soit la cause pour laquelle le poète Simonide appelle Sparte *Damasimbrotos*, c'est-à-dire domptant les hommes, parce qu'elle rend, par longue accoutumance, ses citoyens maniables et obéissants à ses lois, autant ou plus que cité qui ait oncques été au monde, en les domptant dès leur enfance comme l'on fait les jeunes poulains. La loi exempte et dispense de cette subjection les enfants qui doivent succéder à la royauté : mais Agésilas eut cela de propre plus que les autres de cette qualité, qu'il vint au degré de commander, ayant appris d'enfance à obéir; ce qui fut cause qu'il sut beaucoup mieux que nul autre roi s'accommoder et se comporter avec ses sujets, ayant ajouté à la grandeur royale et aux façons de prince, qu'il avait de nature, la courtoisie et la privauté qu'il avait acquises par nourriture.

Il était plus courageux et plus ferme en ses opinions que nul autre des enfants, comme celui qui voulait toujours, en toutes choses, être le premier, avec une véhémence et une impétuosité si grande en tout ce qu'il voulait, qu'il était impossible de la vaincre ni de la forcer. Il était, d'un autre côté, si doux et si souple, qu'il faisait tout ce qu'on lui commandait par gracieuseté, et rien par crainte, lui faisant plus grand mal de se sentir blâmer, qu'il ne lui gravait de travailler. Et quant à l'imperfection de sa jambe qui était plus courte que l'autre, la beauté de sa personne étant pour lors en sa fleur et sa gentillesse, en ce qu'on voyait qu'il la portait si patiemment et si gentiment, que lui-même s'en moquait et s'en gaudissait le premier: cela couvrait grandement cette défectuosité, et, qui plus est, faisait davantage apparoir la gentillesse de son courage, attendu qu'on voyait que pour être boiteux, il ne refusait peine ni travail quelconque.

(Agésilas.)

Caton s'étudia de rendre tous ceux qui étaient sous sa charge semblables à lui. Pour à quoi parvenir il ne leur ôta pas la crainte de son autorité, mais il y ajouta la raison, en leur remontrant et les instruisant sur chaque point, accompagnant toujours néanmoins ses remontrances de rémunération de ceux qui faisaient bien, et de punition de ceux qui faisaient mal, de manière qu'on n'eût su dire s'il les avait rendus plus paisibles ou plus aguerris, plus vaillants ou plus justes : tant ils se montraient à l'épreuve rudes et âpres aux ennemis, et doux et gracieux aux amis, craintifs à mal faire, et prompts à acquérir honneur: dont il advint que ce de quoi il se souciait le moins, fut ce qu'il y gagna le plus, c'est à savoir, gloire avec amour et bienveillance : car les soudards l'honorèrent souverainement et l'aimèrent singulièrement, pour autant que lui-même mettait le premier les mains à faire ce qu'il commandait, et qu'il s'égalait en son vêtir, en son vivre ordinaire, en son cheminer par les champs, plutôt aux simples soudards, que non pas aux capitaines; et au contraire, en gentillesse de nature, grandeur de courage, véhémences et efficace de paroles, surmontait tous ceux qui se faisaient appeler colonels et capitaines. Car le vrai zèle de la vertu, c'est-à-dire l'affection de l'imiter, ne s'imprime point aux cœurs des hommes, sinon avec une singulière bienveillance et révérence du personnage qui en donne l'impression, mais ceux qui louent les hommes vertueux sans les aimer, ceux-là révèrent bien leur renommée, mais ils ne portent point d'affection à leur vertu, ni n'ont cœur de l'imiter.

(*Caton*.)

Brutus était, pour sa vertu, bien voulu du peuple, aimé des siens, estimé des gens de bien, et haï de nul, non pas de ses adversaires mêmes, à cause qu'il était homme de douce et bénigne nature à merveille, magnanime, qui ne se passionnait jamais d'or, de volupté ni d'avarice, mais avait toujours la volonté et l'intention droites, sans jamais fléchir ni varier pour le droit et la justice, qui était la principale source de sa gloire, de son accroissement, et de la bienveillance que chacun lui portait, pour ce que tout le monde avait cette persuasion, que son intention était droite.

On dit qu'Antoine déclara par plusieurs fois publiquement qu'il estimait que de tous ceux qui avaient mis la main sur César, il n'y avait eu que Brutus seul qui eût été mû à ce point, pour avoir seulement estimé l'acte en soi louable et vertueux, mais que tous les autres conjurèrent sa mort, ou par haine particulière, ou par envie qu'ils lui portaient.

Par où il appert que Brutus ne se confiait pas tant en la puissance de son armée qu'en sa propre vertu et le peut-on voir par ses écrits mêmes: car étant jà fort prochain de l'extrême péril, il écrit à Pomponius Atticus que ses affaires étaient au plus beau degré de fortune qu'elles eussent su être: car, *ou j'affranchirai tout le peuple romain en gagnant la bataille, ou je me délivrerai de servitude en mourant;* et que toutes autres choses lui étant assurées et certaines, un seul point lui était encore en doute, s'ils vivraient ou s'ils mourraient avec liberté. Il écrit davantage, qu'Antoine recevait la punition que sa folie méritait, car au lieu qu'il pouvait participer également à la gloire de Brutus, de Cassius et de Caton, et être mis en leur rang, il avait mieux aimé être seulement un adjoint d'Octave, avec lequel, encore qu'il ne soit par vous maintenant vaincu, si aura-t-il bientôt après la guerre contre lui ; et quant à ce point, certainement il prophétisa très bien ce qui depuis en est advenu.

(*Brutus*.)

Influence de la vertu.

Quand je me mis à écrire ces vies, ce fut au commencement pour profiter aux autres, mais depuis j'y ai persévéré et continué pour profiter à moi-même, regardant en cette histoire comme dedans un miroir et tâchant à raconter aucunement ma vie, et la former au moule des vertus de ces grands personnages. Car cette façon de rechercher leurs mœurs et écrire leurs vies me semble proprement un hanter familièrement et fréquenter avec eux ; il m'est avis que je les loge tous chez moi les uns après les autres, quand je viens à contempler en leurs histoires et à considérer quelles qualités ils avaient, et ce qui était de grand en chacun d'eux, en élevant et prenant ce qui fait principalement à noter, et qui est plus digne d'être su et connu en leurs dits et leurs faits.

O dieux, plus grand plaisir pourrait-il être au monde, un qui eût plus de force à faire que l'homme veuille corriger et amender les vices de ses mœurs ! Le philosophe Démocrite écrit que nous devons prier qu'il se présente à nous des images heureuses en l'air, et que les bonnes qui sont propres et convenables à notre nature s'adressent plutôt à nous que les mauvaises et malencontreuses.

Mais quant à moi, par la continuation de lire les anciennes histoires, et d'en extraire ces vies que je rédige par écrit, en recevant toujours en mon entendement les choses dignes de mémoire des plus gens de bien, et des plus vertueux hommes du temps passé, je m'instruis moi-même, et me prépare à rejeter arrière de moi et repousser toute mauvaise, lâche, déshonnête ou maligne condition, si d'aventure la fréquentation et conversation de ceux qu'il faut que je hante

nécessairement, m'en attache et m'en imprime, par contagion, aucune ; ce que je fais en détournant ma pensée tranquille, et non agitée de passion quelconque, à la considération de tant de beaux exemples.
(*Paul-Émile.*)

La louange de vertu n'est ardente et produisante d'effets si elle ne pointe au vif, et n'aiguillonne le cœur d'un zèle au lieu d'envie, de vouloir ressembler aux gens de bien.

Car cela est une affection particulière et propre à celui qui profite véritablement, aimer et chérir les conditions et les mœurs de ceux dont il estime les œuvres, et avec une bienveillance rendant toujours honneur de paroles à leur vertu ; essayer de s'y conformer, et se rendre semblable à eux ; mais où il y a un je ne sais quoi d'envie et de contestation à l'encontre des plus excellents, sachez que cela procède d'un cœur ulcéré de la jalousie de quelque autorité et puissance, et non pas d'amour ou d'honneur qu'il porte à la vertu.

Quand nous aimons les gens de bien, nous ne les admirons pas seulement en leurs prospérités ; nous ne refuirons point de peur ni le bannissement d'Aristide, ni la prison d'Anaxagore, ni la pauvreté de Socrate, ni la condamnation de Phocion, mais réputerons avec tout cela leur vertu amiable et désirable et courrons droit à elle pour l'embrasser par imitation, ayant toujours en la bouche, à chacun de leurs accidents, ce beau mot d'Euripide

Que tout sied bien à un cœur généreux.

Et puis ceux qui ont déjà reçu telle impression en leur cœur, prennent une autre façon de faire, que quand ils vont commencer quelque entreprise, ou qu'ils entrent en l'administration de quelque office et magistrat, ou quand il leur survient quelque sinistre accident, ils se représentent alors devant leurs yeux ceux qui sont, ou qui autrefois ont été gens de bien, et discourent ainsi en eux-mêmes : *Qu'est-ce qu'eût fait Platon en cet endroit ? Qu'est-ce qu'eût dit Épaminondas ? Quel se fût ici montré Lycurgue ou Agésilas ?*

Le souvenir et le penser aux grands et vertueux personnages, soudain se représentant, et embrassant ceux qui sont en voie de perfection, en toutes passions et en toutes perplexités où ils se puissent trouver, les maintient droits et les engarde de tomber.

(Comment l'on pourra apercevoir si l'on amende et profite dans l'exercice de la vertu.)

La parole et doctrine de la philosophie n'est point un tailleur d'images pour faire des statues mornes et muettes, sans sentiment quelconque, à poser dessus un soubassement, comme dit Pindare, mais veut rendre les cœurs des hommes qu'elle touche, actifs et vifs ; elle leur imprime des élans de bonne volonté qui les incitent, des jugements qui les tirent à toutes choses profitables au public, des intentions désireuses de toute honnêteté, un courage grand et haut, avec assurance et bonté.

(Qu'il faut qu'un philosophe converse principalement avec les princes et grands seigneurs.)

Bienheureux à la vérité est l'homme sage, et bienheureux aussi conséquemment sont ceux qui peuvent ouïr les beaux discours et bons enseignements qui sortent de sa bouche ; il me semble que là n'est aucunement besoin de force, contrainte, ni menace quelconque, pour contenir la multitude du peuple, car les hommes voyant la vertu naïve empreinte en un si visible patron que la vie exemplaire de leur prince, ils en deviennent volontairement sages, et se conforment d'eux-mêmes en amitié, charité et concorde à une vie irrépréhensible et véritablement heureuse ; ce qui est le point dernier du plus grand bien et du plus noble secours qu'on saurait apporter aux hommes et est celui-là, par nature, plus digne d'être roi, qui par sa vertu peut imprimer ès mœurs des hommes une telle disposition : ce que Numa semble avoir su et entendu mieux que nul autre.

(Numa.)

L'amour de Socrate, encore qu'il eût plusieurs grands et puissants adversaires, arrêtait aucunes fois Alcibiade pour la gentillesse de sa nature, par le moyen des beaux discours et bonnes remontrances qu'il lui faisait, dont les raisons lui touchaient le cœur au vif, et l'émouvaient jusqu'à lui faire venir les larmes aux yeux ; mais quelquefois aussi se laissant aller aux allèchements des flatteurs, qui lui subministraient tous plaisirs et toutes voluptés, il échappait à Socrate, et fallait qu'il courût après pour le reprendre, comme un esclave qui s'en serait fui de la maison de son maître ; car il n'y avait que celui-là seul qu'il craignît, et auquel il portât révérence, méprisant tous les autres au demeurant.

(*Alcibiade.*)

Gouverner la chose publique et philosopher, c'est tout un : de sorte que Socrate ne philosophait pas seulement quand il avait fait apprêter des bancs, et qu'il se mettait en sa chaise, ou qu'il observait l'heure de la lecture et de la conférence, ou du promenoir qu'il avait assigné à ses familiers ; mais aussi quand il se jouait aucunefois, quand il buvait et mangeait, quand il était au camp, ou quand il marchandait avec eux, et finalement alors qu'il était en prison et qu'il buvait le poison de la ciguë, ayant le premier montré et fait voir que la vie de l'homme en tout temps, en toute partie, en toutes passions et toutes affaires universellement, reçoit l'usage de la philosophie.

(*Si l'homme d'âge se doit encore entremettre et mêler des affaires publiques.*)

Alexandre, tançant un jour Ephestion qui avait pris querelle à l'encontre de Cratère, lui dit : *Quelle force ou puissance as-tu de toi-même ? Que saurais-tu faire qui coûterait Alexandre?* Aussi ne feindrai-je pas d'en dire autant à la fortune de ce temps-là : *Quelle grandeur as-tu, quelle gloire? Où est ta puissance ? Où est ta force invincible, si l'on ôte Alexandre ?* c'est-à-dire si l'on ôte des armes l'expérience, des richesses la libéralité, de la somptuosité et magnificence la tempérance, du combat la hardiesse et assurance, de la victoire la bonté et clémence ? Fais-en, si tu peux, un autre grand qui ne départe point libéralement ses biens, qui ne s'expose point lui-même le premier aux périls devant son armée, qui n'honore point ses amis, qui n'ait point de pitié de ses ennemis captifs, qui ne soit point contraint aux voluptés, vigilant aux occasions, aisé à apaiser en ses victoires, doux et humain en ses prospérités.

Comment pourrait être un homme grand, quelque autorité et puissance qu'il eût, s'il est bête et vicieux quant et quant ? Otez la vertu à un homme heureux, vous le trouverez petit en toutes sortes, petit en ses dons et présents pour sa chicheté, petit ès travaux pour sa délicatesse, petit envers les dieux pour sa superstition, petit envers les bons à cause de son envie, petit entre les hommes pour sa lâcheté, petit entre les femmes pour être sujet à la volupté : car ainsi comme les mauvais ouvriers qui posent des petites statues sur des bases grandes et amples, montrent par là même la petitesse de leurs statues, aussi, quand la fortune élève un homme de faible et petit cœur en grand état, où il doit être vu de tout le monde, elle le découvre, le décrie et le déshonore davantage, faisant voir comment il branle et chancelle pour sa légèreté.

Par ce moyen faut-il confesser que la grandeur ne gît pas à posséder des biens, mais à en bien user.

(*De la fortune ou vertu d'Alexandre.*)

Phocion conseilla à Alexandre, s'il aimait le repos, qu'il posât du tout les armes et cessât de faire la guerre ; mais s'il aimait la gloire, qu'il tournât ses armes contre les Barbares, et non pas contre les Grecs. Et en lui déduisant plusieurs raisons et remontrances accommodées au plus près du naturel, et de ce qu'il pensait qu'Alexandre désirait, il le changea et l'adoucit tellement, qu'Alexandre au départir lui dit que les Athéniens devaient avoir l'œil aux affaires, parce que, si lui venait à mourir, il ne connaissait point d'autre peuple à qui l'empire fût dû qu'à eux ; et voulant avoir particulière amitié et alliance d'hospitalité avec Phocion, il lui fit tant d'honneurs qu'il y avait bien peu de ses familiers, à qui il en fit autant.

Auquel propos l'historien Daris écrit qu'après qu'il fût devenu grand et qu'il eût défait le roi Darius, il ôta de sa salutation de toutes ses lettres missives ce mot qu'on a accoutumé d'y mettre, *Charin*, c'est-à-dire joie et salut, sinon en celles qu'il écrivit à Phocion, et qu'il ne faisait plus cet honneur de saluer ainsi ceux à qui il écrivait qu'à Phocion et Antipater : ce que Charès a aussi écrit.

(*Phocion.*)

Les ennemis de Phocion n'ayant pas encore leur ire assouvie, firent ordonner par le peuple que son corps serait banni et porté hors des bornes du pays de l'Attique, et défendu aux Athéniens d'allumer feu quelconque pour faire ses funérailles : au moyen de quoi, il n'y eut pas un de ses amis qui osât y mettre la main.

Mais un pauvre homme nommé Conopion, qui avait accoutumé de gagner sa vie à cela, pour quelques pièces d'argent qu'on lui bailla, prit le corps et l'emporta par delà la ville d'Eleusis, et, prenant du feu sur la tour des Mégariens, le brûla : et y eut une dame Mégarique, laquelle se rencontrant de cas d'aventure à ses funérailles, avec ses servantes, releva un peu la terre à l'endroit où le corps avait été ars et brûlé, et en fit comme un tombeau vide, sur lequel elle répandit les effusions qu'on a accoutumé de répandre aux trépassés, mais recueillant les os, elle les porta dedans son giron la nuit en sa maison, et les enterra auprès de son foyer, en disant : *O cher foyer, je dépose en ta garde ces reliques d'un homme de bien, et te prie que tu les conserves fidèlement pour les rendre un jour aux sépultures des ancêtres, quand les Athéniens viendront à reconnaître la faute qu'ils ont faite en cet endroit.*

Il ne passa guère de temps après que les affaires ne fissent bien sentir aux Athéniens qu'ils avaient fait mourir celui qui maintenait la justice et l'honnêteté à Athènes. En raison de quoi ils lui firent dresser une statue de cuivre, et en sépulturèrent honorablement ses os aux dépens de la chose publique, et quant à ses accusateurs, ils en firent eux-mêmes mourir Agnonide ; les deux autres, Epicure et Démophile, s'en étant fuis, furent depuis trouvés par son fils Phocius, qui en fit la vengeance.

(Phocion.)

Timoléon allait coupant et arrachant la tyrannie de la Sicile, et y abolissant toutes guerres, car au lieu qu'il avait trouvé l'île toute effarouchée, sauvage, et haïe par les naturels habitants mêmes, pour les maux et misères extrêmes qu'ils y enduraient, il la rendit si douce et si désirée des étrangers, qu'ils venaient de loin pour y habiter, au lieu que les naturels s'enfuyaient auparavant, témoins Agrigente et Gela, deux grandes cités qui depuis la guerre des Athéniens avaient été entièrement désolées et détruites par les Carthaginois, et furent alors repeuplées, l'une par Magellus et Pheristas, deux capitaines qui vinrent d'Elée, et l'autre par Gorgos qui vint de l'île de Céo : et rassemblèrent le plus qu'ils purent des premiers citoyens et anciens bourgeois desdites villes, auxquels Timoléon donna non seulement sûreté, paix et tranquillité pour s'y pouvoir loger et établir à leur aise et loisir; mais leur aida affectueusement de toutes autres choses selon le pouvoir et le moyen qu'il en avait, dont il était aimé et honoré de tous, comme leur père et leur fondateur.

Cette affection était commune à tous autres peuples siciliens, de manière qu'il n'y avait en toute la Sicile ni appointement de guerre, ni établissement de lois, ni départements de terres, ou institution de police et de gouvernement, qui semblât être bien si Timoléon n'y avait mis la main, comme maître principal de l'œuvre, qui lui ajoutait une grâce qui la faisait aimer des dieux et plaire universellement à tous les hommes. Car, environ ce temps-là, il y eut bien d'autres grands personnages en la Grèce qui firent de grandes choses, entre lesquels furent Timothée, Agésilas, Pélopidas et Epaminondas, auquel Timoléon tâchait plus à se conformer et à lui ressembler qu'à nul autre ; mais en tous les faits de ces autres grands capitaines-là, y a toujours une splendeur mêlée avec violence, peine et labeur, tellement qu'aucuns d'iceux ont été suivis de répréhension, et les autres de repentance ; et tout ainsi que dans les vers d'Homère, outre les autres grâces et perfections qui y sont, encore y a-t-il celle-là, *qu'on aperçoit à la première rencontre qu'ils ont été aisément faits, et sans grand'peine ;* aussi qui voudra comparer les guerres et les batailles laborieuses et sanglantes d'Epaminondas et d'Agésilas, avec celles de Timoléon, esquelles outre la justice et l'équité, y a une grande aisance et facilité, il trouvera en pesant les choses à la balance du droit et de la raison, que ce n'ont point été actes de fortune simplement, mais de vertu heureuse et bien fortunée, combien que lui-même attribuât le total à la faveur de fortune : car en ses missives familières qu'il écrivait à ses amis à Corinthe, et en quelques harangues qu'il fit devant le peuple de Syracuse, il dit par plusieurs fois qu'il rendait grâces à Dieu de ce qu'ayant voulu sauver et délivrer de servitude la Sicile, il lui avait plu se servir de lui et en donner le titre à son nom.

(*Timoléon.*)

L'on dit que Cinéas, pendant qu'il fut à Rome, s'étudia et mit peine à considérer et connaître les mœurs et manières de vivre des Romains, et l'ordre de leur chose publique, en devisant et conférant avec les principaux hommes de la ville, dont il fit puis après son rapport à Pyrrhus bien au long ; il lui dit entre autres choses, *que le sénat lui avait proprement semblé un consistoire de plusieurs rois.*

(*Pyrrhus.*)

La seconde guerre fut ouvertement en défendant les Gaulois contre les Allemands, combien que César lui-même, non guère auparavant, eût fait recevoir et avouer leur roi Arioviste pour ami et allié du peuple romain ; mais ils étaient insupportables à leurs voisins, et si était tout apparent que là où le moyen et l'occasion se présenterait d'eux élargir, ils ne se contenteraient pas de ce qu'ils tenaient, mais voudraient usurper et occuper aussi le reste de la Gaule. Et sentant que quelques-uns de ses capitaines rétivaient de peur, mêmement les jeunes hommes des nobles maisons de Rome, qui pensaient être venus à la guerre sous lui comme pour un ébat, et pour s'enrichir et prendre leur plaisir seulement, il tint assemblée du conseil, là où il leur commanda que ceux qui auraient peur se retirassent, et qu'ils ne se présentassent point envis à la bataille puisqu'ils avaient les cœurs si lâches et si faibles que de reculer au besoin ; et qu'au regard de lui il était tout résolu d'aller trouver les Barbares, quand il n'aurait que la dixième légion seulement, *pource*, disait-il, *que ni les ennemis auxquels il avait affaire, n'étaient point plus vaillants que les Cimbres, ni Marius n'avait point été plus grand capitaine que lui.*

Cette harangue entendue, les soudards de la dixième légion lui envoyèrent des ambassadeurs pour le remercier de la bonne opinion qu'il avait d'eux, et les autres légions injurièrent leurs capitaines, et tous ensemble le suivirent plusieurs journées en bonne intention et bonne affection de bien faire leur devoir.

(*César.*)

En Afrique, Scipion, ayant surpris un des navires de César, dedans lequel était entre autres Granius Petronius, de naguère élu questeur, il fit mettre en pièces tous les autres, et quant au questeur, il dit qu'il lui donnait la vie. Mais Pétronius lui répondit *que les soudards de César n'avaient point accoutumé de recevoir en don, mais de donner la vie aux autres* : et en disant cela, il se passa son épée propre à travers le corps, et se tua lui-même.

Or ce qui engendrait et nourrissait cette grandeur de courage, et cette affection véhémente de bien faire en eux, c'était César lui-même : premièrement en leur donnant et en les honorant largement, et leur faisant connaître par effet qu'il n'amassait point de richesses à la guerre pour vivre puis après en délices à son plaisir, ni pour en abuser à ses propres voluptés, mais que c'était un prix et salaire commun de la vertu, qu'il servait pour en récompenser les hommes de valeur et les gens de bien, auquel salaire il ne participait lui-même, sinon en tant qu'il le départait aux soudards qui le méritaient : et puis en s'exposant lui-même le premier franchement à tout péril, et ne se lassant jamais de travail quelconque ; et quant à sa hardiesse de se hasarder ainsi aventureusement à tout danger, ils ne s'en ébahissaient pas tant, sachant bien que c'était la convoitise de gloire, dont il était enflammé, qui l'incitait à ce faire, mais la fermeté qu'il avait de supporter tous travaux plus que les forces de son corps ne portaient, c'était ce qui plus les faisait émerveiller.

(*César.*)

Clodius accusa envers le peuple les prêtres et les religieuses vestales, entre lesquelles Fabia Terentia, sœur de la femme de Cicéron, fut appelée en justice : mais Caton, ayant pris leur protection et défense, fit si grande vergogne en leur accusateur, Clodius, qu'il le contraignit de sortir de la ville ; de qui Cicéron lui rendant grâces, Caton lui répondit que c'était à la chose publique à qui il en fallait rendre grâces, à cause que c'était pour l'amour d'elle seule qu'il disait, faisait et conseillait toutes choses : à l'occasion de quoi il vint en telle réputation, que quelquefois, en un plaidoyer où l'on alléguait la déposition d'un seul témoin, l'avocat plaidant pour la partie adverse dit aux juges qu'ils ne devaient aucunement ajouter foi entière au dire d'un seul témoin quand bien ce serait Caton même : il était déjà un commun proverbe quand on

parlait de choses étranges et malaisées à croire, de dire : *Cela n'est pas croyable, quand ce serait Caton même qui le dirait.*
(*Caton.*)

Il y avait à Rome un personnage des plus nobles de la ville, homme d'autorité et de bon jugement pour bien connaître les semences de vertu naissante en une jeune personne, et encore de plus grande bonté et honnêteté pour l'avancer et pousser en avant : c'était Valérius Flaccus, lequel ayant des terres joignantes à celles de Caton, et entendant le rapport que ses gens lui faisaient de ses mœurs et de sa manière de vivre, lui contant comment il labourait lui-même sa terre, et qu'il avait accoutumé de s'en aller de grand matin aux petites villes de l'environ avocasser et plaider pour ceux qui s'adressaient à lui, et puis s'en retournait en sa maison, là où, si c'était en hiver, il jetait seulement une jaquette sur ses épaules, et si c'était en été, il s'en allait tout nu travailler au labourage avec ses serviteurs et ses ouvriers, puis se séait avec eux à table, buvant du même vin et mangeant du même pain qu'eux, et tout plein d'autres telles façons de faire qui montraient une grande équité, modération et bonté en lui, et avec cela lui récitaient aussi quelques beaux dits moraux, et quelques graves sentences qu'ils avaient ouïes de lui.

Ces choses entendues, Valérius commanda un jour qu'on l'allât semondre à venir souper avec lui, et après l'avoir un peu hanté et connu qu'il avait la nature gentille, honnête et civile, et que c'était comme une bonne plante, qui n'avait besoin que d'être un peu cultivée et transplantée en meilleur et plus noble terrain, il l'exhorta et lui persuada qu'il s'en allât à Rome, et se mît à haranguer en public devant le peuple romain, et se mêlât des affaires : ce qu'il fit, et n'y fut pas plutôt introduit qu'il fut incontinent grandement estimé, et y acquit beaucoup d'amis, pour les causes qu'il défendait, outre ce que Valérius Flaccus le poussait et mettait fort en avant, par le port et la faveur qu'il lui faisait, si bien qu'il fut premièrement élu par les voix du peuple *tribun militaire*, c'est-à-dire capitaine de mille hommes de pied, et depuis *questeur*; et de là en avant, étant jà fort renommé, et ayant acquis autorité et réputation grande, il fut compagnon et concurrent de Valérius Flaccus aux principaux et plus dignes offices et magistrats de la chose publique : car il fut créé consul quand et lui, et depuis censeur.

(*Caton.*)

Il y en a qui se jettent et fourrent à toutes sortes d'affaires publiques, comme faisait Caton, voulant que le bon citoyen ne refuse aucune charge ni administration publique, tant que son pouvoir se pourra étendre, et louent grandement Épaminondas de ce que ses malveillants de la ville de Thèbes, par envie l'ayant fait élire superintendant des gabelles, pour lui cuider faire injure, il ne méprisa pas cet office, ains disant que non seulement le magistrat montre quel est l'homme, mais aussi l'homme montre quel est le magistrat, il éleva en grande dignité et réputation cet office, qui n'était rien auparavant, ayant seulement charge de faire nettoyer les rues, emporter hors la ville les fumiers, et détourner les eaux.

Et ne fais point de doute que moi-même Plutarque n'apprête à rire à plusieurs de ceux qui passent par notre ville, quand ils me voient souvent en public occupé et vaquant à pareilles choses, mesurant et comptant la brique et la tuile, ou les pierres, ou le sable, et la chaux que l'on amène en ville. Je leur réponds : *ce n'est pas pour moi que je bâtis, c'est pour la chose publique*. Or il y a plusieurs autres choses, que qui les exercerait ou manierait lui-même, il pourrait sembler bas de cœur, sale et mécanique : mais si c'est pour le public, et pour le pays, ce n'est point actes de cœur bas ni petit, de se démettre jusques à prendre volontiers soin des moindres choses.

(*Instructions pour ceux qui manient affaires d'État.*)

Caton ayant été accusé après l'âge de quatre-vingts ans, en plaidant lui-même sa cause, dit : *il est bien malaisé*, seigneurs, *rendre compte de sa vie et la justifier devant d'autres hommes, que devant ceux avec lesquels on a vécu*.

Et il n'y a personne qui ne confesse que les actes que fit Auguste César, qui défit Antoine un peu avant que de mourir, ne soient trop plus royaux, et plus profitables à la chose publique, que nuls autres qu'il ait oncques faits. Et lui-même refrénant sévèrement par bonnes coutumes et ordonnances la dissolution des jeunes gens, comme ils s'en mutinassent, il ne leur fit que dire : *écoutez*, jeunes hommes, *un vieillard que les vieillards écoutaient bien quand il était jeune.* Et le gouvernement de Périclès eut sa plus grande vogue et vigueur en sa vieillesse, lorsqu'il persuada aux Athéniens de hardiment entrer en la guerre péloponésiaque ; mais comme importunément ils voulussent à toute force sortir de la ville, pour aller combattre soixante mille hommes de pied armés, qui fourrageaient et saccageaient leur plat pays, il s'y opposa et l'empêcha, en arrachant par manière de dire, les armes au peuple, et scellant les serrures des portes.

Mais il vaut mieux conclure les propres termes que met Xénophon quand il écrit du roi Agésilas : *Quelle jeunesse*, dit-il, *est plus gaillarde que n'était sa vieillesse ? Qui fut jamais en sa plus grande fleur et vigueur plus formidable aux ennemis que fut Agésilas étant tout au bout de son âge? De la mort de qui démenèrent oncques les ennemis plus grande joie, qu'ils firent de celle d'Agésilas, encore qu'il fût vieil quand il mourut ? Qui était celui qui assurait les alliés, et confédérés, sinon Agésilas, combien qu'il fût déjà sur le bord de sa fosse, et près de la fin de ses jours ? Quel jeune homme regrettèrent oncques les siens plus amèrement que lui mort, quelque vieil qu'il fût ?* Le long temps, que ces grands personnages avaient vécu ne les empêchait pas de faire de si belles et si honorables choses.

(*Si l'homme d'âge se doit encore entremettre et mêler des affaires publiques.*)

La vertu accessible à tous, ainsi que le bonheur qu'elle procure.

Quant à moi, il me semble que pour avoir la vraie félicité de laquelle la plus grande partie gît ès mœurs, qualités et conditions de l'âme, il ne peut chaloir que l'homme soit né en ville obscure et de peu de renommée, non plus que s'il était né d'une mère laide ou petite ; car ce serait une moquerie, de penser que la villette de Julide, laquelle n'est qu'une petite partie de l'île de Céos, qui elle-même tout entière n'est guère grande, et que l'île d'Egine, laquelle est de si peu d'étendue que quelque Athénien mit un jour en avant qu'on la devait ôter, parce qu'elle était comme une paille sur l'œil du port de Pirée, puissent porter de bons poètes et d'excellents joueurs de comédies, et qu'elles ne puissent porter ni produire un homme de bien, juste, constant, sage et magnanime : car il est bien raisonnable de croire que les arts et sciences, lesquels ont été inventés pour faire aucunes choses nécessaires à l'usage des hommes ou bien pour en acquérir bruit et honneur se vont abâtardissant ès petites et pauvres villes : mais aussi faut-il estimer que la vertu, ne plus ni moins qu'une forte et vigoureuse plante, peut prendre pied et racine en tout lieu, où elle rencontre une bonne nature, gentille et patiente de labeur, au moyen de quoi si nous venons à commettre quelque erreur, ou que nous vivions autrement qu'il n'appartient, nous n'en accuserons point la petitesse de notre pays, ains en attribuerons justement la coulpe à nous-mêmes.

(Démosthène.)

Il semble que ce soient les habillements qui échauffent l'homme, et toutefois ce ne sont-ils pas eux qui l'échauffent ni qui lui donnent la chaleur, parce que chacun d'iceux vêtements à part soi est froid ; de manière que, quand on est en fièvre et en chaud mal, on aime à changer souvent de draps et de couvertures pour se rafraîchir : mais l'habillement enveloppant le corps, et le tenant joint et serré, arrête et contient la chaleur au dedans, que l'homme rend de soi-même, et empêche qu'elle ne se répande parmi l'air. Cela même étant ès choses humaines, trompe beaucoup de gens, lesquels pensent s'ils sont logés en belles et grandes maisons, s'ils possèdent grand nombre d'esclaves, et qu'ils amassent grosse somme d'or et d'argent, qu'ils en vivront joyeusement, là où le vivre doucement et joyeusement ne procède point du dehors de l'homme, mais au contraire l'homme départ et donne à toutes choses qui sont autour de lui joie et plaisir, quand son naturel et ses mœurs, au dedans, sont bien composés, parce que c'est la fontaine et source vive dont tout ce contentement procède.

Aussi les richesses sont plus agréables, la gloire a plus de lustre et de splendeur, et l'autorité apporte plus de contentement, si la joie intérieure de l'âme y est conjointe, attendu que l'homme supporte et la pauvreté et le bannissement de son pays, et la vieillesse plus patiemment et plus aisément, si de lui-même il a les mœurs douces et le naturel débonnaire.

Tu seras content de ta fortune quand tu auras bien appris que c'est la vraie honnêteté et que c'est la bonté. La richesse te réjouira d'autant que tu auras plus de moyen de faire du bien à plusieurs : la pauvreté, d'autant que tu auras moins de souci : la gloire, d'autant que tu te verras honoré : la basse condition, d'autant que tu en seras moins envié.

(*Du contentement de l'esprit.*)

Le remords de la conscience, *je sais que j'ai commis telles méchancetés*, laisse comme un ulcère en la chair, une repentance en l'âme, qui toujours s'égratigne et s'ensanglante elle-même ; car la raison ôte et efface les autres tristesses, angoisses et douleurs, mais elle engendre celle de la repentance, laquelle se mord avec honte et se punit elle-même. Car ainsi comme ceux qui tremblent de froid ou brûlent de chaud en fièvre, en sont plus affligés et plus tourmentés que ceux qui souffrent les mêmes passions par causes extérieures de froideur d'hiver ou de chaleur d'été : aussi les mésaventures fortuites et casuelles apportent des douleurs plus légères, comme venant du dehors, mais quand on dit :

> Autre que moi nullement ne me cause
> Ces maux ; j'en suis moi-même seul la cause.

ce que l'on a accoutumé de regretter et lamenter du fond du cœur, quand on se sent coupable de quelque crime, cela rend la douleur d'autant plus grieve qu'elle est conjointe à honte et infamie.

Et pourtant n'y a-t-il maison plantureuse ni quantité grande d'or et d'argent, ni dignité et noblesse du sang, ni grandeur d'état et office, ni grâce ou véhémence de parler, qui apporte tant de sérénité et de tranquillité calme à la vie de l'homme, que d'avoir l'âme pure et nette de tous méchants faits, volontés et conseils. Car ni plus ni moins que les bouëttes où l'on met l'encens, ainsi que disait Carnéade, encore après qu'elles sont vides, retiennent la bonne odeur longuement : aussi les bonnes et honnêtes actions sortant de l'âme de l'homme sage y laissent toujours une agréable et toujours fraîche recordation, par laquelle la joie et liesse arrosée florit en vigueur et méprise ceux qui lamentent et diffament cette vie, comme si c'était une géhenne et lieu de tourments, ou un confinement où les âmes fussent reléguées et bannies.

Et ne puis que je ne loue grandement le propos de Diogène, lequel voyant quelquefois en Lacédémone un étranger, qui se parait et ornait curieusement pour un jour de fête : *comment, dit-il, l'homme de bien n'estime-t-il pas que toujours soit fête pour lui? Oui, certainement, et fête fort célèbre et solennelle, si nous sommes sages.* Car ce monde est un temple très saint et très dévot, dedans lequel l'homme est introduit à sa nativité, pour y contempler des statues non ouvrées et taillées de mains d'hommes, et qui n'ont aucun mouvement, mais celles que la divine pensée a faites sensibles pour nous représenter les intelligibles.

Ainsi faut-il estimer que la vie de l'homme soit comme une profession et entrée en une très parfaite religion'; pourtant était-il convenable qu'elle fût remplie de grande tranquillité d'esprit et de continuelle joie.

(*Du contentement de l'esprit.*)

Il faut qu'un chacun, soit en pensant à soi-même, soit en discourant avec autrui, tienne pour certain que la plus longue vie de l'homme n'est pas la meilleure, mais bien la plus vertueuse ; parce que l'on ne loue pas celui qui a plus longuement joué de la cithare, ni plus longtemps harangué ou gouverné, mais celui qui l'a bien fait. Il ne faut pas colloquer le bien en la longueur du temps, mais en la vertu, et en nos convenables proportions et mesure de tous faits et dits : c'est ce que l'on estime heureux en ce monde et agréable aux dieux.

(*Consolation envoyée à Apollonius sur la mort de son fils.*)

On orne sa maison comme un théâtre ou un échafaud à jouer des jeux pour ceux qui y entrent. Voilà en quoi gît la béatitude et félicité de la richesse, qui a besoin de spectateurs et de témoins, à qui il en faut faire montre ; autrement ce n'est rien. Mais il n'est pas ainsi de la tempérance, de la philosophie, de la créance et connaissance des dieux, telle qu'il appartient, encore qu'elle soit inconnue à tous autres; elle a toujours sa lumière et sa splendeur propre, dont elle éclaire l'âme, toujours accompagnée d'une joie qui jamais ne l'abandonne de jouir de son bien, soit que quelqu'un le sache, ou qu'il soit inconnu aux dieux et à tous les hommes. Voilà que c'est de la vertu.

(*De l'avarice.*)

CHAPITRE IV

LA FORCE DANS L'ACTION. — LE COURAGE

Le courage est la vertu résolue, intrépide, vigoureuse dans l'action, que ce soit le travail ou le combat; ferme et patiente dans la souffrance inévitable, ou seulement utile. Il y a un courage instinctif, animal, qui donne l'élan dans le danger : c'est celui du lion qui se précipite sur son ennemi sans calcul, ni ruse, ni artifice. C'est aussi celui de l'homme au cœur ardent, impétueux, téméraire et quelquefois présomptueux, surtout dans la jeunesse. Il y a des occasions où ce courage naturel et spontané a d'heureux effets. Mais s'il nous plaît chez l'animal comme étant conforme à sa nature, nous le trouvons chez l'homme bien inférieur au courage réfléchi. Nous admirons d'autant plus les actes de courage qu'ils sont plus volontaires, plus commandés et dirigés par la raison en vue d'une noble fin. C'est alors la force morale qui domine et met en œuvre toutes les activités. La réflexion, loin de diminuer cette force, la concentre et la renouvelle sans cesse ; tandis que le courage instinctif de la colère s'épuise par la violence même de la passion. L'homme a besoin de courage tous les jours de sa vie, et il dépend de lui d'en trouver toujours, pourvu qu'il le puise dans le sentiment de sa dignité et des devoirs qu'elle lui impose. Les Spartiates n'en ont jamais manqué ; et ce serait une erreur de croire qu'ils exposaient plus facilement que d'autres leur vie, parce qu'elle était austère et dure. Ceux-là seuls estiment la vie à son prix qui ont de la vertu, et par la vertu la vraie liberté. Mais plus que la mort et les supplices les plus affreux, ils craignent la honte de la lâcheté et la déchéance morale qu'entraînent les choses déshonnêtes. Une multitude d'hommes, dans tous les temps et tous les pays, ont été capables d'accomplir des actes héroïques en présence de leurs concitoyens ; mais ils n'ont pas été pour cela des héros. Le vrai héros est celui qui l'est en toute occasion, loin de tout témoin humain, dans le secret de sa conscience, sous le regard du seul témoin divin.

Il y a un courage supérieur à celui de soutenir une lutte ou de poursuivre une entreprise difficile, avec le souvenir d'un succès obtenu ou l'espérance d'un succès presque certain. C'est celui de persévérer dans l'insuccès, de redoubler d'efforts là où la résistance est un devoir, ou d'accepter la défaite quand elle est inévitable, et de supporter noblement le dédain des âmes vulgaires qui insultent au malheur. Ce courage est admirable, même lorsque notre salut ou notre gloire est seule engagée ; mais il l'est encore bien davantage dans le chef d'une armée vaincue qui doit, par sa vertu, relever le moral de ses troupes, et regagner ce qu'il a perdu de son prestige par son malheur. Dans ces circonstances, pourtant, le chef est soutenu par son patriotisme, et son devoir n'est pas en opposition avec l'intérêt de sa gloire propre.

Mais il en est d'autres où le devoir civique est en contradiction avec les sentiments naturels et blesse les plus saintes affections. Et si la nécessité de frapper un fils pour accomplir la loi ne s'est jamais imposée qu'à des chefs d'armée ou à des magistrats, tous les citoyens ont cependant l'obligation de faire prévaloir les intérêts de la patrie et le respect de la loi sur l'intérêt particulier ou celui de la famille et de l'amitié. Il faut souvent faire violence à son cœur pour rendre à la patrie ce qui lui est dû. Le courage patriotique des Spartiates et des Romains est une vertu farouche qui semble méconnaître les sentiments les plus légitimes de la nature humaine; et tout en l'admirant, nous ne pouvons nous défendre d'un mouvement d'horreur comme de quelque chose qui est contre nature. Mais je ne crois pas que l'exaltation qui les a rendus capables des plus grands sacrifices, ait pu les rendre insensibles à la douleur. Quand l'amour du devoir exalte l'âme, elle a plus de courage pour s'immoler dans ce qu'elle a de plus cher. Mais l'abnégation de soi n'est pas forcément dure et inhumaine, bien que l'effort sur soi puisse la faire paraître telle. Une vertu plus parfaite unit la bénignité au courage.

Il est plus difficile de dompter son cœur que d'opposer à la tyrannie une fermeté stoïque, de supporter ses brutalités là où la résistance est impossible, de se laisser martyriser plutôt que de perdre quelque chose de l'indépendance de son âme. Mais une des épreuves les plus rudes pour le courage de l'homme, c'est de braver la colère et l'animosité de ses amis en leur disant la vérité ou en agissant contre leur sentiment par un motif de conscience. Cette épreuve n'a d'égale que l'obligation où se trouve un citoyen de s'exposer au ressentiment de ses compatriotes en leur faisant entendre la voix de la sagesse et de souffrir leur mépris, plutôt que de faire une chose qu'il croit préjudiciable à la patrie. La mort est cent fois moins cruelle que la suspicion, les calomnies et la haine de ceux qui vous doivent honneur et respect. On a beau se dire comme Antisthène : « C'est une chose royale que de souffrir en faisant bien », l'homme se passe difficilement de l'estime de ses semblables, et leur injuste défiance est pour lui une souffrance cruelle.

Les actes de courage et même d'héroïsme ne sont pas rares dans les annales de l'humanité ; mais si, pour être véritablement courageux, il faut avoir tous les courages, nous comptons peu de vrais héros parmi les hommes de Plutarque. Beaucoup ont eu le courage militaire, mais le courage civique est plus rare ; et ce qui l'est encore bien plus, ce sont les hommes libres de toute ambition, inflexibles dans le devoir, auquel ils savent sacrifier leur popularité et même leur gloire. Parmi ceux qui se sont élevés à cette vertu si haute, nous remarquons surtout Caton et Phocion, dont l'âme parfaitement maîtresse d'elle-même n'avait d'autre guide que la raison. Il est à regretter que Caton ait mis fin à une vie qui rendait si bien témoignage de la dignité de l'âme. Mais bien que sa vertu ait quelque chose de théâtral comme celle de la plupart des héros romains, il ne me semble pas cependant que son suicide ait un motif égoïste. Il meurt, non pour étonner le monde, non pour échapper à la tyrannie, mais pour ne pas servir au triomphe du tyran, qui, par politique, se ferait un titre de gloire d'avoir épargné Caton. Et avant de mourir, il songe à assurer le salut de ses partisans. Il meurt seul, avec sérénité, en s'inspirant du dialogue de Platon sur l'immortalité de l'âme. Sa mort est grande et simple, plus simple que le raisonnement qui l'a provoquée. Celle de Phocion est digne de la vie de cet incomparable citoyen dont la vertu ne s'est jamais démentie un seul instant.

Résolution et fermeté.

Quant à l'histoire de Mutius, plusieurs la content diversement, mais je l'écrirai en la sorte qu'elle me semble plus vraisemblable. Ce Mutius était homme de bien en tout et partout, mais principalement en la guerre, et cherchant le moyen de pouvoir occire le roi Porsenna, se vêtit à la guise des Toscans, et parlant bien le langage toscan, s'en alla en son camp, là où il s'approcha de la chaire en laquelle il donnait audience, et ne le connaissant pas certainement n'osa demander lequel c'était, de peur qu'il ne fût découvert, tira son épée, et en tua celui qu'il cuidait être le roi. Il fut pris et interrogé sur l'heure, et ayant là été apporté un foyer plein de feu pour le roi qui voulait sacrifier aux dieux, il étendit sa main droite sur le feu, en regardant franchement Porsenna entre deux yeux, pendant que la chair de sa main se rôtissait, avec un visage constant et assuré, sans aucunement se mouvoir jusques à ce que le roi, étonné de voir une chose si étrange, commanda qu'on le lâchât, et lui-même lui tendit son épée. Mutius la prit avec la main gauche, dont on dit qu'il eut depuis le surnom de *Scaerola*, qui vaut autant à dire comme gaucher, et lui dit en la reprenant : *Tu ne m'eusses su vaincre par crainte. Porsenna, et tu m'as vaincu par honnêteté ; pourtant te veux-je découvrir une chose par amour, que je ne l'eusse jamais découverte par force. Il y a trois cents Romains épandus parmi ton camp, qui ont la même volonté et la même entreprise que moi, ne cherchant autre chose que le moyen et l'occasion de la pouvoir exécuter : le sort est tombé sur moi, et a fallu que j'aie tenté la fortune le premier ; toutefois je n'ai point de regret d'avoir failli à tuer un si homme de bien, qui est digne de demeurer plutôt ami des Romains qu'ennemi.* Porsenna, ayant ouï ces paroles, y ajouta foi, et dès lors commença à prêter plus volontiers l'oreille à ceux qui lui allaient parler d'appointement, non tant à mon avis, pour crainte qu'il eût de ces trois cents qui épiaient les moyens de le pouvoir tuer, comme pour admiration de la grandeur de courage des Ro-

LA FORCE DANS L'ACTION. — LE COURAGE 91

mains. Tous les autres historiens appellent ces personnages, *Mutius Scaevola* ; mais Athénodore, surnommé *Sandon*, en une histoire qu'il dédia à Octavia, sœur d'Auguste, dit qu'il s'appelait aussi *Obsigonus*.

(*Publicola*.)

Vigueur et sagesse dans la décision.

Un Sybaritain dit que ce n'était pas de merveilles que les Lacédémoniens avaient si grand envie de mourir à la guerre, pour se racheter de tant de travaux et se délivrer d'une si âpre et si austère façon de vie, qu'était la leur. Mais il ne se faut pas ébahir si les Sybaritains, hommes efféminés et fondus en délices et voluptés, estimaient que ceux qui ne craignaient point la mort, pour le désir qu'ils avaient de bien faire, et l'affection qu'ils portaient à leur devoir, eussent en haine la vie : ce qui était faux des Lacédémoniens : car ils référaient le vivre et le mourir volontiers à l'exercice de vertu.

Aussi, à la vérité, fuir la mort n'est point de soi répréhensible, moyennant que ce soit sans lâcheté de cœur ; ni l'attendre, louable, si c'est avec un nonchaloir et mépris de la vie. Voilà pourquoi Homère décrit toujours les plus vaillants et les plus hardis hommes les mieux armés, quand il est temps de combattre. Et ceux qui ont fait et établi les lois des Grecs, punissent celui qui jette et abandonne son bouclier, non pas son épée ni sa lance ; parce qu'on doit premièrement penser de soi défendre que d'offenser son ennemi, mêmement ceux qui ont en main le gouvernement de tout un Etat, ou de toute son armée.

(*Pélopidas*.)

La bataille de Tégyre (victoire de Pélopidas sur les Lacédémoniens) fit la première connaître aux Grecs que ce n'est point la rivière d'Eurotas seule, ni le lieu qui est entre les ruisseaux de Cnacion et de Babyce, qui porte de belliqueux hommes et hardis combattants, ains que c'est partout où l'on apprend aux jeunes hommes à avoir honte des choses déshonnêtes et vilaines, et à hasarder leurs vies pour les honnêtes, en craignant plus le reproche et le déshonneur que le péril.

Ce sont ceux-là qui sont toujours les plus redoutables et les plus terribles à leurs ennemis.
(*Pélopidas.*)

Brasidas trouva une souris entre des figues sèches qui le mordit, et il la laissa aller, disant à ceux qui étaient présents : *voyez comment il n'y a si petit animal qui ne puisse sauver sa vie, pourvu qu'il ait le cœur de se défendre contre ceux qui l'assaillent.* En une bataille il fut blessé d'un coup de javelot qui faussa son bouclier, et l'en arrachant de son corps, en tua l'ennemi qui l'en avait blessé, *parce*, dit-il, *que mon bouclier m'a trahi.* Et partant pour aller à la guerre, il écrivit aux éphores : *ce que vous m'écrivez, touchant la guerre, je le ferai ou j'y mourrai.* Et après qu'il fut mort en délivrant de servitude les Grecs habitants au pays de Thrace, les ambassadeurs qui furent envoyés de la part du pays, pour rendre grâce aux Lacédémoniens, allèrent visiter sa mère Archiléonide : laquelle leur demanda premièrement, si son fils Brasidas était mort vaillamment ; et comme ces ambassadeurs Thraciens le louaient si hautement qu'ils disaient qu'il n'avait point laissé son pareil : *vous vous abusez*, dit-elle, *mes amis, car Brasidas était bien homme de bien, mais il y en a plusieurs en Sparte qui sont encore meilleurs que lui.*
(*Les dits et réponses notables des dames Lacédémoniennes.*)

Agis disait *que les Lacédémoniens ne demandaient jamais combien étaient les ennemis, mais où ils étaient.* On lui défendit de combattre les ennemis à Mantinée, parce qu'ils étaient en bien plus grand nombre : *il est force*, dit-il, *que qui veut commander à beaucoup de gens, en combatte aussi beaucoup.* A un autre qui demandait combien étaient les Lacédémoniens : *ils sont*, dit-il, *autant qu'il en faut pour chasser les méchants.* En passant au long des murailles de Corinthe, les voyant ainsi hautes, bien bâties, et si long étendues : *quelles femmes sont-ce*, dit-il, *qui habitent là dedans ?* A un maître de rhétorique qui, louant son métier, disait : quand tout est dit, il n'y a rien si puissant que la parole de l'homme ; *quand tu ne parles point*, dit-il, *tu ne vaux donc rien ?*

Agis alla une fois tout seul ambassadeur devers Philippe, qui lui dit : comment cela ? viens-tu seul ? *Oui*, dit-il, *devers un seul.*

Quelqu'un lui demanda comment il pourrait demeurer franc et libre pour toute sa vie : *en méprisant la mort*, dit-il.

Agis, le dernier roi de Lacédémone, ayant été surpris en trahison, et condamné par les éphores, ainsi qu'on le menait sans forme de justice au lieu pour être étranglé, aperçut un de ses esclaves qui pleurait ; il lui dit : *cesse de pleurer pour un mort ; car en mourant ainsi iniquement et méchamment, je vaux mieux et suis plus homme de bien que ceux qui me font mourir ;* et ayant dit ces paroles, il tendit volontairement son col au lacs de la corde.

(*Les dits notables des Lacédémoniens.*)

Courage dans le combat, dans le danger.

Les exercices des Lacédémoniens étaient plus doux et moins pénibles en guerre qu'en autre temps, et généralement tout leur vivre moins étroitement réformé et moins contrôlé, de manière qu'ils se trouvaient seuls au monde à qui la guerre était repos des travaux que les hommes ordinairement endurent pour se rendre aptes à la guerre. Mais quand toute leur armée était rangée en bataille à la vue de l'ennemi, le roi adonc sacrifiait aux dieux une chèvre, et en même temps il commandait aux combattants qu'ils missent tous sur leurs têtes des chapeaux de fleurs, et aux joueurs de flûtes, qu'ils sonnassent l'aubade, qu'ils appellent la chanson de Castor, au son et à la cadence de laquelle lui-même commençait à marcher le premier : de sorte que c'était chose plaisante et non moins effroyable, de les voir ainsi marcher tous ensemble, en si bonne ordonnance, au son des flûtes, sans jamais troubler leur ordre ni confondre leurs rangs, et sans se perdre ni étonner aucunement, mais aller posément et joyeusement, au son des instruments, se hasarder au péril de la mort. Car il est vraisemblable que de tels courages ne sont passionnés ni de frayeur ni de courroux outre mesure ; et au contraire, qu'ils ont une constance et hardiesse assurée, avec bonne espérance, comme étant accompagnés de la faveur des dieux. Quand ils avaient rompu les ennemis, ils les chassaient et poursuivaient jusques à ce que, par la déroute et fuite entières d'iceux, leur victoire fût de tout point assurée, et lors ils s'en retournaient tout court en leur camp, estimant que ce n'était acte, ni de gentil cœur, ni de nation noble et généreuse comme la Grecque, de tuer et mettre en pièces ceux qui étaient si débandés qu'ils ne se pouvaient plus rallier, et qui quittaient toute espérance de victoire. Cela leur était non-seulement honorable, mais aussi grandement profitable, parce que ceux qui étaient en bataille contre eux, sachant qu'ils tuaient ceux qui s'opiniâtraient à leur faire tête et laissaient aller ceux qui fuyaient devant eux, trouvaient le fuir plus utile que l'attendre et demeurer.

(*Lycurgue.*)

Porsenna fit assaillir le mont *Janiculum* si vivement que les gardes qu'on y avait mis en furent déboutés, lesquels en fuyant devant Rome tuèrent après eux les ennemis qui fussent entrés pêle-mêle parmi eux, n'eût été que Publicola sortit à l'encontre, qui attacha une longue escarmouche au long de la rivière du Tibre, où il arrêta les ennemis, qui pour être en plus grand nombre forçaient les Romains, jusques à ce qu'ayant été bien blessé en cette escarmouche il fût emporté entre les bras de ses gens dedans la ville.

Autant en prit-il à l'autre consul Lucretius dont les Romains se trouvèrent fort étonnés et découragés tellement qu'ils se prirent à fuir vers la ville. Les ennemis les poursuivirent vivement jusque dessus le pont de bois, tellement que la ville fût en très grand danger d'être prise de primesaut ; mais Horatius Coclès, et avec lui deux autres jeunes hommes des plus nobles de la ville, Hermenius et Lucretius, se plantèrent sur le pont même, et firent tête à l'ennemi. Celui Horatius fut surnommé *Coclès*, qui vaut autant à dire comme borgne, pource qu'il avait perdu un œil à la guerre ; toutefois les autres veulent dire que ce fut pource qu'il était fort camus, et qu'il avait le nez tellement enfoncé dedans la tête qu'on ne voyait rien en sa face qui séparât ses deux yeux, mais étaient ses sourcils tout conjoints ; à l'occasion de quoi le peuple cuidant le surnommer *Cyclops*, par erreur de langue le nomma, ce disent-ils, *Coclès*. Comment que ce soit, celui Horatius Coclès eut bien la hardiesse de montrer visage à l'ennemi, et tenir le pont jusques à ce qu'on l'eût coupé et rompu derrière lui, ce qu'ayant été fait, il se jeta tout armé qu'il était, et blessé en la cuisse d'un coup de pique toscane, dedans le Tibre, et se sauva à nage jusques à l'autre rive.

Par quoi Publicola s'émerveillant d'un si vertueux acte suada promptement aux Romains qu'ils se cotisassent tous pour lui donner autant comme chacun d'eux dépensait en un jour, et depuis encore lui fit donner du public autant de terre, comme il en pourrait labourer à l'entour en un jour, et outre tout cela encore lui fit-il dresser un siége de cuivre, dedans le temple de Vulcain, réconfortant par cet honneur là débilitation de sa cuisse où il avait été blessé, et dont il était demeuré boiteux.

(Publicola.)

Dans la guerre contre les Volsques, si y eût incontinent bonne troupe de Romains qui se rallièrent ensemble autour de Martius, dont les ennemis s'épouvantèrent si fort qu'ils reculèrent arrière; mais Martius non content de cela les poursuivit et les chassa fuyants à val de route jusque dedans leurs portes ; et là voyant que les Romains tiraient le pied arrière pour le grand nombre de traits et de flèches qu'on leur tirait de dessus les murailles, et qu'il n'y en avait un seul entre eux, qui eût la hardiesse de penser seulement à se lancer pêle-mêle avec les fuyants dedans la ville, parce qu'elle était pleine de gens de guerre, tous bien armés, il les encouragea de fait et de parole, en leur criant *que la fortune avait ouvert les portes plus pour les poursuivants que pour les fuyants* : toutefois il n'y en eut guère qui prissent pour cela le cœur de le suivre ; mais lui même à travers la presse des ennemis se jeta et poussa jusque sur la porte, et entra dedans la ville parmi les fuyants, sans que personne de dedans n'osât de prime face tourner visage, ni s'arrêter pour lui faire tête: mais lui regardant autour de lui qu'il était entré peu de ses gens avec lui pour le secourir, et se voyant de tous côtés enveloppé d'ennemis qui se rallièrent pour lui courir sus, il fit adonc, comme en écrit, des prouesses qui ne sont pas croyables, tant de coups de main, que d'agilité et disposition de personne, de hardiesse, de courage, rompant et renversant tous ceux sur lesquels il se ruait, de manière qu'il en fit fuir les uns jusques aux plus reculés quartiers de la ville, les autres de frayeur se rendirent et jetèrent leurs armes en terre devant lui, et par ce moyen donnèrent tout loisir à Lartius, qui était dehors, d'amener à sûreté les Romains au dedans.

(*Coriolan.*)

Étant la ville prise (Corioles), la plupart des soudards se mit incontinent à piller, et à emporter et serrer le butin qu'ils avaient gagné ; mais Martius s'en courrouça bien aigrement, et cria qu'il n'y avait point de propos qu'eux entendissent au pillage, et allassent çà et là cherchant de quoi s'enrichir, pendant que le consul et leurs concitoyens étaient à l'aventure attachés à combattre contre leurs ennemis, et que, sous couleur de gagner quelque butin, ils cherchassent moyen de se tirer loin de l'affaire et des dangers ; toutefois, quelques raisons qu'il eût alléguées, il y en eut bien peu qui lui prêtassent l'oreille. Par quoi prenant avec lui ceux qui volontairement s'offrirent à le suivre, il sortit de la ville, et prit son chemin vers le quartier où il entendit que le surplus de l'armée était allé.

Or, était adonc la coutume entre les Romains, quand ils étaient rangés en bataille, et qu'ils étaient prêts à prendre leurs pavois sur leurs bras, et à se ceindre par-dessus leurs robes, de faire aussi quant et quant leur testament sans rien en mettre par écrit, en nommant celui qu'ils voulaient faire leur héritier en présence de trois ou quatre témoins. Martius arriva justement sur le point que les soudards étaient après à le faire de cette sorte, étant là les ennemis si près, qu'ils s'entre-voyaient les uns les autres. Quand on l'aperçut ainsi qu'il était tout souillé de sang, et trempé de sueur avec petite suite de gens, cela de prime face en troubla et étonna quelques-uns ; mais tantôt après, quand ils le virent courir avec un visage gai vers le consul, et lui toucher en la main, et lui récitant comme la ville de Corioles avait été prise, et qu'on vit aussi que Cominius, le consul, le baisa et l'embrassa, adonc n'y eut-il celui qui n'en reprît courage, les uns pour avoir ouï de point en point conter le succès de cet heureux exploit, et les autres pour le conjecturer à voir leurs gestes de loin.

Ils se prirent tous à crier au consul qu'il fît marcher sans plus attendre, et commencer la charge. Martius lui demanda comment était ordonnée la bataille des ennemis, et en quel endroit étaient leurs meilleurs combattants : le consul lui fit réponse, qu'il pensait que les bandes qui étaient au front de leur bataille, étaient celles des Antiates, qu'on tenait pour les plus belliqueux, et qui ne cédaient en hardiesse à nuls autres de l'art des ennemis. *Je te prie donc*, lui répliqua Martius, *et te requiers que tu me mettes droit à l'encontre de ceux-là.* Le consul lui octroya, louant grandement sa bonne volonté ; et adonc Martius, quand les deux armées furent prêtes à s'entre-choquer, se jeta assez loin devant sa troupe, et alla charger si furieusement ceux qu'il rencontra de front, qu'ils ne lui purent longuement faire tête, car il fendit incontinent et entr'ouvrit l'endroit de la bataille des ennemis, où il donna ; mais ceux des deux côtés se tournèrent aussitôt les uns devers les autres pour l'envelopper et enserrer entre eux : ce que le consul craignant, envoya soudain par là les meilleurs combattants qu'il eût autour de sa personne. Il y eut donc une fort âpre mêlée à l'entour de Martius, et en peu d'heures y eut beaucoup d'hommes tués sur la place ; mais à la fin les Romains y firent si grand effort, qu'ils forcèrent et rompirent les ennemis ; et les ayant rompus, se mirent à les chasser, priant Martius qu'il se voulût retirer au camp, pour ce qu'il n'en pouvait plus, tant il était las du travail qu'il avait enduré, et des blessures qu'il avait reçues ; mais il leur répondit que ce n'était point aux victorieux à se rendre ni à avoir le cœur failli, et courut lui-même après les fuyants, jusqu'à ce que l'armée des ennemis fût entièrement toute déconfite, avec grand nombre de morts et grand nombre de prisonniers aussi.

(Coriolan.)

Epaminondas, sans faire semblant de rien, avait de longue main conduit la pratique de lever le courage aux jeunes hommes Thébains ; car quand ils passaient leur temps aux exercices du corps, il trouvait moyen de les faire toujours coupler à la lutte aux Lacédémoniens ; puis quand il les voyait tous fiers de les avoir portés par terre, et d'être les plus forts, il venait à les tanser, en leur disant qu'ils devraient avoir grande honte de souffrir à faute de cœur, que ceux-là leur tinssent le pied sur la gorge, qui n'étaient pas à beaucoup près si forts, si roides, ou si robustes qu'eux.

(Pélopidas.)

L'exploit de Pélopidas ayant été entrepris et exécuté, avec même hardiesse, même péril et même travail que celui de Thrasybule, quand il délivra la ville d'Athènes des trente gouverneurs tyrans, et qui plus est, ayant été conduit à même fin par la fortune, en a été appelé par les Grecs *son frère germain :* car aussi serait-il bien malaisé d'en alléguer d'autres que ces deux-là, qui avec si peu de gens soient venus au-dessus de leurs adversaires qui étaient si grand nombre plus qu'eux, ne qui avec si peu de moyens aient vaincu ceux qui étaient très puissants, ne qui, étant venus à bout de leur entreprise par les moyens de leur hardiesse seule et de leur sage conduite, aient été cause de plus grands biens à leurs pays. Ce qui a rendu l'entreprise encore plus honorable et plus glorieuse pour eux, attendu le changement des affaires qui en suivit puis après : car la guerre qui abattit la dignité de Sparte et qui ôta aux Lacédémoniens la principauté de la terre et de la mer, commença celle nuit que Pélopidas, sans avoir surpris une ville, un château, une place forte, entrant, lui douzième en une maison privée, coupa et trancha (par manière de dire, et pour mieux exprimer la vérité par cette figure de parler) les chaînes qui maintenaient ferme la seigneurie et principauté que les Lacédémoniens avaient en toute la Grèce, et lesquelles on avait jusqu'à ce temps-là estimé être si fortes, qu'il serait impossible de les briser, rompre, ni délier.

(Pélopidas.)

Pour encourager les gens du roi Antigone, et aller tout chaudement charger les ennemis, pendant qu'ils étaient en grand trouble, Philopœmen laissa son cheval et marcha à pied à travers lieux bossus et raboteux, pleins de ruisseaux et de fondrières, ayant sur son dos une cuirasse d'homme d'armes et le reste du harnais fort pesant et combattant en cet équipage à grand'peine et grand mésaise, il eut les deux cuisses percées de part en part d'un coup de javelot qui se darde avec une courroie attachée au milieu ; et, combien que le coup n'entrât pas fort avant dedans la chair, si fut-il grand et roide : car il perça les deux cuisses d'outre en outre, tellement que le fer passait de l'autre côté, si demeura sur l'heure empêtré de ce coup, ne plus ne moins que qui lui eût mis des fers aux pieds, et ne savait ce qu'il devait faire, car la courroie attachée au milieu du javelot lui faisait grand douleur quand on cuidait retirer le javelot par où il était entré, et n'y avait personne de ceux qui étaient là présents qui y osait mettre la main. D'autre côté Philopœmen, voyant que le combat était en sa plus grande fureur, laquelle se passerait incontinent, perdait patience de dépit, tant il avait d'ardeur de retourner au combat ; si fit tant en retirant l'une de ses cuisses et avançant l'autre, qu'il rompit la hampe du javelot en deux, et s'en fit arracher les deux tronçons, l'un de çà, l'autre de là ; puis quand il se sentit ainsi dépêtré, il mit incontinent l'épée au poing, et s'en alla à travers les combattants aux premiers rangs affronter l'ennemi (les Lacédémoniens), de manière qu'il renforça grandement le courage aux siens et leur apporta une envie d'imiter sa prouesse. Après donc que la bataille ait été gagnée, Antigone demanda à ses capitaines Macédoniens pour les tenter, qui les avait mus à faire partir et charger la chevalerie avant le signe qui leur avait été commandé : ils répondirent qu'ils avaient été contraints d'ainsi le faire contre leur volonté, parce qu'un jeune gentilhomme Mégalopolitain était allé avant le temps commencer la charge avec la compagnie : et adonc leur dit Antigone en riant : *ce jeune gentilhomme-là que vous dites, a fait un tour de sage et vaillant capitaine.*

(*Philopœmen.*)

Pyrrhus se mit à la voile vers la Sicile, là où, si tôt qu'il fût arrivé, il trouva tout ce qu'il avait espéré, car les villes se mirent bien volontiers entre ses mains. Et là où il fût besoin de combattre et d'employer la force des armes, rien n'arrêtait devant lui du commencement ; car avec trente mille hommes de pied, et deux mille cinq cents de cheval, et deux cents voiles qu'il y mena, il chassait devant lui les Carthaginois, et allait conquérant toute la province qui était sous leur obéissance.

Or c'était pour lors la ville d'Eryx la plus forte place qu'ils eussent, et y avait dedans bon nombre de gens de guerre pour la défendre ; il délibéra d'essayer à la forcer, et quand son armée fut prête pour donner l'assaut, il se fit armer de toutes pièces, et en s'approchant de la ville, fit vœu à Hercule de lui payer un solennel sacrifice avec une fête de jeux publics, moyennant qu'il lui fît la grâce de se montrer aux Grecs habitant en la Sicile digne des nobles ancêtres dont il était descendu et des grands moyens qu'il avait entre ses mains. Ce vœu achevé, il fit incontinent sonner les trompettes, et à coups de trait retirer les Barbares qui étaient sur les murailles ; puis quand les échelles furent plantées, il monta tout le premier sur la muraille où il trouva plusieurs des Barbares qui lui firent fête ; mais il en jeta les uns du haut en bas d'un côté et d'autre de la muraille, et à coups d'épée en abattit plusieurs morts à l'entour de lui, sans qu'il y fût aucunement blessé, parce que les Barbares n'avaient pas la hardiesse de le regarder seulement au visage, tant son regard était terrible.

Ce qui témoigne qu'Homère parla sagement et en homme bien expérimenté, quand il dit que la prouesse seule entre toutes les vertus morales est celle qui aucune fois a des saillies de mouvement inspirées divinement, et de certaines fureurs, qui transportent l'homme hors de soi-même. La ville donc ayant été prise, il paya magnifiquement le sacrifice voué à Hercule, et fit une fête de toutes sortes de jeux et de toutes sortes de combats.

(Pyrrhus.)

Les Carthaginois descendirent à Lilybée avec une armée de soixante et dix mille combattants, deux cents galères, et mille autres vaisseaux qui portaient les engins de batterie, les chariots, vivres, et autres provisions et munitions nécessaires pour un camp, en intention de ne faire plus ainsi la guerre par le menu, mais de chasser tout à un coup les Grecs de toute la Sicile entièrement : car aussi était-ce une puissance suffisante pour prendre et subjuguer tous les Siciliens, encore qu'ils n'eussent point été divisés, mais bien unis les uns avec les autres.

Par quoi étant avertis qu'on courait leurs terres et pays, ils y coururent incontinent en chaude colère sous la conduite de Asdrubal et d'Amilcar, les deux chefs de leur armée. Cette nouvelle fut tantôt portée jusqu'à Syracuse, dont les habitants furent si effrayés, oyant parler d'une si grosse puissance, que de si grand nombre qu'ils étaient à peine y en eut-il trois mille qui eussent la hardiesse de prendre les armes, et sortir en campagne avec Timoléon. Quant aux étrangers soudoyés et entretenus, ils n'étaient pas plus de quatre mille en tout, desquels encore y en eut-il mille qui, par lâcheté de cœur, s'en retournèrent de mi-chemin tout court, disant *que Timoléon était hors de son bon sens et plus téméraire que son âge ne portait, de vouloir aller avec cinq mille combattants à pied et mille chevaux se présenter devant soixante et dix mille, en éloignant de bien huit grandes journées de Syracuse ce peu de force qu'il avait pour la pouvoir défendre; tellement que s'il advenait qu'ils fussent contraints de fuir, ils n'auraient lieu quelconque où ils se pussent retraire ni sauver, ni personne qui prît soin de les ensevelir et enterrer quand ils auraient été tués.* Toutefois, Timoléon estima être avantage pour lui que ceux-là se fussent déclarés tels comme ils étaient, de bonne heure avant la bataille.

Et au demeurant, ayant prêché et encouragé les autres, les fit tous marcher en diligence vers la rivière de Crimèse, là où il était averti qu'il trouverait les Carthaginois : et ainsi comme il montait un petit coteau, de dessus lequel on voyait le camp des ennemis de l'autre côté, il arriva par cas d'aventure en son ost, quelques mulets chargés de l'herbe qui s'appelle ache, dont les soudards se fâchèrent de première face, cuidant que ce fût un mauvais présage, parce que nous avons accoutumé de couronner les sépultures des morts avec cette herbe, dont est venu le proverbe commun que nous disons, quand quelqu'un est bien malade et en grand danger de sa vie, *qu'il ne lui faut plus que l'ache,* c'est-à-dire la sépulture.

Mais Timoléon voulant les retirer de cette superstition, et leur ôter ce découragement, fit arrêter l'armée ; et après leur avoir fait d'autres remontrances selon le temps, le loisir et l'occasion, leur dit *que la couronne se présentait d'elle-même entre leurs mains avant la victoire,* parce que les Corinthiens couronnent ceux qui emportent le prix aux jeux Isthmiques qui se célèbrent en leur terre, avec des chapeaux d'ache, et était encore lors le prix de la victoire aux jeux solennels Isthmiques la couronne d'ache, comme jusques ici l'est-elle aux jeux de Némée ; et n'y a pas longtemps qu'aux jeux Isthmiques on a commencé à user des branches de pin.

Timoléon donc, ayant ainsi parlé à ses gens, comme nous avons dit, prit lui-même de cette ache le premier, dont il fit un chapeau qu'il se mit sur la tête, et après lui les autres particuliers capitaines, et jusqu'aux soudards, qui plus est, à l'instant même les devins aperçurent deux aigles volant vers eux, dont l'une tenait entre ses griffes un serpent qu'elle perçait d'outre en outre avec ses ongles ; et l'autre, en volant, jetait un cri ferme et donnant assurance. Ils les montrèrent toutes deux aux soudards, lesquels adonc, tous d'une voix, se prirent à invoquer les dieux à leur aide.

Or était-ce sur le commencement de l'été, environ la fin du mois de mai, approchant jà le soleil du solstice d'été, et se leva de la rivière un gros brouillas, de sorte que toute la campagne était couverte de brouée, et ne voyait-on rien du camp des ennemis ; seulement entendait-on un grand bruit de voix confuses, comme venant d'une si grosse armée, et montant contre mont jusqu'à la cime du coteau ; mais quand les Corinthiens eurent achevé de monter cette côte, ils mirent leurs boucliers et pavois en terre pour reprendre un peu d'haleine, et le soleil ayant tiré et enlevé les vapeurs de brouillas jusques à la cime des coteaux, l'air commença à s'y épaissir et à s'y grossir, de manière que les croupes des montagnes furent toutes couvertes de nuées, et au contraire la plaine au-dessous demeurant toute nette et purifiée, on découvrit adonc tout clairement la rivière de Crimèse, et vit-on les ennemis qui la passèrent en telle ordonnance : premièrement, ils avaient mis au-devant les chariots de guerre, armés et équipés fort épouvantablement, derrière lesquels suivaient dix mille hommes de pied, armés avec boucliers blancs sur leurs bras, et conjecturait-on, à les voir de loin si bien équipés, à leur grave démarche, et à leur bonne ordonnance, que c'étaient naturels Carthaginois : après lesquels suivaient les autres nations pêle-mêle, et passaient en foule avec grand désarroi.

Et là, Timoléon, considérant que la rivière lui donnait commodité de les prendre à demi-passés, et en choisir à part tel nombre qu'il voudrait, après avoir montré au doigt à ses gens comme la bataille des ennemis était mé-partis en deux par la rivière, pource que les uns étaient jà passés et les autres non, il commanda à Démarate que, prenant les gens de cheval, il allât commencer à charger les premiers pour engarder qu'ils ne se pussent ranger en bataille ; et en même temps, descendant avec les gens de pied en la plaine, donna aux autres Siciliens les deux pointes de son bataillon, y mêlant parmi en quelque nombre des soudards étrangers, et au milieu, où il était en personne, retint autour de soi les naturels Syracusains, avec la fleur des étrangers, et n'arrêta guère à choquer voyant le peu d'exploit que faisaient ses gens de cheval; car il apercevait qu'ils ne pouvaient advenir à charger à bon escient le bataillon des naturels Carthaginois, à cause qu'ils étaient couverts de chariots armés, qui couraient çà et là au-devant d'eux; à l'occasion de quoi ils étaient contraints de tournoyer continuellement, s'ils ne se voulaient mettre en danger d'être rompus tout à plat, et faire, en se retournant, des saillies et des courses par boutées sur les ennemis.

Parquoi prenant adonc son pavois sur son bras, il cria à haute voix à ses gens de pied, qu'ils le suivissent hardiment et qu'ils ne doutassent de rien. Ceux qui l'ouïrent trouvèrent sa voix plus que naturelle, comme étant trop plus forte et plus puissante qu'elle n'avait accoutumé d'être, soit ou que l'ardeur et véhémente affection de combattre lui renforçât ainsi la voix, ou que quelque dieu, comme sur l'heure il fut avis à plusieurs, lui aidât à crier.

Ses gens soudain lui répondirent de même, et le prièrent de les mener sans plus différer. Si fit adonc entendre à ceux de cheval, qu'ils se tirassent à côté hors de devant les chariots, et qu'ils allassent charger les Carthaginois par les flancs, puis fit serrer de près écu contre écu, et pavois contre pavois, ceux qui étaient aux premiers rangs de son bataillon, commandant à même instant aux trompettes de sonner; et ainsi alla de grande roideur choquer les ennemis, lesquels soutinrent ce premier choc vaillamment, ayant les corps armés de bons corselets de fer, et les têtes de morions de cuivre, et si portaient devant eux de grands pavois, avec lesquels ils soutenaient et reboutaient facilement les coups de javelines et de piques.

Mais quand on vint à combattre à coups d'épées, où il n'est pas moins besoin d'adresse et d'art que de force, incontinent il se leva des montagnes une tempête de tonnerres effroyables, et d'éclairs ardents parmi; puis les nuées épaisses et obscures, qui s'étaient amassées autour des cimes des coteaux et collines, en vinrent en même temps à décharger en la plaine sur laquelle se donnait la bataille, avec un orage de pluie impétueuse, vents violents et grêle mêlée parmi, toute laquelle tempête donnait aux Grecs par derrière, et aux Barbares par devant, leur battant les visages, et leur éblouissant les yeux, étant continuellement férus d'une pluie poussée par le vent, et d'éclairs si souvent recoupés, que l'un n'attendait pas l'autre.

Cela leur apportait beaucoup d'empêchement mêmement à ceux qui n'étaient pas aguerris, principalement le tonnerre, et le bruit que faisait le vent impétueux et la grêle, en donnant sur leurs harnais; car cela engardait qu'ils ne pussent ouïr les commandements de leurs capitaines. Davantage la fange faisait aussi grande nuisance aux Carthaginois, parce qu'ils n'étaient pas délivrés en leurs harnais, mais pesamment armés comme nous avons dit : puis quand les plis de leurs hoquetons furent abreuvés d'eau, ils les chargèrent encore plus, et les empêchaient de combattre à leur aise ; et au contraire, cela servait aux Grecs à les renverser plus facilement en terre et quand ils étaient une fois tombés en la fange avec leurs pesantes armes, ils ne se pouvaient jamais plus relever.

On dit que dix mille hommes demeurèrent morts en cette bataille.

(*Timoléon.*)

Marcellus commença à se tourner contre Annibal, et là où tous les autres consuls presque, et tous les autres capitaines depuis la défaite de Cannes, avaient usé de cette seule ruse encontre lui, de fuir la lice et jamais ne s'attacher à combattre de lui, il prit un chemin du tout opposite, estimant que la longueur du temps, lequel on estimait devoir miner et consommer les forces d'Annibal, aurait plutôt achevé de ruiner et détruire toute l'Italie, et que Fabius Maximus, qui regardait trop à la sûreté, n'était pas bien à propos pour remédier à la maladie présente de la chose publique romaine, attendant que cette guerre se terminât par la défaillance de forces de Rome, et faisant la faute que commettent les craintifs médecins, à faute d'oser à bon escient remédier à la maladie pendant qu'il en est temps, estimant que la consomption des forces fût diminution de la maladie. Si s'en alla premièrement contre les villes des Samnites, grandes et puissantes, qui s'étaient soustraites à l'obéissance des Romains, et les reprit avec bonne provision de blés et de deniers qu'il trouva dedans, outre trois mille hommes de guerre qu'Annibal y avait laissé pour les garder, qu'il prit aussi.

Marcellus chassa Annibal hors de la Pouille, et le fit retirer en Lucanie, auquel pays l'ayant trouvé près d'une ville nommée Numistron, où il s'était logé sur les coteaux, en lieux fort et avantageux, Marcellus se campa tout auprès, emmi la plaine, et le lendemain fut le premier qui présenta la bataille à son ennemi.

Annibal de l'autre côté descendit aussi en la plaine de sorte qu'il y eut bataille, laquelle ne fut point décidée, encore qu'elle fut fort âpre, et qu'elle durât bien longtemps ; car ayant commencé à combattre environ les neuf heures du matin, à peine se démêlèrent-ils qu'il était jà nuit toute noire, et le lendemain au point du jour il rangea derechef ses gens en bataille parmi la déconfiture des morts, et défia Annibal à venir une autre fois éprouver à qui demeurerait la victoire ; ce qu'il ne voulut pas faire, mais se partit de là : au moyen de quoi Marcellus eut beau loisir de dépouiller à son aise les corps morts de ses ennemis, et de donner sépulture aux siens.

Quoi fait, il se remit incontinent à poursuivre son ennemi à la trace, ¹ quel lui dressa plusieurs aguets et embûches ; mais jamais il ne donna dedans pas une ; et en toutes les rencontres et escarmouches où ils s'attachèrent, eut toujours l'avantage, dont il acquit grande estime et grande réputation.

(Marcellus.)

Marcellus fit vœu à Jupiter Férétrien de lui offrir les plus belles armes que les ennemis eussent, s'il demeurait vainqueur. Et à l'heure même le roi des Gaulois l'ayant aperçu se douta bien, à voir les marques et enseignes qu'il avait, que ce devait être le chef des ennemis : si lança son cheval bien loin devant sa troupe droit à lui, en lui criant un cri de défiance que c'était à lui qu'il en voulait, et branlant une grosse javeline de barde qu'il portait en la main.

C'était le plus bel homme et le plus grand de tous les Gaulois, et si avait son harnais tout doré et argenté, et tant enrichi de toutes sortes d'ouvrages et de couleurs, qu'il en reluisait comme l'éclair : par quoi Marcellus ayant jeté sa vue sur toute la bataille des ennemis, et n'y ayant point aperçu de plus belle arme que celle de ce roi, jugea incontinent que c'était donc celui contre lequel il avait fait sa prière et son vœu à Jupiter. Si piqua droit à lui, et lui donna un tel coup de javeline, aidant la force et la raideur de la course du cheval, qu'il lui faussa sa cuirasse et le porta par terre, non encore mort pourtant ; mais il redoubla soudain deux ou trois coups dont il l'acheva de tuer, puis se jeta aussitôt à bas de dessus son cheval, et en touchant les armes du mort, leva les yeux au ciel en disant : *ô Jupiter Férétrien, qui regarde du ciel et dirige les hauts faits d'armes et les prouesses des capitaines, je t'appelle à témoin comme je suis le troisième capitaine romain qui étant chef d'armée ai défait et occis de ma propre main le roi et chef de l'armée des ennemis, et te promets offrir et dédier les plus belles et les plus riches dépouilles des ennemis, pourvu qu'il te plaise nous donner pareille fortune au demeurant de cette guerre.*

(Marcellus.)

Après la victoire de Pydna, Scipion, le plus jeune des fils de Paul-Émile, ne se trouvait pas, qui était celui que son père aimait le mieux, parce qu'il le voyait de plus excellente nature que nul autres de ses frères ; car il était déjà courageux et convoiteux d'honneurs à merveilles, encore qu'il ne fît guère que sortir lors de l'enfance. Si le tenait Émile jà tout perdu, cuidant qu'à faute d'expérience de la guerre et par une ardeur de jeunesse il se serait jeté trop avant en la presse des ennemis combattants. Si fut incontinent tout le camp averti du deuil qu'en menait Émile et de la détresse en laquelle il en était.

Au moyen de quoi les Romains qui s'étaient mis à souper se levèrent tous de tables et s'en coururent à la clarté des torches, les uns vers la tente d'Émile, les autres hors du camp pour chercher entre les morts s'ils l'y reconnaîtraient point, et était tout le camp triste et morne, et la plaine et coteaux d'à l'environ retentissaient des cris de ceux qui appelaient à haute voix Scipion ; car il avait dès en commencement un naturel doué et composé de toutes les bonnes et grandes parties qui sont requises en un capitaine et sage gouverneur de chose publique, autant et plus que nul autres jeunes hommes de son temps. A la fin comme l'on n'avait déjà presque plus d'espérance qu'il revînt, il retourna de la chasse des ennemis avec deux ou trois de ses familiers seulement, souillé de sang tout frais, comme un gentil levrier acharné après la bête, s'étant laissé porté au loin à l'aise de la victoire. C'est celui Scipion qui depuis ruina les deux cités de Carthage et de Numance, et qui fut le plus grand homme de guerre et le plus vaillant capitaine des Romains en son temps, et qui eut plus d'autorité et de réputation.

(*Paul-Émile.*)

Dans la guerre des peuples confédérés de l'Italie qu'on appelle la guerre Marsique, Sertorius eut charge et commission de lever gens de guerre, et faire forger armes, en quoi il fit sa bonne diligence, et hâta tellement la besogne à comparaison de la longueur et paresse des autres jeunes gens, qu'il en acquit la réputation d'homme d'exécution, qui était pour faire un jour de belles et grandes choses ; mais quoi qu'il fût parvenu à la dignité de capitaine, il ne laissa point pour cela de hasarder aussi hardiment sa personne, comme eût fait un simple soudard, mais fit de merveilleuses armes de sa propre main, sans s'épargner aux plus dangereuses mêlées, tellement qu'à la fin il y perdit un œil qui lui fut crevé en combattant, de quoi tant s'en faut qu'il eût honte, qu'au contraire il s'en glorifiait ordinairement. *Car les autres, disait-il, ne portent pas toujours avec eux les marques et témoignages de leurs prouesses, mais les laissent quelquefois à la maison, comme sont les chaînes, carcans, javelines et couronnes, qui leur ont été donnés par leurs capitaines pour témoignage de leurs vertus ;* mais lui portait toujours, en quelque lieu qu'il allât, les enseignes de sa vaillance, tellement que ceux qui regardaient sa perte, voyaient aussi ensemble le témoignage de sa valeur. Aussi lui en fit le peuple l'honneur qui lui appartenait ; car quand il entra au théâtre, il le reçut avec grands battements de mains et grandes louanges, ce qu'à peine faisaient les Romains aux plus vieux capitaines, et qui pour leurs grands succès étaient les plus honorés.

(*Sertorius.*)

Comme Lucullus était prêt à passer la rivière, il y eut quelques-uns de ses capitaines qui le vinrent avertir qu'il se devait garder de combattre ce jour-là, parce que c'était l'un de ceux que les Romains estiment malencontreux, et les appellent *atri*, c'est-à-dire noirs, parce que c'était celui auquel un Scipion avait été défait en bataille rangée, avec toute son armée, par les Cimbres ; et Lucullus leur répondit cette parole, qui depuis a tant été célébrée : *je le rendrai aujourd'hui heureux pour les Romains* ; c'était le sixième jour du mois d'octobre.

En disant ces mots, et les admonestant d'avoir bon courage il passa la rivière, et marcha le premier droit vers l'ennemi, armé d'une anime d'acier faite d'écailles, reluisante au soleil, et par dessus une cotte d'armes frangée tout à l'entour, tenant déjà l'épée traite en la main, pour donner à entendre à ses gens qu'il fallait soudainement aller joindre de près les ennemis, pour combattre à coups de main contre eux, qui n'avaient accoutumé de combattre que de loin à coups de trait, et qu'il passerait si vitement et si roidement l'espace de chemin qu'il leur fallait pour tirer, qu'ils n'auraient pas le loisir de décocher ; et voyant que le fort de leurs hommes d'armes, dont on faisait si grand cas, était rangé en bataille au-dessous d'un coteau duquel le dessus était plein et uni, et la montée qui durait environ un quart de lieue n'était pas fort roide ni coupée, il y envoya quelque nombre de gens de cheval ; et lui, en même temps, prenant deux enseignes de gens de pied, se perforça de gagner aussi le haut de ce coteau, ayant ses soudards à son dos qui le suivaient de grand courage, parce qu'ils le voyaient le premier travaillant à pied, et gravissant contre mont la pente du coteau.

Quand il fut au-dessus, il s'arrêta un peu au lieu plus éminent, et se prit à crier à haute voix : *la victoire est nôtre*, compagnons, *la victoire est nôtre* ; et en disant cela, les mena droit contre ces hommes d'armes, leur commandant qu'ils ne s'amusassent point à lancer leurs javelots, mais qu'ils prissent leurs épées en leurs mains, et en frappassent sur les jambes et sur les cuisses de ces hommes d'armes, parce qu'ils n'ont autres parties de leurs corps qui soient découvertes : toutefois il ne fut point de besoin de telles escrimes, parce qu'ils n'attendirent pas les Romains, mais avec grands hurlements tournèrent bride incontinent, et s'allèrent ruer très lâchement, eux et leurs chevaux, tout ainsi lourds et pesants qu'ils étaient, à travers les bandes de leurs gens de pied, avant qu'ils eussent donné un seul coup; tellement que si grand nombre de milliers d'hommes fût mis en déroute sans. coup férir, et sans qu'il y eût personne blessé, ni que l'on vît une seule goutte de sang répandu.

(*Lucullus.*)

Courage dans l'insuccès

Voyant que les Athéniens se repentaient de ce qu'ils n'avaient pas cru son conseil, quand ils virent qu'il leur fallait fournir des vaisseaux et des gens de cheval à Philippe, Phocion leur dit adonc : *La crainte de ce dont vous vous plaignez maintenant, me faisait opposer à ce que vous avez consenti ; mais, puisque vous l'avez accordé, il le vous faut supporter patiemment, et ne perdre pas le courage pour cela, vous réduisant en mémoire que vos ancêtres, par le passé, ont quelquefois donné la loi aux autres, et quelquefois l'ont aussi reçue d'autrui : et en se portant bien sagement en l'une et en l'autre fortunes ont préservé non seulement cette cité, mais tout le demeurant de la Grèce.*

(*Phocion.*)

Quand Philippe élevé pour la victoire qu'il venait de gagner près la ville d'Amphise, se fut jeté dedans la contrée d'Elatie, et saisi de la Phocide, les Athéniens se trouvèrent si étonnés, que personne n'osait prendre la hardiesse de monter en la tribune aux harangues, et ne savait-on quel conseil prendre. Étant toute l'assemblée en grand doute et en grand silence, Démosthène seul se tira en avant, qui derechef conseilla de rechercher l'alliance des Thébains, et au surplus réconfortant le peuple, lui donna bonne espérance, comme il avait toujours accoutumé : si fut envoyé pour cet effet ambassadeur avec d'autres à Thèbes, et Philippe y envoya aussi de sa part Amynthas et Cléarchas deux gentilshommes Macédoniens, et avec eux Drochus, Thessalus et Thrasidæus, pour répondre et contredire à ce que proposaient les ambassadeurs d'Athènes.

Si comprirent bien alors les Thébains en leurs entendements, ce qui leur était le plus utile, et se ramenèrent devant leurs yeux tous les maux et misères que la guerre apporte avec elle, parce que les plaies qu'ils avaient reçues en la guerre Phocaïque, étaient encore toutes fraîches ; mais néanmoins la vive force de l'éloquence de Démosthène, ainsi que Théopompe dit, leur allumant le courage, et les enflammant de désirs d'honneur, offusqua toutes les autres considérations, et les ravit tellement en l'amour du devoir et de l'honnêteté, qu'ils oublièrent toutes craintes de danger, toute obligation de bienfaits et toute raison tendant au contraire. Si fut cet acte pour un orateur trouvé si grand et de telle conséquence, que Philippe incontinent envoya des ambassadeurs devers les Grecs, attendant à quelle fin sortirait cette émeute, de manière que non seulement les capitaines d'Athènes obéissaient à Démosthène, faisant tout ce qu'il leur ordonnait, mais aussi les gouverneurs de Thèbes et du pays de la Béotie : et étaient les assemblées de conseil à Thèbes aussi bien régies par lui, comme celles d'Athènes, y étant également aimé des uns et des autres, et y ayant pareille autorité de commander, non point sans cause, comme bien le dit Théopompe, mais méritoirement et très justement.

Mais les Grecs ayant été défaits en bataille (Chéronée), les autres orateurs qui tenaient le parti contraire à Démosthène au gouvernement des affaires, commencèrent à lui courir sus et à se préparer pour lui faire faire son procès ; mais le peuple non seulement l'absolut de toutes les charges et imputations qu'on proposa contre lui, mais continua davantage à l'honorer toujours comme devant, et à l'appeler aux affaires comme personnage bien affectionné à l'honneur et au profit de la chose publique ; tellement que, quand les os de ceux qui étaient morts en cette bataille de Chéronée furent apportés pour être publiquement inhumés suivant la coutume le peuple lui déféra l'honneur de faire la harangue funèbre à la louange des trépassés, sans montrer d'avoir le cœur aucunement rabaissé ni failli pour perte qu'il eut faite, ainsi que Théopompe le témoigne et le prêche magnifiquement, mais plutôt au contraire montrant de ne se repentir point d'avoir suivi un tel conseil, en honorant celui qui l'avait donné.

(*Démosthène.*)

Les Barbares (à Orchomène) sitôt que leurs capitaines leur

eurent lâché la bride, décochèrent en si grande fureur, que non seulement ils écartèrent ceux qui besognaient aux tranchées de Sylla, mais aussi effrayèrent la plupart de ceux qui étaient en bataille pour le défendre, lesquels se mirent aussi à fuir.

Quoi voyant Sylla, descendit mécontent de dessus son cheval à terre, et saisissant son enseigne, se jeta à travers les fuyants jusqu'à ce qu'il trouva les ennemis en criant : *Soldats Romains, mon honneur me commande de mourir ici, et pourtant, quand on vous demandera là où vous avez abandonné votre capitaine, souvenez-vous de répondre que c'est à Orchomène.* Ils eurent si grand honte de ces paroles, qu'elles leur firent tourner visage, avec ce qu'il lui survint encore deux cohortes de renfort de la pointe droite de la bataille, lesquelles sous sa conduite chargèrent les ennemis si âprement, qu'ils les tournèrent tous en fuite : quoi fait il retira ses gens, et après les avoir fait dîner, recommença derechef à faire enclore de tranchées le camp des ennemis.

(*Sylla.*)

La persévérance.

Démosthène se plaignit à Satyrus, excellent joueur de comédie, qui était son familier, combien qu'il prît plus de peines que nul autre des orateurs, et qu'il eut presque dépensé toute la vigueur et force de son corps à l'étude, néanmoins il ne pouvait trouver moyen de se rendre agréable au peuple là où d'autres qui ne faisaient tout le long du jour qu'ivrogner et des mariniers qui ne savaient du tout rien, étaient patiemment écoutés, et occupaient toujours la tribune aux harangues, et au contraire on ne faisait compte de lui. Satyrus lui répondit : *Tu dis la vérité, Démosthène. Mais ne te soucie : j'y remédierai bientôt, et t'en ôterai la cause, pourvu que tu me veuilles réciter par cœur quelques vers d'Euripide ou de Sophocle.* Démosthène en prononça sur-le-champ quelques-uns qui lui vinrent en mémoire, et Satyrus, les répétant après lui, leur donna toute une autre grâce, en les prononçant avec un accent, un geste et une affection convenable à la sentence, de manière que Démosthène même les trouva tout autres : par où connaissant combien *l'action*, c'est-à-dire les belles manières de prononcer avec gestes de même, adjoint d'ornement et de grâce au parler, il jugea que c'était peu de chose, et presque rien du tout, que de s'exercer à bien dire, qui n'étudie à avoir la bonne prononciation et la belle action en même temps.

A l'occasion de quoi il fit depuis bâtir un cabinet sous terre, lequel était encore entier de mon temps, et y descendait tous les jours pour former son geste et sa prononciation, et pour exerciter sa voix, avec si grande affection, que bien souvent il y demeurait deux et trois mois entiers tout de suite, se faisant expressément raser la moitié de la tête, à cette fin qu'il n'osât de honte sortir hors en tel état, encore qu'il lui en vînt bien grande volonté : et néanmoins il prenait et argument et matière de déclamer et de s'exerciter à bien dire des propos et devis qu'il avait eus, ou des affaires qu'il avait cependant traitées avec ceux qui l'étaient venus voir en sa maison.

De là vint qu'on eut opinion qu'il n'avait pas l'entendement ne vif ne prompt de sa nature, et que son éloquence n'était point une chose naïve, mais acquise par force de labeur : en confirmation de quoi on allègue pour un évident signe, que jamais on ne vit Démosthène haranguer à l'imprévu : et que bien souvent qu'il était présent et séant en l'assemblée, le peuple l'appelait par son nom, afin qu'il dise son avis sur ce qui était lors en délibération : mais que jamais il ne se leva pour ce faire, s'il n'y avait premièrement pensé, et qu'il n'eût bien prévu et bien étudié ce qu'il avait à dire, tellement que les autres orateurs s'en moquaient bien souvent de lui, comme, entre les autres, Pythéas, qui lui dit, une fois, que ses oraisons sentaient l'huile de la lampe : mais Démosthène lui répliqua bien aigrement : *aussi y a-t-il grande différence, Pythéas, entre ce que toi et moi faisons à la lumière de la lampe*

(*Démosthène.*)

Marcellus était homme qui exécutait vivement, comme celui qui était prompt à la main : hardi de nature, et proprement tel que ceux que Homère appelle *martiaux* et *belliqueux*, pour se hasarder hardiment à tout danger : au moyen de quoi ayant affaire à un autre capitaine hardi et aventureux aussi, il s'attachait à tout propos de pareille audace en toutes rencontres à lui. Mais au contraire Fabius, persévérant toujours en son premier avis, espérait que qui ne combattrait ni ne harasserait point Annibal, il se ruinerait et se déferait de soi-même, et que son armée se minerait d'elle-même, à force de guerroyer continuellement, ne plus ne moins que le corps d'un champion de luttes, qui pour avoir fait trop d'efforts se trouve cassé et rompu. Pourtant écrit Posidonius que l'un fut appelé *l'épée*, et l'autre, le *bouclier des Romains*, et que la fermeté et constance de Fabius à la guerre sûrement, sans commettre rien à la fortune, mêlées avec la véhémence de Marcellus, fut ce qui préserva l'empire de Rome : car Annibal rencontrant à toutes heures, en son chemin, l'un qui était impétueux comme un torrent, trouvait que son armée en était toute ébranlée, froissée et harassée et l'autre, qui était comme une petite rivière qui lui coulait tout doucement par dessous, sans faire bruit ; mais continuellement l'allait minant et consumant petit à petit, jusqu'à ce que finalement il se trouva réduit à tels termes, qu'il était las de combattre contre Marcellus, et si redoutait Fabius qui ne combattait point.

(*Marcellus.*)

Fabius Maximus et Marcellus arrêtèrent ensemble que Fabius irait essayer de reprendre la ville de Tarente, et que cependant Marcellus ferait la guerre à Annibal, pour le divertir et engarder qu'il ne le pût aller secourir.

Ce conseil pris entre eux, Marcellus l'alla trouver près la ville de Cannusium, là où, comme Annibal changea souvent de logis, pour n'être point contraint de venir à la bataille malgré lui, il trouvait néanmoins toujours Marcellus devant lui, jusqu'à ce qu'un jour, s'étant arrêté en un logis, il le harcela tant par continuelles alarmes et escarmouches, qu'il l'attira à la bataille, laquelle fut débattue tout le long du jour jusques à la nuit, qui les contraignit tous deux de se retirer ; et le lendemain dès l'aube du jour, Marcellus comparut encore en campagne avec son armée rangée en bataille ; de quoi Annibal étant ennuyé, assembla les Carthaginois, et leur fit une harangue, par laquelle il les pria de bien vouloir encore combattre cette fois-là, si jamais ils avaient, par le passé, combattu pour l'amour de lui. *Car vous voyez*, dit-il, *comment, après avoir tant de fois vaincu et gagné tant de batail-*

les, nous n'avons pas loisir de reprendre haleine à notre aise, et ne pourons avoir repos, quelque victorieux que nous soyons, si nous ne chassons cet homme ici.

Après les avoir ainsi prêchés, il les mena en bataille, en laquelle Marcellus, hors de propos et de saison, voulut user d'une ruse de guerre qui lui fit avoir du pire; car voyant la pointe droite de son armée fort pressée, il fit marcher l'une des légions qui était derrière en ordonnance, au front de la bataille, pour soutenir ceux qui en avaient besoin; mais ce remuement troubla ceux qui combattaient, et donna la victoire aux ennemis, qui occirent bien ce jour-là deux mille sept cents hommes Romains. Mais retourné que fut Marcellus en son camp, il fit incontinent assembler ses gens auxquels il commença à dire qu'il voyait bien assez d'armes et de corps d'hommes, mais les Romains, qu'il n'en voyait point : quoi ouï, les soudards lui requirent pardon de la faute qu'ils avaient faite, et il leur répondit qu'il ne leur donnerait point tant qu'ils seraient vaincus mais que oui bien, quand ils auraient vaincu, et que le lendemain il les remènerait en bataille contre l'ennemi, afin que ceux qui étaient à Rome sussent plutôt la nouvelle de leur victoire que de leur fuite.

Cela dit, il ordonna qu'on baillât de l'orge au lieu de froment aux bandes qui avaient tourné le dos les premiers; tellement que, combien qu'il y en eût beaucoup en danger de leurs personnes pour les grands coups qu'ils avaient reçus en la bataille, si n'y en eut-il pas un à qui les paroles de Marcellus ne cuisissent plus que ses propres blessures. Le lendemain au plus matin fut mis hors, sur la tente du capitaine, la cotte d'armes teinte en écarlate qui est le signe ordinaire quand il doit y avoir bataille; et furent les compagnies qui, le jour devant, avait été déshonorées, mises à leur requête au front de toute la bataille, et les particuliers capitaines, tirant semblablement aux champs les autres bandes qui n'avaient point été rompues les rangèrent après. Ce qu'entendant Annibal s'écria: *ô dieux! quel homme est-ce ci, qui ne se saurait contenir, ni en bonne ni en mauvaise fortune! Car il est seul qui ne donne jamais repos à son ennemi, quand il l'a vaincu, ni n'en prend, quand il est abattu. Nous n'aurons jamais fait à lui, à ce que je vois, puisque la honte, soit qu'il gagne ou qu'il perde, lui donne toujours un aiguillon de plus oser et de plus entreprendre.*

Après ces remontrances, d'une part et d'autre, commencèrent les deux armées à marcher et s'entrechoquer : là où étant les hommes aussi forts d'un côté que d'autre, Annibal commanda qu'on fît marcher en avant jusques à un front de sa bataille ses éléphants, et qu'on les chassât jusques dedans les ennemis ; comme il fut fait, et fut cela cause de troubler un peu, et faire branler les premiers, jusqu'à ce que Flavius, colonel de mille hommes de pied, prit une enseigne en sa main, et marcha au-devant de ces bêtes, à la première desquelles il donna si rudement de la hante de l'enseigne, qu'il la fit tourner arrière. Ce premier-là s'étant ainsi tourné, alla heurter le second qui le suivait, et le détourna, et celui-là conséquemment les autres qui venaient après de main en main.

Ce que voyant, Marcellus commanda à ses gens de cheval qu'ils donnassent de tout leur effort en cet endroit-là où il voyait les ennemis jà un peu troublés pour ces bêtes qui retournaient contre eux, et faire qu'ils s'embarrassent encore davantage, comme ils firent : ils chargèrent si âprement les Carthaginois, qu'ils leur firent tourner le dos à val de route, et les menèrent battant jusque dedans leur camp, là où fut le p. s grand nombre de meurtres, à cause des éléphants qui là furent tués et tombèrent devant la porte du camp : car on dit qu'il fut tué en cette défaite plus de huit mille hommes, et du côté des Romains bien trois mille, et tous les autres presque blessés : ce qui donna moyen à Annibal de se porter de là où il était, à son aise la nuit et de s'écarter bien loin de là, parce que Marcellus ne le put suivre promptement, à cause du grand nombre de blessés qu'il avait en son camp, et se retira à petites journées en la campagne là où il passa l'été à séjour en la ville de Sesse pour faire panser et guérir ses malades.

(*Marcellus.*)

L'armée de Sertorius était une tourbe confuse et téméraire de Barbares ramassés de toutes pièces, lesquels n'avaient pas la patience d'attendre l'occasion, mais criaient en grand tumulte qu'on allât chaudement charger l'ennemi ; ce qui fâcha à Sertorius, et tâcha premièrement à les remettre et rendre capables de la raison par remontrances ; mais, quand il vit qu'ils se mutinaient et qu'ils voulaient à toute force que l'on allât, comment que ce fût, assaillir les ennemis hors de temps et de saison, adonc leur lâcha-t-il la bride et les laissa aller en telle sorte, qu'il s'attendait bien qu'ils seraient battus, mais aussi qu'il donnerait bien ordre qu'ils ne seraient pas pourtant perdus, espérant que de lors en avant ils en seraient plus souples à obéir à ses commandements.

Si en advint tout en la sorte qu'il avait conjecturé, mais il alla au-devant pour les recueillir, et les ramena à sauveté dedans son camp. Et pour leur ôter la défiance qu'ils pouvaient avoir imprimée en leurs cœurs, à cause de cette secousse, peu de jours après cette déroute, il fit assembler toute son armée, comme pour les prêcher, puis fit amener au milieu de toute l'assemblée deux chevaux, l'un faible extrêmement et déjà vieil, l'autre grand et fort, et qui entre autres choses avait la queue fort épaisse, et belle à merveille. Derrière celui qui était ainsi faible et maigre, il fit mettre un beau grand homme et puissant, et derrière le fort cheval en fit mettre un autre petit et débile, qui à le voir montrait avoir bien peu de force. Et quand il eut fait un signe qu'il leur avait ordonné, l'homme qui était puissant et fort, prit à deux mains la queue du cheval maigre, et la tira de tout son effort, comme s'il l'eût voulu arracher : et l'autre qui était débile se mit à tirer poil après poil de celle du puissant cheval.

Quand ce grand et puissant homme eut bien travaillé et sué en vain, pour cuider rompre ou arracher la queue du cheval faible, et qu'il n'eut en somme fait autre chose qu'appareiller à rire à ceux qui le regardaient, et qu'au contraire l'homme faible, en bien peu d'heures et sans aucune peine, eut rendu la queue de son grand cheval sans un seul poil : adonc Sertorius se dressant en pieds : *Voyez*, dit-il, *mes compagnons et amis, comment la persévérance fait plus que la force : et comme plusieurs choses inexpugnables à qui les voudrait forcer tout à un coup, avec le temps se laissent prendre quand on y va petit à petit : car la continuation est invincible par la longueur de laquelle il n'est force si grande, que le temps à la fin ne mine et ne consume, étant le plus sûr et le plus certain secours que sauraient avoir ceux qui ne savent attendre et choisir l'opportunité, et au contraire aussi le plus dangereux ennemi que sauraient avoir ceux qui font les choses avec précipitation.* Par telles inventions que Sertorius ourdissait ordi-

nairement pour entretenir les Barbares, il leur enseignait à attendre les occasions du temps.
(*Sertorius.*)

Les conjurés furent publiquement accusés, et leurs lettres lues sans qu'ils eussent la hardiesse de rien répondre.

Toute l'assistance étonnée tenait les yeux en terre, la tête baissée ; il n'y avait personne qui osât ouvrir la bouche pour parler, exceptés quelques-uns, qui voulant gratifier à Brutus, commencèrent à dire qu'il les fallait bannir: et si leur donnait Collatius quelque espérance, à cause qu'il se prit à pleurer, et Valérius aussi, parce qu'il ne disait mot ; mais Brutus, appelant ses enfants par leurs propres noms: *Or sus*, dit-il, *Titus, et toi, Valérius, que ne répondez-vous à ce dont on vous accuse ?* Et les ayant par trois fois sommés de répondre, quand il vit qu'ils ne répondaient rien, il se tourna devers les exécuteurs de justice, et leur dit : *C'est maintenant à vous à exécuter le demeurant : faites votre devoir.* Sitôt qu'il eut prononcé ces paroles, les exécuteurs de justice saisirent incontinent au corps les deux jeunes hommes, et en leur déchirant leurs habillements, leurs lièrent les mains par derrière, puis les battirent de verges ; ce qui faisait si grande horreur à tous les assistants, qu'ils n'avaient pas le cœur de les regarder, mais se tournaient d'un autre côté pour n'en rien voir. Mais au contraire on dit que leur père propre ne tourna jamais sa vue ailleurs, ni n'adoucit oncques par pitié la rigueur et la sévérité qu'il montrait en son visage, mais regarda toujours avec les yeux fichés punir ses propres enfants, jusques à ce qu'ils furent étendus tout de leur long sur la terre, et leur furent à tous deux les têtes tranchées avec une hache ; quoi fait, Brutus se retira, laissant faire la punition des autres à son compagnon.

Cela fut un acte, qu'on ne saurait ni suffisamment louer, ni assez blâmer ; car ou c'était une excellence de vertu, qui rendait ainsi son cœur impassible ou une violence de passion qui le rendait insensible, dont ne l'un ne l'autre n'est chose petite, mais surpassant l'ordinaire d'humaine nature, et tenant ou de la divinité, ou de la bestialité. Mais il est plus raisonnable, que le jugement des hommes s'accorde à sa gloire, que la faiblesse des jugements fasse décroire sa vertu : car les Romains estiment que ce ne fût pas si grand exploit à Romu-

lus d'avoir premièrement fondé Rome, qu'à Brutus d'avoir
recouvré la liberté, et établi le gouvernement de la chose
publique: mais pour lors, quand il se fut retiré, tout le monde
demeura sur la place, comme transi d'horreur et de frayeur,
par un long temps, sans mot dire, pour avoir vu ce qui avait
été fait.

(*Publicola*.)

Du temps que les Perses fourrageaient la Grèce, Pausanias,
capitaine des Lacédémoniens, ayant pris et reçu du roi Xerxès
cinq cents talents d'or, avait promis de trahir Sparte ; mais
son entreprise étant découverte, Agésilas son père le poursuivit fuyant jusques au temple de Junon *Chalcœœcos*, qui est à
dix maisons de bronze. Et ayant fait murer les portes du temple avec murailles de brique, le fit mourir de faim ; et sa
mère jeta son corps aux chiens, sans lui bailler sépulture,
ainsi que récite Chryserinus au second livre de ses histoires.

Les Romains, ayant la guerre contre les Latins, élurent
pour leur capitaine Publius Décius. Or y eut-il un gentilhomme de bien noble race, mais pauvre, nommé Cassius
Brutus, qui entreprit pour un certain prix d'argent que lui
devaient bailler les ennemis, de leur ouvrir la porte de la
ville. Ce qu'ayant été découvert, il s'enfuit au temple de
Minerve auxiliaire, là où son père appelé *Cassius Signifer* le
tint enfermé tant qu'il l'y fit mourir de faim, et jeta son
corps sans lui donner sépulture, ainsi que dit Clitonymus ès
histoires italiques.

Darius, roi de Perse, ayant combattu à l'encontre d'Alexandre *le grand*, et en cette rencontre ayant perdu sept de ses
lieutenants et gouverneurs de province, et cinq cent et deux
chariots armés de faux, était prêt à combattre encore le lendemain. Mais son fils Ariobarzane, ayant compassion d'Alexandre, lui fit promesse qu'il trahirait son père ; de quoi le père
étant indigné, lui fit trancher la tête, ainsi que récite Arétade
Gnidien, au troisième livre des histoires macédoniques.

Épaminondas, capitaine des Thébains, avait la guerre contre les Lacédémoniens, et étant venu le temps que l'on devait
élire les magistrats de Thèbes, il s'y en était allé, ayant cependant ordonné et commandé à son fils Stésimbrote qu'il se
gardât bien de combattre. Les Lacédémoniens étant avertis

de l'absence du père, reprochaient à ce jeune homme qu'il avait faute de cœur ; de quoi se sentant piqué, il entra en si grande colère qu'il oublia le commandement de son père, et donna la bataille qu'il gagna. Le père étant de retour fut marri de ce qu'il avait transgressé son commandement, et l'ayant couronné d'une couronne de victoire, lui fit trancher la tête, ainsi que récite Ctésiphon au troisième livre des histoires de la Béotie.

Les Romains ayant la guerre contre les Samnites, élurent pour capitaine Manlius, surnommé l'*Impérieux*, lequel étant retourné du camp à la ville de Rome, pour assister à l'élection des consuls, commanda à son fils qu'il se gardât de combattre les ennemis ; de quoi les Samnites étant avertis, piquèrent avec paroles injurieuses ce jeune homme, lui reprochant qu'il était couard, ce qui le mut à la fin tellement qu'il leur donna la bataille, où il les défit ; mais Manlius à son tour lui fit trancher la tête, ainsi que récite Aristide le Milésien.

(*Œuvres mêlées. Collation abrégée d'histoires romaines et grecques.*)

Courage de résister à la force ou à l'opinion.

Brennus étant entré dedans Rome, ordonna partie de ses gens pour tenir assiégés ceux qui étaient dedans le Capitole, et lui avec le reste, descendant à travers la place, s'émerveilla fort, quand il y vit ces hommes ainsi assis dedans leurs chaires en gravité, sans mot dire, mêmement quand ils ne se levèrent point, quoiqu'ils vissent les ennemis en armes venir vers eux, ni ne changèrent aucunement de visage ni de couleur, s'appuyant sur leurs bâtons, qu'ils avaient dans les mains, tout doucement, sans montrer d'être étonnés ni effrayés de rien, et se regardant les uns les autres. Cela donna grand ébahissement aux Gaulois du commencement, pour l'étrange façon de faire, tellement qu'ils demeurèrent quelque temps en doute d'en approcher et de leur toucher, craignant que ce ne fussent des dieux, jusques à ce qu'il y en eût un d'entre eux qui prit la hardiesse de s'approcher de Marcus Papirius et lui passa tout doucement la main par dessus sa barbe, qui était longue.

Papirius lui donna de son bâton si grand coup sur la tête, qu'il la lui blessa ; de quoi le barbare étant irrité, dégaîna son épée et l'occit. Les autres semblablement tuèrent aussi tous ceux qu'ils rencontrèrent.

(*Camille.*)

Ceux des Romains qui s'étaient sauvés en la ville de Véies, après la défaite d'Allia, faisaient entre eux leurs regrets, disant : *O dieux ! quel capitaine la fortune a ôté à la ville de Rome pour honorer celle d'Ardée des promesses et beaux faits de Camille. Et cependant, celle qui l'a produit et nourri demeure perdue et détruite. Et nous, à faute de chef qui nous conduise, sommes ici à ne rien faire, renfermés dedans les murailles d'autrui, laissant cependant ruiner et gâter l'Italie devant nos yeux. Que n'envoyons-nous donc demander notre capitaine aux Ardéates, ou que nous ne prenons nos armes pour nous en aller devers lui ; car il n'est plus banni, ni nous citoyens, puisque notre ville est en la puissance et possession de nos ennemis.*

Ils s'accordèrent tous à ce conseil, et envoyèrent devers Camille le prier d'accepter la charge de capitaine ; lequel leur fit réponse qu'il ne l'accepterait point mais que premier ceux qui étaient assiégés dedans le Capitole ne l'eussent légitimement confirmé par leurs voix et suffrages, pour ce que ceux-là, pendant qu'ils tiendraient, représentaient le corps de la ville, et que s'ils lui commandaient de l'accepter, il lui obéirait bien volontiers ; mais autrement, que outre leur gré, et sans leur commandement, il ne s'en entremettrait point. Cette réponse ouïe, il n'y eut celui des Romains qui ne louât et qui n'estimât grandement la prud'homie et la légalité grande qui mouvait Camille ; mais ils ne savaient comment le faire entendre à ceux qui étaient assiégés dedans le Capitole, parce qu'il semblait être du tout impossible qu'il entrât un messager dedans la forteresse assiégée, attendu que les ennemis tenaient la ville.

Pontius Cominius, convoiteux d'honneur et de gloire, par la nuit toute noire, s'introduisit dans la ville, après avoir gravi avec beaucoup de travail les âpres rochers du Capitole. Il annonça au sénat la victoire de Camille, qu'ils n'avaient point encore entendue, et aussi leur exposa l'avis des gens de guerre Romains étant dehors, qui était de donner autorité souveraine à Camille. Les assiégés, après avoir consulté entre eux là-des-

sus, élurent Camille dictateur et renvoyèrent le même messager par le même chemin qu'il était venu.
　　Ainsi vint Camille à prendre la charge des affaires, et reconquit Rome sur les Gaulois.
(Camille.)

　　Mardonius écrivit aux Athéniens par le commandement du roi son maître, en leur offrant de par lui, de leur faire rééedifier leur ville, de leur donner grosse pension de deniers, et, outre, de les faire seigneurs de toute la Grèce, moyennant qu'ils se voulussent déporter de cette guerre ; de quoi les Lacédémoniens furent tantôt avertis, et craignant qu'ils n'y consentissent, envoyèrent en diligence des ambassadeurs à Athènes, pour les prier qu'ils envoyassent leurs femmes et leurs enfants à Sparte, et leur offrir des vivres pour entretenir et nourrir leurs vieilles gens, parce qu'il y avait une extrême pauvreté au peuple athénien, à cause que leur ville avait été brûlée et détruite et tout leur plat pays pillé et gâté par les Barbares ; mais après avoir ouï les offres de ces ambassadeurs, les Athéniens firent une merveilleuse réponse aux Lacédémoniens, de laquelle Aristide fut auteur : *qu'ils pardonnaient aux Barbares, s'ils estimaient toutes choses vénales à prix d'or et d'argent, à cause qu'ils ne connaissaient rien meilleur, ni n'avaient rien plus cher en ce monde que la richesse et l'avoir ; mais au contraire, qu'ils se mécontentaient fort des Lacédémoniens, qui ne regardaient qu'à l'indigence et pauvreté présente des Athéniens, et oubliaient leur vertu et la grandeur de leur courage, les cuidant induire à combattre plus vertueusement pour le salut de la Grèce en leur faisant offre de vivres.*
　　Cette réponse ayant été approuvée et autorisée par le peuple, Aristide fit donc venir les ambassadeurs de Sparte en l'assemblée et leur commanda de dire de bouche aux Lacédémoniens, qu'il n'y avait ni dessus ni dessous la terre tant d'or, que les Athéniens le voulussent accepter ni recevoir pour loyer d'abandonner la défense de la liberté de la Grèce : et quant au héraut qui était venu de la part de Mardonius, il lui montra le soleil, et lui dit : *Tant que cet astre tournera à l'entour du monde, les Athéniens seront mortels ennemis des Perses, pour ce qu'ils leur ont détruit et gâté leur pays, et qu'ils ont pollué et brûlé les temples de leurs dieux.*
(Aristide.)

On demanda quelquefois à un Laconien ce qu'il savait faire. Il répondit : *Être libre.*

Un autre que l'on vendait, comme celui qui l'achetait lui dit: *Seras-tu homme de bien si je t'achète? — Oui,* dit-il, *encore que tu ne m'achètes point.* Un autre que l'on vendait, comme le crieur proclame : *A vendre l'esclave! — Malheureux que tu es,* dit-il, *diras-tu le prisonnier?*

Un Laconien avait sur sa rondelle pour son enseigne une mouche peinte, non point plus grande que le naturel, et quelques-uns s'en moquant de lui, disaient qu'il avait pris cette enseigne-là, afin de n'être point connu : *Mais au contraire,* dit-il, *c'est afin d'être mieux remarqué ; car je m'approche si près des ennemis, qu'ils peuvent bien voir combien ma marque est grande.*

Buris et Spertis, deux Lacédémoniens, se partirent volontairement du pays, et s'en allèrent devers Xerxès, le roi de Perse, s'offrir à endurer la peine que les Lacédémoniens avaient méritée par sentence de l'oracle des dieux, pour avoir occis les hérauts que le roi leur avait envoyés, et étant arrivés devers lui, lui dirent qu'il les fît mourir de telle sorte de supplice que bon lui semblerait en acquit des Lacédémoniens. Le roi émerveillé de leur vertu, non seulement leur pardonna la faute, mais encore les pria de demeurer avec lui, leur promettant de leur faire bon traitement. *Et comment,* dirent-ils, *pourrions-nous vivre ici en abandonnant notre pays, nos lois et de tels hommes, que pour mourir pour eux nous avons volontairement entrepris un si lointain voyage!* Et comme l'un des capitaines du roi, nommé Indorne, les en pria davantage, en leur disant qu'ils seraient en même degré de crédit et d'honneur qu'étaient les plus favorisés et les plus avancés auprès du roi, ils lui dirent : *Il nous semble que tu ne sais pas que c'est de liberté ; car qui sait bien que c'est, s'il a bon jugement, ne l'échangerait pas avec le royaume de Perse.*

(*Les dits notables des Lacédémoniens.*)

Iphicrate était méprisé, d'autant qu'on le tenait pour fils d'un cordonnier ; mais il acquit réputation d'homme de valeur, alors premier que tout blessé qu'il était, il saisit son ennemi au corps et l'emporta tout vif avec ses armes, de la galère ennemie dedans la sienne. Etant en terre d'amis et alliés, il fortifiait néanmoins son camp fort soigneusement de tranchée et de rempart tout à l'entour. Il y eut quelqu'un qui lui dit : *De quoi avons-nous peur?* Auquel il répondit, que la pire parole qui saurait sortir de la bouche d'un capitaine est : *Je ne me fusse jamais douté de cela.* Dressant son armée en bataille pour combattre des peuples barbares, il dit qu'il ne craignait autre chose, sinon que les barbares n'eussent point connaissance d'Iphicrate, qui était ce qui effrayait ses autres ennemis. Etant accusé de crime capital, il dit au calomniateur qui l'accusait : *O pauvre homme, regarde que tu fais, quand la ville est environnée de guerre, en persuadant au peuple de consulter de moi, et non pas avec moi.*

Harmodius qui était descendu de l'ancien Harmodius, lui reprochait un jour, qu'il était extrait de race vile et roturière : *La noblesse de ma race,* lui répondit-il, *commence à moi, et celle de la tienne achève à toi.* Un orateur haranguant devant le peuple en pleine assemblée de ville lui demanda : *Qu'es-tu, afin que l'on sache de quoi tu te glorifies tant ? Es-tu homme d'armes, ou archer, ou homme de pied et piquier?* — *Je ne suis,* répondit-il, *rien de tout cela, mais je suis celui qui sait commander à tous ceux-là.*

(*Les dits notables des anciens rois, princes et grands capitaines.*)

Si descendirent les Lacédémoniens et leurs alliés et confédérés avec grosse puissance au pays de l'Attique, sous la conduite du roi Archidamus, et en ruinant tout par où ils passaient, entrèrent jusques au bourg d'Acharnes, là où ils se campèrent, estimant que les Athéniens ne les y souffriraient jamais, mais leur sortiraient à l'encontre pour défendre leur pays, et montrer qu'ils n'avaient point le cœur failli. Mais Périclès considérait qu'il serait trop dangereux de hasarder la bataille, où il était question de la propre ville d'Athènes, contre soixante mille combattants à pied, tant du Péloponèse que de la Béotie ; car autant y en avait-il au premier voyage qu'ils y firent. Et quant à ceux qui voulaient combattre, à quelque péril que ce fût, et qui perdaient patience de voir ainsi détruire leur pays devant leurs yeux, il les réconfortait et apaisait, en leur remontrant, *que les arbres taillés et coupés revenaient en peu de temps, mais qu'il est impossible de recouvrer les hommes, quand on les a une fois perdus.*

Toutefois, il ne faisait jamais assembler le peuple en conseil, craignant qu'il ne fût forcé par la multitude à faire aucune chose contre sa volonté : mais comme le sage pilote, quand la tourmente le surprend en haute mer, donne bon ordre à toutes choses en son navire, et tient ses défenses toutes prêtes, faisant ce que son art requiert sans s'arrêter aux larmes ni aux prières des passagers qui se tourmentent d'effroi et tirent du cœur : aussi lui ayant bien fermé la ville, et disposé de bonnes et sûres gardes partout, se gouvernait par son jugement, sans se soucier de ceux qui criaient et se courrouçaient contre lui, encore qu'il y eût beaucoup de ses amis qui le priaient à grande instance, et plusieurs de ses ennemis qui le menaçaient et le chargeaient, et qu'on chantât par la ville des chansons pleines de moqueries au déshonneur et au blâme de son gouvernement, comme d'un capitaine lâche de cœur, et qui, par couardise, abandonnait toute chose en proie aux ennemis.

(*Périclès.*)

Alexandre, tyran de Phères, ayant mené Pélopidas à Phères, permit du commencement à qui voulait l'aller voir et parler à lui, cuidant que sa calamité lui aurait abaissé le cœur et l'aurait humilié ; mais quand il entendit au contraire qu'il réconfortait les habitants de Phères, et les exhortait d'avoir bon courage, en leur disant que l'heure était venue que le tyran serait d'un coup puni de toutes ses méchancetés, et qu'il lui envoya dire à lui-même à son visage qu'il n'y avait point de propos que tous les jours il géhennât et fît mourir en tourments ses pauvres citoyens, qui ne l'avaient point offensé, et qu'il ne lui fît rien à lui, vu qu'il savait bien que si jamais il échappait de ses mains il se vengerait bien de lui, s'émerveillant de cette grandeur de courage, et de cette constance de ne craindre rien, demanda pourquoi il avait si grande hâte et si grande envie de mourir ; ce qu'ayant entendu, Pélopidas lui répondit : *C'est*, dit-il, *afin que tu en périsses plus tôt, en étant haï et des dieux et des hommes, encore plus que tu n'es maintenant.*

(*Pélopidas.*)

Quand Philippe de Macédoine entra à main armée dedans la Laconie, on pensait que tous les Lacédémoniens fussent perdus, et y eut quelque Grec qui dit à l'un des Spartiates : O pauvres Laconiens, que ferez-vous maintenant? — *Que ferons-nous*, dit le Laconien, *autre chose que mourir vaillamment? Car nous sommes seuls entre les Grecs qui avons appris de demeurer libres, et ne servir jamais à personne.*

(Les dits notables des Lacédémoniens.)

Le peuple à toute force voulant aller contre les Béotiens, Phocion y résista le plus qu'il put, de paroles premièrement : et comme ses amis lui remontraient qu'il se ferait tuer, de contrevenir ainsi ordinairement à la volonté du peuple, il leur répondit : *A tort me feront-ils mourir, si je fais et procure ce qui leur est utile : et à bon droit aussi, si je fais le contraire.* Mais voyant que pour cela ils ne se lâchaient point, mais criaient de plus en plus contre lui, alors il commanda un héraut qu'il proclamât à son de trompe, que tous bourgeois, manants et habitants d'Athènes, depuis l'âge de quatorze ans, jusque à soixante, eussent promptement au partir de l'assemblée à le suivre en armes, portant avec eux des vivres pour cinq jours. Cette criée entendue, il y eut un grand trouble par toute la ville, et s'encoururent incontinent les vieillards devers lui se plaindre de la dureté de son commandement : et il leur répondit : *Je ne vous fais point de tort, car moi-même qui suis âgé de quatre-vingts ans, serai avec vous.*

Ainsi les retint-il pour lors et leur fit perdre leur folle envie de guerroyer.

(Phocion.)

Comme les Athéniens s'étant jà tout ouvertement déclarés ennemis de Philippe, eussent élu en son absence d'autres capitaines pour aller lui faire la guerre, Phocion, sitôt qu'il fut de retour à Athènes, venant des îles, persuada au peuple, attendu que Philippe avait bien envie de vivre en paix avec eux, redoutant le danger que les forces d'Athènes pouvaient apporter à ses affaires, qu'on devait recevoir les articles et conditions de paix qu'il présentait. A quoi s'opposant un plaideur ordinaire, qui ne bougeait jamais des plaids, à calomnier et chicaner toujours quelqu'un jusques à lui dire : Comment, Phocion, oses-tu bien tâcher à divertir les Athéniens de la guerre, quand ils ont déjà les armes en main? — *Oui vrai-*

ment, lui répondit Phocion, *encore que je sache très bien que, s'il y a guerre, je te commanderai, et s'il y a paix, tu me commanderas*.

(*Phocion.*)

Le général de la chevalerie, Minutius, faisait beaucoup d'ennui à Fabius : ardent du désir de combattre sans propos, et faisant de l'audacieux, il allait gagnant la bonne grâce des soldats par une furieuse ardeur de vouloir combattre qu'il leur imprimait, et une vaine espérance dont il les remplissait, de manière qu'ils se moquaient de Fabius, en l'appelant le *pédagogue d'Annibal*, et au contraire louaient hautement Minutius comme capitaine hardi, et digne de la magnanimité de Rome. Cela le faisait encore plus arrogamment monter en gloire et en présomptueuse opinion de soi-même, en piquant Fabius de ce qu'il allait ainsi logeant toujours son camp sur les montagnes, disant *que le dictateur leur appareillait de beaux jeux, en leur faisant voir l'Italie qu'on brûlait, qu'on pillait et gâtait ainsi devant leurs yeux; et demandait à ceux qui étaient bons amis de Fabius s'il ferait point à la fin monter son camp jusques au ciel, se défiant de la terre, ou si c'était de peur que les ennemis ne le trouvassent, qu'il s'allait ainsi cachant dedans les nues et les broués*. Les amis de Fabius lui rapportaient tous ces brocards, et lui conseillaient de hasarder plutôt la bataille, que de supporter plus tant de paroles injurieuses, qui se disaient contre lui. Mais Fabius leur répondit : *Si je faisais ce que vous me conseillez, je serais encore plus couard qu'ils ne cuident que je le sois maintenant, en sortant hors de ma délibération pour crainte de leurs paroles piquantes et traits de moquerie*. Car ce n'est point honte que d'avoir craint pour le bien et le salut de son pays; mais, au contraire, s'étonner pour le bruit et l'estime d'une commune, ou pour les improperes et calomnies des hommes, n'est point acte de personnage digne d'un si grande charge, mais plutôt d'homme servant et obéissant à ceux à qui il doit commander, et qu'il doit gouverner, parce qu'ils ne sont pas sages.

(*Fabius.*)

LA FORCE DANS L'ACTION. — LE COURAGE   127

Marius se prépara à Aix à combattre les Barbares. Il choisit un lieu qui était bien fort d'assiette pour loger son camp ; mais il y avait faute d'eaux, et le fit expressément, à ce qu'on dit, afin d'aiguiser encore plus le courage de ses gens par ce moyen. Plusieurs le trouvaient mauvais, lui remontrant qu'ils seraient en danger d'endurer grande soif, s'ils se logeaient là ; auxquels il répondit, en leur montrant une rivière qui courait tout au long du camp des ennemis, qu'il fallait aller là acheter à boire avec son sang. Les soudards lui répliquaient : *Que ne nous y mènes-tu donc pendant que nous avons encore le sang humide ?* Et il leur répondit tout doucement : *Parce qu'il faut, avant toute autre chose fortifier notre camp.*

(*Marius.*)

Les esclaves gladiateurs élurent d'entre eux trois capitaines, dont le premier fut Spartacus, homme natif du pays de la Thrace, de la nation de ceux qui sont errants avec leurs troupeaux de bêtes par le pays, sans jamais s'arrêter ferme en un lieu. Il avait non-seulement le cœur grand, et la force du corps aussi, mais était en prudence, et en douceur et bonté de nature, meilleur que ne portait la fortune où il était tombé, et plus approchant de l'humanité et du bon entendement des Grecs, que ne sont coutumièrement ceux de sa nation.

Spartacus à la fin voyant qu'il était contraint, rangea toutes ses forces aux champs en bataille. Quoi fait, on lui amène son cheval, sur lequel il devait combattre, et, dégaînant son épée, il le tua à la vue de tous ses gens, en disant : *Si je suis défait en cette bataille, je n'en aurai plus que faire : et si je deviens victorieux, j'en aurai assez de beaux et de bons des ennemis à mon commandement.* Puis, cela fait, se jeta à travers la presse des Romains pour cuider approcher et joindre de près Crassus, mais il n'y put advenir et tua de sa main deux centeniers romains qui lui firent tête. Finalement tous ceux qu'il avait autour de lui s'enfuirent, et lui demeura ferme jusques à ce qu'étant environné de tous côtés, en combattant vaillamment, il fut mis en pièces.

(*Crassus.*)

Puisque la honte est cause de plusieurs inconvénients, il faut tâcher à la forcer par exercitation, en commençant, comme l'on fait à tous autres exercices, premièrement par les choses qui ne sont pas trop difficiles, ni trop malaisées à regarder droit à l'encontre.

Comme pour exemple, s'il y a quelqu'un en un banquet qui boive à toi, quand tu auras suffisamment bu, n'aie point de honte de le refuser, et ne te force point toi-même, mais pose la coupe, ou bien, si un autre te semond à jouer à trois dés, n'aie honte de n'y vouloir entendre, et ne crains point d'en être moqué, mais fais comme Xénophon fit à Lasus Hermionien qui l'appelait couard, d'autant qu'il ne voulait pas jouer aux dés avec lui : *Oui*, dit-il, *je suis couard voirement et timide aux choses vilaines et déshonnêtes.* D'autre part, seras-tu tombé entre les mains d'un babillard, qui t'arrêtera, t'embrassera, et ne te laissera pas échapper, n'aie point de honte, mais romps-lui tout court la broche, et t'en va ton chemin pour faire tes affaires.

Auquel endroit il n'est pas mal à propos de nous souvenir de Démosthène ; car comme les Athéniens fussent en branle de secourir Harpalus, et missent jà l'armée en tête contre Alexandre le Grand, soudainement comparut Philoxène, lieutenant du roi sur la marine ; de quoi le peuple d'Athènes fut si étonné, qu'il n'y en eût pas un qui dît plus un seul mot, tant ils avaient de peur ; et lors Démosthène : *Que feront-ils*, dit-il, *quand ils verront le soleil, vu qu'ils ne peuvent pas franchement regarder la lueur d'une petite lampe ?*

(*De la honte.*)

Exemples de tous les courages

Les condamnés furent conduits en prison pour y être exécutés, là où tous les autres, embrassant pour la dernière fois leurs parents et amis qu'ils trouvaient par le chemin, allaient pleurant et lamentant leur misérable fortune ; mais Phocion y allant d'un même visage qu'il avait coutume de faire auparavant étant capitaine, quand on le convoyait par honneur de l'assemblée jusques en sa maison, émouvait à grande compassion les cœurs de plusieurs, quand ils allaient considérant avec admiration la constance et force de courage qui était en lui. Quand ils furent en la prison, Thudippas, voyant la ciguë qu'on leur broyait, se prit à lamenter et à se tourmenter désespérément, disant qu'on le faisait à grand tort mourir avec Phocion : *Comment*, lui répondit Phocion, *et ne le prends-tu pas à grand réconfort, qu'on te fait mourir avec moi?* Et comme quelqu'un des assistants lui demandait s'il voulait mander aucune chose à son fils Phocius : *Oui certes*, dit-il, *c'est qu'il ne cherche jamais à venger le tort que me font les Athéniens*.

Adonc Nicoclès, qui était le plus fidèle de ses amis, le pria de lui permettre qu'il bût le poison avant lui. Phocion lui répondit : *Tu me fais une requête qui m'est bien douloureuse et bien grieve, Nicoclès : mais pour ce que jamais en ma vie je ne te refusai rien, encore te concède je maintenant à ma mort que tu me demandes.* Quand tous les autres eurent bu, il se trouva qu'il n'y avait plus de ciguë, et dit le bourreau qu'il n'en broyerait plus d'autre, si on ne lui baillait douze drachmes d'argent, pour ce qu'autant lui en coûtait la livre, de sorte qu'on demeura longtemps en cet état, jusque à ce que Phocion même appelant l'un de ses amis, lui priât de bailler à ce bourreau ce peu d'argent qu'il demandait, puisqu'on ne peut pas seulement mourir à Athènes pour néant, sans qu'il coûte de l'argent.

(*Phocion.*)

Girtias, comme son neveu Acrotatus eut été rapporté à la maison, d'une querelle qu'il avait eue contre d'autres jeunes garçons, ses compagnons, fort blessé en plusieurs lieux, de manière que l'on pensait qu'il fût mort et ses domestiques et familiers en pleuraient et menaient grand deuil : *Ne vous tairez-vous pas*, dit-elle? *Car il a montré de quel sang il était. Il ne faut pas à hauts cris pleurer les vaillants hommes, mais les médiciner et panser pour essayer de les sauver.* Et quand la nouvelle fut venue certaine de Candie, où il était allé à la guerre, qu'il y avait été tué : *Ne fallait-il pas*, dit-elle, *puisqu'il allait contre les ennemis, qu'il y mourût, ou qu'il les fît mourir eux ? J'ai plus cher d'ouïr dire qu'il soit mort digne de moi, de son pays et de ses prédécesseurs, que s'il eût vécu autant que l'homme saurait, étant lâche de cœur.*

(*Les dits et réponses notables des dames Lacédémoniennes.*)

On dit que Caton, dès le commencement de son enfance, tant en sa parole, qu'à son visage et en tous ses jeux et passe-temps montra toujours un naturel constant, ferme et inflexible en toutes choses : car il voulait venir à bout de tout ce qu'il entreprenait de faire, et s'y obstinait plus que son âge ne portait : et s'il se montrait rebours à ceux qui le cuidaient flatter, encore se refroidissait-il davantage contre ceux qui le pensaient forcer ou avoir par menaces. Il était difficile à émouvoir à rire, et lui voyait-on bien peu souvent la mine gaie; aussi n'était-il point colère, ni prompt à se courroucer : mais depuis qu'une fois il l'était, on avait beaucoup à faire à le r'apaiser.

Et c'est pourquoi, quand il commença à apprendre les lettres, il se trouva dur d'entendement et tardif à comprendre; mais aussi, ce qu'il avait une fois compris, il le retenait fort bien et avait la mémoire ferme, comme il advient ordinairement à tous autres ; car ceux qui ont l'esprit prompt et vif ont communément faute de mémoire, et ceux qui apprennent difficilement, et avec peine, retiennent mieux ce qu'ils ont une fois appris, pour ce que l'apprendre est comme un échauffer et allumer l'âme. Mais outre cela, il ne croyait pas de léger, et semble que cela le rendait aussi tardif à comprendre : pour ce qu'il est tout évident que l'apprendre est recevoir quelque impression dont il advient que ceux qui moins résistent, sont ceux qui plutôt croient : aussi sont les jeunes plus aisés à persuader que les vieux, les malades que les sains. Toutefois Caton, à ce qu'on dit, obéissait bien à son pédagogue, et faisait tout ce qu'il lui commandait : mais il lui demandait la cause de toutes choses, et voulait toujours savoir le pourquoi : aussi était-ce un honnête homme, et qui avait la raison plus prompte pour remontrer à son disciple, que le poing levé pour le frapper, et s'appelait Sarpedon.

Au demeurant, étant Caton encore jeune enfant, les peuples de l'Italie alliés des Romains pourchassaient d'avoir droit de bourgeoisie dedans Rome, pour lequel pourchas Pompédius Sillo, homme de guerre, vaillant de sa personne et de grande autorité entre les alliés, étant particulièrement ami de Drusus, fut logé par plusieurs jours en sa maison, durant lesquels ayant pris familiarité avec ces jeunes enfants, il leur dit un jour : *Or sus*, mes beaux enfants, *intercéderez-vous pas pour nous envers votre oncle, qu'il nous veuille aider à obte-*

nir le droit de bourgeoisie que nous demandons ? Caepio en se souriant lui fit signe de la tête qu'il le ferait : mais Caton ne répondit rien, mais regarda seulement ces étrangers au visage d'un regard fiché sans baisser les yeux. Adonc Pompédius s'adressant à lui à part : *Et toi,* dit-il, le beau-fils, *que dis-tu ? Ne veux-tu pas prier ton oncle de favoriser à ses hôtes, comme ton frère ?* Caton ne répondit point encore pour cela, mais par son silence et par son regard montra qu'il rejetait leur prière.

A l'occasion de quoi Pompédius l'empoignant le mit hors de la fenêtre, comme s'il l'eût voulu laisser aller, en lui disant d'une voix plus âpre et plus rude que de coutume, et le secouant par plusieurs secousses en l'air au dehors de la fenêtre : *Promets-nous donc ou je te jetterai en bas.* Ce que Caton endura, et longuement, sans montrer de s'effrayer ni s'étonner de rien. Parquoi Pompédius le remettant à terre, dit adonc en se tournant vers ceux qui étaient avec lui : *O quel heur sera un jour cet enfant pour l'Italie, s'il vit ; bien nous prend de ce qu'il est encore enfant : car s'il était homme, je crois que nous n'aurions pas une seule voix en tout le peuple pour nous.*

Une autre fois il y eut quelqu'un de leurs parents qui, faisant le festin de sa nativité, y convia plusieurs enfants, et entre autres Caton. Ces enfants ne sachant que faire en attendant que le souper fût prêt, se mirent à jouer pêle-mêle les grands et petits, en quelque endroit reculé de la maison ; leur jeu était de représenter les plaids, en s'accusant les uns et les autres, et de mener en prison ceux qui étaient condamnés : si y eut un de ceux qu'on avait condamnés, beau jeune enfant, qui fut emmené en une petite chambrette, par l'un des plus grands garçons. L'enfant, se voyant enfermé, se prit à crier en appelant Caton : lequel se doutant bien que c'était, y courut incontinent, et repoussant à force ceux qui se mettaient au devant de lui pour l'empêcher d'entrer dedans la chambre, en tira l'enfant et l'emmena avec lui tout courroucé en sa maison, et les autres enfants le suivirent aussi.

Sarpédon, estimant que cela était de grande conséquence pour l'avancement et aussi pour la sûreté de ses disciples, menait ordinairement Caton au logis de Sylla, pour lui faire la cour, Sylla ayant été l'ami de leur père. Mais son logis en ce temps-là ressemblait proprement à voir un enfer ou une geôle, pour le grand nombre de prisonniers qu'on y menait, et qu'on y géhennait ordinairement. Caton était déjà au quatorzième an de son âge, et voyant qu'on apportait bien des têtes qu'on disait être des personnages notables, de sorte que les assistants soupiraient et gémissaient de les voir, il demanda à son maître comment il était possible qu'il ne se trouvât quelque homme qui tuât ce tyran-là : *Pource*, lui répondit Sarpédon, *que tous le craignent encore plus qu'ils ne le haïssent.* — *Que ne m'as-tu donc*, répliqua-t-il, *baillé une épée, afin que je le tuasse, pour délivrer notre pays d'une si cruelle servitude ?* Sarpédon, oyant cette parole, et voyant son visage et ses yeux pleins de fureur et de colère, se trouva bien étonné, et eut depuis l'œil bien soigneusement sur lui, et le garda de près, de peur que témérairement il n'attentât quelque chose à l'encontre de Sylla.

(Caton.)

CHAPITRE V

LA FORCE DE SOUFFRIR, DE SUPPORTER.

La patience dans les malheurs inévitables montre le triomphe de la raison, bien mieux peut-être que la décision et la fermeté dans l'action. Ici, la difficulté à vaincre, le danger à surmonter, le combat à livrer dans l'espérance d'une glorieuse victoire, sollicitent toutes les activités de l'homme. Mais dans les maux inéluctables, toute notre force morale doit se concentrer en notre âme pour la contenir et la ployer à la douleur. Les natures les plus ardentes et les plus actives sont en général celles qui supportent le plus impatiemment la douleur qui vient déranger brusquement toute leur activité et la comprimer avec violence. Aussi leur premier mouvement est la révolte contre cet ennemi exécrable qui les terrasse. Les âmes timides dans la lutte sont peut-être plus disposées à accepter la souffrance. Mais la résignation n'est pas l'inertie des faibles. Il n'y a point de vertu là où la volonté n'agit pas : l'obéissance aveugle à la nécessité n'est donc pas une vertu. La résignation parfaite est la soumission volontaire aux dispensations d'une Providence toujours sage et bonne, qui distribue les biens et les maux, non pas au hasard, mais en vue du vrai bonheur de ceux qui les reçoivent. Telle est la résignation du chrétien ou de tout croyant en un Être parfait qui gouverne le monde et fait tout concourir au bien de ceux qui l'aiment. Cette foi rend sans doute la résignation plus facile ; mais il en coûte toujours de renoncer à ses désirs pour se soumettre avec une entière confiance à la volonté d'un autre, fût-il infiniment parfait. Il faut avoir aussi une sincère humilité pour jouir des biens sans orgueil et avec une profonde reconnaissance, et supporter les maux avec le sentiment d'en mériter bien davantage.

A côté de cette résignation inspirée par la foi religieuse, il y en a une autre bien admirable aussi : c'est celle du stoïcien, bien convaincu que les vrais biens et les vrais maux sont ceux qui dépendent de notre volonté, et que tous les accidents extérieurs, la prospérité et l'adversité, ne sont que des moyens de perfectionner notre âme et de nous affermir dans la possession du souverain bien. Une conviction qui devient ainsi l'idée directrice, l'inspiration de toute notre vie, a bien aussi la valeur d'une foi religieuse. D'ailleurs le stoïcien, comme le chrétien, croit qu'il n'y a en réalité qu'un seul mal, le péché, qui nous sépare de Dieu et nous fait déchoir de notre dignité. Il conserve son équanimité dans tous les accidents de la vie : il possède son âme par la modération quand il jouit des biens, et par la patience quand il supporte les maux.

La douleur la plus difficile à supporter pour une âme droite, c'est le regret de ses erreurs et de ses fautes. Il y a, en effet, quelque chose de navrant dans le sentiment de ne pas pouvoir réparer certains actes. Les âmes délicates sont ainsi plongées dans un abîme de désespoir dont elles ne peuvent sortir. Et le découragement affaiblit leur force morale, quand il ne l'anéantit pas entièrement. Mais si le présent irréprochable ne peut effacer le passé coupable, il en adoucit cependant le repentir. Et l'homme de bien trouve dans le souvenir de ses fautes le courage de se maintenir dans la droiture par une vigilance constante et des efforts sincères pour observer en tout la loi morale. Le relèvement moral peut donc, sinon consoler des chutes, du moins en atténuer le remords. Mais il y a des erreurs de jugement qui produisent des actes regrettables pour nous et souvent nuisibles à autrui. Il me semble que, dans ce cas, nous ne devons jamais nous consoler. Cependant cette douleur peut s'apaiser, et alors elle nous rend d'autant plus charitables et plus fidèles dans le devoir. L'histoire nous rapporte aussi des actes que, selon nos idées modernes, nous pouvons juger iniques et barbares, mais que des patriotes ont accomplis sous l'obligation de devoirs supérieurs. C'est ainsi que Timoléon consent et assiste au meurtre de son frère Timophane, après avoir essayé en vain de le faire renoncer à la tyrannie. Nous n'avons pas à apprécier ici sa conduite inspirée par le patriotisme le plus élevé ; nous le plaignons d'avoir dû faire violence à ses sentiments naturels ; et nous sommes loin de le blâmer d'avoir déploré toute sa vie cette cruelle nécessité. Mais quelque juste et sainte que soit la douleur, elle ne doit rendre l'homme indifférent à aucun devoir : au contraire, plus la douleur est noble, plus elle fortifie et élève l'âme dans la vertu.

Dans les souffrances qui nous sont infligées par nos semblables, il y a quelque chose qui nous irrite et nous révolte plus que les coups de la fortune : c'est le sentiment de l'injustice qui nous est faite, et peut-être aussi notre vanité atteinte, plus encore que notre droit, par les attaques de nos ennemis. Et quand nous avons la faiblesse de nous laisser aller à la vengeance, nous nous flattons de céder à une noble indignation contre l'injustice. Mais ce n'est là qu'un sophisme sous lequel nous déguisons les blessures de notre amour-propre. Le vulgaire croit perdre quelque chose de sa dignité en ne résistant pas à l'injure et à l'injustice; mais les grandes âmes dédaignent des offenses qui ne peuvent les faire déchoir de la hauteur où les élève l'empire de soi; et, à la fierté de la possession de soi, elles unissent la douceur et le pardon à l'égard de ceux qui éprouvent leur patience.

Souffrir avec fermeté l'adversité

La raison veut que les sages hommes ne soient dans l'adversité ni impassibles, ni aussi trop passionnés : pource que l'un est inhumain, et tient de la bête sauvage et l'autre trop mol et sent sa femme. Mais bien avisé est celui qui sait garder le moyen, et qui peut porter gentiment autant les prospérités qui surviennent en cette vie, comme les adversités ; ayant bien propensé que c'est ne plus ne moins comme en un état populaire, là où l'on tire les magistrats au sort, il faut que celui à qui le sort échoit, commande, et celui qui en est frustré porte patiemment le refus de fortune.

(*Comment on se peut louer soi-même sans encourir envie ni répréhension.*)

Entre les propos, ne plus ne moins qu'entre les amis, les meilleurs et les plus certains sont ceux qui nous assistent en nos adversités, non point inutilement, mais pour nous aider et secourir ; car il y en a beaucoup qui se présentent, et qui parlent à nous, quand il nous est advenu quelque malencontre, mais c'est sans profit, ou plutôt avec dommage ; ni plus ni moins que ceux qui ne sont pas assez exercités à plonger, en cuidant secourir ceux qui se noient, étant embrassés par eux, sont eux-mêmes tirés à fond.

Or faut-il que les propos et raisons qui viennent des amis et de ceux qui veulent profiter, soient à la consolation de l'affligé, non pas à la justification de ce qui afflige : car nous n'avons pas besoin de personnes qui pleurent ne qui lamentent avec nous en nos tribulations, comme fait ordinairement l'assemblée du chœur dans les tragédies.

Et c'est pourquoi quand nous sommes à part seuls, nous devons examiner notre cœur sur tous et chacun des mauvais accidents, comme si c'étaient fardeaux ; car le corps est aggravé seulement par la pesanteur du fardeau qu'on lui charge, mais l'âme bien souvent d'elle-même ajoute la pesanteur aux affaires.

L'opinion rend une même chose à l'un utile, comme bonne monnaie qui a cours, et à l'autre inutile : mais supposons que l'exil et bannissement soit chose griève à supporter, comme plusieurs le disent et le chantent : aussi y a-t-il entre les choses que l'on mange quelques-unes qui sont amères ou aigres, et qui poignent le sentiment, mais en les mêlant parmi quelques-unes des douces et gracieuses, nous leur ôtons ce qu'elles ont de désagréable à la nature ; aussi y a-t-il des couleurs qui offensent la vue, tellement qu'elle s'en éblouit et s'en trouble, tant elles sont éclatantes, âpres et brillantes.

Si donc pour remédier à la dureté malaisée de telles couleurs, nous avons inventé d'y mêler de l'ombre, ou bien nous détournons nos yeux à regarder quelque couleur verdoyante et délectable, de même pourrons-nous aussi semblablement faire des sinistres accidents de la fortune, en mêlant parmi les bonnes et désirables qualités qui sont en toi maintenant, abondance de biens, nombre d'amis, repos d'affaires, n'avoir besoin de chose quelconque nécessaire à la vie humaine.

(*Du bannissement ou de l'exil.*)

Un homme qui, étant renversé par la fortune, se relève sur ses pieds, et se redresse pour lui faire tête, et au lieu de se montrer pitoyable, suppliant et lamentable, par une parole avantageuse se montre brave et haut en courage, en est trouvé non superbe ne présomptueux, mais, au contraire, grand et invincible, comme le poète Homère dépeint Patrocle modeste et gracieux en paroles, quand il a fait vaillamment et heureusement ; et au contraire, à sa mort il le décrit parlant bravement et hautainement.

Et Phocion, qui au demeurant avait toujours été fort gracieux et modeste, après qu'il se vit condamné, il donna à connaître sa magnanimité en plusieurs autres choses, et mêmement en ce qu'il dit à l'un de ceux qui étaient condamnés à mourir avec lui, qui se tourmentait et complaignait : *Que dis-tu, pauvre homme ? Ne te tiens-tu pas bienheureux de mourir avec Phocion ?* Autant donc, voire plus encore, est-il permis à l'homme d'Etat, à qui l'on fait tort, de dire quelque chose avantageusement de soi, à ceux qui se montrent ingrats envers lui ; comme Achille ailleurs rendait bien à Dieu la gloire du succès des affaires, et parlait modestement, quand il disait :

> Si Jupiter la grâce nous octroie
> Que ruiner puissions la grande Troie......

Mais ailleurs, là où on lui fait tort et injure, il déploie sa langue à parler hautainement en courroux :

> Avec mes gens et mes vaisseaux, j'ai pris
> Douze cités.

Et en un autre lieu :

> Ils ne pourront supporter la lueur
> De mon armet, approchant près du leur.

Car là où la braverie est partie de la justification, alors il est loisible et permis d'en user.

(Les dits notables des anciens rois, princes et grands capitaines.)

Ne plus ne moins qu'en certaine comédie, il y a quelqu'un qui admoneste son ami étant tombé en adversité d'avoir bon courage et de combattre la fortune ; et l'autre lui demande : *En quelle manière?* Il lui répond : *En philosophe*, c'est-à-dire, en homme sage, armé de patience.

Aussi nous maintenant en cette adversité, combattons-la de patience, ainsi qu'il appartient à homme sage : car comment est-ce que nous nous défendons de la pluie ? Comment est-ce que nous nous couvrons de la bise ? En cherchant le feu, en nous mettant dedans une étuve, en faisant provision de robe et de couverture, nous ne demeurons pas assis à nous mouiller à loisir quand il pleut, ni ne pleurons pas sans nous mettre au couvert et à l'abri : aussi en ce qui s'offre présentement, as-tu moyen, plus que nul autre, de refaire et réchauffer cette partie de ta vie, qui semble un peu refroidie, attendu que tu n'as besoin quelconque de tous autres secours, pourvu que tu en veuilles user par raison.

Encore que nous soyons tombés en quelque inconvénient, qui à la vérité soit mauvais ou fâcheux, faut-il induire par-dessus quelque réjouissance et quelque gaieté de ce que nous avons d'ailleurs, et qui nous demeure de bien, en rabotant et polissant, s'il faut ainsi parler, ce qui est rude et âpre, par ce qui est doux et gracieux : mais quant aux accidents qui de leur nature n'ont rien de mauvais, et où tout ce qui nous travaille est entièrement peint et controuvé par une vaine opinion et folle imagination, il faut faire comme nous faisons aux petits enfants qui craignent les masques, nous les leur approchons de près et les manions devant eux, tant que nous les accoutumions à n'en faire plus de compte : aussi en y touchant de près, et y arrêtant le discours de notre entendement à la bien considérer, et découvrir ce qu'il y a de fausse apparence, de vanité et de feinte tragédie.

(*Du bannissement ou de l'exil.*)

Aristippe ayant un jour perdu une belle terre, il s'adressa à l'un de ses familiers qui faisait le plus de mine de s'en condouloir et contrister avec lui. *Viens ça*, dit-il, *n'as-tu pas une petite métairie seule, et moi, n'ai-je pas encore trois autres belles terres ?* L'autre lui avoua que si. *Pourquoi donc n'est-il raisonnable de se condouloir avec toi, plutôt qu'avec moi ?* Car c'est une fureur de se douloir de ce qui est perdu, et ne se réjouir pas de ce qui est sauvé ; ains faire comme les petits enfants, auxquels si l'on ôte un seul de beaucoup de leurs petits jouets, par dépit ils cassent tous les autres, et puis pleurent et crient à pleine tête.

Pittacus, ce personnage tant famé et renommé par sa vaillance, sa sagesse et sa justice, festoyait un jour quelques siens amis étrangers ; sa femme, qui survint sur le milieu du banquet, en étant courroucée, renversa la table avec tout ce qui était dessus. Les étrangers en furent tous honteux : mais lui n'en fit autre chose que dire : *Il n'y a celui de nous qui n'ait en soi quelque défaut : mais quant à moi, je n'ai que ce seul* point, de la mauvaise tête de ma femme, qui me garde d'être autrement en tout et partout très heureux.

Notre vie étant fort inégale, l'homme de bon jugement et sage doit souhaiter et demander aux dieux les meilleures passions ; mais se disposer aussi à entendre les autres, et à se servir de toutes, en ôtant de chacune ce qui y pourrait être de trop.

Car, non seulement celui qui se souciera le moins de demain, arrivera le plus joyeusement à demain, ainsi que voulait dire Epicure, mais aussi la richesse, la gloire, l'autorité et le crédit réjouissent plus ceux qui moins redoutent leurs contraires : car le trop ardent désir, que l'on a de chacune d'icelles, imprimant aussi une trop véhémente peur de les perdre, rend le plaisir de la jouissance faible et mal assuré, ne plus ne moins qu'une flamme qui est agitée du vent.

(*Contentement d'esprit.*)

Théodore, celui qui pour ses mauvaises opinions fut surnommé *Atheos*, c'est-à-dire sans Dieu, disait qu'il baillait ses propos avec la main droite à ses auditeurs, mais qu'ils les prenaient avec la main gauche ; aussi les ignorants qui ne savent pas comment il faut vivre recevant à gauche bien souvent la fortune qui leur vient à droite, y commettent de vilaines fautes ; mais les sages au contraire font comme les abeilles, qui tirent du thym le plus pénétrant et le plus sec miel : aussi des plus mauvais et plus fâcheux accidents, en tirent quelque chose de propre et utile pour eux.

Diogène fut chassé de son pays en exil, encore n'alla-t-il pas mal ainsi pour lui : car ce bannissement fut le commencement de son étude en philosophie. Zénon le Philosophe avait encore une nef marchande, et ayant nouvelles qu'elle était périe, chargée et toute coulée à bas en pleine mer : *Tu fais,* dit-il, *bien, fortune, de me ranger à la robe longue simple, et à l'étude de philosophie.* Qui nous empêche de les ensuivre en cela ?

(*Du bannissement ou de l'exil.*)

Et c'est pourquoi ne faut-il pas du tout ravaler ni déprimer si fort la nature humaine, comme si elle n'avait rien de ferme ni de permanent, ou qui fût par-dessus la fortune : mais au contraire sachant que c'est la pire et plus petite partie de nous, frêle et vermoulue, par laquelle nous sommes sujets à la fortune, et que de la meilleure partie nous en sommes supérieurs et maîtres, en laquelle sont situées et fondées les meilleures qualités qui soient en nous, les bonnes opinions, les arts et sciences, les bons discours tendant à la vertu lesquelles sont de substance incorruptible, et qui ne nous peut être dérobée : faut que nous maintenions assurés et invincibles à l'avenir, disant à l'encontre de la fortune ce que Socrate dit à l'encontre de ses accusateurs Anytus et Mélitus, adressant sa parole aux juges : *Anytus et Mélitus me peuvent bien faire mourir, mais de me porter dommage ils ne sauraient.*

Aussi la fortune me peut bien faire tomber en maladie, m'ôter mes biens, me mettre en male grâce d'un peuple ou d'un prince ; mais elle ne peut rendre méchant, ni couard, ni lâche et vil de cœur, ni envieux celui qui est homme de bien, vaillant et magnanime.

(*Les dits notables des anciens rois, princes, et grands capitaines.*)

La raison voudrait que les hommes bien-appris considérassent en eux-mêmes, que ceux que nous estimons avoir été privés de la vie avant la maturité, nous précèdent de bien peu de temps : car la plus longue vie qui soit, est courte et brève, ne montant non plus qu'un point ou une minute de temps, au regard de l'infinie éternité, et que plusieurs de ceux qui démènent le plus de deuil, en peu de temps sont allés après ceux qu'ils ont pleurés, n'ayant rien gagné de leur long deuil, et s'étant pour néant affligés d'ennuis et de fâcheries.

(*Consolation à Apollonius sur la mort de son fils.*)

Xénophon, l'un des familiers de Socrate, ainsi comme il sacrifiait un jour aux dieux, entendit par quelques-uns qui retournaient de la bataille, que son fils y était mort : il ôta donc incontinent le chapeau de fleurs qu'il avait sur la tête, et demanda en quelle sorte il était mort ; et comme on lui eût dit qu'il avait été tué en combattant fort vaillamment, après avoir fait un grand meurtre des ennemis, il demeura un bien peu d'espace à réprimer, par discours de la raison en son cœur, sa passion, et puis remit incontinent le chapeau de fleurs sur sa tête, et paracheva son sacrifice, disant à ceux qui lui en avaient apporté la nouvelle : *Je n'ai jamais requis aux dieux que mon fils fût immortel, ni qu'il vécût longuement ; car on ne sait si cela est expédient à ceux qui le demandent ; mais bien leur ai-je prié qu'ils lui fissent la grâce d'être homme de bien, et de bien aimer et servir sa patrie : ce qui est advenu.*

(*Consolation envoyée à Apollonius sur la mort de son fils.*)

Cette déconfiture (Leuctres) étant advenue aux Lacédémoniens contre l'opinion de tout le monde, et cette prospérité aux Thébains, si grande et si glorieuse que jamais Grecs combattant contre autres Grecs n'en gagnèrent de telle, la cité néanmoins, qui fut vaincue, ne fut pas moins à louer et estimer pour sa vertu, que celle qui la vainquit.

Car comme Xénophon dit que les devis, les jeux et passe-temps des gens de bien et les tables mêmes ont quelque chose digne d'être mise en mémoire, et dit en cela vérité : aussi ne fait pas moins, mais davantage à noter et considérer, ce que les gens d'honneur disent, et la contenance qu'ils tiennent en leur adversité, qu'en leur prospérité. Car alors il se faisait d'aventure une fête publique à Sparte, et était la ville pleine d'étrangers venus pour voir les danses et jeux qui se font à corps nus dedans le théâtre, quand arrivèrent ceux qui apportèrent les nouvelles de la défaite de Leuctres ; mais les éphores, combien que le bruit courût incontinent par toute la ville que tout était ruiné pour eux, et qu'ils avaient perdu toute leur principauté en la Grèce, ne voulurent pas néanmoins pour cela, que la danse sortît hors du théâtre, ni que la ville changeât en aucune chose la forme de la fête, puis envoyèrent par les maisons aux parents les noms de ceux qui étaient morts en la bataille, et eux demeurèrent au théâtre à faire continuer et paracheaver les jeux et l'ébattement des danses qui s'efforcèrent à l'envi à qui gagnerait le prix.

(*Agésilas.*)

Dimante ne craignait rien plus que le délai du temps, parce qu'il se doutait bien que c'était ce qui seul pouvait sauver la vie à Philopœmen. Pourquoi, pour prévenir toutes les prévisions que les Achéiens y pourraient donner, quand la nuit fut venue, et que tout le peuple Messénien se fut retiré, il fit ouvrir le caveau, et y fit dévaler l'exécuteur de haute justice avec un breuvage de poison pour lui présenter, lui commandant de ne partir d'auprès de lui qu'il ne l'eût bu. Or était Philopœmen, lorsque l'exécuteur entra, couché sur un petit manteau ; non qu'il eût envie de dormir, mais bien le cœur serré de douleur, et l'entendement troublé d'ennui. Quand il vit de la lumière et cet homme auprès de lui tenant en sa main un gobelet où était le breuvage du poison, il se leva en son séant, mais ce fut à grand'peine, tant il était faible, et prenant le gobelet, demanda à l'exécuteur s'il avait rien ouï dire des chevaliers qui étaient venus avec lui principalement de Lycortas. L'exécuteur lui fit réponse que la plupart s'était sauvée. Adonc il fit un peu de signe de la tête seulement, et en le regardant d'un bon visage, lui dit : *il va bien, puisque nous n'avons pas été malheureux en tout et pour tout*, et sans jamais jeter autre voix ni dire autre parole, il but tout le poison, et puis se recoucha comme devant : si ne fit pas sa nature grande résistance au poison, tant son corps était débile, mais en fut tantôt étouffé et éteint.

(*Philopœmen.*)

Cléomène répondit à Thereyon sur le suicide : *Tu penses donc que ce soit à toi magnanimité que de chercher la mort qui est l'une des plus faciles et plus aisées choses qui puisse advenir à l'homme, et celle qu'il a plus à commandement et à main toutes les fois qu'il lui plaît et cependant, méchant que tu es, tu fuis d'une fuite plus lâche et plus honteuse que la première, car plusieurs vaillants hommes, autres que nous ne sommes, ont bien autrefois cédé à leurs ennemis, ou par quelque accident de fortune qui leur a été contraire, ou ayant été forcés par plus grand nombre de gens : mais celui qui se laisse aller et qui succombe aux travaux et labeurs, ou aux blâmes et louanges des hommes, il faut qu'il confesse qu'il est vaincu par sa propre lâcheté, car il ne faut pas que la mort qu'on se donne volontairement soit pour fuir à faire des actes laborieux mais faut que cette mort même soit un acte louable, parce que c'est honte de vouloir vivre ou mourir pour l'amour de*

soi-même comme tu m'exhortes que je fasse maintenant pour
me tirer hors des travaux où nous sommes de présent sans
faire autre acte quelconque ni utile ni trouvable, là où au
contraire je suis d'avis que toi ni moi ne devons jamais abandonner l'espérance de servir encore quelque jour à notre pays ;
car là où toute espérance nous défaudra, alors nous sera-t-il
toujours assez aisé de mourir toutes et quantes fois que nous
voudrons.

(*Cléomène.*)

Après la bataille de Cannes, Varron se sauva à cheval avec peu de suite de ses gens dedans la ville de Venouze ; et Paul-Emile en la foule et presse de cette route, ayant le corps plein de traits, qui étaient demeurés dedans ses plaies, et le cœur aggravé d'un si angoisseux regret, que de voir la déconfiture de ses gens, était assis auprès d'un rocher attendant que quelqu'un des ennemis vint l'achever de tuer, mais pour la grande quantité du sang dont il avait toute la tête et la face souillée, peu de gens le reconnaissaient, de manière que ses amis et ses serviteurs passaient outre sans le connaître, et n'y eut qu'un jeune homme de maison noble patricienne, nommé Cornelius Lentulus, qui l'ayant aperçu, se mit en devoir de le sauver ; car il se jeta incontinent à pied, et lui amena son cheval, le priant de vouloir monter dessus, pour essayer de se réserver à la nécessité de son pays qui avait plus grand besoin d'un bon et sage capitaine : mais il refusa l'offre et la prière du jeune gentilhomme et le contraignit de remonter à cheval, quoiqu'il en pleurât de pitié, et s'étant soulevé pour lui toucher en la main lui dit: *Tu diras de ma part à Fabius Maximus, et lui témoigneras, comme Paul-Emile a toujours observé et suivi son conseil jusques au bout, et n'a jamais rien transgressé de ce qu'il lui avait accordé ; mais qu'il a été forcé par Varron premièrement et puis après par Annibal.* Ayant dit ces paroles, il donna congé à Lentulus, et se rejeta en la presse de ceux que l'on tuait, là où il mourut.

(*Fabius Maximus.*)

Bien fait à admirer la grandeur de courage et magnanime clémence des Romains, en ce que retournant le consul Varron de la déconfiture le plus malheureusement et le plus honteusement qu'homme en eût su retourner, et en étant lui-même si honteux et si déplaisant qu'il n'osait pas lever la tête, le Sénat toutefois lui alla encore au devant jusqu'à la porte de la ville avec tout le peuple entièrement, et le reçurent honorablement. Qui plus est, ceux qui étaient magistrats, et les principaux du Sénat, entre lesquels étaient Fabius, quand on eût fait silence, le louèrent de ce qu'il n'avait point désespéré du salut de la chose publique, après une calamité si grande, mais était retourné en la ville pour donner ordre aux affaires et user de l'autorité des lois, et du service de ses citoyens.

(*Fabius Maximus.*)

Persée requit qu'on le menât au capitaine général, Paul-Émile, lequel se leva de son siège quand il le vit venir, et lui alla au-devant avec ses amis, ayant les larmes aux yeux, comme au-devant d'un grand personnage tombé par fortune de guerre et par la volonté des dieux, en une pitoyable calamité.

Mais lui, à l'opposite, se porta fort honteusement et lâchement ; car il s'alla prosterner à ses pieds en terre, le visage contre bas ; et lui embrassant les genoux, se laissa échapper de la bouche des paroles si lâches, et de si viles prières, que Paul-Émile même ne les pût endurer ni ouïr ; mais le regardant d'un visage mal content et marri, lui dit : *Pauvre homme que tu es, comment vas-tu ainsi déchargeant la fortune de ce dont tu la pourrais charger et accuser à ta décharge, en faisant des choses pour lesquelles on estimera que tu aies bien mérité le malheur où tu es maintenant et indigne de l'honneur du bien que tu avais par ci-devant ? Et pourquoi vas-tu ainsi ravalant ma victoire et diminuant la gloire de mes faits, en te montrant homme de si lâche cœur, que ce ne me sera pas grand honneur de t'avoir vaincu, attendu que tu n'étais pas digne adversaire des Romains ? La magnanimité, en quelque ennemi qu'elle soit, est toujours révérée des Romains ; mais la lâcheté, quoiqu'elle prospère et soit heureuse, est toujours et de tous méprisée.* Ce néanmoins encore le releva-t-il ; et le prenant par la main, le bailla en garde à Tubero, puis se retira dedans sa tente.

(*Paul-Émile.*)

Des deux fils que Paul-Émile avait eus d'une seconde femme, l'un mourut en l'âge de quatorze ans, cinq jours avant le triomphe de son père, et l'autre mourut aussi trois jours après la pompe du triomphe, en l'âge de douze ans : tellement qu'il n'y eut si dur cœur en toute la ville de Rome, à qui ce grand accident ne fît pitié, et à qui cette cruauté de la fortune ne fît frayeur et horreur, ayant été si importune que de mettre en une maison triomphale, pleine d'honneur et de gloire, de sacrifices et de biens, un si piteux deuil, et mêler des regrets et des lamentations de mort, parmi des cantiques de triomphe et de victoire.

Ce néanmoins, Paul-Émile, prenant les choses au droit point de la raison, estima qu'il ne fallait point user de la constance et de la magnanimité contre les épées et les piques des ennemis seulement, mais aussi contre toute adversité et hostilité de la fortune également. Il compensa et contrepensa si sagement le mélange de ses aventures présentes avec les prospérités passées, que, trouvant le mal effacé par le bien, et le privé par le public, il n'abaissa point la grandeur, ni ne macula point la dignité de son triomphe et de sa victoire ; car ayant enseveli le premier de ses enfants, il ne laissa pas pour cela de faire sa triomphale entrée, comme nous avons écrit. Et le second étant aussi décédé après son triomphe, il fit assembler le peuple romain, et en pleine assemblée de toute la ville, il fit une harangue, non point d'homme qui eût besoin d'être consolé ni réconforté, mais plutôt qui réconfortait ses citoyens passionnés et dolents, par le malheur qui lui était advenu. Car il leur dit : *que de choses pures humaines, il n'en avait jamais craint pas une, mais des divines, qu'il avait toujours fort redouté la fortune, comme celle où il y avait bien peu de fiance, à cause de son inconstance et de sa muable variété, mêmement en cette dernière guerre, en laquelle, l'ayant continuellement vue favorable, comme quand on a le vent en poupe, il attendait toujours quelque reflux, par manière de parler, et quelque mutation de sa faveur. Car je traversai, dit-il, en allant, le gouffre de la mer Adriatique, depuis Brindes jusqu'à Corfou, en un seul jour, et de là en cinq jours me trouvai en la ville de Delphes, où je sacrifiai à Apollon ; et dedans cinq autres jours j'arrivai en mon camp où je trouvai mon armée en la Macédoine, et après avoir fait les sacrifices et cérémonies ordinaires pour sa purification, je commençai in-*

continuent à mettre la main à l'œuvre, si bien qu'en quinze autres jours suivants, je mis fin très honorable à toute cette guerre. Mais, me défiant toujours de la fortune, voyant une si grande prospérité en tout le cours de mes affaires, et considérant qu'il n'y avait plus d'ennemis, ni d'autres périls par delà que je dusse craindre, je craignais fort qu'elle ne se changeât à mon retour, quand je serais sur la mer en ramenant une si belle armée victorieuse, avec tant de dépouilles, et tant de princes et de rois prisonniers, et néanmoins, étant arrivé à port de salut, et voyant toute cette ville, à mon retour, pleine de réjouissance, de fêtes et de sacrifices, j'avais encore toujours la fortune suspecte, sachant très bien qu'elle n'a point accoutumé de gratifier si libéralement aux hommes, ni leur octroyer choses si grandes nettement, sans qu'il y ait ne sais quoi d'envie mêlé parmi : ni jamais mon esprit, étant toujours en transe aux écoutes de l'avenir pour le regard du bien public, n'a jeté cette crainte arrière de soi, que je ne me sois vu tombé en ce malheur et calamité domestique, qu'il m'a fallu aux jours sacrés de mon triomphe, ensevelir coup sur coup, de mes propres mains, mes deux jeunes enfants, que j'avais seuls retenus pour la succession de mon nom et de ma maison. Aussi me semble-t-il maintenant que je suis hors de tout danger, au moins quant au regard de ce qui m'est le principal, et commence à m'assurer et me confirmer en cette espérance, que cette bonne fortune nous demeurera ferme désormais, sans crainte d'aucun sinistre accident, parce qu'elle a assez contrepesé la faveur de la victoire qu'elle nous a donnée, par l'envie du malheur dont elle a affligé moi et les miens, en rendant le vainqueur et triomphateur non moins notable exemple de la misère et de la faiblesse humaine, que le vaincu qui a été mené en triomphe, excepté que Persée, tout vaincu qu'il est, à tout le moins a ce réconfort de voir encore ses enfants, et le vainqueur Paul-Émile a perdu les siens.

(Paul-Émile.)

Ceux (des Parthes) qui portaient la tête de Publius (fils de Crassus) fichée au bout d'une lance, s'approchant près des Romains, la leur montraient, en leur demandant par une manière d'outrageuse moquerie, s'ils connaissaient la maison dont il était et qui étaient ses parents : parce qu'il n'est pas vraisemblable, disaient-ils, qu'un si vaillant jeune homme soit fils d'un si lâche et couard père, comme est Crassus. Cette vue fit perdre le courage aux Romains, plus que nul autre danger qu'ils eussent encore essuyé en toute la bataille : car elle ne leur enflamma point un courroux en leurs cœurs, qui les aiguillonnât à en vouloir faire la vengeance, comme il était convenable, ains leur engendra un tremblement, qui les amortit du tout : combien que Crassus se montrât plus vertueux en cet accident, qu'il n'avait encore fait en toute cette guerre; car chevauchant au long des bandes, il allait criant tout haut : *C'est à moi seul, mes amis, c'est à moi seul que touche le deuil et la douleur de cette perte : mais la grandeur de la fortune et de la gloire de Rome demeure invincible en son entier, tant comme vous serez sur vos pieds ; toutefois si vous avez aucune compassion de moi, pour m'avoir vu perdre un si vaillant et vertueux fils, je vous supplie que vous la veuilliez montrer, en la convertissant en ire contre vos ennemis : faites-leur cher acheter la joie qu'ils en ont reçue : prenez vengeance de leur cruauté, et ne vous étonnez point pour malheur qui me soit advenu : car il est besoin que ceux qui aspirent à choses grandes, supportent aussi aucune fois quelque perte. Lucullus n'a pas défait Tigrane, ni Scipion ou Antiochus, sans qu'il leur ait coûté du sang. Nos prédécesseurs perdirent jadis mille navires à plusieurs fois, avant qu'ils eussent assuré la conquête de la Sicile, et plusieurs armées et capitaines généraux en Italie, pour la perte desquels ils n'ont pas laissé depuis à venir au-dessus de ceux qui les avaient auparavant défaits : car l'empire de Rome n'est point venu en celle grandeur de puissance, où il se trouve maintenant, par heur et faveur de la fortune, mais par patience dans les travaux, et constance dans les adversités, sans jamais succomber ni se rendre aux dangers.*

(Crassus.)

Souffrir la douleur de nos fautes

Les plus gens de bien louèrent grandement la magnanimité et haine des méchants qui était en Timoléon, attendu qu'étant homme doux et bénin de sa nature, et qui aimait cordialement les siens, il avait néanmoins préféré le bien

public de son pays à l'amour de son sang, et mis le devoir
et la justice au devant de l'utilité, ayant sauvé la vie à son
frère, lorsqu'il combattait pour le bien et pour la défense de
son pays, et l'ayant aussi fait mourir, lorsqu'il épiait les moyens
de l'asservir, et de s'en faire absolu seigneur.

Mais ceux qui ne pouvaient vivre en état de liberté populaire, et qui avaient de tout temps accoutumé de se ranger à l'entour des seigneurs et leur faire la cour, firent semblant d'être bien aisés de la mort du tyran; toutefois en reprochant continuellement à Timoléon qu'il avait commis un fratricide exécrable et abominable aux Dieux et aux hommes, firent tant qu'ils lui en imprimèrent au cœur un regret de l'avoir fait : et davantage étant averti que sa mère même le portait fort impatiemment et qu'elle en jetait contre lui des paroles effroyables à ouïr et des malédictions horribles, il s'en alla vers elle pour la cuider réconforter; mais elle ne le voulut jamais voir, mais lui fit fermer sa porte. Adonc étant outré de douleur et troublé en son entendement, il lui prit soudainement volonté de mourir en s'abstenant de manger ; mais ses amis ne l'abandonnèrent point en ce désespoir, mais le pressèrent tant et par remontrances et par prières, qu'ils le contraignirent de manger. Par quoi il prit néanmoins la résolution de vivre désormais aux champs en solitude, et quitter de tout point l'entremise du gouvernement des affaires publiques; de manière qu'au commencement, il ne venait pas seulement en la ville, mais évitant toutes compagnies, se tenait ès plus solitaires et plus écartés endroits des champs, où il ne faisait autre chose que vaguer tantôt ci, tantôt là, et se consumer de mélancolie.

Voilà comment le sens et l'entendement de l'homme, s'il n'est bien confirmé et fortifié par la raison et par l'étude de philosophie, en l'exécution de quelque grande entreprise, vacille facilement et est poussé hors des discours, sur lesquels il s'était premièrement fondé, par blâmes ou louanges fort légères bien souvent : là où il faut non seulement que l'acte soit bon et honnête en soi, mais aussi que la résolution dont il part soit ferme et non sujette à changement, afin que nous ne fassions chose que nous n'ayons premièrement bien pensée et approuvée.

(*Timoléon.*)

Souffrir l'injure, l'injustice

En tolérance d'injures, y a ne sais quoi de la gravité de Socrate, ou plutôt de la magnanimité d'Hercule, s'il est vrai ce que dit le poète :

> Il ne faisait des paroles hargneuses
> Non plus de cas que de mouches fâcheuses.

Il n'y a donc rien de plus grave ni plus beau, que d'ouïr un ennemi injurieux, disant injure, sans aucunement s'en passionner.

Mais encore est-ce plus grand exercice de patience, s'accoutumer à ouïr sans mot dire son ennemi médire et injurier ; ne point prendre vengeance de son ennemi, quand l'occasion s'en présente, c'est humanité ; mais avoir compassion de lui, quand il est tombé en adversité, le secourir quand il nous en requiert, montrer une bonne volonté envers ses enfants, et affection de secourir sa maison étant en affliction, celui qui n'aime cette bénignité et ne loue cette bonté :

> A le cœur de noire teinture,
> Battu d'acier à trempe dure,
> Ou bien forgé de diamant.

(Comment on pourra recevoir utilité de ses ennemis.)

A quelqu'un qui lui demanda : *Comment me pourrai-je bien venger de mon ennemi ?* Diogène répondit : *En te rendant toi-même vertueux et homme de bien.*

Le poète Pindare dit que ceux qui sont vaincus ont la langue liée de silence, mais non pas simplement, ni tous, mais ceux qui se sentent vaincus par leurs ennemis en diligence, en bonté, en magnanimité, en humanité, en bienfaits ; c'est cela qui empêche la langue, qui ferme la bouche, qui serre le gosier, et fait taire les hommes.

Si ton ennemi t'injurie, en t'appelant ignorant, augmente ton labeur, et prends plus de peine à étudier ; s'il t'appella couard, excite la vigueur de ton courage, et te montre plus homme.

Ce ne fut pas mal dit à Diogène, *que pour sauver un homme il faut qu'il ait ou de bons amis, ou d'âpres ennemis : pour ce que ceux-là par bonnes remontrances, et ceux-ci par outrageuses injures le retireront de mal faire.*

(*Comment on pourra recevoir utilité de ses ennemis.*)

Entre toutes les ordonnances qu'établit Lycurgue, celles de manger en commun plus fâcha les riches qui crièrent et se courroucèrent contre lui, jusques à ce que, voyant qu'ils se ruaient tous ensemble sur lui, il fut contraint de s'enfuir de la place. Il gagna le devant, et se jeta en franchise dedans une église, avant que les autres le pussent atteindre, excepté un jeune homme, nommé Alcandre, lequel n'était point au demeurant, de mauvaise nature, sinon qu'il était un peu prompt à la main, et colère; et poursuivant Lycurgue de plus près que les autres, ainsi comme il se cuida retourner devers lui, lui donna un coup de bâton sur le visage, dont il lui creva un œil.

Mais pour cela Lycurgue ne fléchit point, mais se présenta la tête levée à ceux qui le poursuivaient, leur montrant son visage tout ensanglanté, et son œil crevé ; dont ils eurent tous si grand'honte, qu'il n'y eut aucun d'eux qui osât ouvrir la bouche pour parler contre lui, mais au contraire lui livrèrent entre ses mains Alcandre, qui l'avait frappé, pour en faire punition telle que bon lui semblerait, et le convoyèrent tous jusques en sa maison, montrant qu'ils étaient bien marris de cet inconvénient. Lycurgue, en les remerciant, les renvoya; et fit entrer Alcandre en sa maison avec lui, là où il ne lui méfit ne médit jamais d'une parole, ains lui commanda seulement qu'il le suivît, faisant retirer ses domestiques qui avaient accoutumé de le servir ordinairement. Le jeune homme, qui n'était point lourdaud de lui-même le fit volontiers, sans rien répliquer au contraire ; et quand il eut demeuré quelque temps auprès de lui, étant toujours à l'entour de sa personne, il commença à connaître et goûter la bonté de son naturel, et l'affection et intention qui le mouvait à faire ce qu'il faisait; l'austérité de sa vie ordinaire et sa constance à supporter tous travaux sans jamais se lasser ; dont il se prit à l'aimer et honorer affectueusement, et depuis alla prêchant à ses parents et amis que Lycurgue n'était point ainsi rude ni rebours, comme il semblait de prime face, ains était le plus doux et le plus aimable envers les autres qu'il était possible.

Voilà comme Alcandre fut châtié par Lycurgue et la punition qu'il en reçut ; c'est que de mal conditionné jouvenceau, outrageux et téméraire qu'il était auparavant, il devint homme très sage et très modéré.

(*Lycurgue.*)

On conte qu'il y eut quelquefois un méchant effronté qui fut tout un jour à outrager Périclès de paroles diffamatoires en pleine place, et à lui dire toutes les injures dont il se pouvait aviser ; ce qu'il endura patiemment sans jamais lui répondre un seul mot, dépêchant cependant quelques affaires de conséquence, jusqu'au soir qu'il se retira tout doucement en son logis, sans se montrer touché, en façon quelconque, combien que cet importun-là le suivît toujours, en lui disant tous les outrages qu'il est possible de dire ; et comme il fut prêt à entrer dedans son logis, étant déjà nuit toute noire, il commanda à un de ses serviteurs qu'il prît une torche, et qu'il allât reconduire cet homme et l'accompagner jusques en sa maison.

(*Périclès.*)

Quelques-uns des amis de Pyrrhus lui conseillèrent qu'il chassât de la ville un médisant qui ne cessait de mal parler de lui, mais il leur répondit : *Il vaut mieux qu'en demeurant ici il médise de nous entre peu de gens, qu'en le chassant de le faire aller çà et là par tout le monde semer sa médisance contre nous.* On lui amena un jour quelques jeunes hommes, qui en buvant ensemble avaient dit tout plein de paroles outrageuses de lui; il leur demanda s'il était vrai qu'ils les eussent dites : *Oui*, répondit l'un, sire, *nous les avons dites, vraiment, et en eussions bien dit encore davantage si le vin ne nous eût failli.* Il s'en prit à rire et leur pardonna.

(*Pyrrhus.*)

Timoléon ne s'exposa point à l'envie de ses citoyens, à laquelle la plupart des gouverneurs et capitaines vont donner de la tête ordinairement par une trop grande et insatiable convoitise d'honneurs et d'autorité : ains se tint le reste de ses jours en Sicile, jouissant des biens que lui-même avait produits, desquels le principal et le plus grand était de voir tant de villes, et tant de milliers d'hommes heureux par son moyen. Mais pour ce qu'il est, par manière de dire, nécessaire que non seulement toutes alouettes aient la houppe sur la tête, comme dit Simonide, mais aussi qu'en toutes les villes régies par police populaire, il y ait des calomniateurs, il s'en trouva deux à Syracuse de ceux qui avaient accoutumé de haranguer devant le peuple qui s'attachèrent à Timoléon, dont l'un s'appelait Laphystius, et l'autre Demaenetus, desquels comme Laphystius lui donna assignation à certain jour, pour venir répondre devant le peuple à quelque cas dont il prétendait le convaincre, ses citoyens se mutinèrent, et ne voulurent point que cette assignation eût lieu : mais lui les apaisa en leur remontrant qu'il avait pris tant de peines et de travaux, et s'était exposé à tant de dangers, afin que quiconque voudrait des Syracusains pût librement user de la franchise et liberté des lois. Et une autre fois Demaenetus, en pleine assemblée du peuple, ayant repris et blâmé plusieurs choses par lui faites pendant qu'il était capitaine, Timoléon ne répondit rien à cela, mais seulement dit au peuple, qu'il rendit grâce aux dieux, de ce qu'ils lui avaient concédé ce qu'il lui avait souventefois requis et demandé en ses prières : *c'est qu'il pût une fois voir les Syracusains en pleine franchise et liberté de pouvoir dire tout ce qui bon leur semblerait.*

(*Timoléon.*)

CHAPITRE VI

LA FORCE DE SE DÉTACHER

Il y a encore un courage bien supérieur à celui d'agir et de lutter avec constance, de souffrir avec résignation et de supporter avec douceur : c'est celui de se détacher de soi-même et de toutes les choses extérieures qui flattent la vanité et la sensualité, et qui ne peuvent accroître notre valeur morale. C'est ainsi que l'on acquiert et conserve la vraie liberté, qui est la vraie dignité de l'homme. Se détacher de soi, ce n'est pas se haïr, se mépriser, se priver de tout ce qui fait l'agrément de la vie ; c'est subordonner les instincts inférieurs à l'être divin qui est en nous ; c'est renoncer à l'orgueil, à l'égoïsme, à la vanité, pour faire ce que nous commande la loi morale ; c'est soumettre nos passions à l'empire de la raison. C'est aimer par-dessus tout le devoir et être prêt à lui tout sacrifier. C'est, pour le chrétien, aimer Dieu de tout son cœur, de toute son âme et de toute sa pensée. Il n'y a pas à craindre pour l'homme qu'il pousse trop loin le détachement. Mais il ne comprend pas toujours la haute portée des préceptes de morale : aussi, ne pouvant ou ne voulant pas pratiquer le détachement de l'âme, il se condamne à des mortifications extérieures excessives, plutôt que de dominer ses passions et de crucifier l'homme intérieur. Les grands hommes qui ont montré leur courage dans les batailles ou dans les missions civiques, n'ont pas été véritablement détachés d'eux-mêmes, s'ils se proposaient pour but l'admiration de leurs semblables et la gloire de vivre dans la mémoire de la postérité. Ceux-là seuls ont eu le vrai courage, qui se sont oubliés eux-mêmes et ont accompli le devoir jusqu'à la mort pour la seule fin d'être vertueux en obéissant à leur conscience. Cette indépendance de l'âme, fermement établie sur une vertu inébranlable, est la meilleure force que les grands hommes puissent mettre au service de leurs concitoyens. Elle est pour eux-mêmes une source de paix et de contentement en toute circonstances. Ils peuvent être méconnus quelquefois par les insensés qui leur préfèrent des flatteurs et des charlatans ; mais dans les difficultés et les malheurs, tous les regards se tournent vers eux, tous les cœurs se confient en leur sagesse et en leur dévouement. Tels sont Phocion et bien d'autres, qui ont aimé la patrie plus que la vie, plus que la gloire même, et la vertu encore bien plus que la patrie. Le vrai détachement est dépourvu de toute vaine ostentation, et d'autant plus simple qu'il est plus complet et plus élevé. La souffrance enseigne quelquefois à se détacher; mais toutes les âmes ne passent pas nécessairement par cette école. Il en est dont on peut dire qu'elles sont nées stoïques, c'est-à-dire que, dès leur jeunesse, elles dédaignent les choses qui n'ont que l'apparence, et manifestent une forte vie intérieure. Tels étaient Caton, Epaminondas, Pélopidas, Agésilas, tous les grands citoyens qui ont été les bienfaiteurs de leur nation.

Détachement

Ceux qui n'ont rien devant les yeux où ils aspirent, que la vertu et le devoir seulement, se servent de l'occasion du temps et de l'occurrence des affaires, sans se soucier que l'on applaudisse à leur beau parler, ni qu'on les siffle, ou qu'on leur fasse bruit pour le trouver mauvais.

Celui qui est amoureux de l'honnêteté et du devoir, hantant familièrement par ses actions avec la vertu, et en jouissant, sans en mot dire, sent un grand et haut contentement en soi-même, ne demandant autres auditeurs ni autres spectateurs que sa conscience propre. Celui qui a fait quelque chose honnête et vertueuse, et puis la va conter et la porte montrer partout, il est tout évident que celui-là regarde encore dehors, et est tiré de la convoitise de vaine gloire, et n'a point encore vu à nu et au vrai la vertu, mais seulement en dormant et en songe en a pensé entrevoir quelque ombre et quelque image, puisqu'il expose ainsi en vue ce qu'il a fait, comme un tableau de peinture.

(Comment l'on pourra apercevoir si l'on amende et profite en l'exercice de la vertu.)

Xerxès écrivit à Léonidas : Tu peux, en ne l'opiniâtrant point à vouloir combattre contre les dieux, et te rangeant de mon côté, te faire monarque de toute la Grèce. Il lui fit réponse : *Si tu connaissais en quoi consiste le bien de la vie humaine, tu ne convoiterais pas ce qui est à autrui; mais quant à moi, j'aime plus cher mourir pour le salut de la Grèce, que de commander à tous ceux de ma nation.*

(Les dits notables des Lacédémoniens.)

Le lendemain de la bataille au matin, Martius s'en alla devers le consul, et les autres Romains semblablement ; et là, le consul, montant dessus un tribunal, présent tout son exercite, rendit grâces convenables aux dieux pour une si grande et si glorieuse prospérité ; puis tourna sa parole à Martius, duquel premièrement il loua et exalta la vertu à merveilles, tant pour ce qu'il (lui-même) lui avait vu faire, que pour ce que Martius lui avait raconté ; et enfin, lui dit que de tous les chevaux prisonniers, et autres biens qui avaient été pris et gagnés en grande quantité, il en choisit dix de chaque sorte, à sa volonté, avant que rien ne fût distribué ni départi aux autres. Et outre cela, encore pour témoigner que ce jour-là il avait emporté le prix des prouesses sur tous les autres, lui donna de plus un beau et bon cheval, avec tout son harnais et tout son équipage ; ce que tous les assistants louèrent et approuvèrent grandement.

Mais Martius, se tirant en avant, déclara qu'il recevait bien le présent du cheval, et était très aise que son capitaine fût si content de lui et le louât si hautement ; mais que du demeurant, qui était plutôt comme un loyer mercenaire que récompense d'honneur, il n'en voulait point, mais se contentait d'avoir seulement sa part égale aux autres : *sinon*, dit-il, *que je te demande une grâce de plus, et te prie de me la concéder : c'est que j'ai entre les Volsques un hôte et ancien ami, homme de bien et d'honneur, qui maintenant est prisonnier, et au lieu qu'il était riche et opulent en sa maison, se trouve maintenant pauvre captif entre les mains de ses ennemis. Mais de tous les maux et malheurs qui de présent l'environnent, il me suffit de le pouvoir exempter d'un seul ; c'est de le garder qu'il ne soit point vendu comme esclave.*

Ces paroles de Martius ouïes, il se leva une clameur grande de toute l'assistance, et y en eut plus de ceux qui admirèrent son abstinence, en le voyant si peu mû d'avarice, que de ceux qui haut louèrent sa vaillance. Mais, après que le bruit et la clameur de l'assemblée fut un peu apaisé, le consul Cominius se prit à dire : *Vous ne saurions, seigneurs, contraindre Martius d'accepter les présents que nous lui offrons, s'il ne lui plait les recevoir ; mais donnons-lui-en un si convenable au bel exploit qu'il a fait, qu'il ne le puisse pas refuser, et ordonnons que désormais il soit surnommé Coriolanus, si ce n'est que l'exploit même le lui ait donné avant nous.*

(Coriolan.)

Agésilas, en mourant, commanda à ses amis qu'ils ne fissent faire aucune image ni statue de lui : *Car si j'ai*, dit-il, *fait aucune chose digne de mémoire en ma vie, cela sera suffi-*

sant monument de moi après ma mort ; sinon toutes les statues
et images du monde ne sauraient perpétuer ma mémoire.
(*Les dits notables des anciens rois.*)

Paul-Émile défit par deux fois les Barbares en bataille rangée, et en tua bien jusques au nombre de trente mille, et fit ce grand exploit par avoir bien et sagement su choisir l'avantage du lieu et du temps, pour combattre ses ennemis, ainsi comme ils passaient une rivière ; ce qui facilita grandement la victoire à ses gens, et davantage il y conquit deux cent cinquante villes, qui le reçurent volontairement. Et ainsi laissant toute la province pacifique, et ayant reçu le serment de fidélité qu'elle fit de nouveau entre ses mains, il s'en retourna à Rome sans s'être en tout ce voyage enrichi d'une seule drachme d'argent ; car il était partout ailleurs assez peu soigneux de son profit, et si dépensait libéralement sans épargner son bien, qui n'était pas grand, comme il apparut quand il fut décédé, par ce qu'à peine put-il suffire à payer le douaire qui était dû à sa femme.

Or était-ce lors la coutume de ceux qui étaient élus consuls, après qu'on les avait déclarés tels, de faire une harangue au peuple, pour le remercier de la grâce et de l'honneur qu'il leur avait fait ; suivant laquelle coutume, s'étant le peuple romain assemblé pour écouter Paul-Émile, il leur dit *qu'il avait demandé son premier consulat pour l'amour et pour le regard de soi-même, ayant eu lors besoin de tel honneur ; mais qu'il s'était présenté au second pour l'amour d'eux, qui avaient besoin d'un capitaine, au moyen de quoi il ne s'en sentait point obligé ni tenu à eux ; et que, s'ils pensaient que cette guerre se pût mieux conduire par un autre que par lui, volontiers il lui en cédait et quittait dès lors toute la charge : et aussi, s'ils avaient telle fiance de lui qu'il fut bien pour la faire, qu'ils ne se mêlassent donc point de parler ni d'entreprendre chose quelconque qui appartint à l'office et au devoir du capitaine, mais seulement eussent soin de faire sans mot dire ce qui leur serait ordonné de sa part, et qui ferait besoin pour la conduite de cette guerre, parce que, si chacun se voulait encore mêler de commander, comme l'on avait fait auparavant, à ceux qui doivent et à qui il appartient de commander, ils se feraient encore moquer d'eux plus que jamais en la conduite de leurs affai-*

res. Ces paroles firent que les Romains lui rendirent grande obéissance, et conçurent bonne espérance de l'avenir étant tous bien aises d'avoir éconduit ceux qui, par ambitieuses flatteries, aspiraient à cette charge, et d'y avoir commis un personnage qui eût cœur de leur dire franchement et librement leur vérité. Voilà comment le peuple romain, par se rendre sujet à la raison et à la vertu, vint à commander aux autres et à se faire le plus grand et le plus puissant de tout le monde.

(Paul-Émile.)

Caton manda au Sénat de faire un statut, que désormais ceux qui brigueraient une fonction supplieraient et requerraient eux-mêmes seuls le peuple, et ne le feraient point requérir par d'autres, ce qui irrita le commun peuple contre lui, attendu que non seulement il leur avait ôté le gain manuel de l'argent qu'ils avaient coutume recevoir ès élections pour donner leurs voix, mais encore les privait des moyens de faire plaisir à beaucoup de gens, rendant le populaire et pauvre et méprisé tout ensemble.

Qui plus est, n'ayant pas la grâce attrayante pour gagner la faveur de la commune en priant lui-même ; ains aimant mieux retenir la dignité de ses mœurs et de sa vie, que d'acquérir celle du consulat, lui-même fit sa brigue, et ne voulut point laisser faire à ses amis les choses par lesquelles on acquiert et gagne les cœurs d'une commune ; aussi se trouva-t-il débouté de sa demande. Si avait ce rebut accoutumé d'apporter non seulement aux refusés, mais aussi à leurs parents, amis et alliés, un deuil et tristesse, avec une honte qui durait par plusieurs jours : mais Caton en fit si peu de compte, que le lendemain au matin il joua à la paume avec ses familiers dedans le champ de Mars, et après le dîner s'en alla sur la place sans souliers en ses pieds et sans sayon, se promener comme il avait accoutumé.

(Caton.)

Se détacher de la vie

Pélopidas, compagnon d'Épaminondas en la charge de capitaine de la Béotie, comme ses amis le reprenaient de ce qu'il négligeait une chose qui était nécessaire, c'est à savoir de faire amas d'argent : *L'argent nécessaire*, dit-il, *oui bien à ce Nicomède-là*, montrant un pauvre boiteux estropié de bras et de jambes. Ainsi comme il se partait de Thèbes pour aller à la bataille, sa femme le priait avoir soin de se sauver : *C'est aux autres*, dit-il, *à qui il faut recorder cela ; mais un capitaine et qui a charge de commander, il lui faut recorder qu'il ait soin de sauver les autres, non pas lui.* A un de ses soudards qui disait, Nous sommes tombés dedans nos ennemis : — *Pourquoi nous dedans eux, plutôt qu'eux dedans nous ?*

Au reste, étant provisoirement retenu prisonnier et mis aux fers, contre la foi publique des trèves, par Alexandre, tyran de Phères, il lui en disait injure en l'appelant *traître parjure* ; le tyran lui demanda, s'il avait si grande hâte de mourir : *Oui*, répondit-il, *afin que les Thébains en soient plus irrités contre toi, et que tant plutôt tu sois puni de ta déloyauté.* Thébé, la femme du tyran, l'étant allée voir en la prison, lui dit qu'elle s'ébahissait comment il pouvait être si joyeux, étant en prison aux fers : *Mais je m'ébahis bien plus de toi*, dit-il, *comme étant en toute liberté, tu peux supporter un si méchant homme qu'Alexandre.*

Après qu'Épaminondas le fut venu tirer de prison, il dit *qu'il se sentait tenu à Alexandre, parce que par son moyen j'ai éprouvé plus que jamais que mon cœur est ferme assez, non seulement contre la crainte de la guerre, mais aussi contre la peur de la mort.*

(*Les dits notables des anciens rois.*)

CHAPITRE VII

LA PRUDENCE ET LA SAGESSE

La prudence est la lumière de la force. C'est l'œil de la raison ouvert sur toutes les activités humaines pour les diriger vers une fin absolument ou relativement utile. Plutarque, s'inspirant d'Aristote, a distingué entre la sagesse et la prudence. Dans le domaine des choses absolues, c'est-à-dire dans la recherche et l'application des principes de vérité et de justice, c'est la sapience ou la sagesse ; dans les choses relatives, la direction de la vie extérieure, des intérêts matériels ou transitoires, c'est la prudence. Cependant, ce n'est au fond, me semble-t-il, que la même vertu s'appliquant à des choses différentes : c'est l'âme qui s'éclaire pour se guider dans les diverses circonstances de la vie. Mais il faut que la prudence soit inspirée par des motifs élevés pour mériter le nom de vertu : au service de passions ou d'intérêts égoïstes, elle n'est plus prudence, mais habileté ; elle ne se conduit plus d'après des principes, mais elle vit d'expédients et ne se sert de sa perspicacité que pour les fins les plus mesquines. Cette sorte de prudence, plus digne d'être appelée ruse, est méprisée des âmes honnêtes pour qui la sagesse ou la prudence n'est que la lumière de la vertu.

C'est une erreur de croire que la prudence diminue le courage, parce que la réflexion peut refroidir ou empêcher les élans. Elle n'affaiblit ou plutôt ne tempère que le courage animal, lorsqu'il est purement instinctif et que ses plus grandes audaces tiennent à l'ignorance du danger. Mais elle éclaire et dirige l'âme forte, que l'amour du devoir arme pour les plus rudes combats et prépare aux plus douloureux sacrifices. Quand l'abnégation exalte l'âme, tout y devient grand, la raison a des vues plus hautes, et ces illuminations supérieures révèlent des choses ignorées du vulgaire, qui traite d'imprudents et de fous ceux dont les paroles ou les actions sont au-dessus de sa portée.

L'habitude de la réflexion qui perfectionne la vue intérieure, jointe à la force morale qui résiste aux entraînements extérieurs, maintient l'âme dans un état de sérénité qui lui assure la pleine possession d'elle-même. C'est une vraie royauté qui s'impose ; et tout ce qui émane d'elle porte l'empreinte de la force et de la sagesse. Ses paroles sont des traits lumineux qui atteignent sûrement leur but ; ses actions sont promptes, vigoureuses, telles, en un mot, qu'on n'en peut imaginer de plus parfaites pour le moment donné. Cette autorité irrésistible donne l'empire sur les multitudes, elle fait les vrais héros et les libérateurs, les guides des nations.

Bon sens. Sagesse

Il y a deux arts que les hommes ont inventés pour l'entretien de la santé du corps: c'est à savoir *la médecine et les exercices de la personne,* dont l'un procure la santé et l'autre la force et la gaillarde disposition; mais la philosophie est la seule médecine des infirmités et maladies de l'âme; car par elle et avec elle nous connaissons ce qui est honnête ou déshonnête, ce qui est juste ou injuste, et généralement ce qui est à faire ou à élire ; comme il se faut comporter envers les dieux, envers ses pères et mères, envers les vieilles gens, envers les lois, envers les étrangers, envers ses supérieurs, envers ses enfants, envers ses femmes et envers ses serviteurs; pour ce qu'il faut adorer les dieux, honorer ses parents, révérer les vieilles gens, obéir aux lois, céder aux supérieurs, aimer ses amis, être modéré avec les femmes, aimer ses enfants, n'outrager point ses serviteurs, et, ce qui est le principal, ne se montrer point ni trop éjoui en prospérité, ni trop triste en adversité, ni dissolu en volupté, ni furieux et transporté en colère. Ce que j'estime être les principaux fruits que l'on peut recueillir de la philosophie.

(Comment il faut nourrir les enfants.)

Toutes les choses sont ou absolument et simplement en leur être, ou relativement en égard à nous. Absolument sont en leur être, comme *la terre, le ciel, les étoiles et la mer* : relativement au regard de nous, comme *bon, mauvais, profitable, nuisible, plaisant, déplaisant*. La raison contemple l'un et l'autre, mais le premier genre des choses qui sont absolument appartient à science, et à contemplation, comme son objet ; le second, des choses qui sont relativement en égard à nous, appartient à consultation et action : et la vertu de celui-là est *sapience*, la vertu de celui-ci, *prudence :* et y a différence entre prudence et sapience, d'autant que prudence consiste en une relation, et application de la partie contemplative de l'âme à l'action, et au règlement de la sensuelle selon raison ; tellement que prudence a besoin de la fortune, là où sapience n'en a que faire, pour atteindre et parvenir à sa propre fin.

Mais la prudence descendant aux choses pleines de variation, de troubles et de confusion, il est force qu'elle se mêle souvent de choses fortuites et casuelles, et qu'elle use de consultation en choses si douteuses et si incertaines, et après avoir consulté, qu'elle vienne lors à mettre la main à l'œuvre et à l'action.

(De la vertu morale.)

N'est pas la faiblesse du corps un si grand mal pour le gouvernement de ceux qui hors d'âge montent en la tribune aux harangues, au siège présidial ou au palais des capitaines, comme est le bien que la vieillesse leur apporte, à savoir la circonspection retenue et la prudence, et le non s'être jeté à l'étourdie au maniement des affaires.

Voilà pourquoi les villes, quand elles ont reçu quelque mauvaise secousse, ou bien qu'elles la craignent, alors elles demandent être régies et gouvernées par hommes vieux et expérimentés, tellement que bien souvent elles ont tiré par force de sa maison des champs un bon vieillard qui ne pensait ni ne demandait rien moins, et l'ont contraint de mettre la main au timon pour remettre les affaires en sûreté, rejetant cependant arrière des beaux harangueurs qui savaient crier bien haut, et prononcer de longues phrases tout d'une haleine sans respirer, et même capitaines qui eussent à la vérité bien pu aller vaillamment affronter et combattre les ennemis.

(*Si l'homme d'âge se doit encore entremettre et mêler des affaires publiques.*)

Prudence et sagesse dans les paroles.

C'est belle chose que ne faire ne dire rien témérairement ; et, comme dit le proverbe ancien, *ce qui est beau est difficile aussi*.

Périclès, ainsi comme nous avons entendu, bien souvent qu'il était expressément appelé par son nom, pour dire son avis de la matière qui se présentait, ne se voulait pas lever, disant par son excuse : *Je n'y ai pas pensé*. Démosthène, semblablement, grand imitateur de ses façons de faire au gouvernement, plusieurs fois que le peuple d'Athènes l'appelait nommément pour ouïr son conseil sur quelque affaire, leur répondit tout de même : *Je ne suis pas préparé*.

(*Comment il faut nourrir les enfants.*)

Comme en notre corps les parties offensées et dolentes attirent toujours à soi, et toutes humeurs corrompues des parties voisines y fluent : aussi la langue d'un babillard, ayant toujours fièvre et inflammation, tire toujours à soi et assemble quelque chose de secret et de caché : à raison de quoi il la faut bien refréner, et lui mettre toujours au devant le boulevard de la raison, qui comme une levée empêche le flux et la glissante inconstance d'icelle, afin que nous ne soyons plus indiscrètes bêtes que les oies, lesquelles pour passer de la Cilicie par-dessus le mont de Taurus qui est plein d'aigles, prennent en leur bec une grosse pierre, comme mettant une serrure ou un frein à leur cri, pour pouvoir passer la nuit sans crier et sans être aperçues des aigles.

Or si l'on demandait quelle personne est la plus pernicieuse et la plus méchante du monde, je crois qu'il n'y a homme qui ne dit, passant tous les autres, que c'est un traître. Le babillard est un traître gratuit et volontaire, qui ne demande point de loyer et qui n'attend pas qu'on le sollicite, mais se va présenter de lui-même, et ne trahit pas aux ennemis des chevaux, ou des murailles, mais révèle les secrets, soit en procès, ou en séditions civiles, ou en menées de gouvernement, sans que personne lui en sache gré, car encore pense-t-il être bien tenu à ceux qui veulent ouïr : par quoi ce qu'on dit à un prodigue, qui follement dépense et dissipe le sien : *Tu n'es pas libéral, c'est un vice duquel tu es entaché, tu prends plaisir à donner ;* cette même répréhension convient très bien à un babillard : *Tu n'es point mon ami pour me venir découvrir cela, tu es entaché de ce vice, tu aimes à caqueter et à babiller.*

La première recette et ordonnance de médecin pour corriger ce vice, soit la considération et déclaration des malheurs, inconvénients et infamies qui en adviennent. La seconde soit la méditation du contraire, c'est à savoir, écouter, retenir, et avoir toujours à main les louanges et recommandations du silence, la majesté, la mystique gravité, la sainteté de la taciturnité, en nous représentant toujours en notre entendement, combien plus on a en admiration, combien plus on aime, combien plus on répute sages ceux qui parlent rondement et peu, et qui en peu de paroles embrassent beaucoup de substance, que l'on ne fait pas ces grands causeurs, qui babillent à langue débridée.

(Du trop parler)

Comment oseras-tu franchement blâmer et reprendre celui qui n'aura pas tenu secret ce que tu lui auras révélé? Car s'il ne fallait pas qu'il fût su, pourquoi l'as-tu dit à un autre ? et si mettant ton secret hors de toi-même, tu le veux garder en un autre, tu as donc plus de confiance en un autre qu'en toi-même ; et s'il est semblable à toi, tu es perdu à bon droit ; s'il est meilleur, tu es échappé contre toute raison, ayant trouvé une personne qui te soit plus fidèle que toi-même.

Mais c'est mon ami, diras-tu : aussi sera un autre le sien à qui il se fiera aussi : et celui-là encore à un autre ; ainsi prend la parole accroissement et multiplication par une suite enfilée d'incontinence de langue. Comme dit le poëte, *les paroles ont ailes*, et ainsi, comme il n'est pas aisé de reprendre ou retenir un oiseau, quand on l'a une fois laissé échapper des mains ; aussi ne saurait-on retenir ne ravoir une parole, depuis qu'elle est jetée hors de la bouche, car elle s'envole, battant ses légères ailes, et s'épand des uns aux autres : bien peut-on retenir et ralentir le cours d'un navire, que l'impétuosité des vents emporte, avec ancres et rouleaux de cordages, mais, depuis que la parole est issue de la bouche comme de son port, il n'y a plus de rade où elle se pût retirer, ni ancre qui la sût arrêter, ains s'envolant avec un merveilleux bruit et grand son, enfin elle va rompre contre quelque rocher, et abîmer en quelque gouffre de danger celui qui l'a laissée aller.

Le trop parler d'un seul homme engarda que Rome ne fût délivrée de la tyrannie de Néron ; car il n'y avait qu'une nuit entre deux, et était tout apprêté pour le tuer le lendemain ; or celui qui avait entrepris l'exécution, alla au théâtre, vit à la porte un pauvre prisonnier, de ceux qui étaient condamnés à être jetés devant les bêtes sauvages, que l'on allait mener à Néron, et l'oyant lamenter sa misérable fortune, il s'approcha de lui et lui dit tout bas en l'oreille : *Prie Dieu, pauvre homme, que tu puisses échapper ce jour seulement, et demain tu me remercieras.* Le prisonnier ravit incontinent cette parole couverte ; et préféra la manière de sauver sa vie sûre à la juste, et, pour ce, alla découvrir à Néron ce que l'autre lui avait couvertement dit : ainsi le malheureux fut incontinent saisi au corps ; et aussitôt la géhenne, le feu, les tortures, furent prêtes pour faire confesser par force à ce malheureux ce que jà de lui-même il avait, sans contrainte, découvert.

Mais Zénon le philosophe, de peur que, contre sa volonté, son corps, forcé de l'horreur des tourments, ne décelât quelque chose de son secret, cracha sa langue, qu'il tronçonna lui-même avec ses propres dents, au visage du tyran.

Jamais parole dite ne servit tant comme plusieurs tues ont profité, d'autant que l'on peut bien toujours dire ce que l'on a tu, mais non pas taire ce que l'on a dit, parce qu'il est déjà sorti et répandu partout. C'est pourquoi nous apprenons des hommes à parler, et des dieux à nous taire : car aux sacrifices et saintes cérémonies du service des dieux, il est commandé de se taire et de garder silence ; et aussi le poète Homère fait Ulysse, duquel l'éloquence était si douce, taciturne et peu parlant.

La raison eut tellement toutes les parties de son corps obéissantes à son commandement, qu'elle commandait aux yeux de ne plorer point, à la langue de ne parler point, au cœur de ne trembler point et de ne soupirer point.

(*Du trop parler.*)

Les Lacédémoniens enseignaient aux enfants à parler, de sorte que leur langage eût une pointe mêlée avec grâces et plaisir, et qu'en peu de paroles il comprît beaucoup de substance. Car Lycurgue voulait que la monnaie de fer en grand poids et grosse masse eût bien peu de valeur, comme nous avons déjà dit ailleurs ; et, au contraire, que la parole, en peu de mots non fardés ni affectés, comprît beaucoup de graves et bonnes sentences, accoutumant les enfants par un long silence à être brefs et aigus en leurs réponses. De là vient que les réponses laconiennes étaient si aiguës et si subtiles, comme on dit, que le roi Agis répondit un jour à un Athénien qui se moquait des épées que portaient les Lacédémoniens, disant qu'elles étaient si courtes, que les bateleurs et joueurs de passe-passe les avalaient facilement en la place devant tout le monde : *Et toutefois*, dit Agis, *si en assénons-nous bien nos ennemis*.

Quant à moi, il m'est bien avis que les Laconiens, en leur manière de parler, n'usent pas beaucoup de langage, mais qu'ils touchent très bien au point, et qu'ils se font très bien entendre aux écoutants ; et si me semble que Lycurgue lui-même était ainsi court et aigu en son parler, à ce que l'on peut conjecturer par quelques siennes réponses qu'on trouve par écrit, comme fut celles qui fit à un qui lui suadait d'établir en Lacédémone un gouvernement populaire, là où le petit eût autant d'autorité que le grand : *Commence, lui dit-il, à la faire toi-même en ta maison.* On trouve aussi quelques réponses semblables en quelques lettres missives qu'il écrivait à ses citoyens, comme quand ils lui demandèrent : *Comment nous défendre contre nos ennemis?* Il leur répondit : *Si vous demeurez pauvres, et que l'un ne convoite point avoir davantage que l'autre.* Et en une autre missive, où il discourt s'il était expédient de fermer la ville de murailles. *Comment,* dit-il, *pourrait-on dire que cette ville soit sans murailles, qui est ceinte et environnée d'hommes tout à l'entour, et non pas de brique ?*

Et quant à ce que j'ai dit ailleurs ci-devant, qu'en leurs réponses aiguës et subtiles, il y avait ordinairement quelque peu de pointe mêlée avec grâce, on le peut voir et connaître par ces autres mots-ci. Démarate répondit à un fâcheux qui lui rompait la tête de questions impertinentes et importunes, en lui demandant souvent, *qui était le plus homme de bien de Lacédémone : Celui,* dit-il, *qui te ressemble le moins.* Et Agis dit à quelques-uns qui haut louaient les Eliens de ce qu'ils jugeaient selon droit et justice aux jeux Olympiques : *Quelle grande merveille est-ce,* dit-il, *si en l'espace de cinq ans les Eliens font un seul jour bonne justice ?* Et Théopompe à un étranger, lequel, voulant montrer l'affection qu'il portait à ceux de Lacédémone, disait : *En notre ville tout le monde m'appelle Philolacon,* c'est-à-dire amateur des Lacédémoniens. *Il te serait plus honnête,* répondit-il, *d'être surnommé Philopolites,* c'est-à-dire, aimant ses citoyens. Et Plistonax, fils de Pausanias, comme un orateur Athénien appela les Lacédémoniens grossiers et ignorants : *Tu dis vrai,* lui répondit-il, *car nous sommes seuls entre les Grecs qui n'avons appris rien de mal de vous.* Et Archidamidas à un qui lui demandait combien ils étaient de Spartiates : *Assez,* lui répondit-il, *pour chasser les méchants.*

L'on peut aussi faire conjecture de leur manière de parler, par les mots de risée qu'ils disaient aucunes fois en jouant, pource qu'ils s'accoutumaient à ne dire jamais parole à la volée et en vain, sous laquelle il n'y eût toujours quelque intelligence secrète, qui méritait qu'on la considérât de près. Comme celui qu'on invitait à aller ouïr un qui contrefaisait naïvement le rossignol : *J'ai,* dit-il, *ouï le rossignol même.* Et un autre qui, ayant lu cette inscription de sépulture :

Après avoir la tyrannie éteinte
De leur pays, par martiale atteinte,
Ceux-ci jadis devant les hautes tours
De Selinonte achevèrent leurs jours.

Ils méritaient, dit-il, *bien la mort d'avoir éteint une tyrannie; car ils la devaient laisser toute brûler.* Et un jeune garçon à quelque autre qui promettait de lui donner des coqs si courageux, qu'ils mourraient sur la place en combattant : *Ne me donne point*, dit-il, *de ceux qui meurent, mais de ceux qui font mourir les autres en combattant.* Un autre, voyant des hommes qui s'en allaient, étant assis dedans des coches et litières : *A Dieu ne plaise*, dit-il, *que je sois jamais en chaire dont je ne me puisse lever au-devant d'un plus vieil que moi.* Telles donc étaient leurs réponses et rencontres, de manière que ce n'est pas sans raison que quelques-uns ont autrefois dit que *Laconiser* était plutôt *philosopher*, c'est-à-dire, exercer l'âme que le corps.

(*Lycurgue.*)

Un natif de l'île de Sériphe, qui étant entré en paroles avec Thémistocle, lui reprocha *que ce n'était point par sa valeur mais seulement pour la noblesse de la ville dont il était né, qu'il avait acquis tant de gloire.* — *Tu dis vrai*, lui répondit-il, *mais ni je n'eusse jamais acquis grand honneur, si j'eusse été Sériphien, ni toi aussi, quand tu eusses été Athénien.* Une autre fois, comme l'un des autres capitaines de la ville, pour avoir fait quelque bon service à la chose publique, s'en glorifia devant Thémistocle et compara ses gestes à ceux qu'il avait fait, Thémistocle pour réponse lui fit un conte, *que le lendemain de la Fête disputa un jour avec elle, en lui reprochant qu'il ne faisait que travailler et avait toute la peine, là où elle ne faisait rien que dépenser et faire bonne chère de ce que les autres avaient gagné.* — *Tu dis la vérité*, lui répondit la Fête, *mais si je n'eusse été devant toi, tu ne fusses pas maintenant; aussi, si je n'eusse été alors, vous autres, où seriez-vous à cette heure?*

(*Thémistocle.*)

Périclès se voulant former un style de parler, et une façon de langage comme un outil convenable et conforme à la manière de vivre et à la gravité qu'il avait prise, y employait à tous propos ce qu'il avait appris d'Anaxagore, colorant ces raisons de philosophie naturelle par l'artifice de rhétorique : car, ayant acquis par l'étude de cette philosophie une hautesse de conception et une efficace de venir à bout de tout ce qu'il prenait à prouver, outre que de nature il était doué de bon entendement, comme écrit le divin Platon, et en tirant ce qui convenait à son propos, qu'il accoutrait puis après par artifice d'éloquence, il se rendit de beaucoup plus excellent orateur que nul autre de son temps ; au moyen de quoi lui fut, comme l'on dit, imposé le surnom d'*Olympien*, qui vaut autant à dire comme céleste ou divin ; encore que quelques-uns veuillent dire, que ce fut à cause des beaux ouvrages et édifices publics, dont il embellit la ville d'Athènes et d'autres à cause de la grande autorité et puissance qu'il avait au gouvernement tant en guerre qu'en paix.

Toutefois les comédies que firent jouer les poètes de ce temps-là, en lesquelles il y a plusieurs paroles dites de lui, les unes à bon escient, les autres en jeu et avec risée, témoignent que ce fut pour son éloquence principalement que lui fut donné ce surnom ; car ils disent qu'il tonnait, qu'il éclairait en haranguant, et qu'il portait sur sa langue une foudre terrible. Auquel propos on fit un conte d'une réponse de Thucydide, fils de Milesius, qu'il fit touchant la force d'éloquence de Périclès assez plaisamment, car il était homme de bien et d'honneur, et avait longuement fait tête au gouvernement des affaires à Périclès. Comme donc Archidamus, roi de Lacédémone, lui demanda un jour, lequel luttait le mieux de lui ou de Périclès, il lui répondit: *Quand je l'ai jeté par terre en luttant, il sait si bien dire en le niant, qu'il fait crier aux assistants qu'il n'est point tombé, et leur persuade le contraire de ce qu'ils ont vu.*

Toutefois il était fort retenu et réservé en son parler, de sorte que, toutes les fois qu'il s'allait présenter à la tribune des harangues pour prêcher le peuple, il faisait prières aux dieux qu'il ne lui échappât de la bouche, sans y penser, aucune parole qui ne servît bien à la matière qu'il avait à traiter : toutefois il n'est rien demeuré de ses œuvres par écrit, si ce ne sont quelques édits qu'il mit en avant ; encore a l'on retiré par mémoire bien peu de ses dits notables, comme quand il dit qu'il fallait ôter la ville d'Égine, *parce qu'elle était comme une paille en l'œil du port de Pirée*, et une autre fois qu'il dit, *qu'il voyait déjà de loin la guerre qui leur courait sus de devers le Péloponèse*.

(*Périclès.*)

Un jeune orateur, nommé Cléomène, demanda publiquement à Théramène s'il était si bien osé et si hardi de faire ou dire chose contraire à ce qu'avait fait Thémistocle en consentant aux Lacédémoniens de démolir par leur commandement les murailles que lui avait édifiées malgré eux : il lui répondit sur-le-champ : *Je ne fais rien, jeune fils, mon ami, qui soit contraire aux faits de Thémistocle. Car ainsi que lui fit jadis bâtir ces murailles pour le salut de ses citoyens, qui lors étaient, aussi les ferions-nous maintenant abattre et démolir pour la même cause, et s'il était vrai que les murailles rendissent les cités bien heureuses, il s'ensuivrait que celle de Sparte, qui n'en eut oncques, serait la plus malheureuse du monde.*

(*Lysandre.*)

Le médecin Ménécrate avait été heureux en la cure de quelques maladies désespérées, au moyen de quoi quelques-uns l'avaient surnommé *Jupiter* : et lui, par trop arrogamment, usurpait ce surnom-là, de sorte qu'il eût bien la présomption de mettre en la suscription d'une lettre qu'il écrivait à Agésilas : *Ménécrate le Jupiter au roi Agésilas, salut*. Agésilas lui écrivit, *Agésilas à Ménécrate, santé*

(*Les dits notables des Lacédémoniens.*)

Les Thasiens ayant reçu beaucoup de bienfaits, et pour ce se sentant grandement tenus à Agésilas, lui dédièrent des temples et lui décernèrent des honneurs divins, comme s'il eût été un dieu, et lui envoyèrent des ambassadeurs pour lui faire entendre leur résolution. Ayant lu leurs lettres, et entendu les honneurs qu'ils lui faisaient, il leur demanda *si leur pays et leur communauté pouraient déifier les hommes* ; ils lui répondirent que *oui*. *Or, sus donc*, dit il, *commencez à vous-mêmes, et si vous vous pouvez faire dieux vous-mêmes,* alors je croirai que vous me le puissiez faire aussi. Et comme les peuples de l'Asie qui sont d'extraction grecque, eussent ordonné qu'en toutes leurs principales cités, ils lui feraient ériger des statues, il leur écrivit : *Je ne veux que l'on fasse de moi aucune statue, ni image, ni peinte, ni moulée, ni taillée.*

(*Les dits notables des Lacédémoniens.*)

Une fois que Denis était à Corinthe, il y eut un étranger qui se moqua assez importunément de lui, et mêmement de ce qu'étant en sa seigneurie, il prenait plaisir à voir des gens de lettres et des philosophes autour de lui, jusqu'à lui demander, à la fin, de quoi lui avait servi le savoir et la sagesse de Platon. Il lui répondit : *Te semble-t-il qu'elle ne m'ait rien profité, à voir comme je supporte le changement de ma fortune ?*

Comme Philippe, roi de Macédoine, un jour à table fut tombé en propos de chansons, poésies et tragédies que Denis le père avait composés, et feignit s'émerveiller, quand, ne comment il avait eu loisir de vaquer à faire semblables compositions, il lui répondit assez à propos : *C'était*, dit-il, *aux heures que toi et moi et tous autres seigneurs qu'on répute grands et heureux, employons à folâtrer et à ivrogner.*

(*Timoléon.*)

Alexandre proposa aux sages Indiens plusieurs questions qui semblaient insolubles, leur commandant de les résoudre, autrement, qu'il ferait mourir celui qui aurait le premier failli à bien répondre, et tous les autres après ; et voulut que l'un, qui était le plus vieil de tous, fût le juge de leurs réponses. La demande qu'il fit au premier fut, *lesquels il estimait être en plus grand nombre, les morts et les vivants :* il répondit *que c'étaient les vivants, parce*, dit-il, *que les morts ne sont plus.* Au second il demanda *laquelle nourrissait de plus grandes bêtes, la terre ou la mer :* il répondit : *La terre, parce que la mer n'est qu'une partie d'icelle.* Au troisième, *lequel est le plus fin des animaux* : il répondit : *Celui que l'homme n'a point encore connu.* Au quatrième, *pourquoi il avait fait rebeller Sabbas : afin,* dit-il, *qu'il vécût honorablement, ou qu'il mourût malheureusement.* Au cinquième, *lequel avait été le premier, le jour ou la nuit :* il répondit : *Le jour a procédé d'un jour.* Et comme le roi trouvait cette réponse étrange, il y ajouta : *A demandes étranges, il est forcé que les réponses soient aussi étranges.* Parquoi, passant outre, il demande au sixième, *par quel moyen se pourrait l'homme plus faire aimer. — En étant très bon et ne se faisant point craindre.* Au septième, il demanda *comment se pourrait un homme faire Dieu. — En faisant,* répondit-il, *quelque chose impossible à l'homme.* Au huitième, il demanda *laquelle était la plus forte, la vie ou la mort :* il répondit : *La vie, vu qu'elle supporte tant de maux.* Et au dernier, *jusqu'à quel âge est-il expédient que l'homme vive. — Jusqu'à tant,* dit-il, *qu'il n'estime point le mourir meilleur que le vivre.* Ces réponses ouïes, il se tourna devers le juge, lui commandant de prononcer sa sentence sur elles. Le juge dit qu'ils avaient tous répondu l'un pis que l'autre. *Tu mourras donc toi-même le premier,* lui dit adonc Alexandre, ayant donné une telle sentence. — *Non ferai pas,* répliqua-t-il, sire, *si tu ne veux être menteur, attendu que tu as dit que tu ferais mourir le premier celui qui aurait pirement répondu.* La fin fut qu'il les laissa aller en leur donnant encore des présents.

(*Alexandre.*)

Combien que Phocion fut fort doux et fort humain de sa nature, si est-ce qu'à le voir au visage, il montrait être austère et mal accointable; de sorte qu'un homme qui n'eût point eu de familiarité avec lui, ne l'eût pas facilement abordé seul : et c'est pourquoi, un jour que l'orateur Charès se moquait de la sévérité de ses sourcils, comme le peuple athénien s'en fut pris à rire, il répondit publiquement : *Ces miens sourcils, seigneurs athéniens, ne vous ont jamais fait mal, mais les risées de ces mignons ici vous ont souvent fait pleurer.* Son parler, semblablement, pour les bonnes conceptions et les beaux discours qu'il contenait, était plein de très utiles et salutaires instructions ; mais c'était avec une brièveté impérative, austère, et nullement adoucie : car, comme disait le philosophe Zénon, *que l'homme sage doit tremper sa parole en sens et en raison, premier que de la prononcer,* aussi le parler de Phocion, en bien peu de langage, comprenait beaucoup de substance; et semble que ce soit la raison pour laquelle Polyeucte Sphebien dit que Démosthène était très bon orateur, mais que Phocion était très éloquent.

Démosthène même, faisant bien peu de compte de tous les autres orateurs de son temps, quand Phocion se levait pour parler, il avait coutume de dire tout bas en l'oreille à ses amis : *Voilà la hache de mes discours.* Toutefois cela se pourrait à l'aventure aussi bien référer à ses mœurs, parce que non seulement une parole, mais aussi un clin d'œil ou un signe de tête d'un homme de bien, a force de persuader contrepesant, et de plus de poids que ne sont infinis arguments et périodes artificielles de rhétorique.

(*Phocion.*)

Un jour ayant été publiquement lu un oracle de Delphes, lequel disait, *que tous les autres Athéniens étant d'accord, il y en avait un seul qui était contraire à tout le reste de la ville;* Phocion, se tirant en avant, dit publiquement, *qu'on ne se donnât point autrement peine d'enquérir qui c'était, et que c'était lui, parce qu'il ne trouvait rien bon de tout ce qu'on faisait.*

Une autre fois il lui advint de dire son opinion devant l'assemblée du peuple, laquelle fut universellement approuvée et reçue de tout le monde, et voyant que toute l'assistance se trouvait aussitôt de son avis, il se retourna devers ses amis, en leur demandant : *Hélas ! mes amis, ne m'est-il point échappé de dire quelque mauvaise chose en n'y pensant pas ?*

(*Phocion.*)

Étant venue la nouvelle de la mort de Philippe, le peuple tout incontinent en voulut faire les feux de joie, et des édifices aux dieux, comme pour une très bonne nouvelle ; mais Phocion ne le voulut point permettre, *par la raison,* dit-il, *que ce serait un signe de trop bas et trop petit cœur, que de se réjouir de la mort d'autrui, et alors que l'armée qui vous a défaits à Chéronée, n'en est diminuée que d'une tête seulement.*

(*Phocion.*)

Le premier qui apporta à Athènes la nouvelle de la mort d'Alexandre, fut un Asclépiade, fils d'Hipparcus, auquel Démade disait qu'il ne fallait point ajouter de foi, *pource*, dit-il, *que, s'il fût vrai, toute la terre sentirait l'odeur d'un tel mort*.

Mais Phocion voyant que le peuple levait jà la tête, ne demandant que toutes nouvelletés, tâchait à le modérer et contenir : et comme plusieurs des harangueurs montassent incontinent en la tribune aux harangues, et criassent que la nouvelle d'Asclépiade était certaine, et qu'Alexandre était véritablement mort, Phocion leur répondit : *Si elle est vraie, aujourd'hui, elle sera donc encore vraie demain et après demain : et pourtant, seigneurs Athéniens, ne vous hâtez point, mais délibérez tout à loisir, et pourvoyez surement à ce que vous avez à faire*. Et comme Léosthène eût tant fait par ses menées qu'il eut jeté la ville d'Athènes en la guerre, qu'on appelle la guerre des Grecs, et demandât en se moquant à Phocion, qui en était marri, quel bien il avait fait à la chose publique, en tant d'années qu'il avait été capitaine général d'Athènes, Phocion lui répondit : *Le bien que j'ai fait n'est pas petit : car, pendant que j'ai été capitaine, les citoyens d'Athènes ont été enterrés en leurs paternelles sépultures*.

(*Phocion.*)

On raconte qu'il s'adressa un jour à Démosthène quelqu'un qui le pria de prendre sa cause en main pour la plaider, lui contant comme un autre l'avait battu, et que Démosthène lui dit : *Vraiment, mais de tout ce que tu me dis, il n'en est rien ; car l'autre ne te battit onques*. Et donc le complaignant renforça sa voix, et commença à crier plus haut : *Comment, il ne m'a pas battu ? Si a vraiment*, répondit lors Démosthène, *car je reconnais maintenant la voix d'un homme qui a véritablement été battu* : tant il estimait que le ton de la voix, l'accent et le geste de prononcer, en une sorte ou en une autre, avaient de force pour faire croire ou décroire ce qu'on dit.

Sa contenance en haranguant devant le peuple plaisait merveilleusement à la commune : mais les hommes d'honneur et d'entendement la trouvaient trop basse, trop ravalée et trop molle, entre lesquels est Démétrius le Phalérien. Et Hermippe écrit qu'un nommé Aésion, interrogé sur les anciens orateurs et sur ceux de son temps, répondit qu'il n'était homme qui ne se fût émerveillé, s'il eût vu avec quelle dignité, révérence et gravité ils parlaient au peuple, mais que les oraisons de Démosthène, à qui les lisait à part, avaient trop plus d'artifice et trop plus de véhémence : aussi est-il facile à juger que les oraisons écrites de Démosthène ont beaucoup plus de nerf et plus de pointe que n'ont les autres.

. . . .

Panétius dit que la plupart de ses oraisons sont écrites sur ce fondement, *qu'il n'y a que ce qui est honnête seulement qui se doive choisir et élire pour l'amour de soi-même*, comme celle de la couronne, celle qu'il fit contre Aristocrate, celle des franchises et immunités, et toutes les Philippiques, en lesquelles il n'induit point ses citoyens à choisir ce qui est plus plaisant, ou plus facile, ou plus utile, ains prouve que bien souvent il faut préférer ce qui est honnête et salutaire.

(*Démosthène.*)

Cinéas, voyant que Pyrrhus était fort affectionné à cette guerre d'Italie, le trouvant un jour de loisir, le mit en tels propos: *L'on dit, Sire, que les Romains sont fort bons hommes de guerre, et qu'ils commandent à plusieurs vaillantes et belliqueuses nations. Si donc les dieux nous font la grâce d'en venir au-dessus, à quoi nous servira cette victoire?* Pyrrhus lui répondit: *Tu me demandes une chose qui est de soi-même toute évidente; car quand nous aurons dompté les Romains, il n'y aura plus ca tous les pays cité Grecque ni Barbare qui nous puisse résister, mais conquerrons incontinent, sans difficultés, tout le reste de l'Italie, la grandeur, bonté, richesse et puissance de laquelle personne ne doit mieux savoir ni connaître que toi-même.* Cinéas faisant un peu de pause, lui répliqua : *Et quand nous aurons pris l'Italie, que ferons-nous puis après?* Pyrrhus, ne s'apercevant pas encore où il voulait venir, lui dit : *la Sicile, comme tu sais, est tout joignant, nous tend les mains, par manière de dire, et est une île riche, puissante et abondante de peuple, laquelle nous sera très facile à prendre, parce que toutes les villes y sont en dissension les unes contre les autres, n'ayant point de chef qui leur commande, depuis qu'Agathocle est décédé, il n'y a que des ora-*

teurs qui prêchent le peuple, lesquels seront fort faciles à gagner.

Il y a grande apparence en ce que tu dis, répondit Cinéas, mais quand nous aurons gagné la Sicile, sera-ce la fin de notre guerre? Dieu nous fasse la grâce, répondit Pyrrhus, que nous puissions atteindre à cette victoire, et venir à bout de cette entreprise; pource, ce nous sera une entrée pour parvenir à bien plus grandes choses. Car qui se tiendrait de passer puis après en Afrique et à Carthage, qui seront conséquemment en si belle prise, vu qu'Agathocle, s'étant secrètement enfui de Syracuse, et ayant traversé la mer avec bien peu de vaisseaux, fut bien près de la prendre; et quand nous aurons conquis et gagné tout cela, il est bien certain qu'il n'y aura plus pas un des ennemis qui nous fâchent et qui nous harcellent maintenant, qui ose lever la tête contre nous. Non certes, répondit Cinéas, car il est manifeste qu'avec si grosse puissance, nous pourrons facilement recouvrer le royaume de la Macédoine, et commander sans contradiction à toute la Grèce. Mais quand nous aurons tout en notre puissance, que ferons-nous à la fin? Pyrrhus adonc se prenant à rire : Nous nous reposerons, dit-il, à notre aise, mon ami, et ne ferons plus autre chose que faire festins tous les jours et nous entretenir de plaisants devis les uns avec les autres, le plus joyeusement et en la meilleure chère qui nous sera possible. Cinéas adonc, l'ayant amené à ce point, lui dit : Et qui nous empêche, Sire, de nous reposer dès maintenant et de faire bonne chère ensemble, puisque nous avons tout présentement, sans plus nous travailler, ce que nous voulons aller chercher avec tant d'effusion de sang humain, et tant de dangers? Encore ne savons-nous si nous y parviendrons jamais, après que nous aurons souffert et fait souffrir à d'autres des maux et travaux infinis.

(*Pyrrhus.*)

Annibal commanda à ses gens qu'ils s'armassent et se tinssent prêts pour la bataille, et cependant lui, avec peu de suite, s'en alla à cheval monter sur une petite butte, non guère roide, de laquelle il pouvait découvrir évidemment tout le camp des Romains, et vit comment ils se rangeaient déjà en bataille. Et comme l'un de ceux qui étaient en sa compagnie, homme de pareille noblesse et condition que lui, nommé Giscon, dit que le nombre des ennemis lui semblait merveilleusement grand, à le voir ainsi de loin. Annibal, se fronçant le visage, lui répondit : *Encore y a-t-il une autre chose bien plus émerveillable, de laquelle tu ne t'es point avisé, Giscon.* Giscon lui demanda incontinent : Et quelle? — *C'est*, dit-il, *que de tout ce grand nombre de combattants que tu vois là, il n'y en a pas un qui s'appelle Giscon comme toi.* Ce mot de risée, dit au contraire de ce que les assistants attendaient, qui pensaient bien que ce dût être chose de conséquence, les fit rire à bon escient ; si descendirent de dessus la butte tous riants, et racontèrent à ceux qu'ils rencontrèrent par le chemin cette sornette, de sorte que la risée en alla incontinent de main en main en la plupart du camp, et ne se pouvait pas Annibal même étancher de rire.

Ce que voyant, les soudards Carthaginois en prirent une grande assurance, faisant leur compte que leur général ne se serait pas ainsi mis à plaisanter et à rire si près du péril, s'il ne se fût senti de beaucoup le plus fort, et qu'il n'eût bonne cause de mépriser les ennemis.

(*Fabius Maximus.*)

Il y avait un Romain, nommé Marcus Livius, qui avait été gouverneur de Tarente, lorsque Annibal l'avait prise, et néanmoins avait retenu le château, et l'avait gardé jusques à ce que la ville retournât une autre fois en la puissance des Romains : il fut marri de voir tout l'honneur que l'on faisait à Fabius, de sorte qu'un jour en plein Sénat, étant transporté d'ambition et d'envie, il ne se put tenir de dire que c'était lui, et non pas Fabius, qui était cause de la prise de Tarente. Fabius s'en prit à rire, et lui répondit sur-le-champ: *Tu as dit la vérité, car si tu ne l'eusses point perdue, je ne l'eusse point reprise.*

(*Fabius Maximus.*)

Comme Philonicus, Thessalien, eût amené au roi Philippe le cheval Bucéphale pour le lui vendre, en demandant treize talents, ils descendirent en une belle carrière pour l'essayer et le piquer ; il fut trouvé si rebelle et si farouche, que les écuyers disaient qu'on n'en pourrait jamais tirer service, à cause qu'il ne voulait pas souffrir qu'on montât dessus lui, ni seulement endurer la voix et la parole de pas un des gentils hommes qui fussent autour de Philippe, mais se dressait à l'encontre d'eux tous ; de façon que Philippe s'en dépita, et commanda qu'on le remmenât comme bête vicieuse, sauvage, et du tout inutile : et l'eût-on fait si n'eût été qu'Alexandre, qui était présent, dit : *O dieux! quel cheval ils renvoient pour ne savoir, à faute d'adresse et de hardiesse, s'en servir!*

Philippe, ayant ouï ces paroles, pour la première fois ne fit pas semblant de rien ; mais comme il les allait répétant plusieurs fois entre ses dents autour de lui, montrant d'être bien marri de quoi l'on renvoyait le cheval, il lui dit à la fin : *Tu reprends ceux qui ont plus d'âge et d'expérience que toi, comme si tu y entendais quelque chose plus qu'eux, et que tu susses mieux comment il faut mener un cheval à la raison qu'ils ne font.* Alexandre lui répondit : *A tout le moins manierais-je mieux celui-ci qu'ils n'ont fait eux.* — Mais aussi, répliqua Philippe, *si tu n'en peux venir à bout non plus qu'eux, quelles amendes veux-tu payer pour ta témérité ?* — *Je suis content*, répondit Alexandre, *de perdre autant comme vaut le cheval.* Chacun se prit à rire de cette réponse, et fut entre eux deux la gageure accordée d'une certaine somme d'argent.

Et adonc Alexandre, s'en courant vers le cheval, le prit par la bride, et le retourna la tête vers le soleil, s'étant aperçu, comme je crois, que le cheval se tourmentait à cause qu'il voyait son ombre, laquelle tombait et se remuait devant lui à mesure qu'il se mouvait : puis en le caressant un peu de la voix et de la main, tant qu'il le vit ronflant et soufflant de courroux, laissa à la fin tout doucement tomber son manteau à terre, et se soulevant dextrement, d'un saut léger monta dessus sans aucun danger, et lui tenant un peu la bride haute, sans le battre ni harasser, le remit gentiment : puis, quand il vit qu'il eut jeté tout son feu de dépit, et qu'il ne demandait plus qu'à courir, alors il lui donna carrière à toute bride, en le pressant encore avec une voix plus âpre que son ordinaire, et un talonnement de pieds.

Philippe, du commencement, le regarda faire avec une grande détresse, de crainte qu'il ne se fît mal, sans mot dire toutefois : mais quand il le vit adroitement retourner le cheval au bout de la carrière, tout fier de lui d'avoir bien fait, alors tous les autres assistants s'en écrièrent par admiration ; mais au père, les larmes, à ce qu'on dit, en vinrent aux yeux, de joie qu'il en eut, et quand il fut descendu de cheval, lui dit, en lui baisant la tête : *O, mon fils, il te faut chercher un royaume qui soit digne de toi, car la Macédoine ne te saurait tenir.*

(*Alexandre.*)

Quand Annibal vit que Minutius était séparé d'avec Fabius, il épandit une nuit quelque nombre de ses gens par les creux et vallées; puis le matin, au point du jour, envoya une troupe non guère grosse à la découverte, pour occuper ladite butte, espérant qu'il pourrait bien attirer par ce moyen Minutius à combattre pour ce logis, comme il en advint ; car Minutius y envoya premièrement ses coureurs, puis toute sa gendarmerie ; et finalement, voyant qu'Annibal lui-même venait pour soutenir ses gens qui étaient dessus la butte, il s'y en alla aussi avec tout le demeurant de ses forces en bataille rangée, et fit un grand effort pour chasser ceux qui défendaient la butte. Le combat dura quelque temps, égal entre les deux parties, jusqu'à ce qu'Annibal, voyant que son adversaire avait à bon escient donné dedans ses rets, et qu'il montrait le derrière de son bataillon tout nu à ceux de ses gens qu'il avait mis en embûche, leva incontinent le signe qu'il leur avait baillé, auquel ils se levèrent tous à un coup, et se ruèrent avec grands cris sur la queue des Romains, dont ils tuèrent de primesaut un bon nombre, et mirent les autres en un tel trouble et en si grand effroi, qu'il n'est possible de le savoir bien exprimer ; si fut bien adonc la braverie de Minutius et sa fière audace ravalées ; car il regardait tantôt l'un, tantôt l'autre de ses capitaines au visage et n'en voyait pas un qui eût courage de demeurer, mais étaient tous prêts de se tourner en fuite, ce qui eût été cause de leur totale ruine, pource que les Numides, se sentant les plus forts, commençaient déjà à se répandre par la plaine tout à l'environ, mettant en pièces tous ceux qui se débandaient pour fuir.

Etant donc les gens de Minutius tombés en tel inconvénient, Fabius, qui avait bien prévu le danger auquel ils allaient tomber, et qui, pour cette cause, tenait son armée toute prête en bataille, eut le soin de savoir ce qui se ferait, non par le rapport d'aucuns messagers, mais par le voir lui-même à l'œil, de dessus une butte qui était au-devant de son camp. Par quoi, quand il vit Minutius et ses gens enveloppés de tous côtés, et jà en branle de fuir, et qu'il entendit leurs cris, non comme de gens qui eussent cœur de combattre, mais qui étaient effrayés et regardaient à se sauver par vitesse, il frappa de la main sur sa cuisse en jetant un grand soupir, et dit à ceux qui étaient autour de lui : *O dieux ! comment Minutius s'est allé précipiter lui-même en sa ruine plus tôt que je n'attendais, et plus tard qu'il ne voulait !* Mais en disant cela, il fit marcher les enseignes en diligence, criant tout haut : *Mes amis, il nous faut hâter pour aller secourir Minutius, qui est vaillant homme de sa personne, et aimant le bien et l'honneur de son pays ; et si d'aventures il a failli en se précipitant par trop, pour cuider chasser les ennemis, il n'est pas maintenant temps de l'en accuser ; nous le lui remontrerons une autre fois.* Si rompit incontinent à son arrivée, et écarta les Numides, qui étaient au guet parmi la campagne, puis tira outre jusques à ceux qui chargeaient sur la queue des Romains, où il en tua ceux qui s'arrêtèrent pour lui faire tête ; car les autres, de peur qu'ils ne tombassent eux-mêmes au danger où ils avaient rangé les Romains avant que d'être de tout point enfermés, se tournèrent en fuite.

Parquoi Annibal, voyant cette mutation, et regardant comme Fabius en personne, avec plus grand effort que son âge ne portait, allait pendant la presse des combattants, contremont la butte, pour pénétrer jusques au lieu où était Minutius, fit cesser le combat, commandant qu'on sonnât la retraite, et ramena ses gens dedans son camp, étant les Romains bien aises de se pouvoir aussi retirer saufs ; et dit-on qu'Annibal, en se retirant, dit à ses amis un tel mot en riant : *Ne vous ai-je pas dit plusieurs fois que cette nuée que nous voyions toujours attachée à la cime des montagnes, se créverait à la fois quelque jour avec orage et tempête qui tomberait sur nous ?* Après cette rencontre, Fabius, ayant dépouillé ceux qui étaient demeurés morts sur le champ, se retira aussi en son camp, sans se laisser échapper de la bouche une seule parole outrageuse ni fâcheuse de son compagnon.

(*Fabius Maximus.*)

Mais Minutius, sitôt qu'il fut de retour en son camp, assemblant ses gens, leur parla en cette manière : *Mes amis, ne faillir jamais en maniant de grandes affaires est chose qui surpasse la nature de l'homme ; mais se servir des fautes passées pour instruction de l'avenir est fait en hommes sages et ver-*

tueux. Quant à moi, je confesse n'avoir pas moins d'occasion de me louer de la fortune que de m'en plaindre ; car ce que le long temps ne m'avait pu enseigner, je l'ai appris en une bien petite partie d'un seul jour; c'est que je ne suis point suffisant pour commander, mais ai moi-même besoin d'être régi et gouverné par autrui, et que je ne me dois point opiniâtrer follement à cuider vaincre ceux desquels il m'est plus honorable confesser être vaincu; si vous déclare que le dictateur Fabius sera celui qui désormais vous commandera seul en toute autre chose: mais pour lui donner à entendre que nous reconnaissons la grâce qu'avons présentement reçue de lui, je serai celui qui vous guidera à l'en aller remercier, en me rendant le premier obéissant à ses commandements, et faisant tout ce qu'il m'ordonnera.

Ayant achevé ces paroles, il commanda aux port'enseignes de le suivre, et lui marcha le premier devers le camp de Fabius; là où étant arrivé, il s'en alla droit à la tente du dictateur, de quoi chacun s'émerveilla, ne sachant ce qu'il voulait faire. Fabius lui sortit au-devant ; et Minutius lui ayant mis ses enseignes à ses pieds, l'appela à haute voix *son père;* et ses soudards appelèrent semblablement ceux de Fabius *leurs patrons,* qui est le nom duquel les serfs affranchis appellent ceux qui les ont délivrés de servitude. Quand le bruit fut apaisé, Minutius se prit à dire haut et clair : *Seigneur dictateur, tu as ce jourd'hui gagné deux victoires; l'une sur Annibal, que tu as vaincu par prouesse; et l'autre sur moi, ton compagnon, que tu as vaincu par prudence et bonté. Par l'une tu nous a sauvés, et par l'autre tu nous as enseignés; ainsi avons-nous été semblablement vaincus en deux sortes ; l'une par lui, à notre honte, et l'autre par toi à notre honneur et salut. Pourtant l'appellé-je mon père, ne trouvant autre appellation plus vénérable, de laquelle je te puisse honorer, et me sentant plus obligé à toi pour la grâce que j'ai présentement reçue de toi, qu'à celui même qui m'a engendré, à cause que j'ai été seul engendré par lui, et ai été sauvé par toi avec tant d'autres gens de bien qui sont ici.* En disant ces paroles, il embrassa Fabius, et le semblable firent aussi les soudards, qui s'entre-accolèrent étroitement, et se baisèrent les uns les autres; de manière que tout le camp se trouva plein de caresses et de larmes très douces et empreintes à force de joie.

(*Fabius Maximus.*)

Paul Émile fit de somptueux sacrifices aux dieux, où il tint cour plénière à tous venants, et de magnifiques festins sans que rien y fût épargné ; mais l'ordre et l'honnêteté de recueillir courtoisement un chacun, et leur donner lieu à la table selon la dignité de leur état en leur faisant honneur et caresse selon leur qualité, était, par sa prévoyance, si soigneusement et si curieusement observé, que les Grecs s'ébahissaient comment, aux choses de plaisir et de jeu, il employait encore sa sollicitude, et comment, en maniant et ordonnant de si grandes choses, encore voulait-il avoir soin et prendre lui-même peine, que les petites allassent aussi comme elles devaient; mais ce lui était une grande joie et singulier contentement, de voir qu'entre tant de belles choses si magnifiquement apprêtées et ordonnées pour donner plaisir aux conviés, il n'y eût rien qui leur semblât si plaisant à regarder, ni si doux à jouir, que sa compagnie et sa personne propre. Si disait à ceux qui montraient de s'émerveiller de sa diligence et sollicitude en telles choses *qu'il fallait une même prudence à bien ordonner un festin, qu'à bien dresser une bataille, afin de rendre l'une plus épouvantable aux ennemis, et l'autre plus agréable aux amis.*

(*Paul Émile.*)

Les Teutons et Ambrons eurent en peu de jours fait le chemin qu'ils avaient à faire jusque-là où était le camp des Romains, auxquels ils se présentèrent en nombre infini, les visages hideux à voir, et la voix et le cri tout différent des autres hommes ; si embrassèrent grande étendue de la campagne d'alentour pour se camper, et vinrent défier Marius et le provoquer à sortir en champ de bataille. Marius ne fit compte de toutes leurs défiances, mais tint ses gens serrés et enfermés dedans son camp, tansant bien âprement ceux qui s'ingéraient de parler témérairement au contraire, et qui par impatience de colère, voulaient à toute force sortir pour combattre, les appelant traîtres à leur pays, pour autant, disait-il, qu'il n'est pas ici question de combattre pour notre gloire particulière, ni pour gagner des triomphes et victoires pour nous, mais nous faut essayer par tout moyen de détourner ce grand orage de guerre, et cette foudre et tempête, qu'elle ne s'aille épandre sur toute l'Italie.

Or faisait-il ces remontrances aux capitaines particuliers qui étaient sous lui, et aux personnes de sa qualité ; mais quant aux soudards privés, il les faisait tenir dessus les remparts de son camp, les uns après les autres, pour regarder les ennemis, et s'accoutumer à voir leurs visages, leur contenance et leur marche, et ne s'étonner point d'ouïr leur voix et leur parole, qui était merveilleusement étrange et bestiale, et aussi pour connaître la façon de leurs armes, et leur manière de les manier. En quoi faisant, il rendit à ses gens, avec le temps, les choses qui de prime face leur avaient semblé effroyables, si familières à leur entendement, par le moyen de cette vue ordinaire, qu'ils ne s'en émouvaient plus : car il estimait, ce qui est véritable, que la nouveauté fait qu'on trouve, par erreur de jugement, les choses non accoutumées plus horribles et plus épouvantables qu'elles ne sont, et au contraire, que l'accoutumance ôte beaucoup de la frayeur et terreur aux choses, qui de leur nature sont véritablement effroyables.

Ce qui se vit lors par expérience : car l'accoutumance de voir tous les jours ordinairement les Barbares, non seulement diminua quelque chose de la frayeur première des soudards Romains, mais davantage leur aiguisant la colère pour les fières menaces et la braverie insupportable des Barbares, leur enflamma le courage d'un ardent désir de les combattre.

(*Marius.*)

Caïus César, lorsqu'il fuyait la fureur de Sylla, étant encore fort jeune, il tomba entre les mains de quelques corsaires qui lui demandèrent de première arrivée une petite somme d'argent pour sa rançon. Il se moqua d'eux, qui ne savaient pas quel personnage ils avaient pris, et de lui-même leur promit de leur en payer deux fois autant qu'ils lui en avaient demandé ; et étant par eux gardé soigneusement pendant qu'il avait envoyé chercher et amasser l'argent pour leur bailler, il leur envoyait faire commandement de se taire, et ne mener point de bruit pendant qu'il reposait. Et s'exercitant à écrire, tant en prose qu'en vers, durant qu'il était entre leurs mains, il leur récitait après ce qu'il avait composé ; et s'il voyait qu'ils ne le louassent pas assez à son gré, il les appelait barbares et ignorants, et en criant les menaçait qu'il les ferait pendre, comme il fit bientôt après : car étant sa rançon venue, lui délivré de leurs mains, assembla incontinent des vaisseaux et des hommes en la côte de l'Asie, leur courut sus, et les ayant pris, les fit attacher en croix.

(*Les dits notables des anciens princes.*)

La sagesse et la science font les guides des nations.

Les similitudes et choses communes entre Lycurgue et Numa démontrent assez d'elles-mêmes en leurs faits, comme leur tempérance, leur dévotion envers les dieux, leur sagesse à gouverner, leur dextérité à manier leurs peuples, et leur faire croire et donner à entendre que les dieux leur avaient révélé les lois qu'ils établissaient. Mais pour venir aux qualités, qui sont divisément et séparément louables en chacun d'eux, la première est que Numa accepta le royaume, et Lycurgue le rendit; l'un le reçut sans l'avoir pourchassé, et l'autre l'ayant entre ses mains le restitua ; l'un étant étranger et homme privé fut par les étrangers élu et choisi pour leur seigneur et leur roi, l'autre se fit lui-même, de roi qu'il était, homme privé: Or est-ce une belle chose que par justice acquérir un royaume, mais aussi est bien belle chose que préférer la justice à un royaume. La vertu mit l'un en telle réputation qu'il en fut estimé digne d'être élu roi, et rendit l'autre si magnanime qu'il ne fit compte d'être roi. La seconde est que, ni plus ni moins qu'en un instrument de musique, l'un raidit et tendit les cordes qui étaient trop lâches à Sparte, et l'autre lâcha celles qui étaient trop tendues à Rome, en quoi la difficulté plus grande est du côté de Lycurgue : car il ne persuade pas à ses citoyens de dépouiller des cuirasses, ni de poser des épées, mais de laisser leur or et leur argent, quitter lits, tables et autres meubles précieux, non pas se reposer du labeur de la guerre pour vaquer à faire fêtes, sacrifices et jeux, mais au contraire laisser banquets et festins, pour continuellement se travailler en armes et en tous pénibles exercices du corps.

Au moyen de quoi l'un pour l'amour et révérence qu'on lui portait persuada facilement tout ce qu'il voulut ; et l'autre, s'étant mis en danger et y ayant été blessé, n'en vint à la fin à bout qu'avec beaucoup de peine. Ainsi fut douce, amiable et bénigne la mort de Numa, qui si bien sut amollir et attiédir les mœurs de ses citoyens, qui auparavant étaient ardents et violents, qu'il leur apprit à aimer la paix et la justice ; et au contraire, si l'on me veut contraindre de nombrer entre les ordonnances et statuts de Lycurgue, ce que nous avons écrit touchant les Ilotes, qui étaient une chose trop barbare et cruelle, il me sera forcé de confesser que Numa fut beaucoup plus sage, plus doux et plus humain en ses lois, attendu qu'à ceux-mêmes qui véritablement étaient nés serfs, encore fit-il goûter un petit l'honneur et la douceur de liberté, ayant voulu qu'aux fêtes de Saturne ils s'assissent à table pour manger avec leurs propres maîtres.

Quant aux autres vertus, il semble que l'un ait plus aimé la force, et l'autre la justice, si ce n'est qu'on veuille dire que, pour la diversité de la nature ou coutume de leurs peuples, qui étaient presque contraires en mœurs, ils aient été contraints de tenir aussi des moyens tout différents. Car ce ne fut point par lâcheté de cœur que Numa ôta aux siens l'usage des armes et l'envie de guerroyer, mais ce fut afin qu'ils ne fissent tort à autrui ; ni Lycurgue ne s'étudia de rendre les siens belliqueux pour faire outrage aux autres, mais plutôt de peur qu'on ne leur en fît : ainsi pour retrancher ce qui excédait chez les uns, et suppléer à ce qui défaillait chez les autres, il fut forcé que chacun d'eux introduisît de grandes nouvelletés en leurs gouvernements.

(*Lycurgue et Numa.*)

Anacharsis, étant arrivé à Athènes, alla battre à la porte de Solon, disant *qu'il était étranger qui venait expressément pour prendre amitié avec lui.* Solon lui répondit *qu'il valait mieux acquérir des amitiés en son pays.* Anacharsis lui répliqua : *Toi donc qui es maintenant en ton pays et en ta maison, commence à faire amitié avec moi.* Et lors Solon, s'ébahissant de la vivacité et promptitude de son entendement, lui fit fort bon accueil, et le tint quelque temps avec lui en sa maison, lui faisant bonne chère, au temps même qu'il s'entremettait plus avant du maniement de la chose publique, et qu'il composait ses lois. Ce que entendant, Anacharsis se moqua de son entreprise à cause qu'il pensait avec des lois écrites réfreindre et contenir l'avarice et l'injustice des hommes : car *telles lois*, disait-il, *ressemblent proprement aux toiles des araignées, pource qu'elles arrêteront bien les petits et les faibles qui donneront dedans ; mais les riches et puissants passeront à travers, et les rompront.* Solon lui répondit *que les hommes gardent bien les contrats et pactes qu'ils font les uns avec les autres, parce qu'il n'est expédient ni à l'une ni à l'autre des parties de les transgresser et que semblablement aussi il tempérait ses lois de sorte qu'il faisait connaître à ses citoyens qu'il leur était plus utile d'obéir aux lois et à la justice que de les violer.* Ce nonobstant, les choses sont depuis à l'épreuve advenues plutôt selon la comparaison qu'Anacharsis en donna, que selon l'espérance que Solon en conçut. Mais Anacharsis, s'étant aussi trouvé un jour en non publique assemblée de peuple à Athènes, dit *qu'il s'émerveillait qu'aux consultations et délibérations des Grecs, les sages proposaient les matières, et les fols les décidaient.*

(*Solon*.)

Si descendirent les Lacédémoniens et leurs alliés et confédérés avec grosse puissance au pays de l'Attique, sous la conduite du roi Archidamus, et, en ruinant tout par où ils passaient, entrèrent jusques au bourg d'Acharnes, là où ils se campèrent, estimant que les Athéniens ne les y souffriraient jamais, mais leur sortiraient à l'encontre pour défendre leur pays, et montrer qu'ils n'avaient point le cœur failli. Mais Périclès considérait qu'il serait trop dangereux de hasarder la bataille, où il était question de la propre ville d'Athènes, contre soixante mille combattants à pied, tant du Péloponèse que de la Béotie ; car autant y en avait-il au premier voyage qu'ils y firent. Et quant à ceux qui voulaient combattre à quelque péril que ce fût et qui perdaient patience de voir ainsi détruire leur pays devant leurs yeux, il les réconfortait et apaisait, en leur remontrant *que les arbres taillés et coupés revenaient en peu de temps, mais qu'il est impossible de recouvrer les hommes quand on les a une fois perdus.*

Toutefois, il ne faisait jamais assembler le peuple en conseil, craignant qu'il ne fût forcé par la multitude à faire aucune chose contre sa volonté. Mais, comme le sage pilote, quand la tourmente le surprend en haute mer, donne bon ordre à toutes choses en son navire, et tient ses défenses toutes prêtes, faisant ce que son art requiert sans s'arrêter aux larmes ni aux prières des passagers, qui se tourmentent d'effroi et tirent du cœur : aussi lui, ayant bien fermé la ville, et disposé de bonnes et sûres gardes partout, se gouvernait par son jugement, sans se soucier de ceux qui criaient et se courrouçaient contre lui, encore qu'il y eût beaucoup de ses amis qui le priaient à grandes instances et plusieurs de ses ennemis qui le menaçaient et le chargeaient, et qu'on chantât par la ville des chansons pleines de moqueries au déshonneur et au blâme de son gouvernement, comme d'un capitaine lâche de cœur, et qui, par couardise, abandonnait toutes choses en proie aux ennemis.

Ce nonobstant, Périclès, pour tout cela, ne s'émut en façon quelconque, mais endurant patiemment, sans mot dire, toutes ces injures, toutes ces moqueries et piqûres de ses malveillants, il envoya une flotte de cent voiles au Péloponèse, en laquelle il ne voulut point aller en personne, mais demeura en la maison, pour toujours retenir la ville en bride, jusques à ce que les ennemis se fussent retirés.

(*Périclès.*)

Celui qui fréquenta plus avec Périclès, et qui lui donna cette gravité et cette dignité qu'il gardait en tous ses faits et ses dits plus seigneuriaux que ne comportent la condition et l'état de ceux qui ont à haranguer devant un peuple libre, et qui bref lui éleva ses mœurs jusques à une certaine majesté qu'il avait en toutes ses façons de faire, fut Anaxagore le Clazoménien, lequel, par les hommes de ce siècle-là, était communément appelé *Nous*, c'est-à-dire l'entendement, fût-ce ou pource qu'ils avaient en singulière admiration la vivacité et subtilité de son esprit à rechercher les causes des choses naturelles, ou pource que ce fut le premier qui attribua la disposition et le gouvernement de ce monde, non à la fortune ni à la nécessité fatale, mais à une pure et simple intelligence laquelle sépare, comme cause première agent, les substances de parties semblables, qui sont en tous les autres corps de l'univers mêlés et composés de diverses substances.

Périclès donc, ayant ce personnage en singulière admiration, par lequel il avait à plein été instruit en la connaissance des choses naturelles, mêmement de celles qui se font en l'air et au ciel, en prit, non seulement une grandeur et hautesse de courage, et une dignité de langage où il n'y avait rien d'affecté, de bas ni de populaire, mais aussi une constance de visage qui ne se mouvait pas facilement à rire, une gravité en son marcher, un ton de voix qui jamais ne se perdait, une contenance rassise, et un port honnête de son habillement, qui jamais ne se troublait pour chose quelconque qui lui advint en parlant ; et autres semblables choses qui apportaient à tous ceux qui les voyaient et considéraient un merveilleux ébahissement.

(*Périclès.*)

Archimède a eu le cœur si haut, et l'entendement si profond, et où il y avait un trésor caché de tant d'inventions géométriques, qu'il ne daigna jamais laisser par écrit aucune œuvre de la manière de dresser toutes ces machines de guerre, pour lesquelles il acquit lors gloire et renommée non des sciences humaines, mais plutôt de divine sapience ; mais réputant toute cette science d'inventer et composer machines et généralement tout art qui apporte quelque utilité à la mettre en usage, vile, basse et mercenaire, il employa son esprit et son étude à écrire seulement choses dont la beauté et subtilité ne fût aucunement mêlée avec nécessité. Car ce qu'il a écrit sont propositions géométriques, qui ne reçoivent point de comparaison à autres, quelles qu'elles soient, pource que le sujet qu'elles traitent combat avec la démonstration leur donnant leur sujet, la beauté et la grandeur ; et la démonstration, la preuve si exquise qu'il n'y a que redire, avec une force et facilité merveilleuses : car on ne saurait trouver en toute la géométrie de plus difficiles ni plus profondes matières écrites en plus simples et plus clairs termes, et par plus faciles principes que sont celles qu'il a inventées.

Ce que les uns attribuent à la vivacité et dextérité de son entendement, qui de nature était ainsi aisé, les autres le réfèrent à un travail extrême, avec lequel il facilitait tant ces choses, qu'il semblait qu'elles ne lui eussent rien coûté à faire ; car il n'y a homme qui de soi-même pût inventer la démonstration de ses propositions, quelques peines qu'il employât à la chercher, et néanmoins, soudain qu'on l'a entendue et comprise, chacun prend cette opinion de soi-même, qu'il l'eût bien trouvée ; tant il conduit aisément, et par une voie pleine et unie, ce qu'il prend à démontrer. Pourtant me semble fort vraisemblable ce qu'on dit de lui, qu'il était si fort épris et ravi de la douceur et des attraits de cette sirène, laquelle était, par manière de dire, logée chez lui, qu'il en oubliait le boire et le manger, et le reste du traitement de sa personne, de sorte que bien souvent ses serviteurs le traînaient par force au bain pour le laver, oindre et étuver, là où encore dedans les cendres du foyer il traçait quelques figures géométriques. Et pendant qu'on l'oignait d'huiles de senteurs, il tirait avec le doigt des lignes dessus son corps nu ; tant il était transporté hors de soi en extase du plaisir qu'il prenait à l'étude de la géométrie et véritablement ravi de l'amour des Muses.

Il n'y eut rien en la prise de Syracuse qui tant déplut à Marcellus, comme fit l'inconvénient d'Archimède, lequel était d'aventure en son étude, là où il cherchait en lui-même la démonstration de quelque proposition géométrique, dont il avait tiré le portrait ; et y ayant du tout fiché non seulement sa pensée, mais aussi sa vue et ses yeux, il n'avait point entendu le bruit des ennemis qui couraient par la ville et moins encore la surprise d'icelle. Il fut tout ébahi qu'il vit auprès de lui un soudard, qui lui dit qu'il s'en vînt quand et lui parler à Marcellus.

Archimède lui répondit *qu'il attendît jusques à ce qu'il eût achevé sa proposition, et réduite en démonstration ;* de quoi le soudard se courrouçant, dégaina son épée, et le tua. Les autres disent que le soudard Romain, d'arrivée, lui présenta la pointe de l'épée pour le tuer, et qu'Archimède, l'ayant soudain aperçu, le requit qu'il voulût attendre un petit, afin que ce qu'il cherchait ne demeurât point imparfait et sans démonstration ; le soudard ne se soucia point de sa spéculation, et le tua. Encore y en a-t-il qui le content en une troisième manière, disant que quelques soudards le rencontrèrent par les rues, ainsi qu'il allait porter à Marcellus quelques instruments de mathématiques dedans une caisse, comme sont les horloges au soleil, sphères, angles, avec lesquels on mesure à la vue la grandeur du corps du soleil, et, cuidant que ce fût or ou argent, ou quelque autre précieux meuble qu'il portât en cette caisse, le tuèrent. Mais bien est-il certain que Marcellus en fut fort déplaisant, et qu'il eut en horreur et ne voulut jamais voir le meurtrier qui le tua, comme un homme

maudit et excommunié, et qu'ayant trouvé de ses parents, il les caressa et honora pour l'amour de lui (Archimède).
(*Marcellus.*)

(Après la défaite de Cannes). Ce qu'auparavant on appelai *couardise* et *froideur* en Fabius, incontinent après la bataille, fut estimé, non point discours de sens humain, mais plutôt de quelque céleste et divin entendement, qui prévoyait les choses à venir, de si loin, qu'elles ne semblaient pas croyables à ceux-mêmes qui les enduraient.

Au moyen de quoi, Rome tout aussitôt rejeta le demeurant de son espérance sur lui, et recourut à son conseil ni plus ni moins qu'à la sauvegarde d'un temple ou d'un autel, de sorte que la première et principale cause de faire demeurer le peuple ensemble, sans s'écarter çà et là, comme il fit du temps que Rome fut pris par les Gaulois, fut l'opinion et confiance que l'on eut en sa prudence. Car, au lieu que paravant il semblait couard et défiant, lorsqu'il n'était point encore arrivé de dangereux inconvénient : à l'heure que chacun se plongeait en pleurs, et en deuil infini qui ne servait de rien, et que tout le monde était troublé, qu'on ne donnait ordre à chose quelconque, lui seul au contraire allait par la ville d'un pas modéré, avec un visage constant et assuré, saluant courtoisement un chacun, ôtant les cris et lamentations féminines, et défendant les assemblées des convois, qui se font pour lamenter publiquement un trépassé à son enterrement. Et au contraire il suada à ceux du Sénat de s'assembler en conseil, donna courage à ceux qui étaient magistrats, étant lui-même toute leur force et toute leur vertu, pource qu'il n'y avait homme ayant charge publique, qui ne jetât les yeux sur lui, pour savoir ce qu'il avait à faire.

(*Fabius Maximus.*)

CHAPITRE VIII

LA TEMPÉRANCE

La tempérance est l'état d'une âme qui se possède, c'est la constance et l'égalité dans la puissance de la raison qui domine les instincts inférieurs et gouverne les désirs et les passions d'après des principes invariables. On n'arrive pas tout d'un coup à cet heureux empire de soi, et on ne l'exerce jamais dans une sécurité parfaite. Les forces contraires qui combattent dans nos membres, ne peuvent s'anéantir : vaincues ou soumises, elles sont toujours prêtes à ressaisir leur pouvoir, et notre vie n'est qu'une guerre continuelle. A mesure que la raison se fortifie, elle lutte plus victorieusement contre les passions, mais sa meilleure tactique consiste souvent à éviter le combat. Il en est ainsi dans la jeunesse, où la partie sensible de l'âme est si impétueuse que s'exposer aux tentations, c'est presque y succomber. La prudence commande alors, si l'on ne peut les fuir, de les attendre de pied ferme et de s'y préparer par les enseignements de la sagesse.

Le premier degré de la tempérance me semble être la continence. L'attrait du mal est encore bien puissant, et ce n'est que par de pénibles efforts que la raison parvient à le surmonter, peut-être même y a-t-il dans ces victoires plus de douleur que de joie ; mais à force d'y persévérer, on finit par goûter les nobles satisfactions de la force morale. Les passions d'abord contenues finissent par être subjuguées ; et l'âme s'affermit si bien dans les principes de vertu, que les tentations ont beaucoup moins de prise sur elle. Mais je ne crois pas que la tempérance puisse jamais être parfaite, puisqu'il ne me semble pas possible d'établir un équilibre constant entre la raison et la sensibilité. Cet équilibre même ne serait pas désirable. Les passions sont des forces vives dont l'impulsion est capable d'élever l'âme jusqu'à l'héroïsme. Alors elle semble sortir de la tempérance, mais elle garde l'empire de soi : car sa volonté inspirée par une raison supérieure, se détermine librement pour des actes contraires à la vulgaire prudence, qui est incapable d'apprécier ses motifs.

La tempérance, telle que l'ont entendue les sages de l'antiquité, embrasse le gouvernement de toute la vie, puisqu'elle est l'empire de la raison et, selon les moralistes chrétiens, celui de l'esprit sur la chair. Elle soumet donc à la règle, non seulement les actes extérieurs, mais aussi les paroles et les sentiments.

On peut exercer un certain contrôle sur ses actes, par des motifs de sagesse mondaine et, en même temps, se livrer à des intempérances de langue qui indiquent l'anarchie de l'âme, en proie à toutes sortes de passions. Le sage est maître de sa parole comme de son âme. C'est grâce à l'harmonie intérieure que tout ce qui émane de sa personne extérieure a la sérénité de la force. Tels nous apparaissent Aristide, Épaminondas, Agésilas et Phocion.

L'âme, la raison et les passions

Ceux qui estiment que la principale partie de l'âme soit maintenant la cupidité, maintenant le discours qui s'oppose à la cupidité, ressemblent proprement à ceux qui voudraient dire que le veneur et la bête sauvage ne fussent pas deux, mais un tout seul corps, qui se changeât tantôt en une bête et tantôt en un veneur : car et ceux-là en chose tout évidente ne verraient goutte, et ceux-ci parlent contre leur propre sentiment, attendu qu'ils sentent réellement et de fait en eux-mêmes, non une mutation d'un ou deux, mais un estrif et combat de deux l'un contre l'autre. Pourquoi donc (disent-ils) ce qui délibère et qui consulte en nous, n'est-il aussi bien double, mais est simple et seul ? C'est bien allégué, répondrons-nous, mais l'événement et l'effet en est tout différent; car ce n'est pas la prudence de l'homme qui combat contre soi-même, mais se servant d'une même puissance et faculté de ratiociner, elle touche divers arguments; ou plutôt, dirons-nous, c'est un même discours employé en divers sujets et matières différentes; et c'est pourquoi n'y a-t-il point de douleur ni de regret aux discours qui sont sans passion, ni ne sont point les consultants forcés de tenir une des parties contraires, contre leur propre volonté, si ce n'est que d'aventure il n'y ait secrètement quelque passion attachée à l'une des parties, comme qui ajouterait sous main quelque chose à l'un des bassins de la balance; ce qui advient bien souvent, et lors ce n'est pas le discours de la ratiocination qui se contrarie à soi-même, mais c'est quelque passion secrète qui répugne à la ratiocination, comme quelque ambition, quelque émulation, quelque faveur, quelque jalousie ou quelque crainte contrevenant au discours de la raison, et il semble que ce soient deux discours qui de paroles se combattent l'un contre l'autre.

Voilà pourquoi au jugement des procès, les passions qui s'y coulent sont ce qui les fait longuement durer, et au conseil des princes et des rois, ceux qui parlent en faveur de quelque partie, ne le font pas, ni ne défendent pas l'une des sen-

.ences pour la raison, mais se laissent traverser à quelque passion contre le discours de l'utilité. C'est pourquoi dans les cités qui sont gouvernées par un sénat, les magistrats qui siègent en jugement ne permettent pas aux orateurs et avocats d'émouvoir les affections ; car le discours de la raison n'étant empêché d'aucune passion, tend directement à ce qui est bon et juste ; mais s'il s'y met quelque passion à la traverse, alors le plaisir ou déplaisir y engendre combat et dissension à l'encontre de ce que l'on juge être bon. Qu'il soit ainsi, pourquoi est-ce qu'aux disputes de la philosophie on ne voit point que les uns soient amenés avec douleur et regret par les autres en leurs opinions ? Mais Aristote même, Démocrite et Chrysippe ont depuis retrouvé quelques avis qu'ils avaient approuvés, sans regret ne fâcherie quelconque, mais plutôt avec plaisir, pour ce qu'en la partie spéculative de l'âme, il n'y a aucune contrariété de passions, à cause que la partie irraisonnable de l'âme se repose et demeure coi sans curieusement s'ingérer de s'en entremêler.

Mais quand la partie brutale combat à l'encontre de la raisonnable, étant telle qu'elle ne peut ni vaincre ni être vaincue, sans regret et douleur, incontinent cette bataille divise l'âme en deux, et rend cette diversité tout évidente et manifeste. Si ne connaît-on pas seulement à ce combat, qu'il y a différence entre la source de la passion et celle de la raison, mais aussi à ce qui s'ensuit, parce que l'on peut aimer un gentil enfant et bien né à la vertu, et en aimer aussi un mauvais et dissolu. Et se peut faire que l'on use de courroux injustement à l'encontre de ses propres enfants ou de ses père et mère, et que l'on en use aussi justement pour ses enfants, et pour ses père et mère à l'encontre des ennemis et des tyrans ; et comme là se sent manifestement le combat et la différence de la passion d'avec le discours de la raison, aussi là sent-on ici de l'obéissance et de la suite de la passion qui se laisse conduire et mener à la raison.

Chrysippe, en plusieurs passages, définissant ce que c'est patience et continence, il dit que ce sont habitudes aptes à suivre le choix de la raison : par où il montre évidemment qu'il est contraint de confesser et avouer que c'est autre chose en nous, ce qui suit en obtempérant, ou qui répugne en n'obtempérant pas, que ce qui est suivi ou non suivi.

(*Consolation à Apollonius sur la mort de son fils.*)

Il ne faut pas que la raison fasse comme jadis fit Lycurgue, le roi de Thrace, qui fit couper les vignes, pour autant que le vin enivrait : ni ne faut pas qu'elle retranche tout ce qu'il y peut avoir de profitable en la passion, avec ce qu'il y a de dommageable ; mais faut qu'elle fasse comme le bon Dieu, qui nous a enseigné l'usage des bonnes plantes et arbres fruitiers ; c'est de retrancher ce qu'il y a de sauvage et ôter ce qu'il y a de trop ; et, au demeurant, cultiver ce qu'il y a d'utile. Car ceux qui craignent de s'enivrer ne répandent pas le vin en terre ; ni ceux qui craignent la violence de la passion, ne l'ôtent pas du tout, mais la tempèrent, comme l'on dompte bien la fierté des bœufs et des chevaux, pour les garder de regimber et de sauter.

Et s'il est ainsi, comme il est, que ceux qui voudraient chasser amour du tout, à cause du fol amour, erreraient grandement ; aussi que feraient bien ceux qui, pour l'avarice qui est convoitise d'avoir, voudraient étreindre et blâmeraient toute cupidité, et feraient ni plus ni moins que ceux qui voudraient empêcher que l'on ne courût, pource que l'on choppe quelquefois en courant, et que l'on ne tirât jamais de l'arc, parce que l'on manque quelquefois à donner au blanc.

Si l'on ôte de tout point entièrement les passions, encore qu'il fût possible de le faire, on trouvera que la raison, en plusieurs choses, demeurera trop lâche et trop molle, sans action, ni plus ni moins qu'un vaisseau branlant en mer quand le vent lui défaut. Ce que bien entendant les législateurs dans les établissements de leurs lois et polices y mêlent des émulations et jalousies des citoyens, les uns sur les autres; et contre les ennemis, ils aiguisent la force du courage, et la vertu militaire, avec des tambourins et trompettes ; les autres avec des flûtes et semblables instruments de musique. Car non seulement en la poésie, comme dit Platon, celui qui sera épris et ravi de l'inspiration des Muses fera trouver tout autre ouvrier, quelque laborieux, exquis et diligent qu'il soit, digne d'être moqué ; mais aussi, aux combats, l'ardeur affectionnée et divinement inspirée, est invincible, il n'y a homme qui la peut soutenir ; c'est une fureur martiale qu'Homère dit que les dieux inspirent aux hommes belliqueux, ajoutant au discours de la raison comme un aiguillon et une victoire de la passion qui la pousse et qui la porte.

Et nous voyons que ces stoïques qui rejettent tant les passions, incitent bien souvent les jeunes gens avec louanges, et bien souvent les tansent de bien sévères paroles et aigres répréhensions; à l'un desquels est adjoint le plaisir et à l'autre le déplaisir, parce que la répréhension apporte repentance et vergogne, dont l'une est comprise sous le genre de douleur, et l'autre sous le genre de crainte : aussi usent-ils de ceux-là principalement aux corrections et répréhensions. C'est pourquoi Diogène, un jour que l'on louait hautement Platon : *Et que trouvez-vous*, dit-il, *de si grand et si digne en ce personnage, vu qu'un si long temps qu'il y a qu'il enseigne la philosophie, il n'a encore fâché personne ?* Car les sciences mathématiques ne sont pas si proprement les anses de la philosophie, comme voulait dire Xénocrate, comme le sont les passions des jeunes gens; c'est à savoir : la honte, la cupidité, la repentance, la volupté, la douleur, l'ambition, auxquelles passions la raison et la loi, venant à toucher avec une touche discrète et salutaire, remettent promptement et efficacement les jeunes hommes en la droite voie ; tellement que le pédagogue laconien répondit très bien quand il dit *qu'il ferait que l'enfant qu'on lui baillait à gouverner, se réjouirait des choses honnêtes, et se fâcherait des déshonnêtes*, qui est la plus belle et la plus magnifique fin qui saurait être de la nourriture et éducation d'un enfant de bonne et noble maison.

(*De la vertu morale*.)

La tempérance, gouvernement de la raison sur les désirs et les passions

La tempérance est quand la raison gouverne et manie la partie sensuelle et passionnée, ni plus ni moins qu'un animal bien dompté et bien fait à la bride, le trouvant obéissant en toutes cupidités et recevant volontairement le mors. Et la continence est quand la raison demeure bien la plus forte et emmène la concupiscence, mais c'est avec douleur et regret, parce qu'elle n'obéit pas volontiers, mais va de travers à coups de bâton, forcée par le mors de bride, faisant toute la résistance qu'elle peut à la raison, et lui donne beaucoup de travail et de trouble : comme Platon, pour le mieux donner à entendre par similitude, fait qu'il y a deux bêtes de voitures qui tirent le chariot de l'âme, dont la pire combat, rue et regimbe contre la meilleure, et donne beaucoup d'affaire et de peine au cocher qui les conduit, étant contraint de tirer à l'encontre, et tenir roide, de peur que les rênes purpurées, comme dit Simonide, ne lui échappent des mains.

C'est pourquoi ils tiennent aussi que l'incontinence n'est pas du tout vice, mais quelque chose de moins, mais que l'intempérance est le vice tout entier, pource qu'elle a l'affection mauvaise et la raison gâtée et corrompue, étant par l'une poussée à désirer ce qui est déshonnête, et par l'autre induite à mal juger et consentir à la cupidité déshonnête ; de manière qu'elle perd tout sentiment des fautes et péchés qu'elle commet, là où l'incontinence retient bien le jugement sain et droit par la raison, mais par la véhémence de la passion plus puissante que la raison, elle est emportée contre son propre jugement : aussi est-elle différente de l'intempérance, d'autant qu'en l'une la raison est vaincue par la passion, et en l'autre elle ne combat pas seulement. L'incontinent, en combattant quelque peu, se laisse à la fin aller à sa concupiscence ; l'intempérant, en consentant, approuvant et louant, suit son appétit. L'intempérant est bien aise et se réjouit d'avoir péché, l'incontinent en a douleur et regret : l'intempérant va gaiement et affectueusement après sa vilenie ; l'incontinent envie et mal volontiers abandonne l'honnêteté : et s'il y a différence entre leurs faits et actions, il n'y en a pas moins entre leurs paroles.

L'intempérant dit :

Laissez-moi perdre, il me plaît de périr.

Car il a le jugement avec l'appétit gâté et corrompu, depuis qu'il parle ainsi. Mais les paroles et propos de l'incontinent sont autres et différentes :

J'ai le sens bon, mais nature me force.

Et cet autre :

Hélas, hélas, c'est divine vengeance,
Que l'homme ayant du bien la connaissance,
N'en use pas, mais fait tout le contraire.

Ni le sage n'est continent, mais tempérant, ni le fol incontinent, mais intempérant, parce que le tempérant se plaît et délecte des choses belles et honnêtes, et l'intempérant ne se fâche et déplaît pas des déshonnêtes ; pourquoi l'incontinence convient proprement et ressemble à une âme sophistique, qui a bien l'usage de la raison, mais si faible qu'elle ne peut pas persévérer et demeurer ferme en ce qu'elle a une fois jugé être le devoir.

(*De la vertu morale.*)

La tempérance est un retranchement et un règlement des cupidités, à savoir, retranchement des étrangères et superflues, c'est-à-dire non nécessaires, et un règlement qui, par élection de temps et température de moyen, régit les naturelles et nécessaires.

Car entre les cupidités, vous y voyez beaucoup de différence, comme celle du boire, outre ce qu'elle est naturelle, il est certain qu'elle est aussi nécessaire. Il y a un autre genre de cupidités qui ne sont ni naturelles ni nécessaires, ains coulées de dehors par une ignorance du bien, par une vaine opinion ; et celles-là sont en si grand nombre, qu'elles chassent presque toutes les naturelles, ni plus ni moins qui si en une cité il y avait si grand nombre d'étrangers, qu'ils forçassent les naturels habitants.

Quand nous regardons le soleil à travers un air humide, et à travers des grosses vapeurs indigestes, nous ne le voyons point pur ni clair, mais tout terni de lumière, et comme plongé au fond d'une nue ; aussi à travers un corps tout brouillé, saôul, et aggravé de nourriture et de viandes étranges, et qui ne lui sont point naturelles, il est force forcée que la lueur et la clarté de l'âme viennent à se ternir, à se troubler et éblouir, n'ayant plus la lumière, ni la force de pouvoir pénétrer jusques à contempler les fins des choses qui sont subtiles, menues et difficiles à discerner.

(*Que les bêtes brutes usent de la raison.*)

Les voluptés sont comme des petites bouffées de vents gracieux qui soupirent les unes sur l'une, les autres sur l'autre extrémité du corps, ainsi que sur des écueils de la marine, et passent et s'évanouissent incontinent, tant leur durée est courte : ni plus ni moins que les étoiles que l'on voit la nuit tomber du ciel, ou bien traverser d'un côté à autre ; car elles s'allument et s'éteignent en notre chair en un instant ; mais au contraire combien les douleurs durent et demeurent ! Tout ainsi que la graine et semence de l'herbe qu'on appelle le sainfoin, est tordue et a plusieurs points et angles, dont elle prend dedans la terre, et y demeure plus longtemps à cause de ses pointes : aussi la douleur, ayant plusieurs crochets et plusieurs racines qu'elle jette et sème çà et là, s'entrelace dedans la chair, et y demeure non seulement les jours et les nuits, mais aussi les saisons des années tout entières, voire bien les révolutions des Olympiades tout accomplies, encore à peine en sort-elle à la fin, étant poussée et chassée par autres douleurs, comme un clou est poussé par un autre plus fort.

Contre les travaux et douleurs le corps montre qu'il a force pour les endurer, là où en la jouissance, des plaisirs et voluptés il montre incontinent son impuissance et sa faiblesse, parce qu'il s'en lasse et s'en saôule tout aussitôt.

Il n'y a point en notre pauvre chair aucune jouissance de volupté qui soit unie et toute plaine, mais est toute raboteuse, entremêlée de plusieurs agitations contraires à la nature et fiévreuses.

De la volupté l'âme n'en reçoit sinon la souvenance, comme une odeur, et n'en retient ni n'en réserve autre chose.

Ce qui en demeure en la mémoire n'est rien plus qu'une ombre et une fumée.

(*Que l'on ne saurait vivre joyeusement selon la doctrine d'Épicure.*)

Hippomaque, maître des exercices du corps, ayant quelques-uns qui lui louaient un homme grand et de haute stature qui avait les mains longues, comme étant bien propre pour l'escrime des poings : *Oui bien*, dit-il, *si la couronne, le prix du vainqueur était pendue en haut lieu, où il la fallût prendre avec la main.* Cela même peut-on dire à ceux qui estiment tant et réputent si grand heur, que d'avoir force belles terres, force grandes maisons et grosses sommes de deniers comptants : *Oui bien s'il fallait acheter la félicité qui fût à vendre*; et toutefois vous en verrez plusieurs qui aiment mieux être riches et malheureux, que bienheureux en donnant de leur argent ; mais le repos de l'esprit vide de tout ennui, la magnanimité, la constance, l'assurance, la suffisance ne s'achètent point à prix d'argent.

Pour être riche on n'apprend pas à ne se passionner point des richesses, ni pour posséder beaucoup de choses superflues, on n'acquiert pas le contentement de ne les point désirer. De quel autre mal donc est-ce que nous délivre la richesse, si elle ne nous délivre point de l'avarice ? Par boire on remédie à la cupidité de boire, par manger on guérit l'appétit de manger, et celui qui dit :

> A Hipponax donnez un vêtement.
> Car de froidure il gèle durement,

qui lui en jetterait sur lui plusieurs, il s'en fâcherait et les rejetterait ; là où il n'y a quantité d'or ni d'argent qui puisse éteindre l'ardeur du désir d'avoir, ni l'avarice ne cesse ni ne diminue point pour posséder beaucoup de biens.

Dès que la richesse prend un homme, au lieu qu'il n'avait besoin que du pain, de maison et de couverture moyenne, et de peu de viandes, la première venue, elle le remplit d'une impatiente cupidité d'or, d'argent, d'ivoire, d'émeraudes, de chevaux et de chiens, transportant le désir naturel des choses nécessaires en un appétit désordonné de choses périlleuses, rares et malaisées à recouvrer ; car jamais homme n'est pauvre des choses qui suffisent à la nature, ni jamais il n'emprunte argent à nous pour acheter de la farine ou du fromage, ou du pain ou des olives ; mais l'un s'endette pour bâtir une maison magnifique, l'autre, pour acheter un champ d'oliviers qui joint à sa terre, ou bien des terres à froment, ou des vignes, ou des mules de Galatie, s'est précipité en une fondrière de contrats, d'usures et d'hypothèques.

Quand nous verrons un homme qui sèche sur pied d'ardeur d'acquérir, qui pleure quand il lui faut dépenser un denier, qui n'épargne ni ne pardonne à peine ni à indignité quelconque, pourvu qu'il en vienne du profit, encore qu'il ait force maisons, force terres, force troupeaux de bêtes, grand nombre d'esclaves et d'habillements, que dirons-nous quelle maladie a cet homme-là, sinon *une pauvreté de l'âme* ? Car quant à la pauvreté de biens, un ami, comme dit Ménandre, en peut guérir, en lui faisant du bien ; mais celle de l'âme, tout tant qu'il y a d'hommes au monde, ou qui ont jamais été, ne la rempliraient pas.

(*Du contentement de l'esprit.*)

Voulant persécuter la superfluité et les délices, afin d'exterminer de tout point la convoitise d'avoir et de s'enrichir, Lycurgue fit une ordonnance très belle qui fut celle des convives, par laquelle il voulut et ordonna qu'ils mangeassent ensemble de mêmes viandes, et de celles qui étaient notamment spécifiées par son ordonnance, par laquelle il leur était expressément défendu de manger à part en privé dessus riches tables et lits somptueux, en abusant du labeur des excellents potagers, et des friands cuisiniers, pour s'engraisser en secret et ténèbres comme l'on engraisse les bêtes gourmandes : ce qui gâte et corrompt non seulement les conditions de l'âme, mais aussi les complexions du corps, quand on lui lâche ainsi la bride à toute sensualité et à toute gloutonnerie ; dont il advient qu'il a besoin puis après de beaucoup dormir, pour cuire et digérer ce qu'il a trop pris de viande, et veut être aidé de bains chauds, de long repos et du traitement ordinaire qu'il faut à un malade.

Ce fut donc chose grande à lui que d'avoir pu faire cela ; mais encore plus d'avoir rendu la richesse non sujette à être dérobée, et moins encore à être convoitée, comme dit Théophraste ; ce qu'il fit par le moyen de ce statut, de les faire manger ensemble, avec si grande sobriété, en leur vivre ordinaire. Car il n'y avait plus moyen d'user ni de jouir, non pas de montrer seulement sa richesse à qui en eût eu, vu que le pauvre et le riche étaient contraints de se trouver en même lieu pour y manger de même viande : tellement que ce qu'on dit communément, que *Plutus*, c'est-à-dire le dieu des richesses est aveugle, était vrai en la seule ville de Sparte, entre toutes celles qui furent onques au monde ; car il y était gisant par terre, comme une peinture sans âme, qui n'a aucun mouvement, attendu qu'il n'était pas loisible de manger devant que de venir ès salles publiques, à part en sa maison, et puis s'en venir par contenance tout saoûl au lieu du convive. Car chacun avait l'œil à regarder expressément ceux qui ne buvaient et ne mangeaient pas de bon appétit en la compagnie, et les en blâmait et reprenait-on comme gourmands, ou comme

dédaignants, par délicatesse, de manger en commun avec les autres.
(*Lycurgue.*)

On voit coutumièrement advenir que quand l'honneur et la réputation viennent avec le temps à jeunes gens qui n'ont pas la nature trop élevée, cela éteint et rassasie incontinent leur soif et conviction de gloire trop facile à assouvir, là où au contraire, les premiers honneurs ne font qu'aiguiser l'appétit à ceux qui ont les cœurs fermes, et véritablement grands, et sont comme des vents qui les poussent à entreprendre et à vouloir faire toutes choses hautes et louables, pource qu'ils n'estiment pas recevoir loyer de ce qu'ils ont bien fait par le passé, ains plutôt leur semble qu'ils donnent gage et arrhe de faire encore mieux à l'avenir, et ont honte d'abandonner leur gloire, et de ne l'aller pas toujours augmentant de plus en plus par mêmes exploits de vertu.
(*Coriolan.*)

Après avoir mis en son pays et donné à sa ville la supériorité de commander à tant de milliers d'hommes, encore demeura Aristide toujours en sa pauvreté accoutumée, et aima toujours jusques à son trépas autant la louange et la gloire qui lui venait de sa pauvreté, comme des victoires et trophées qu'il avait gagnées : ce qu'on peut juger et connaître par cet argument :

Callias, le porte-torche de Cérès, était son proche parent, lequel fut mis en justice, par quelques siens malveillants qui le chargèrent de cas et crimes capitaux, et quand vint le jour auquel la cause devait être plaidée, ils déduisirent assez froidement et assez légèrement les autres crimes dont ils l'accusèrent, mais en extravaguant hors de leur matière principale, ils parlèrent en cette manière aux juges : Messieurs, *vous connaissez tous Aristide, le fils de Lysimaque, et savez comme pour sa vertu il est autant estimé entre tous les Grecs qu'homme vivant le saurait être. Comment estimez-vous qu'il vive en sa maison, vu que vous le voyez sortir en public, et aller par la ville avec une pauvre robe toute rompue et usée ? N'est-il pas vraisemblable que celui que nous voyons en public trembler de froid, pour être si mal vêtu, endure grand faim en son privé, et qu'il y a grande nécessité de toutes choses requi-*

ses à la vie de l'homme ? Et néanmoins celui Callias, qui est son propre cousin germain, et le plus riche et opulent de tous les bourgeois d'Athènes, est si malheureux qu'il le laisse, lui, sa femme et ses enfants, en cette nécessité, combien qu'il lui ait souvent fait plusieurs grands plaisirs par le moyen du crédit qu'il a envers vous. Callias voyant que ses juges s'émouvaient et s'aigrissaient plus contre lui pour cela, qu'ils n'avaient fait pour tout le demeurant, fit appeler Aristide en jugement, et le somma de porter témoignage de vérité, s'il ne lui avait pas par plusieurs fois présenté bonne somme d'argent, et prié de le prendre, ce qu'il n'avait jamais voulu faire : ains lui avait toujours répondu, qu'il se pouvait mieux et à meilleur droit vanter de sa pauvreté, que lui ne faisait de sa richesse, et que l'on trouvait assez de gens qui usaient les uns bien, les autres mal, de leur richesse, mais qu'il n'était pas aisé d'en trouver un seul, qui portât vertueusement et magnanimement la pauvreté, et qu'il n'y avait que ceux qui étaient pauvres malgré eux qui dussent avoir honte de l'être. Aristide témoigna que la vérité était telle, comme il disait, et n'y eut pas un des assistants à ce plaidoyer, qui ne s'en allât avec cette opinion et cette volonté, qu'il eût mieux aimé être pauvre comme Aristide que riche comme Callias.

Ainsi l'a écrit Eschine, le philosophe socratique, et Platon lui défère tant, que de tous ceux qui ont été beaucoup estimés et renommés à Athènes, il ne fait compte que de lui seul : car les autres, dit-il, comme Thémistocle, Cimon et Périclès, ont bien empli et embelli la ville de portiques, d'édifices d'or et d'argent, et autres telles superfluités et curiosités ; mais Aristide est celui seul qui a dirigé tous ses conseils à la vertu au fait du gouvernement de la chose publique.

(*Aristide.*)

La pauvreté de Lysandre, qui vint à être découverte à sa mort, rendit sa vertu plus claire et plus illustre qu'elle n'était en son vivant, quand on vit que de tant d'or et d'argent qui était passé par ses mains, tant d'autorité qu'il avait eue, de tant de villes et de cités qui lui avaient fait la cour, et, bref, d'une si grande et si puissante royauté, par manière de dire, qu'il avait eue entre mains, jamais il n'en avait agrandi ni augmenté sa maison d'une seule maille, ainsi comme l'écrit Théopompe, auquel on doit ajouter plus de foi quand il loue que quand il blâme, pource qu'il prend plus de plaisir à médire ordinairement, qu'il ne fait pas à louer.

(*Lysandre.*)

Jamais Agésilas ne mangea jusqu'à se saoûler, ni ne but jusqu'à s'enivrer ; le dormir ne lui commanda jamais, n'en usant sinon autant que lui permettaient ses affaires, et était tellement disposé contre le chaud et contre le froid, que pour toutes saisons de l'année il n'avait jamais qu'une sorte d'habillement, ayant sa tente toujours au milieu de ses gens, il n'avait lit qui fût meilleur que celui des autres, et soulait dire *qu'il fallait que celui qui avait la charge de commander surmontât les pièces qui étaient sous sa charge, non en mignardise ni délicatesse, mais en tolérance de labeur et en force de cœur.* Comme donc quelqu'un demanda en sa présence : Qu'est-ce que les lois de Lycurgue ont apporté de bon à la ville de Sparte ? il répondit : *Ne faire compte des voluptés* ; et à un autre qui s'émerveillait de voir la simplicité grande, tant du vivre que du vêtir de lui et des autres Lacédémoniens : *Le fruit que nous recueillons,* dit-il, *de cette étroite manière de vivre est la liberté.* Un autre l'exhortait de relâcher un petit de cette raide et austère manière de vivre, *quand ce ne serait,*dit-il, *que pour l'incertitude de la fortune, et qu'il pourrait venir une occasion de temps qu'il le faudrait faire ainsi.* — *Voire mais je me vais accoutumant,* dit-il, à cela, *qu'en nulle mutation de fortune je ne cherche mutation de vie.* De fait, quand il fut devenu vieil, il ne laissa point pour l'âge la dureté de sa manière de vivre, et pourtant répondit-il à un qui lui demandait pourquoi il ne portait point de saye en une si grande rigueur d'hiver, en l'âge où il était : *Afin que les jeunes apprennent à en faire autant, ayant pour exemple les plus vieux de leur pays, et ceux qui leur commandent.*

Auquel propos on trouve que, quand il passa avec son armée à travers le pays des Thasiens, ils lui envoyèrent des rafraîchissements de farine, d'avoine et autres volailles, des confitures, des pâtisseries et de toutes autres sortes de viandes exquises et de vins délicieux ; il n'en prit que les farines seulement et commanda à ceux qui les avaient apportées, qu'ils les reportassent, comme chose dont il n'avait que faire, mais à la fin, comme ils le suppliaient et lui faisaient toute l'instance du monde de les prendre, il leur commanda qu'ils les départissent donc entre les Ilotes qui étaient leurs esclaves, et, comme ils lui en demandaient la cause, il leur dit *que c'était pource qu'il n'était point convenable à ceux qui faisaient profession de force virile et de prouesses, de recevoir ces friandises-là, et que ce qui amorce et allèche les hommes de servile nature, ne doit point agréer à ceux qui sont de courage franc et libre.*

Il se vantait de travailler autant que homme qui fût en sa compagnie, et se glorifiait plus de ce qu'il se savait commander à soi-même, que d'être roi.

(*Les dits notables des anciens rois.*)

Quand Agésilas allait seul avec son train par les champs, il logeait toujours dedans les plus saints temples des dieux, voulant que les dieux mêmes fussent témoins de ce qu'il faisait en son privé, là où bien souvent nous ne voulons pas que les hommes seulement voient ce que nous faisons : qui plus est, entre tant de milliers de soudards qui étaient en son camp, à peine eût-on trouvé une paillasse pire, que celle sur laquelle il dormait : et quant au froid et au chaud, il supportait l'un et l'autre si aisément, qu'il semblait qu'il fût toujours né à supporter seulement la qualité de l'air et de la saison où il se trouvait.

C'était chose fort plaisante aux yeux des Grecs habitant en Asie, de voir les Satrapes, lieutenants du roi de Perse, gouverneurs des provinces, et autres seigneurs, qui auparavant étaient si superbes et si intolérables, et qui ne pouvaient pas durer, par manière de dire, en leur peau, tant ils étaient gorgés de richesses, de voluptés et de délices, faisant lors la cour, en grande crainte, à un homme qui allait simplement vêtu d'une pauvre méchante cape, et de voir comme ils se resserraient et réformaient pour une simple parole courte qu'il leur disait à la Laconienne.

(*Agésilas.*)

Après ses victoires, Agésilas s'en retourna en sa maison, là où ses concitoyens l'aimèrent et l'estimèrent plus que jamais pour la simplicité de sa vie et de sa conversation : car il ne se montra point, en ses façons de faire, autre qu'il n'était auparavant, ni changé de son naturel par les mœurs des étrangers, comme font ordinairement les autres capitaines, quand ils retournent d'une expédition longue et lointaine, de sorte qu'il méprisât les coutumes de son pays, ou dédaignât d'obéir aux ordonnances d'icelui : mais tout ni plus ni moins que ceux qui n'avaient jamais passé la rivière d'Eurotas, continua toujours à les observer, entretenir et garder, sans rien innover en son boire et manger, laver et étuver, en l'équipage de sa femme, aux ornements de ses armes, ni aux meubles de sa maison : car il y laissa les mêmes portes qui y étaient de tout temps, si vieilles et si anciennes, qu'on estimait que ce fussent celles mêmes qu'Aristodème y avait mises.

(*Agésilas.*)

Pélopidas, fils d'Hippoclus, était de l'une des plus nobles maisons de la ville de Thèbes, comme Epaminondas, et ayant été nourri en grande opulence, vint à être héritier de sa maison, qui était riche et puissante de sa première jeunesse. Si montra incontinent avoir volonté de secourir du sien ceux qui en avaient besoin et qui en étaient dignes, pour donner à connaître qu'il était véritablement maître et seigneur, non point serviteur de ses biens : à cause que de la plupart des hommes riches, les uns n'usent point de leurs richesses, pource qu'ils sont avaricieux, comme dit Aristote, et les autres en abusent, pource qu'ils sont abandonnés à leurs plaisirs : ainsi sont-ils serfs toute leur vie, les uns des voluptés, et les autres des négoces et du gain.

Le roi de Perse envoya à Pélopidas des présents les plus beaux et les plus riches qu'il eût su envoyer, et si lui octroya toutes ses demandes entièrement, qui furent *que tous les peuples Grecs demeurassent francs et libres ; que la ville et contrée de Messène fussent repeuplées ; que les Thébains fussent nommés les anciens amis héréditaires des rois de Perse.* Et ayant eu ces réponses, il s'en retourna sans accepter ni prendre chose qui soit, de tant de présents qu'on lui avait offerts de la part du roi, ce qui fut cause que les autres ambassadeurs Grecs furent mal venus en leurs cités.

(*Pélopidas.*)

Toutes les fois qu'il venait nouvelles que son père avait pris aucune ville de renom, ou gagné quelque grosse bataille, Alexandre n'était point fort joyeux de l'entendre, ains disait à ses égaux en âge : *Mon père prendra tout, enfants, et ne me laissera rien de beau ni de magnifique à faire et à conquérir avec vous.* Car n'aimant point la volupté, ni l'argent, mais la vertu et la gloire, il estimait que tant plus son père lui laisserait de grandes et glorieuses conquêtes, tant moins il lui demeurerait de bien à faire par lui-même : et pourtant, voyant que l'état de son père et de son empire allait croissant tous les jours de plus en plus, il cuidait que tout ce qu'il y avait de beau à faire au monde se dût entièrement consumer en lui, et aimait mieux recueillir de lui une seigneurie, où il y eût occasion de grosses guerres, de grandes batailles, et force matière de se faire honneur, que non pas de grands trésors de délices, ni de grands moyens de vivre à son plaisir.

(*Alexandre.*)

Alexandre, s'étant aperçu que ceux qui avaient accès autour de lui étaient devenus par trop dissolus et désordonnés en délices, et superflus en dépense, de manière qu'un Agnon Téen portait de petits clous d'argent à ses pantoufles, et que Léonnatus faisait porter parmi son bagage la charge de plusieurs chameaux de poudre d'Egypte, pour s'en servir seulement quand il jouait à la lutte, et autres tels exercices de la personne, et qu'on traînait aussi après Philotus des toiles pour la chasse, de douze mille cinq cents pas de long, et qu'il y en avait qui usaient de précieux parfums et de senteurs liquides quand ils s'étuvaient et baignaient, plus qu'il n'y en avait qui se frottassent d'huile simple seulement, et qu'ils menaient des valets de chambre délicats pour les étriller et frotter dedans le bain, et pour faire mollement leurs lits, il les en reprit doucement et sagement, en leur disant *qu'il s'émerveillait comment eux, qui avaient combattu tant de fois et en si grosses batailles, ne se souvenaient pas que ceux qui travaillent dorment plus suavement et de meilleur somme, que ceux qui ne travaillent point ; et comme il n'apercevait pas en conférant leur manière de vivre avec celle des Perses que le vivre en délices est chose servile, et le travailler chose royale. Et comment prendrait la peine de panser lui-même son cheval, ou de fourbir sa lance et son armet, celui qui, par délicate* paresse, dédaigne ou désaccoutume d'employer ses mains à frotter son propre corps ? Ne savez-vous pas que le comble de notre victoire consiste à ne faire pas ce que faisaient ceux que nous avons vaincus et défaits ?

(Alexandre.)

Dans la poursuite de Darius, qui fut longue, laborieuse et pénible, pour ce qu'en onze jours Alexandre fit bien à cheval environ deux cent et six lieues, tellement que, pour la plupart, ses gens étaient si las et si recrus, qu'ils n'en pouvaient plus, mêmement à faute d'eau, il trouva un jour quelques Macédoniens qui portaient dessus des mulets des peaux de chèvres pleines d'eau, qu'ils venaient de quérir d'une rivière, et voyant qu'Alexandre mourait de soif, étant jà environ le midi, ils coururent vitement à lui, et lui présentèrent de l'eau pour boire dedans un armet : il leur demanda à qui ils portaient cette eau, et ils lui répondirent qu'ils la portaient à leurs enfants : *mais pourvu que tu vives, sire, nous pourrons bien toujours refaire d'autres enfants, si nous perdons ceux-ci.*

Ayant ouï ces paroles, il prit l'armet, et regardant autour de lui que tous les hommes d'armes qui l'avaient suivi, étendaient le col pour voir cette eau, il la rendit à ceux qui la lui avaient présentée, en les remerciant, sans en boire : *Car si je bois seul, ceux-ci,* dit-il, *perdront tout courage.* Et adonc eux, voyant la gentillesse de son courage, lui crièrent tout haut qu'il les menât hardiment, et en même temps, se prirent à fouetter leurs chevaux, disant qu'ils n'étaient plus las, et qu'ils n'avaient plus soif, mais qui plus est, qu'ils ne pensaient pas être mortels, tant qu'ils auraient un tel roi.

(Alexandre.)

La reine de la Carie, nommée Ada, envoyait à Alexandre soigneusement tous les jours des confitures et de la pâtisserie qui était fort exquisement faite par des ouvriers et pâtissiers très excellents : mais Alexandre lui manda qu'il avait bien d'autres pâtissiers et cuisiniers encore plus singuliers que ceux-là, à savoir pour le dîner, *le lever matin et cheminer la nuit avant jour,* et pour le souper, *le peu manger à dîner.*

(De la fortune ou vertu d'Alexandre.)

Alexandre envoya à Phocion bonne somme d'argent en don, car il lui envoya cent talents. Lequel argent ayant été apporté à Athènes, Phocion demanda à ceux qui le lui avaient apporté pourquoi, vu qu'il y avait tant de bourgeois à Athènes, Alexandre lui envoyait ce présent à lui seul : *pour* (répondirent-ils) *qu'il l'estime seul homme de bien et d'honneur*. Et Phocion leur repliqua : *or qu'il me laisse donc le sembler et l'être toute ma vie*. Non pour cela les messagers ne laissèrent pas d'aller après lui jusques en sa maison, là où ils virent une très grande simplicité : car ils trouvèrent sa femme qui pétrissait elle-même, et lui en leur présence tira de l'eau de son puits pour se laver les pieds : à raison de quoi ils lui firent encore plus grande instance que devant, qu'il voulût recevoir le présent du roi, se courrouçant à lui, en disant que c'était une grande honte de le voir vivre ainsi pauvrement et étroitement, attendu qu'il était ami d'Alexandre. Par quoi Phocion voyant passer par la rue un pauvre vieillard affublé d'une méchante robe sale, il leur demanda s'ils l'estimaient moins que ce pauvre bonhomme-là ; *à Dieu ne plaise*, répondirent-ils incontinent ; *et toutefois*, leur répliqua-t-il, *il vit encore de moins que je ne fais, et si se contente, il a assez*. Bref, leur dit-il, *quand je prendrai une si grosse somme d'or, ou je ne m'en servirai point, et lors il vaudrait autant que je n'en eusse du tout point, ou je m'en servirai, et lors je ferai que toute cette ville en parlera mal et du roi et de moi*.

(*Phocion.*)

La seconde femme de Phocion ne fut pas moins renommée à Athènes pour son honnêteté et sa simplicité en toutes ses actions, que Phocion pour sa justice et sa bonté. Suivant lequel propos on dit qu'un jour, comme les Athéniens étaient assemblés au théâtre pour voir jouer des tragédies nouvelles, l'un des joueurs, à l'heure même qu'il devait entrer sur l'échafaud pour jouer son rôle, demanda au défrayeur des jeux un masque de reine, et une suite de damoiselles accoutrées magnifiquement pour l'accompagner, à cause qu'il jouait le rôle d'une princesse ; le défrayeur ne lui en baillait point, et le joueur s'en courrouçait et faisait cesser les jeux, à cause qu'il ne voulait pas sortir sur l'échafaud. Melanthius qui était le défrayeur l'y poussa par force, criant tout haut : *Ne vois-tu* pas la femme de Phocion qui va toujours avec une chambrière seule par la ville, et tu veux faire le glorieux, et corrompre les mœurs des dames d'Athènes ? Ces paroles furent ouïes du peuple qui séait au théâtre attendant, qui, par le grand bruit qu'il en mena en battant des mains, montra les avoir trouvées fort bonnes. Cette dame, comme une sienne amie et hôtesse du pays d'Ionie, étant venue à Athènes, lui fit montre de ses joyaux et bagues d'or enrichies de pierres précieuses, lui fit réponse: *Tout mon parement est mon mari Phocion, qui depuis vingt ans en ça a toujours été continuellement capitaine des Athéniens.*

(*Phocion.*)

Quand Antigone fut devenu vieux, il commença à se montrer plus doux et plus gracieux envers un chacun qu'il n'avait jamais fait, et se comportait plus humainement en toutes choses, dont tout le monde s'ébahissait ; et il répondait à ceux qui lui en demandaient la cause. *C'est pour autant*, dit-il, *que paravant je cherchais de me faire grand en toute puissance : mais maintenant que je l'ai acquise, je n'ai plus besoin que de gloire et de bienveillance.*

Quelqu'un disait en sa présence que toutes choses étaient justes et honnêtes aux rois : *Oui bien*, dit-il, *aux rois des Barbares, mais à nous cela seulement est juste et honnête qui par nature l'est de soi-même.*

Martius, son frère, avait un procès devant lui, et le priait qu'il fût plaidé et jugé à huis clos en son logis : *mais bien*, répondit-il, *au beau milieu de la place, à la vue de tout le monde, si nous ne voulons faire tort à personne.*

Il fut une fois en hiver contraint de loger son camp en lieu, où il n'y avait commodité quelconque pour la vie de l'homme, à l'occasion de quoi quelques soudards ne sachant pas qu'il fût si près d'eux, le maudissaient et lui disaient injure : et lui, entr'ouvrant avec son bâton la toile de son pavillon, leur dit : *Si vous n'allez plus loin médire de moi, je vous en ferai bien repentir.*

Comme un jeune homme, fils d'un fort vaillant père, mais au demeurant n'étant pas tenu pour guère bon soudard quant à lui, pourchassât d'avoir la solde de son père : *Voire mais*, lui dit Antigone le second, *jeune fils, mon ami, je donne bien bon appointement et fais des présents à ceux qui sont eux-mêmes vaillants, non pas à ceux qui ne sont qu'enfants de vaillants hommes.*

(*Les dits notables des anciens rois.*)

Quant au traitement de sa table ordinaire (de Cléomène) il était fort simple, fort étroit, et fort sobre, à la Laconienne, à trois lits seulement : mais si d'aventure il festoyait quelques ambassadeurs et quelques siens hôtes qui le fussent venus voir, il y ajoutait deux autres lits, et avaient ses valets soin que la table fût un peu mieux servie, non point de sauces ni de pâtisserie ou de confitures, mais seulement qu'il y eût de la viande davantage, et de quelque meilleur vin que l'accoutumé : car il tansa une fois l'un de ses amis, parce que donnant à souper en son logis à quelques siens hôtes et amis il ne leur avait donné que du brouet noir et du gros pain seulement, comme l'on leur servait en leurs convives ordinaires : *car il ne faut pas*, disait-il, *en cela, mêmement quand il y a des étrangers, observer trop étroitement, à la rigueur la discipline laconique :* puis quand la table était ôtée, on apportait une autre petite table à trois pieds, dessus laquelle on mettait une tasse de cuivre pleine de vin, et deux coupes d'argent tenant deux chopines chacune, et quelques autres pots d'argent aussi, mais en petit nombre.

On y buvait qui voulait, car personne n'y était semond à boire contre sa volonté, et ne s'y jouait ni ne s'y chantait aucune chose pour donner plaisir à l'ouïe. Aussi n'en était-il point de besoin : car lui-même entretenait toute la compagnie, partie en demandant, et partie en contant quelque plaisante chose, de sorte que la gravité de ses propos n'était point sans plaisir, mais aussi en leur grâce et gaieté n'y avait point de dissolution. Car il estimait les moyens de prendre et gagner les hommes par appâts de présents d'argent, comme faisaient les autres princes et rois, grossiers, sans artifices, et pleins d'injustice : mais le plus honnête, le plus gentil, et le plus royal moyen lui semblait de les attraire par convoitise de plaisant entretien et de devis, esquels il y eut grâce et foi tout ensemble, ayant opinion qu'il n'y avait autre différend entre l'ami et le mercenaire, sinon que l'un s'acquérait et s'entretenait par douceur de nature et par bon entretien, et l'autre se prenait par argent.

(Cléomène.)

Quant à ce qu'ils allèguent d'une hôtesse de Philopœmen en la ville de Mégare, qui le prit pour un valet, cela advint pour sa facilité, en ce qu'il faisait peu de compte de soi, et se vêtait toujours fort simplement : car cette hôtesse sienne, ayant été avertie que le capitaine général des Achéens venait loger en son logis, se travaillait et tourmentait pour lui apprêter à souper, à cause que d'aventure son mari ne se trouva pas pour lors en la maison; et sur ce point Philopœmen arriva vêtu d'un pauvre manteau.

Elle, le voyant en cet habit, pensa que ce fût quelqu'un de ses serviteurs qui vint devant pour lui apprêter son logis : si lui pria de la vouloir aider à faire la cuisine; et lui, posant incontinent son manteau, se mit à fendre du bois. Mais en ces entrefaites, le mari arriva, qui, le trouvant ainsi embesogné, lui demanda : Ho, ho! que veut dire cela, seigneur Philopœmen? — *Non autre chose*, lui répondit-il en sa langue dorique, *sinon que je porte la peine de ce que je ne suis pas beau fils ni homme de belle apparence.*

(Philopœmen.)

Jamais Caius Marius ne refuit par crainte pas une corvée, pour danger ou peine qu'il y eût, ni n'en dédaigna aussi pas une, pour petite qu'elle fût; ains surmontant ses égaux et compagnons en bon sens et prévoyance de ce qui était expédient à faire, et étrivant à l'encontre des privés soudards en simplicité de vivre, et en souffrance de labeur, il en allait acquérant la bonne grâce et bienveillance d'un chacun.

Car, à dire la vérité, aussi est-ce un grand réconfort à ceux qui travaillent, que d'avoir des compagnons qui travaillent volontairement quand et eux, parce qu'il leur semble que cela, je ne sais comment, leur ôte la contrainte et la nécessité : et est une chose qui plaît merveilleusement au soudard romain, que de voir son capitaine mangeant publiquement en vue de tout le monde du même pain que lui, en prenant son repos sur quelque méchante paillasse, en mettant lui-même le premier la main à la besogne, quand il est question de tirer une tranchée, ou de remparer et fortifier le camp : car ils n'estiment pas tant les capitaines qui les honorent ni qui leur donnent, comme ils font ceux qui travaillent et qui s'exposent aux dangers de la guerre quand et eux; et y a bien davantage, qu'ils aiment plus ceux qui travaillent avec eux, que ceux qui leur permettent de demeurer en oisiveté.

(*Marius.*)

En allant par pays, Marcus Caton cheminait à pied, portant lui-même ses armes, et avait quelque serviteur après lui, qui portait ce qui lui était nécessaire pour son vivre, auquel, à ce qu'on dit, il ne se courrouça jamais pour chose qu'il lui eût apprêtée à son dîner ou à son souper, ains lui aidait lui-même le plus souvent à l'apprêter, quand il avait loisir, après avoir fait ce que le privé soudard était tenu de faire pour la fortification du camp ou autre affaire. Il ne buvait jamais, étant à la guerre, que de l'eau, si ce n'était aucune fois qu'il se trouvait excessivement altéré ; car alors il prenait un peu de vinaigre : ou bien qu'il se sentait un peu faible ; car alors il buvait de quelque petit vin.

Or était d'aventure l'héritage de Manius Curius, celui qui gagna par trois fois l'honneur du triomphe, et la maison où il s'était anciennement tenu, prochaine des terres de Caton, lequel y allait à l'ébat bien souvent ; et voyant le peu de terre qu'il y avait, et comment le logis était petitement et pauvrement bâti, il pensait en lui-même quel personnage devait avoir été celui qui, étant le premier homme des Romains en son temps, et ayant vaincu et dompté les plus fières et plus belliqueuses nations d'Italie, et en ayant chassé dehors le roi Pyrrhus, labourait néanmoins et cultivait avec ses propres mains ce peu de terre, et habitait en une si pauvre et si petite métairie, en laquelle, après ses trois triomphes, des ambassadeurs envoyés de la part des Samnites l'allèrent quelquefois visiter, et le trouvèrent au long de son foyer, où il faisait cuire des raves, et lui présentèrent de par leur communauté une bonne quantité d'or ; mais il les renvoya avec leur or, en leur disant que ceux qui se contentaient d'un tel souper, n'avaient que faire d'or ni d'argent, et que quant à lui il estimait plus honorable commander à ceux qui avaient de l'or, que non pas en avoir.

(*Marcus Caton.*)

Un jour que Pompée était malade, les médecins lui ordonnèrent qu'il mangeât d'une grive ; on en chercha en plusieurs lieux, et n'en put-on trouver, pource que ce n'était pas en leur saison ; mais il y eut quelqu'un qui dit que l'on en pourrait recouvrer chez Lucullus, là où l'on en nourrissait tout le long de l'année. *Et quoi,* dit-il, *si Lucullus donc n'était friand et délicat, Pompée ne vivrait-il pas ?* Et laissant là l'ordonnance de son médecin, il se fit apprêter de ce que l'on peut trouver partout ordinairement.

(*Les dits notables des anciens rois.*)

Empire sur soi. — La colère

Il n'est pas possible de contenir sa langue, qui n'est pas petite partie de la vertu, et la rendre toujours obéissante et sujette à la raison, sans avoir de tout point dompté et asservi par exercitation, par labeur et longue accoutumance, les plus mauvaises passions de l'âme, comme la colère : car une parole qui échappe contre la volonté, que l'on voudrait bien retenir, comme dit Homère :

Un mot volé hors du pourpris des dents

et les propos qui sortent de la bouche d'eux-mêmes fortuitement, adviennent, le plus souvent et principalement, aux esprits qui ne sont pas bien matés et exercités, qui glissent et s'écoulent par une impuissance de colère, un entendement non rassis, et une trop licencieuse façon de vivre : et puis pour une parole, qui est la plus légère chose du monde, ainsi que dit le divin Platon, et les dieux et les hommes leur font payer une très grieve et très puissante peine ; là où le silence non seulement n'altère point, comme dit Hippocrate, mais aussi n'est point sujet à rendre compte, ni à payer amende.

(*Comment il faut lire les poètes.*)

Celui qui veut prendre garde à la colère du commencement, en voyant qu'elle commence à fumer et à s'allumer pour quelques paroles ou quelques gaudisseries de néant, il n'a pas beaucoup à faire, ains bien souvent pour se taire seulement, ou pour n'en tenir compte, il l'apaise totalement. Car qui ne donne nourriture et entretènement de bois au feu, il l'éteint ; aussi, qui ne donne sur le commencement nourriture à son ire, et qui ne souffle soi-même, il l'évite ou la dissipe

Et pourtant ne me plaît point le philosophe Hiéronymus, combien qu'au demeurant il donne beaucoup de beaux enseignements, et bonnes instructions, en ce qu'il dit *que l'on ne sent point la colère quand elle s'engendre, mais quand elle est engendrée, tant elle est soudaine* : car il n'y a nulle autre passion qui fasse une si manifeste naissance, ni si évidente croissance, quand elle s'amasse et se remue comme fait la colère ; ainsi comme Homère même, en homme bien expérimenté, le donne à entendre, quand il fait qu'Achille est bien atteint de douleur soudaine, aussitôt qu'il entend la parole du roi Agamemnon, en disant :

> Ainsi dit-il, et une noire nue
> D'aigre douleur le couvrit, survenue.

mais qu'Agamemnon se courrouce lentement, après être enflammé de plusieurs paroles ouïes et dites, lesquelles, si quelqu'un se fût entremis de détourner, la querelle ne fût pas venue à si grand accroissement comme elle fit.

Voilà pourquoi Socrate, toutes les fois qu'il se sentait un peu plus âprement ému qu'il ne fallait à l'encontre de quelqu'un de ses amis, se rangeant, avant la tourmente, à l'abri de quelque écueil de mer, il rabaissait sa voix, il montrait une face riante et un regard plus doux, se maintenant ainsi droit sur ses pieds, sans tomber ni être renversé, penchant en l'opposite et s'opposant au contraire de sa passion. Car le premier moyen d'abattre la colère comme une domination tyrannique, c'est de ne lui obéir ni ne la croire point, quand elle nous commande de crier haut et regarder de mauvais œil en travers, et se frapper soi-même, mais se tenir coi et ne renforcer pas sa passion, comme une maladie, à force de braire et de crier haut, et de se démener et tourmenter.

Il y a plusieurs choses formidables et redoutables en la colère ; mais aussi y en a-t-il plusieurs ridicules et moquables : c'est pourquoi elle est plus haïe et plus méprisée que nulle autre passion qui soit en l'âme ; et pourtant serait-il expédient et utile de considérer l'un et l'autre diligemment.

On dit que la mer, quand elle est agitée de vents, et qu'elle jette hors de l'algue ou de la mousse, qu'elle se purge; mais les paroles dissolues, amères et folles, que l'on fait sortir hors de l'âme renversée sens dessus dessous, souillent premièrement ceux qui les disent, et les remplissent d'infamie, parce qu'elles donnent à connaître qu'ils les avaient de tout temps en leurs cœurs, et en étaient pleins, mais que la colère les a découverts.

(Comment il faut refréner la colère.)

Il n'est pas raisonnable que celui qui aime l'honneur et la vertu, et qui ne prend pas les poëtes en main par manière de jeu et d'ébattement pour passer son temps, mais pour en tirer utile instruction, écoute négligemment et sans fruit les sentences que l'on y trouve, à la recommandation de la prouesse, de la tempérance et de la justice, comme celles-ci :

> Diomède, d'où vient cette faiblesse,
> Que nous mettons en oubli la prouesse ?
> Approche-toi de moi pour faire tête :
> En cet endroit, reproche déshonnête
> A nous serait si, en notre présence,
> Hector prenait nos vaisseaux sans défense.

Car de voir le plus sage et le plus prudent capitaine des Grecs en danger de mourir, et d'être perdu avec toute l'armée, redouter et craindre, non la mort, mais la honte et le reproche, cela sans point de doute devra rendre le jeune homme grandement affectionné à la vertu. Et celle-ci :

> Minerve avait plaisir tout évident
> D'un homme juste et ensemble prudent.

Le poëte fait une telle conclusion, que la déesse Pallas ne prend plaisir à un homme ni pour être beau de corps, ni pour être riche, ni pour être fort et robuste, mais seulement pour être sage et juste ; et en un autre passage, quand elle dit qu'elle ne le délaisse ni ne l'abandonne point pour ce qu'il était

> Sage, rassis, prudent et avisé,

le poëte nous donne clairement à entendre que cela signifie qu'il n'y a en nous que la vertu seule qui soit divine et aimée des dieux, s'il est ainsi que naturellement chaque chose se réjouit de son semblable.

Et pour ce qu'il semble que ce soit une grande perfection à un homme, comme à la vérité elle l'est, pouvoir maîtriser sa colère, c'est encore une plus grande vertu de prévenir et pourvoir à ce que l'on ne tombe pas en colère, et que l'on ne s'en laisse point surprendre. Il faut aussi avertir les lisants de cela bien soigneusement, et non point en passant, comme Achille qui, de sa nature, n'était point endurant ne patient, commande à Priam qu'il se taise et qu'il ne l'irrite point en cette manière :

> Garde, vieillard, d'irriter ma colère,
> Car de moi-même assez je délibère
> De te livrer ton fils ; et puis après,
> J'en ai du ciel commandement exprès.
> Mais garde-toi que je ne te déchasse,
> Hors de ma tente, et que je ne trépasse (*transgresse*)
> Ce que mandé m'a Jupiter bruyant,
> Quoique venu tu sois en suppliant.

Et puis, après avoir lavé et enseveli le corps d'Hector, lui-même le mit dedans le chariot, devant que le père le vît, ainsi déchiré qu'il était :

> De peur qu'étant le père vieil atteint
> D'âpre douleur, son courroux il ne tint,
> Voyant le corps de son fils déchiré,
> Et que cela n'eût encore empiré
> Le cœur félon d'Achille, tellement,
> Que sans avoir égard au mandement
> De Jupiter, de sa tranchante épée,
> Soudain la tête il ne lui eût coupée.

Car se connaître sujet à soi courroucer, et de nature âpre et courageux, mais en éviter les occasions et s'en garder, en prévenant de loin avec la raison, de sorte que non pas même malgré soi il ne tombât en cette passion, cela est acte de merveilleuse providence. Ainsi faut-il que celui qui se sent aimer le vin fasse à l'encontre de l'ivrognerie. Là où, au contraire, les fols et mal appris vont eux-mêmes amassant la matière pour enflammer leurs passions, et se précipitent volontairement eux-mêmes dedans les vices dont ils se sentent tarés, et auxquels ils sont le plus enclins.

Au contraire, Ulysse non seulement arrête et retient sa

colère, mais, qui plus est, sentant par les paroles de Télémaque qu'il était un peu âpre, et qu'il haïssait les méchants, il l'adoucit et le prépara de longue main, lui commandant de ne remuer rien, mais avoir patience :

> Si de mépris ils me font démontrance
> En ma maison, passe tout en souffrance
> Patiemment, quelque tort qu'on me fasse
> Devant tes yeux, voire si en la place
> Ils me traînaient par les pieds attaché,
> Ou s'ils avaient sur moi leur arc lâché ;
> Endure tout, le voyant sans mot dire.

Car tout ainsi que l'on ne bride pas les chevaux cependant qu'ils courent, mais devant qu'ils aient commencé leur course, aussi mène-t-on au combat ceux qui sont courageux et malaisés à tenir, après les avoir préparés et domptés premièrement avec la raison.

(Comment il faut lire les poëtes.)

On loue grandement une ordonnance de Solon qui défend de médire d'un trépassé : car c'est bien et dévotement fait de penser qu'on ne doit toucher aux trépassés, non plus qu'aux choses sacrées, et se doit-on bien garder d'offenser ceux qui ne sont plus en ce monde ; et si est prudence civile de garder que les inimitiés ne soient immortelles. Il défendit aussi par la même loi d'injurier de paroles outrageuses les vivants, aux églises, pendant le service divin, en jugement, au palais où soient les gouverneurs de la ville, ni aux théâtres, pendant qu'on y joue les jeux, et ce sur peine de trois drachmes d'argent applicables à celui qui serait injurié, et deux à la chose publique : car il lui semblait que c'était une licence trop dissolue de ne pouvoir tenir nulle part sa colère, et qu'il faut que ce soit une personne trop mal apprise : mais aussi de la pouvoir vaincre par tout, c'est chose bien difficile, et à aucuns totalement impossible. Et faut que celui qui fait la loi ait regard à l'ordinaire possibilité des hommes, s'il en veut châtier peu avec exemple profitable, et non pas beaucoup sans utilité quelconque.

(Solon.)

Étant Eurybiade capitaine général de toute l'armée de mer

des Grecs pour la dignité de la ville de Sparte, mais au demeurant homme à qui le cœur faillait au besoin, voulant à toute force partir de là, et se retirer dedans le golfe du Péloponèse, là où toute l'armée de terre des Péloponésiens était assemblée. Thémistocle y contredit et résista fort et ferme : et fut lors qu'il fit certaines réponses notables, qui ont bien été recueillies et notées depuis.

Car comme Eurybiade lui dit un jour : *Thémistocle, aux jeux de prix, ceux qui se lèvent avant qu'il en soit temps, sont soufflétés.* — *Il est vrai*, lui répondit Thémistocle, *mais aussi ceux qui demeurent les derniers ne sont jamais couronnés*. Une autre fois Eurybiade haussant le bâton qu'il tenait en sa main, comme s'il l'en eût voulu frapper, il lui dit : *Frappe, si tu veux, pourvu que tu écoutes.* Eurybiade adonc s'émerveilla de voir en lui une si grande facilité, et si grande patience, lui permit de dire tout ce qu'il voulut : et jà commençait Thémistocle à le ramener à la raison ; mais il se trouva là quelqu'un qui lui dit : *Il sied mal à un homme qui n'a plus de ville ni de maison, de prêcher ceux qui en ont de les abandonner.* Thémistocle, tournant sa parole à lui, répliqua : *Nous avons*, dit-il, *lâche et méchant homme que tu es, volontairement abandonné des maisons et des murailles, ne voulant pas nous soumettre au joug de servitude pour crainte de perdre des choses qui n'ont point d'âme ni de vie : et néanmoins notre ville ne laisse pas d'être la plus grande de toute la Grèce, car c'est une flotte de deux cents galères toutes prêtes à combattre, qui sont ici venues pour vous sauver si vous voulez ; mais si vous vous en allez, en nous abandonnant pour la deuxième fois, vous orrez dire, avant qu'il passe beaucoup de temps, que les Athéniens auront une autre ville franche, et posséderont autant de terres et d'aussi bonnes comme celles qu'ils auront ici perdues.*

(*Thémistocle.*)

Athénadore le Philosophe, étant fort vieil, demanda congé à César de se pouvoir retirer en sa maison, pour sa vieillesse ; il lui donna ; mais en lui disant adieu, Athénadore lui dit : *Quand tu te sentiras courroucé, sire, ne dis ni ne fais rien que premièrement tu n'aies récité les vingt et quatre lettres de l'alphabet en toi-même !* César ayant ouï cet avertissement, le prit par la main et lui dit : *J'ai encore affaire de la présence*, et le retint encore tout un an, en lui disant :

Sans péril est le loyer de silence.

(*Comment il faut refréner la colère.*)

Gouverner ses affections

A l'encontre des demandes dommageables ou déraisonnables, il faut toujours avoir le dire de Zénon prompt à la main, lequel rencontrant un jeune homme de ses familiers qui se promenait à l'écart le long des murailles de la ville, et en ayant entendu la cause, que c'était pource qu'il fuyait un sien ami qui le requérait de porter faux témoignage pour lui : *Que dis-tu, sot que tu es*, lui répondit-il? *Celui-là ne craint point, et n'a point de honte de te requérir de choses iniques et déraisonnables et tu n'as pas le cœur de le refuser et rebouter pour choses justes et raisonnables ?* Car celui qui dit :

Méchanceté est une arme séante
Contre celui qui fait œuvre méchante,

nous enseigne mal à nous venger de la méchanceté, en nous la faisant imiter : mais de repousser ceux qui nous molestent impudemment et effrontément, en ne nous laissant point vaincre à la honte, et ne concéder point choses déraisonnables et déshonnêtes à tels effrontés, pour être honteux de leur refuser, ce sont hommes sages et bien avisés qui le font ainsi.

Agésilas, comme son père lui voulut faire juger quelques procès contre le droit et contre les lois : *Tu m'as*, dit-il, *mon père, montré dès ma jeunesse à obéir aux lois, voilà pourquoi je te veux encore obéir maintenant, en ne jugeant rien qui soit contre les lois.* Et Thémistocle répondit à Simonide qui le requérait de quelque chose injuste : *Ni toi, Simonide, ne serais pas bon poète, si tu chantais contre mesure ; ni moi bon officier, si je jugeais contre les lois.*

(*Les dits notables des anciens rois.*)

CHAPITRE IX

LA JUSTICE

Plutarque avait bien le sentiment de l'excellence de la justice, puisqu'il dit : « De justice, droiture et équité il n'y a rien qui en puisse être participant, sinon ce qui est divin par le moyen de la raison et de l'entendement. » Il juge ainsi que la justice est une vertu divine à laquelle l'homme peut s'élever par l'empire de la raison, c'est-à-dire l'harmonie parfaite entre tous les éléments contradictoires de son âme, à la fois humaine et divine. Il y a un rapport intime entre la vérité et la justice, et il me semble que la justice n'est que la vérité en action ou la droiture que Plutarque place entre la justice et l'équité, comme pour servir de lien entre la justice idéale et la justice pratique. Ce qui est vrai en principe est aussi juste dans l'application. Mais l'homme, incapable de discerner la vérité parfaite, est aussi incapable de pratiquer la justice parfaite. Aussi, pour accommoder l'un et l'autre à la faiblesse humaine, il faut tempérer la justice par la charité. On ne peut pas dire que l'équité soit une justice plus imparfaite, mais c'est au contraire la meilleure qui soit possible ; car l'homme ne connaît rien d'absolu, et ce qu'il prend pour tel n'est que la roideur d'un esprit orgueilleux.

Nous n'échappons à l'injustice qu'en nous plaçant sur le terrain du relatif pour juger les personnes et les choses dans leurs rapports entre elles et avec elles-mêmes. Ainsi les paroles et les actes qui tombent sous notre jugement ne sont pas considérés comme des faits isolés, mais ils sont envisagés à leur place dans l'ensemble de la vie qui leur donne leur vraie valeur. L'impartialité dans les jugements n'est possible qu'à un esprit libre de tout préjugé, à une âme maîtresse de ses passions, sachant tenir la balance au-dessus de tous les sentiments et de tous les intérêts particuliers.

La justice dans les actes exige la même abnégation et se confond avec la probité, lorsque le moi est en conflit avec autrui. Tout ce que nous nous approprions au delà de notre dû est à la fois une injustice et une improbité, qu'il s'agisse de biens naturels, tels que les richesses, ou de biens immatériels, tels que les honneurs et la gloire. Et l'homme intègre redoute à tel point de prendre ce qui ne lui appartient pas, qu'il ne reçoit pas même ce que veut lui accorder la justice ou la libéralité humaine. Dans la pauvreté même, il est invulnérable à la séduction des biens de fortune qui fait tant d'esclaves ; et son âme libre et fière méprise ces chaînes et s'élève sans entraves à une vertu plus haute. Une des vertus que le vulgaire admire le plus, c'est le désintéressement de cette probité incorruptible dans les choses qui se voient et se touchent ; mais les louanges qu'on donne à ces âmes détachées ne s'adressent pas à ce qui fait réellement leur beauté, à cette élévation de sentiment et de pensée, à cette vie supérieure, en un mot, dont le principe et le centre se trouvent bien au delà de ce monde, de ses agitations et de ses convoitises. Il me semble qu'une âme vraiment juste ou probe est celle qui est à l'épreuve de tout et dont rien ne peut altérer l'intégrité, ou l'autorité céleste d'une conscience droite et pure éclairée par la justice divine.

Une foule de grands hommes, dont l'histoire nous a transmis la vie, ont mérité par leur probité l'admiration et la confiance de leurs contemporains, et suscitent, à travers les siècles, l'émulation des gens de bien. Tels sont Publicola, Cimon, Fabricius, Caton, etc., etc., dont la vertu intègre s'est démontrée aux yeux de tous. Un seul est venu jusqu'à nous avec « le divin et royal surnom de Juste. » Aristide a-t-il été en réalité plus juste que tous ces autres témoins de la vertu ? Ou bien, dans sa vie mieux connue, son âme s'est-elle révélée plus complètement ? Tout ce que nous savons, c'est que sa justice ne s'est jamais démentie à l'égard de ses concitoyens, de ses amis, et même de ses détracteurs et de ses ennemis. Et ce qui prouve son influence malgré toute l'ingratitude et toutes les persécutions dont il fut l'objet, c'est que dans les circonstances adverses, ses compatriotes, mettant l'honnête au-dessus de l'utile, suivaient ses conseils plutôt que ceux de leur plus brillant capitaine.

Excellence de la justice

C'est bien chose rare entre les hommes, d'en trouver un vaillant entièrement, ou sage ; mais encore est-il bien plus rare et plus difficile, que de toute autre sorte de vertueux, d'en trouver un juste; car Agésilas, Lysandre, Nicias, Alcibiade et tous ces autres grands capitaines du temps passé, ont bien su comment il fallait conduire une guerre, même une armée, et gagner une bataille, tant par mer comme par terre ; mais employer leurs victoires en une bénéficence généreuse et véritablement honnête, jamais ils ne l'ont su ; mais si vous exceptez le fait d'armes contre les Barbares en la plaine de Marathon, la bataille de Salamine, la journée de Platée, celle des Thermopyles, ce que fit Cimon à l'entour de Cypre et sur le fleuve Eurymédon, toutes les autres guerres et batailles que la Grèce a jamais faites, ont toujours été contre soi-même et pour se mettre sous le joug de servitude ; et tous les trophées qui furent onc dressés par elle, l'ont été à sa honte et à sa perte, tellement qu'elle s'en est à la fin totalement ruinée et détruite, et principalement par la méchanceté et opiniâtreté des gouverneurs et capitaines des villes envieux les uns sur les autres. Là où une nation étrangère, laquelle, ce semble, avait bien peu d'occasion qui la dût émouvoir à ce faire, pour n'avoir pas eu par le passé grande communication avec l'ancienne Grèce, et du conseil et bon sens de laquelle il devait sembler étrange que la Grèce pût recevoir aucune utilité, l'a néanmoins, avec très grands dangers, combats et travaux infinis, délivrée de l'oppression de servitude de violents seigneurs et tyrans.

(*Titus Quintus Flaminius.*)

Aristide, surnommé *le Juste*, faisait toujours ses affaires à part au gouvernement de la chose publique, fuyant toutes ligues et partialités, d'autant qu'il avait opinion que l'autorité et le crédit qui était ainsi acquis par pratiques et menées d'amis, incitait et poussait les hommes à faire beaucoup de choses injustes.

Et comme les Athéniens fussent assemblés en conseil de ville pour procéder au bannissement qu'ils appelaient l'ostracisme, il y eut un paysan qui ne savait ni lire ni écrire, qui tenant une coquille en sa main le pria d'écrire dedans le nom d'Aristide, et qu'il lui demanda : *Et comment? connais-tu bien Aristide?* Le paysan lui dit que non, mais qu'il lui fâchait de l'ouïr appeler *le Juste.* Aristide ne lui répondit rien, et écrivant son nom dedans la coquille, la lui rebailla. Étant ennemi de Thémistocle, et envoyé en quelque ambassade avec lui, arrivés qu'ils furent aux confins de l'Attique, il lui dit : *Veux-tu, Thémistocle, que nous laissions ici sur les limites du pays notre inimitié? Et puis quand nous serons retournés de notre ambassade, nous la reprendrons si bon nous semble.*

Après avoir fait le département de la taille sur toute la Grèce, et taxé combien chaque ville devrait payer, il en retourna plus pauvre qu'il n'y était allé, d'autant comme il avait dépendu par le chemin. Par quoi ayant le poëte Eschyle fait ces vers en une sienne tragédie, touchant Amphiarus :

> Il ne veut pas sembler juste, mais l'être,
> Etc...

quand on vint à les réciter en plein théâtre, toute l'assistance jeta les yeux sur Aristide.

(*Les dits notables des anciens rois.*)

Camille, avec l'armée romaine, entra dans le pays des Falisques, là où il alla mettre le siège devant la ville des Falériens. Mais les Falériens, se confiant en l'assiette de leur ville qui était forte de tous côtés, faisaient si peu de compte d'être assiégés, que ceux qui n'étaient point à la garde des murailles se promenaient en robes sans armes par la ville, et allaient leurs enfants à l'école, le maître de laquelle les menait ordinairement hors de la ville se promener, jouer et exerciter au long des murailles : car ils avaient un commun maître d'école pour toute la ville, comme encore ont les Grecs, voulant que leurs enfants dès le commencement s'accoutument à être nourris en compagnie, et qu'ils conversent toujours ensemble. Ce maître donc, épiant l'occasion de faire un mauvais tour aux Falériens, menait tous les jours leurs enfants à l'ébat hors de la ville, non guère loin des murailles du commencement, et puis les ramenait dedans après qu'ils s'étaient ébattus et exercités. Depuis qu'il les y eut menés une fois, il les tira de jour en jour un peu plus loin pour les accoutumer à s'assurer, en leur donnant à entendre qu'il n'y avait point de danger, jusques à ce qu'un jour à la fin, ayant tous les enfants de la ville avec soi, il donna jusque dedans le guet du camp des Romains, auxquels il livra tous ses écoliers, et leur dit qu'ils le menassent devant leur capitaine général, ce qui fut fait : et quand il fut devant Camille, il se prit à dire *qu'il était maître et précepteur de ces enfants, mais néanmoins qu'il avait eu plus cher acquérir sa bonne grâce, que de faire ce que le devoir de ces titres-là lui commandait : au moyen de quoi, il lui venait rendre la ville, en lui livrant ces enfants entre ses mains.* Camille ayant ouï ces paroles, trouva l'acte bien malheureux et méchant, et dit à ceux qui étaient autour de lui *que la guerre était bien chose mauvaise, et où il se faisait beaucoup de violence et d'outrages, mais toutefois qu'encore y avait-il entre gens de bien quelques lois et quelques droits de la guerre, et qu'on ne devait point tant chercher ne pourchasser la victoire, que l'on ne fuit les obligations d'en être tenu à si maudits et si damnables moyens, et qu'il fallait qu'un grand capitaine fît la guerre se confiant en sa propre vertu, non point en la méchanceté d'autrui.* Si commanda à ses sergents qu'ils déchirassent les habillements de ce mauvais homme, en lui liant les deux mains par derrière, et qu'ils donnassent des verges et des escorgées aux enfants, afin qu'ils ramenassent le traître qui les avait ainsi trahis, en le fouettant jusque dedans la ville.

Or, sitôt que les Falériens eurent entendu la nouvelle comme ce maître d'école les avait trahis, toute la ville en mena très grand deuil, ainsi qu'on put estimer en si griève perte, et s'en coururent hommes et femmes pêle-mêle sur les murailles ou aux portes de la ville, sans savoir qu'ils faisaient, tant ils étaient troublés. Etant là, ils aperçurent leurs enfants qui ramenaient leur maître nu et lié en le fouettant, et appelant Camille *leur père, leur dieu et leur sauveur;* de manière que non seulement les pères et mères des enfants, mais aussi tous autres citoyens généralement conçurent en eux-mêmes une grande admiration et singulière affection envers la prud'homie, bonté et justice de Camille, tellement que sur l'heure même ils assemblèrent le conseil, auquel il fut résolu qu'on lui enverrait promptement des ambassadeurs, pour se remettre eux et leurs biens du tout à sa discrétion. Camille envoya leurs ambassadeurs à Rome, où leur étant donné audience par le Sénat, ils dirent *que les Romains ayant préféré la justice à la victoire leur avaient enseigné de mieux aimer se soumettre à eux, que de retenir leur liberté en confessant qu'ils se sentaient plus surmontés de leur vertu, que vaincus de leur force et puissance.* Le Sénat renvoya le tout à Camille pour en faire et ordonner ainsi que bon lui semblerait, et lui ayant fait payer une somme d'argent aux Falériens, fit au demeurant paix et alliance avec tout le reste des Falisques, et à tant s'en retourna à Rome.

(*Camille.*)

On demanda quelquefois à Agésilas laquelle des deux vertus était la meilleure à son jugement, la force ou la justice : il répondit *que la force ne sert de rien là où règne la justice, et que si nous étions tous justes et gens de biens, il ne serait point besoin de la force*. Les peuples grecs, habitant en Asie, avaient accoutumé d'appeler le roi de Perse, *le grand roi : Pourquoi*, dit-il, *est-il plus grand que moi, s'il n'est plus tempérant et plus juste ?* Aussi disait-il que les habitants de l'Asie étaient bons esclaves et mauvais hommes libres. Étant enquis comment un homme se pourrait bien faire valoir et acquérir très grande réputation, il répondit : *En disant tout bien, et faisant encore mieux*. Il voulait dire que le capitaine doit avoir hardiesse à l'encontre des ennemis, et amitié envers ses gens. Quelque autre demandait : *Que doivent apprendre les enfants en leur jeunesse ?* Il répondit : *Ce qu'ils doivent faire quand ils sont devenus grands*.

(*Les dits notables des anciens rois.*)

Philippe avait une fois donné quelque office de judicature à un qui lui était recommandé par Antipater ; mais depuis, ayant entendu qu'il se teignait les cheveux et la barbe, il la lui ôta, disant *que celui qui en ses cheveux était faussaire, malaisément en bonne affaire serait loyal*. Machétas quelquefois plaidait une cause devant lui qui sommeillait, de manière qu'à faute d'avoir bien compris et entendu le fait, il le condamna à tort ; parquoi Machétas se prit à crier tout haut qu'il en appelait. Philippe, indigné de cela, lui demanda incontinent devant qui il appelait de lui : *Devant toi-même*, sire, répondit-il, *quand tu seras bien éveillé, et que tu voudras plus attentivement ouïr et comprendre mon fait*. Philippe, piqué de ces paroles, se leva en pieds, et y pensant mieux, à soi, connut qu'il avait fait tort à Machétas par sa sentence, et néanmoins ne voulut point révoquer ni casser son jugement, mais lui-même paya de son argent autant comme pouvait valoir la chose dont il était question au procès.

Harpalus avait un sien parent et ami, nommé Cratès, atteint et convaincu de grands crimes : il pria Philippe qu'il payât bien l'amende, mais que la sentence ne fût point prononcée contre lui, pour en éviter la honte et le déshonneur : mais Philippe lui fit réponse : *Il vaut mieux que lui-même porte le déshonneur de son fait, que non pas moi pour lui.* Ses familiers se courrouçaient de ce que les Péloponésiens qui avaient reçu beaucoup de biens de lui, le sifflaient en la fête et assemblée des jeux olympiques: *Et que feraient-ils au prix,* leur répondit-il, *si nous leur eussions fait déplaisir ?*

(*Les dits notables des anciens rois.*)

Quand Cicéron vint à briguer et demander l'état de préteur, qui est comme juge ordinaire, encore qu'il eût beaucoup et de grands compétiteurs, il fut le premier de tous déclaré élu, en l'exercice duquel état il se gouverna si honnêtement, qu'il ne fut jamais soupçonné de corruption ni de concussion quelconque. Et à ce propos, on raconte que Licinius Macer, homme qui pouvait beaucoup de lui-même, et qui, outre cela, était encore porté et soutenu par Crassus, fut accusé devant lui de larcin et malversation en son état, et que se confiant au crédit qu'il cuidait avoir et à la brigue grande que faisaient ses amis pour lui, il se retira en sa maison avant que la sentence de son procès fût donnée, étant encore les juges sur les opinions et que là il fit en diligence sa barbe, et vêtit une belle robe neuve, comme se tenant tout assuré d'avoir gagné son procès, puis s'achemina vers la place : mais Crassus lui alla au-devant, et le rencontrant, lui dit comme il avait été condamné par toutes les sentences de tous les juges, dont il fut si déplaisant, qu'il s'en retourna tout court, et s'en alla mettre au lit, dont il ne releva oncques puis. Ce jugement apporta grande réputation à Cicéron, pour ce qu'on lui donna la louange d'avoir diligemment tenu la main à ce que la justice eût lieu.

(*Cicéron.*)

On demanda à Alexandridas, fils de Léon, pourquoi c'était que les sénateurs demeuraient plusieurs jours à juger les causes criminelles ; et qu'encore que l'accusé fût par eux absous, il demeurait néanmoins toujours en état de criminel : *Ils demeurent,* dit-il, *plusieurs jours à décider les causes criminelles où il était question de la vie des hommes, pource que ceux qui ont commis erreur en la mort d'un homme, ne peuvent plus rhabiller leur sentence ; et celui qui est élargi, doit néanmoins toujours demeurer sujet à la loi de l'homicide, parce que l'on peut toujours derechef mieux acquérir et mieux juger de son fait.*

(*Les dits notables des anciens rois.*)

Probité

Cratère le Macédonien écrit de la mort d'Aristide en cette sorte : Après que Thémistocle s'en fut enfui, le peuple d'Athènes, en étant devenu fier et insolent, fut cause de faire sourdre un grand nombre de calomniateurs qui se mirent à charger et accuser faussement les premiers hommes et principaux personnages de la ville, et à leur procurer l'envie et malveillance du commun populaire, qui s'enorgueillissait pour la prospérité de ses affaires, et pour l'augmentation de sa puissance ; entre lesquels Aristide fut atteint de concussion et malversation au gouvernement de la chose publique, à la poursuite d'un nommé Diophante, natif du bourg d'Amphitrope, qui le chargea d'avoir pris argent des Ioniens, en levant le tribut qu'ils payaient annuellement, et dit que, pour n'avoir pu payer l'amende en laquelle il fut condamné, qui était de cinq cents écus, il fut contraint d'abandonner la ville d'Athènes et qu'il s'en alla en Ionie, là où il mourut. L'on montre encore aujourd'hui la sépulture d'Aristide sur le port de Phalère, qui lui fut faite aux dépens de la chose publique, comme l'on dit, pource qu'il décéda si pauvre, qu'on ne trouva pas chez lui de quoi le faire inhumer, et si dit-on encore plus que par décret du peuple ses filles furent mariées aux dépens du public, et eurent chacune en mariage trois mille drachmes d'argent.

(*Aristide.*)

Là où tous les autres gouverneurs du temps de Cicéron, excepté Aristide et Ephialte, étaient concussionnaires et tous atteints de corruptions, lui au contraire se maintint toute sa vie incorrompable au fait du gouvernement de la chose publique, et eut toujours les mains nettes, faisant, disant, et conseillant toutes choses purement et nettement en l'administration des affaires publiques, sans jamais, pour ce faire, prendre argent de personne quelconque. Auquel propos on trouve écrit qu'un seigneur Persien, nommé Nocoaces, traître à son maître le roi de Perse, s'enfuit un jour à Athènes, là où comme il fut tous les jours harassé et déchiré par les criéries ordinaires des calomniateurs qui l'accusaient envers le peuple, il eut à la fin recours à Cicéron et lui porta jusques en sa salle deux coupes toutes pleines, l'une de *darieques* d'or, et l'autre de *darieques* d'argent, qui sont pièces de monnaie ainsi appelées, à cause que le nom de *Darius* y était écrit : ce que voyant Cicéron s'en prit à rire, et lui demanda lequel des deux il aimait mieux qu'il fût ou son ami, ou son mercenaire. Le barbare lui répondit qu'il aimait trop mieux l'avoir pour ami. *Remporte donc*, lui répliqua Cicéron, *ton or et ton argent, et t'en va ; car je suis ton ami, il sera toujours à mon commandement, pour en user toutes et quantes fois que j'en aurai à faire*.

(*Cicéron.*)

Callicratidas, capitaine général de l'armée de mer, comme des amis de Lysandre le requissent de leur octroyer qu'ils pussent sans punition tuer un de leurs ennemis, et qu'ils lui donneraient cinquante talents, qui sont trente mille écus, combien qu'il eût grandement affaire d'argent pour nourrir ses mariniers, il ne leur voulut pas néanmoins permettre. Et comme Cléandre, qui était l'un de ses conseillers, lui dit : *Je les prendrais quant à moi, si j'étais en ta place.* — *Et moi aussi*, dit-il, *si j'étais en la tienne*.

(*Les dits notables des Lacédémoniens.*)

On disait (à Agésilas ?), comme par manière de reproche, que lui, tout roi qu'il était, et d'autres de ses citoyens en âge d'hommes faits, avaient été baillés pour otages, non pas leurs enfants ni leurs femmes. *Ainsi fallait-il faire par raison*, dit-il, *car il est juste que nous-mêmes, et non autres, portions la peine de nos fautes*.

(*Les dits notables des Lacédémoniens.*)

L'on ne saurait pas dire que Démosthène ait gauchi ni fléchi jamais, ni en fait ni en parole quelconque ; car il persévéra toujours immuablement en une même teneur de volonté en l'administration des affaires : tellement que le philosophe

Panétius dit que la plupart de ses oraisons sont écrites sur ce fondement, *qu'il n'y a que ce qui est honnête seulement qui se doive choisir et élire pour l'amour de soi-même*, comme celle de la couronne, celle qu'il fit contre Aristocrate, celles des franchises et immunités, et toutes les Philippiques, esquelles il n'induit point ses citoyens à choisir ce qui est plus plaisant, ou plus facile, ou plus utile, mais prouve que bien souvent il faut préférer ce qui est honnête et louable, à ce qui est sûr et salutaire ; de sorte que si en ses actions et en ses départements il eût conjoint à l'honnêteté, gentillesse et magnanimité de son parler, la vaillance de sa personne en guerre et la netteté de ne prendre point d'argent, il aurait mérité, d'être mis non point au rang de Myroclès, Polyeucte, Hypéride et autres tels orateurs, mais plus haut, au nombre de Cimon, de Thucydide, et de Périclès.

Si était plus homme de bien que tous les autres orateurs de son temps, excepté toujours Phocion ; et si parlait plus franchement au peuple, et plus rondement que nul autre, contredisant ouvertement aux fols appétits de la commune, en reprenant âprement les Athéniens de leurs fautes.

(Démosthène.)

Furent envoyés devers Pyrrhus des ambassadeurs de Rome, et entre autres Caïus Fabricius, touchant le fait des prisonniers, si avertit Cinéas le roi, son maître, que ce personnage était celui duquel on faisait plus de compte à Rome, comme d'un grand homme de bien, bon capitaine et vaillant homme de sa personne, mais qu'il était extrêmement pauvre : parquoi Pyrrhus le tirant à part, lui fit en privé plusieurs grandes caresses, et entre autres lui offrit de l'or et de l'argent en don, le priant d'en vouloir prendre ; non pour aucun service déshonnête qu'il en prétendît de lui, mais seulement pour une arrhe d'amitié et d'hospitalité qu'ils auraient ensemble. Fabricius le renvoya bien loin avec son présent, et Pyrrhus ne fit autre chose pour l'heure : mais le lendemain, le cuidant épouvanter, pource qu'il n'avait jamais vu d'éléphant, commanda à ses gens, que, quand ils seraient eux deux ensemble à deviser, on amenât auprès d'eux le plus grand de ses éléphants derrière une tapisserie ; ce qui fut fait, et à un certain signe qu'il avait ordonné, fut soudainement la tapisserie retirée, et se trouva l'éléphant avec sa trompe au-dessus de la tête de Fabricius et jeta un cri effroyable et horrible à merveille !

Adonc Fabricius se retournant tout doucement sans autrement s'en émouvoir, se prit à rire, et dit à Pyrrhus en souriant : *Ni ton or ne m'émut hier, sire, ni ton éléphant aujourd'hui.*

Au demeurant, durant le souper, s'étant mis plusieurs propos en avant, la plupart touchant les choses de la Grèce, et mêmement touchant les philosophes, Cinéas d'aventure fit mention d'Épicure, et récita les opinions que tenaient les Épicuriens quant aux dieux et au gouvernement de la chose publique, et comment ils mettaient le souverain bien de l'homme en la volupté, comment ils fuyaient toute charge et toute administration publique, comme chose qui trouble et empêche la jouissance de la vraie félicité, et comment ils maintenaient que les dieux sont impassibles, ne se mouvant ni de pitié ni de courroux, et que sans se mêler ni se soucier du fait des hommes ils les mettaient à part en une vie oiseuse, pleine de tous plaisirs et de toutes délices. Mais, ainsi qu'il poursuivit encore ce propos, Fabricius s'écriant tout haut se prit à dire : *Plût aux dieux que Pyrrhus et les Samnites, tant qu'ils auront la guerre contre nous, eussent de telles opinions en la tête !* A raison de quoi, Pyrrhus s'émerveillant de la constance et magnanimité de ce personnage, désira encore plus que jamais avoir paix au lieu de la guerre avec les Romains.

(*Pyrrhus.*)

Fabricius ayant été créé consul, le médecin de Pyrrhus lui écrivit une lettre, en laquelle il lui promettait de faire mourir son maître par poison, s'il voulait. Fabricius envoya incontinent la lettre même à Pyrrhus, lui mandant qu'il reconnût par là, qu'il avait mauvais jugement à discerner quels il devait choisir pour ses amis, et quels pour ses ennemis. Pyrrhus, ayant ainsi découvert et avéré l'embûche que l'on dressait à sa vie, fit pendre son médecin, et renvoya les prisonniers romains à Fabricius sans leur faire payer rançon ; mais Fabricius ne les voulut pas accepter en don gratuitement : ains lui en renvoya autant de ses gens, de peur qu'il ne semblât que ce fût un loyer qu'il reçut pour la découverture qu'il lui avait faite, attendu qu'il ne lui avait fait faire pour bien qu'il lui voulût, mais de peur qu'il ne semblât que les Romains le voulussent faire mourir par trahison, comme s'ils ne le pouvaient vaincre par vertu.

(*Les dits notables des anciens rois.*)

Quand la maison et les biens du tyran Nabis eurent été vendus, comme confisqués à la chose publique, les Lacédémoniens résolurent en leur conseil de faire présent à Philopœmen de l'argent, qui monta environ à la somme de six vingt talents, et lui envoyèrent ambassadeurs exprès pour la lui offrir : là où Philopœmen fit évidemment connaître que sa prud'homie n'était point apparence feinte, mais une réelle vérité : car premièrement il n'y eut homme de tous les Spartiates qui vînt prendre la hardiesse de lui aller présenter cet argent : ains, craignant tous de lui en porter la parole, et s'en excusant à la fin, en firent prendre la charge à un Timolaus qui particulièrement était son ami et son hôte ; et celui-là encore, quand il fut arrivé à Mégalopolis, étant logé et festoyé chez Philopœmen, eut en si grande révérence la gravité vénérable de ses propos et de sa conversation, la simplicité de son vivre ordinaire, et la netteté de ses mœurs si entières, qu'il n'y avait ordre d'en approcher pour les corrompre par argent, qu'il n'osa oncques ouvrir sa bouche pour lui parler du présent qu'il lui avait apporté, mais controuva quelque autre occasion, pour laquelle il dit être venu devers lui ; et y étant renvoyé pour la seconde fois, il en fit encore tout autant ; mais au troisième voyage, à toute peine s'aventura-t-il à la fin de lui en ouvrir le propos, lui déclarant la bonne affection que lui portait la ville de Sparte.

Philopœmen fut bien aise de l'ouïr, et le tout entendu s'en alla lui-même à Sparte, où il remontra au conseil que ce n'étaient point les gens de bien, ni leurs bons amis qu'ils devaient tâcher à corrompre et à gagner par argent, attendu qu'ils se pouvaient à leur besoin servir de leur vertu, sans qu'il leur coûtât rien ; mais que c'étaient les méchants et ceux qui par leurs séditieuses harangues au conseil mutinaient et mettaient la ville en combustion, qu'ils devaient acheter et gagner par loyer mercenaire, afin qu'ayant les bouches fermées par dons, ils leur fissent moins d'ennui au gouvernement de la chose publique. *Car il est*, dit-il, *plus expédient d'ôter la licence de parler et clore la bouche aux ennemis, qu'il n'est pas aux amis.* Tant était Philopœmen magnanime contre toute convoitise d'argent!

(*Philopœmen.*)

Paul-Émile, la jeunesse duquel se rencontra en un temps florissant en gloire et en honneur, par la vertu de plusieurs grands et illustres personnages qui vivaient alors, fit reluire son nom parmi eux, et si ne fut point par les mêmes arts qui suivaient, ni par le même chemin que tenaient les jeunes hommes bien estimés de ce temps-là ; car il ne s'exercita point à plaider les causes des particuliers en jugement ni ne se voulut oncques adonner à saluer, embrasser et caresser les hommes pour mendier leur faveur, encore que par telle sollicitude, et par telles brigues, plusieurs vinssent à gagner la bonne grâce du commun peuple, et si ne laissait pas à le faire, pource que sa nature ne fût bien propre à l'un et à l'autre, s'il eût voulu s'en mêler ; mais il aima mieux acquérir la réputation d'homme de bien, vaillant, entier et droiturier, comme étant cette voie meilleure que les deux autres et aussi en peu de temps y surmonta-t-il tous ceux qui étaient de son âge.

Quand il faisait aucune chose appartenant à l'office de la prêtrise, il la faisait avec grande expérience, grand soin et grande diligence, sans penser à autre chose, et sans y rien omettre des anciennes cérémonies, ni aussi en ajouter de nouvelles, contrôlant bien souvent pour des choses qui semblaient fort légères et petites à l'encontre de ses compagnons, en leur remontrant qu'encore qu'on présuppose que les dieux soient faciles à contenter, et qu'ils pardonnent aisément les fautes faites par seule négligence, toutefois quand il n'y aurait autre chose, que le regard de l'entretènement de la chose publique, on ne devait pas facilement dissimuler ni passer en nonchaloir les omissions et fautes faites en ces affaires-là : *pource*, disait-il, *qu'on ne commence jamais à remuer et changer l'état d'une chose publique, en commettant d'entrée quelque notable contravention aux lois : mais aussi faut-il estimer, qu'on abandonne la garde des principaux fondements d'un état politique, quand on dédaigne le soin de faire observer diligemment les institutions d'icelui, pour petites et menues qu'elles soient.*

Aussi se montra-t-il pareillement sévère observateur et roide exacteur de la discipline militaire, ne cherchant pas d'acquérir l'amour des soudards par leur complaire, quand il avait charge en un camp, comme plusieurs faisaient en ce temps-là, ni ne briguant pas d'avoir une seconde charge par se montrer doux et gracieux à la première, à ceux qui étaient dessous lui, ains leur remontrant lui-même, de point en point, ce que portaient les ordonnances de la guerre, ni plus ni moins que ferait un prêtre qui déclarerait et nommerait les cérémonies de quelque saint sacrifice, où il y aurait danger de faillir d'un seul point et en se déclarant austère et terrible à ceux qui désobéissaient et qui transgressaient les lois militaires, il maintenait la chose publique en son entier, estimant que vaincre les ennemis par armes n'était qu'un accessoire, par manière de dire, au prix de bien dresser et aguerrir ses citoyens par bonne discipline.

(*Paul Émile.*)

Ayant rabaissé l'audace des greffiers, scribes et clercs des finances et les ayant rangés à la raison, Caton eut tous les registres et papiers à sa volonté dedans peu de temps pour en faire à son plaisir, et rendit la Chambre des comptes plus vénérable et plus révérée que le Sénat même, de manière que tout le monde était d'avis et disait que Caton avait ajouté à la question la dignité de consulat : car trouvant que plusieurs particuliers étaient du passé redevables à la chose publique, et la chose publique aussi à quelques particuliers, il donna ordre qu'elle ne fît plus de tort à personne, et que personne aussi ne lui en pût plus faire, contraignant roidement ceux qui devaient de payer, et payant aussi promptement et volontairement à ceux à qui il était dû, tellement que le peuple même avait honte de voir payer aucuns qui s'attendaient bien de ne payer jamais rien, et à l'opposite aussi rembourser d'autres qui ne cuidaient jamais avoir rien de leurs dettes. Davantage plusieurs auparavant apportaient au bureau des questions des lettres et acquits autrement faits qu'ils ne devaient, et bien souvent ses prédécesseurs avaient accoutumé de recevoir par grâces et par prières des mandements tout faux ; mais durant sa questure, jamais il ne passa rien de cette sorte : car étant un jour en doute d'un mandement qui lui fut présenté, à savoir s'il était vrai et valable, encore que plusieurs témoignassent que oui, il n'en voulut jamais rien croire ni l'admettre, jusques à ce que les consuls eux-mêmes en personne fussent venus témoigner et jurer qu'il avait ainsi été ordonné.

Or y avait-il plusieurs à qui Lucius Sylla en sa seconde proscription avait donné douze mille drachmes d'argent pour tête de chaque citoyen proscrit, qu'ils avaient occis de leurs propres mains, lesquels étaient bien haïs et maudits de tout le monde, comme meurtriers et excommuniés ; mais toutefois personne ne leur osait courir sus pour en faire la vengeance. Caton les appela tous en justice, comme détenant injustement l'argent de la chose publique, et les contraignit de le rendre, leur reprochant en courroux, non sans raison, la malheureté et méchanceté qu'ils avaient commises en cet endroit. Ils n'eurent pas plutôt rendu cet argent, qu'ils furent par autres accusés d'homicide ; et comme étant jà condamnés par préjudice, au sortir d'un jugement, on les menait droit en un autre, où ils payaient la peine qu'ils avaient méritée, au grand contentement et aise singuliers de tous les Romains, lesquels estimaient alors voir toute la tyrannie de ce temps-là effacée, et Sylla même puni.

Outre cela, était encore fort agréable au peuple la diligence et assiduité continuelle de Caton, pource qu'il était toujours le premier venu au bureau des questeurs, et en partait le dernier sans jamais se lâcher, jamais il ne faillait à pas une assemblée du peuple, ni à pas une congrégation du Sénat, craignant et ayant soigneusement l'œil à ce que légèrement et par faveur on ne remît quelque argent qui serait dû à la chose publique, ou qu'on n'octroyât rabais aux fermiers, ou qu'on ne fît don d'argent, sinon à ceux qui l'auraient bien et justement mérité.

Ainsi ayant vidé et nettoyé de calomniateurs, et rempli de deniers la Chambre du trésor, il montra que la chose publique pouvait être riche sans grever ni faire tort à personne. Il est vrai qu'au commencement de cette administration, il fut ennuyeux à quelques-uns de ses compagnons, pource qu'il leur sembla trop rude ; mais à la fin il fut aimé de tous, à cause qu'il se soumettait seul à soutenir toutes les crieries et malveillances qui se levaient contre eux, pource qu'ils ne voulaient pas laisser aller par faveur les deniers de la chose publique, et leur permettait d'alléguer pour leur décharge et excuse envers ceux qui les requéraient et importunaient de prières, qu'il leur était impossible de le faire contre la volonté de Caton.

(*Caton.*)

Droiture. — Véracité

Il faut de jeunesse accoutumer les enfants à une chose qui est très sainte, c'est *qu'ils disent toujours vérité* : pource que le mentir est un vice servile, digne d'être de tous haï, et non pardonnable aux esclaves mêmes qui ont peu d'honnêteté.

(*Comment il faut nourrir les enfants.*)

Ésope, celui qui a composé les fables, étant en la ville de Sardis, où il avait été mandé par le roi qui lui faisait fort bonne chère, fut marri de voir que Crésus eût fait si mauvais accueil à Solon ; si lui dit par manière d'admonestement : *O Solon! ou il ne se faut point du tout approcher des princes, ou il leur faut complaire et agréer.* — Mais au contraire, répondit Solon, *ou il ne faut point s'en approcher, ou il leur faut dire la vérité, et les bien conseiller.*

(*Solon.*)

Thémistocle était agréable au commun peuple, en partie pource qu'il saluait chaque citoyen par son propre nom, sans que personne lui aidât à les nommer ; et en partie aussi pource qu'il se montrait juge procédurier aux affaires des particuliers, comme il répondit un jour au poète Simonide, natif de Chio, qui le requérait de quelque chose, laquelle n'était pas raisonnable, lorsqu'il était gouverneur de la ville : *Tu ne serais pas bon poète, si tu chantais contre les règles de la musique ; ni moi bon gouverneur de ville, si je faisais aucune chose contre les lois civiles.*

(*Thémistocle.*)

Les Athéniens eurent d'aventure quelque différend pour leurs confins à l'encontre des Béotiens, lequel ils ne voulaient point plaider en justice, mais combattre en champ de bataille :

mais Phocion leur dit qu'ils ne l'entendaient pas, leur conseillant de combattre plutôt de paroles, en quoi ils étaient les plus forts, que non pas avec les armes, en quoi ils étaient les plus faibles. Son opinion en une assemblée de conseil déplut quelquefois tant aux Athéniens, qu'ils ne voulaient pas seulement avoir la patience de l'ouïr parler, et il leur dit adonc : *Vous me pourez bien forcer,* seigneurs Athéniens, *de faire ce qui ne se devrait pas faire, mais de me faire dire contre mon opinion chose qui ne se doit pas dire, vous ne m'y sauriez contraindre.* Il rembarrait aussi bien vivement les orateurs qui lui étaient contraires, quand ils s'attachaient à lui ; comme il répondit une fois à Démosthène, qui lui disait : Le peuple te tuera quelque jour, Phocion, s'il entre en sa fureur : *Mais bien toi,* dit-il, *s'il entre jamais en son bon sens ;* et à Polyeucte le Sphettien, lequel un jour qu'il faisait grande chaleur, persuadait au peuple d'entreprendre la guerre contre le roi Philippe, et étant presque hors d'haleine soufflait et suait à grosses gouttes comme celui qui était fort gras, de sorte qu'il fallait qu'il eût de l'eau par plusieurs fois pour achever sa harangue : *Vraiment,* dit-il, *c'est bien raison que vous déclariez la guerre à la persuasion de celui-ci : car que pensez-vous qu'il fera quand il aura le harnois sur le dos, et que les ennemis seront près en bataille, vu que maintenant en prononçant seulement une harangue qu'il a étudiée de longue main, il est en danger de crever et d'étouffer devant vous ?*

Il y avait lors à Athènes un nommé Archibiade qui contrefaisait le Lacédémonien, avec une barbe longue et forte à merveilles, une méchante cape, et une mine et contenance toujours tristes. Phocion, se trouvant un jour en assemblée de villes rabroué par le peuple, l'appelle à témoin pour prouver et confirmer son dire ; mais l'autre, se jouant, alla tout au contraire conseiller ce qu'il sentait être agréable au peuple ; ce qu'entendant Phocion, le prit à la barbe et lui dit : *Que ne faisais-tu donc raser cette barbe, puisque tu te voulais mêler de flatter ?* Il y avait un autre grand plaideur, nommé Aristogiton, qui en toutes assemblées de ville ne faisait autre chose que corner la guerre ordinairement et présager les armes au peuple. Puis quand il fallut lever gens et enrôler les noms de ceux qui devraient aller à la guerre, il s'en vint en la place appuyé sur un bâton, les deux jambes bandées, pour faire accroire qu'il était malade : et Phocion, l'apercevant de tout loin dessus la tribune aux harangues, cria tout haut au secrétaire qui écrivait les rôles : *Écris aussi Aristogiton, lâche et méchant, qui contrefait le boiteux.*

(*Phocion.*)

Confiance et respect qu'inspire l'homme juste

Publicola, après avoir triomphé des ennemis et avoir mis le gouvernement de la ville de Rome entre les mains de ceux qui avaient été élus consuls pour l'année ensuivant, mourut incontinent, ayant usé ses jours en tout ce que les hommes estiment vertueux et honorable, autant qu'homme vivant saurait faire. Et le peuple, comme si durant sa vie il ne lui eût fait honneur quelconque, et qu'il lui fût encore redevable de tous les bons et grands services qu'il avait faits en sa vie à la chose publique, ordonna qu'il serait enterré aux dépens du public, si que pour faire ses funérailles, chaque citoyen contribua une petite pièce de monnaie, qui s'appelle un *quatrain*, et les femmes aussi pour l'honorer à part arrêtèrent entre elles qu'elles porteraient un an tout entier le deuil de sa mort, qui fut un deuil fort honorable et fort glorieux à sa mémoire. Si fut enterré par expresse ordonnance du peuple dedans la ville, en la contrée qui s'appelle *Velia* : et fut aussi octroyé privilège à toute sa postérité, d'y être semblablement ensevelie.

(*Publicola.*)

Aristide cheminant, par manière de dire, tout seul, ne se voulut jamais bander ni faire ligue avec personne en l'administration de la chose publique, pour autant que premièrement il ne voulait faire tort à personne à l'appétit de ceux dont il se serait allié, ni aussi les fâcher en leur refusant quelque chose dont ils le pourraient requérir : et davantage pour autant qu'il en voyait plusieurs prendre la hardiesse de faire des choses contre tout droit et toute raison, à cause qu'ils se sentaient forts d'amis, ayant opinion que l'homme de bien et bon citoyen ne se doit assurer ni fortifier d'autre rempart, que de faire, de conseiller et de dire toutes choses bonnes et honnêtes.

Ce néanmoins voyant que Thémistocle remuait témérairement beaucoup de choses, et qu'il lui était contraire à toutes ses entreprises, et lui rompait tous ses desseins, il était aussi lui-même contraint de résister aucunes fois à ce qu'il mettait en avant et se formaliser contre lui, quelquefois pour lui rendre la pareille, et quelquefois aussi pour rabattre un peu son autorité et son crédit qui allait toujours augmentant pour la faveur que le peuple lui faisait, estimant qu'il valait mieux, en lui contredisant, empêcher aucunes fois quelque chose qui eût été au profit de la chose publique, qu'en le laissant en venir au-dessus, souffrir son crédit et sa puissance devenir trop excessive en toutes choses. Bref il advint une fois entre autres, que Thémistocle ayant mis en avant une pratique qui était bien utile et profitable à la chose publique, Aristide lui résista de telle sorte, qu'il l'obtint et gagna contre lui ; si ne se put contenir qu'il ne dît au partir de l'assemblée, en laquelle l'entreprise de Thémistocle avait été rejetée, qu'il était impossible que les affaires de la chose publique d'Athènes se portassent jamais bien, si on ne les jetait tous deux, Thémistocle et lui, dedans le barathre, qui était un abîme, où l'on précipitait les malfaiteurs condamnés à la mort.

Une autre fois il avait mis en avant et proposé au peuple un avis, contre lequel il y eut plusieurs oppositions et contradictions faites, mais nonobstant il l'emportait : et ainsi que le magistrat qui présidait en cette assemblée de conseil, voulait demander au peuple quelle était sa volonté là-dessus pour le faire passer, Aristide reconnaissant par les raisons qui avaient été alléguées et déduites contre son avis, que ce qu'il mettait en avant était dommageable au public, se déporta sur le champ de le vouloir faire autoriser par les voix du peuple. Il faisait aussi souventefois mettre ses conseils en avant par personnes interposées, de peur que Thémistocle, pour la pique particulière qu'il avait encontre lui, ne s'opposât à un bien public.

(*Aristide.*)

De toutes les vertus et louables qualités qui étaient en Aristide, la mieux connue, et celle dont le peuple avait plus d'expérience, était sa justice, pour autant que c'est la vertu dont l'usage et expérience est le plus continuel, et du fruit de laquelle plus de gens se sentent ordinairement : dont il advint que lui, homme pauvre, bas et simple, acquit le plus divin et le plus royal surnom que jamais homme saurait acquérir : c'est qu'il fut nommé par une publique voix du peuple : *le Juste*. Ce surnom n'a jamais été repris ni désiré par les rois, par les princes, ni par les tyrans ; mais bien ont-ils pris plaisir de se faire surnommer les uns *Policrate*, c'est-à-dire forceurs de villes ; les autres *Cerauny*, c'est-à-dire foudroyants ; aucuns *Nicanores*, c'est-à-dire victorieux ou conquérants ; et quelques-uns, *Aéty* et *Hiéraces*, c'est-à-dire aigles, faucons et autres tels oiseaux de proie ; aimant mieux, comme il appert par tels surnoms, la louange et la réputation procédante de force et de puissance, que celle qui procède de bonté et de vertu. Et néanmoins la divine essence, à laquelle ils désirent tant se conformer et égaler, précède toutes autres essences et natures en trois choses principalement : c'est à savoir en *immortalité, puissance et bonté*, desquelles trois la bonté et la vertu est la plus vénérable, et où il y a plus de divinité. Car d'être incorruptible et immortel, les quatre éléments et le vide le sont aussi bien, ainsi que tiennent les philosophes naturels ; et quant à la force et puissance, les tremblements de terre, les foudres, les impétueux tourbillons de vents, les torrents et inondations d'eaux l'ont très grande ; mais de justice, droiture et équité, il n'y a rien qui en puisse être participant, sinon ce qui est divin, par le moyen de la raison et de l'entendement.

Et pourtant, comme ainsi soit que les hommes aient ordinairement trois différentes affections envers les dieux : l'une qu'ils les estiment bien heureux ; l'autre qu'ils les craignent ; et la tierce, qu'ils les honorent : il semble qu'ils les réputent heureux pour l'éternité et immortalité de leur essence, qu'ils les craignent et redoutent à cause de leur seigneurie et de leur toute-puissance, et qu'ils les aiment, adorent et révèrent pour leur justice ; et néanmoins les qualités de ces trois, que plus les hommes appètent, sont l'immortalité de laquelle nature humaine n'est pas capable ; et la puissance, dont la plus grande partie dépend de la fortune et cependant ils laissent la justice en arrière, qui est le seul bien des dieux, duquel nous pouvons être capables ; en quoi ils faillent et s'abusent grandement, pour ce que justice rend la vie de ceux qui sont colloqués en haut degré de fortune, de puissance et d'autorité divine et céleste ; et injustice la rend bestiale et sauvage.

Or pour retourner à Aristide, ce surnom de *Juste* du commencement lui apporta l'amour et bienveillance du peuple ; mais depuis il lui en suscita et engendra l'envie par les menées de Thémistocle mêmement, lequel allait disant et semant partout qu'Aristide avait aboli tous les jugements pour autant que du gré et consentement des parties, il était toujours élu arbitre pour connaître et juger de tous différends, et que par ce moyen il s'allait secrètement acquérant une souveraine puissance de monarque sans avoir besoin de gardes ni de satellites. Davantage le peuple qui était devenu haut à la main depuis la victoire de Marathon, et qui voulait que toutes choses entièrement dépendissent de lui et de son autorité, trouvait mauvais et était marri quand quelqu'un des particuliers surpassait les autres en bonne renommée et bonne réputation ; à l'occasion de quoi ils s'assemblèrent de tous les côtés du pays de l'Attique, en la ville, et bannirent Aristide du ban qui s'appelait *Ostracisme*, déguisant l'envie qu'ils portaient à sa gloire, en l'appelant *crainte de tyrannie*.

(*Aristide.*)

Comme Thémistocle un jour eût dit en publique assemblée de ville, qu'il avait proposé une chose qui était merveilleusement utile, profitable et salutaire à leur chose publique, mais qu'il y aurait danger de la dire en public, le peuple lui commanda qu'il la communiquât donc à Aristide tout seul, et qu'il en consultât avec lui, pour résoudre s'il était expédient ou non de la faire. Alors Thémistocle lui dit en secret qu'il avait avisé de mettre le feu dedans l'arsenal, où étaient retirés tous les vaisseaux des Grecs, alléguant que par ce moyen les Athéniens demeureraient plus puissants que nuls autres peuples de la Grèce. Cela, sans plus, entendu, Aristide s'en retourna incontinent devers le peuple, et dit en pleine assemblée du peuple qu'il ne pouvait être chose plus profitable pour la chose publique d'Athènes, ni plus injuste et plus méchante aussi, que celle que Thémistocle avait pensé de faire. Cette réponse ouïe, le peuple ordonna à Thémistocle qu'il se départît de celle sienne entreprise quelle qu'elle fût, tant était le peuple athénien amateur de justice, et tant il avait de confiance en la légalité et prud'homie d'Aristide.

(*Aristide.*)

On raconte qu'une fois Aristide avait mis en justice un sien ennemi, et le poursuivit en jugement, et qu'après qu'il eut déduit toute son accusation, les juges furent si irrités à l'encontre du criminel, que sans l'ouïr autrement, ils le voulaient condamner ; mais Aristide se levant de son siège, s'en alla jeter aux pieds des juges avec le criminel, en les suppliant qu'il eût audience, pour se pouvoir justifier et défendre ainsi que les lois le commandent.

Et une autre fois qu'il était juge entre deux particuliers qui plaidaient devant lui, il y eut l'un des deux qui se prit à dire : *Ma partie adverse t'a fait beaucoup de tort et de fâcherie à toi-même, Aristide.* Il lui répondit promptement : *mon ami, dis seulement s'il t'en a fait à toi ; car je suis ici pour te faire droit, et non pas à moi.* Davantage étant élu trésorier général de tout le revenu de la seigneurie d'Athènes, il montra que tous ceux qui avaient manié les finances de la chose publique, non seulement de son temps, mais même auparavant, avaient grandement pillé et dérobé le public, mêmement Thémistocle, lequel était bien homme avisé et de grand sens, mais il n'avait pas les mains sûres ni nettes ; et c'est pourquoi quand Aristide voulut rendre ses comptes, Thémistocle et plusieurs autres par lui suscités, se bandèrent à l'encontre de lui, et l'accusèrent d'avoir malversé et dérobé en son office, et de fait en firent telle promesse, qu'il en fut condamné par leur menée ainsi que récite Idoménée.

Toutefois les plus gros et plus gens de bien de la ville, voyant le tort qu'on lui faisait, prirent sa cause en mains et firent que non seulement l'amende, en laquelle il avait été condamné lui fût remise du peuple, ainsi lui fut derechef baillée la même charge pour l'année ensuivant : en laquelle il fit semblant de se repentir de s'être gouverné comme il avait fait en la précédente année, se montrant plus traitable à ceux qui avaient affaire à lui, et ne prenant pas les choses de si près, ni ne les examinant pas si rigoureusement qu'il avait fait auparavant : au moyen de quoi ceux qui dérobaient la chose publique le louaient merveilleusement et briguaient eux-mêmes pour le faire encore continuer en cet office.

Mais quand ce vint au jour de l'élection, que les Athéniens le voulaient encore élire, lui-même les en reprit et tansa, en leur disant : *Quand j'ai fidèlement et bien administré la charge que vous m'aviez commise, j'en ai reçu de vous outrage.*

honte et vilenie ; et maintenant que j'ai fait semblant de ne
voir point beaucoup de larcins et de pilleries que l'on commet
en vos finances, vous me tenez pour homme de bien et bon
citoyen ; mais je vous dis et vous déclare que j'ai plus de honte
de l'honneur que vous me faites maintenant, que je n'eus de
l'amende, en laquelle vous me condamnâtes l'année passée, et
suis marri qu'il faut que je vous dise qu'envers vous il est
plus louable de gratifier aux méchants, qu'il n'est pas de garder
le bien public. En déduisant ces remontrances, et découvrant
les larcins ordinaires que commettaient les officiers de la
ville, il ferma la bouche aux larrons, qui si hautement le
louaient, et allaient témoignant au peuple qu'il était tout
homme de bien, et au contraire rapporta une juste et véritable louange des gens de biens et d'honneur.

(Aristide.)

Caton, étant élu préteur, sembla n'ajouter pas tant d'honneur et de dignité au magistrat en l'administrant droitement,
que lui en ôter et le ravaler, en allant souvent les pieds nus
et sans saye à son tribunal et siège prétorial, présidant en tel
état à des jugements criminels, où il était question de la vie
de personnes de qualité ; et disent aucuns qu'il tenait l'audience même après dîner, ayant bu du vin ; mais cela n'est
pas véritable. Au reste, voyant que le peuple romain était tout
perdu et gâté par les corruptions de ceux qui aspiraient aux
magistrats, et que le peuple en faisait déjà un état comme de
gain ordinaire, pour tâcher à déraciner entièrement ce vice
de la chose publique, il persuada au Sénat de faire un statut
et ordonnance, *que désormais ceux qui seraient élus à quelque magistrat, s'ils n'avaient personne qui les accusât, fussent tenus de s'en venir d'eux-mêmes présenter en jugement ;
et après avoir prêté, entre les mains des juges le serment de
dire vérité, rendre compte et raison judiciellement des moyens
par lesquels ils seraient parvenus à leurs offices.*

Cette ordonnance le rendit fort odieux à ceux qui briguaient
les offices, de sorte qu'un matin ils s'en allèrent en grand
nombre au parquet, où il tenait son audience, et se prirent à
crier contre lui en lui disant des injures et lui jetant des
pierres, tellement que les assistants furent contraints de
s'enfuir du parquet ; et lui-même en étant poussé hors par la
foule du peuple, et tiré çà et là, eut beaucoup d'affaires à

gagner la tribune aux harangues, là où se dressant en pieds il réprima incontinent le bruit et l'émeute du peuple, par l'assurance et la sévère constance de son visage seulement ; puis, lui ayant fait des remontrances telles que le temps et l'affaire le requéraient, en paisible audience, il apaisa en peu d'heures, entièrement, tout le tumulte qui s'était ému. De quoi comme le Sénat le louait, il leur dit à tous haut et clair : *et je n'ai point occasion de vous louer, attendu que vous avez abandonné un préteur en danger de sa personne, sans vous mettre aucunement en devoir de le secourir.*

Mais ceux qui briguaient les offices se trouvaient en grande perplexité, parce que, d'un côté, ils craignaient de dépendre argent pour acheter les voix du peuple, et d'autre côté aussi ils avaient peur qu'un autre le faisant, ils ne déchussent de leur poursuite. Si firent tous un accord ensemble, qu'ils déposeraient chacun la somme de douze mille cinq cents écus, et puis feraient justement et droitement leur poursuite à la charge que celui qui se trouverait y avoir fait faute, et qui se serait aidé de corruptions, perdît l'argent qu'il aurait déposé.

Cet accord fait entre eux, ils élurent pour dépositaire, témoin et arbitre, Caton, entre les mains duquel il était dit qu'ils déposeraient leur argent. Ce contrat fut passé en sa maison, où ils baillèrent tous garants et répondants au lieu de l'argent qu'il ne voulut pas recevoir ; et quand ce vint au jour de l'élection, Caton assistant à un tribun du peuple qui la régissait et observant soigneusement comme l'on procédait à donner les voix, aperçut que l'un des poursuivants faisait contre les conventions du contrat, et le condamna à payer la somme accordée aux autres, lesquels estimant et louant grandement sa justice et entière prud'homie, ne voulurent point de l'amende, jugeant que celui qui avait forfait, était assez puni d'être seulement condamné par Caton.

Cet acte déplut aux autres sénateurs, et suscita grand envie à Caton comme s'il se fût voulu attribuer à lui seul l'autorité et la puissance de tout le Sénat, des juges et des magistrats. Car il n'y a point de vertu dont la gloire et la fiance engendre plus d'envie que fait la justice, parce que ordinairement le peuple ajoute foi et donne autorité grande à ceux-là plus qu'à nuls autres ; car il ne les honore pas seulement, comme il fait les vaillants, ni ne les a pas en admiration comme les sages et prudents, ains les aime davantage, se repose et se confie en eux ; là où des autres, il en craint les uns et se défie des autres ; et qui plus est, il estime que la vaillance et la prudence viennent plutôt de la force de nature que de bonne volonté, supposant que l'une soit une vivacité et subtilité d'esprit seulement, et l'autre une force de cœur, qui vient de la nature ; là où chacun peut être juste, pourvu qu'il le veuille seulement, qui est la raison pourquoi l'injustice est le vice dont on a le plus de honte, parce que c'est une malice et mauvaiseté volontaire, et qui n'a point d'excuse.

(Caton.)

CHAPITRE X

LA GÉNÉROSITÉ ET LA MAGNANIMITÉ

La générosité est une vertu de race qui me semble avoir sa source dans le sentiment de la grandeur native de l'homme et de l'obligation de manifester dans toute la vie cette noblesse de race. Elle se reconnaît dans la manière de penser, de sentir, de parler et d'agir. Ce n'est pas la prétention roide et hautaine de ceux qui cherchent en tout l'occasion d'étaler nos supériorités illusoires. La vraie grandeur est simple et naturelle, parce qu'elle est la hauteur habituelle d'une âme qui cherche sa vie dans les lieux élevés et qui n'a de goût que pour les choses conformes à son origine. L'homme généreux ne songe pas à s'élever au-dessus des autres, il n'a d'autre préoccupation que celle de ne pas déroger, de rester lui-même et d'ennoblir de plus en plus en lui l'humanité. Il peut n'être pas invulnérable à l'injure, mais il ne se laisse pas vaincre par elle : il surmonte la colère et le désir de la vengeance. Mais en montrant que les offenses ne l'atteignent point, il ne songe pas à humilier ni à accabler l'offenseur ; et c'est sans ostentation qu'il lui rend le bien pour le mal. Loin de se prévaloir des avantages qu'il a reçus de la nature et de la fortune, il renonce à s'en servir là où il s'agit de ménager la susceptibilité d'autrui. Incapable de triompher d'un rival ou d'un émule même par les moyens les plus légitimes ou les plus honorables, il loue sincèrement le mérite des autres et fait ressortir leurs vertus et leurs talents. C'est peut-être là le plus beau trait de la générosité, celui qui en démontre le mieux l'excellence.

Il est difficile de déterminer la distance qui sépare la générosité de la magnanimité. Mais je crois que ces deux vertus sont de la même famille. Et il me semble que les âmes habituellement généreuses deviennent magnanimes dans les grandes circonstances. Aussi je ne puis mieux définir la magnanimité qu'en rappelant quelques-uns des héros dont la vertu a été magnanime. C'est Cicéron qui vient sauver sa patrie ingrate et qui exhorte ses amis à se dévouer pour elle ; Alexandre qui confond les calomniateurs de son médecin Philippe en recevant de sa main avec une confiance parfaite le breuvage dont dépend sa vie ; Darius qui, vaincu par la vertu aussi bien que par le génie d'Alexandre, déclare que nul n'est aussi digne de régner sur la Perse ; Phocion mené au supplice, qui exhorte ses bourreaux à empêcher son insulteur de se déshonorer, et prie son fils de pardonner sa mort aux Athéniens ; Fabius qui sauve Minutius, son détracteur, et excuse ses fautes devant ses concitoyens ; Dion qui aime mieux mourir de la main de son ami que de se défier de lui. Enfin la multitude des bienfaiteurs de l'humanité auxquels s'applique la pensée d'Antisthène, savoir : « Que c'est une chose royale d'être insulté et persécuté en faisant bien. »

Générosité

Deux garçons se battaient l'un contre l'autre, l'un d'eux donna à son compagnon un coup mortel d'une faucille; et comme il était bien près de rendre l'esprit, ses autres compagnons lui promettaient qu'ils vengeraient sa mort, et qu'ils feraient mourir celui qui l'avait ainsi blessé. *Non faites*, leur dit-il, *je vous en prie au nom des dieux, pource qu'il n'est pas juste ; car je lui eusse autant fait si j'eusse frappé le premier, et que j'eusse été gentil compagnon.*
(*Les dits notables de quelques autres Lacédémoniens.*)

Philippe de Macédoine, père d'Alexandre *le Grand*, ainsi que témoigne Théophraste, a été plus grand que nul autre des rois de Macédoine, non seulement en prospérité de fortune, mais aussi en bonté et modération de mœurs. Il feignait de réputer les Athéniens bien heureux en ce mêmement qu'ils trouvaient tous les ans en leur ville dix capitaines à élire ; car lui au contraire en plusieurs années n'avait pu en trouver qu'un seul, qui était Parménion. Et comme on lui eut apporté en un même jour les nouvelles de plusieurs prospérités qui lui étaient advenues toutes ensemble: *O fortune*, s'écria-t-il, *ne m'envoie qu'un peu de mal à l'encontre de tant et de si grands biens.* Après qu'il eut vaincu les Grecs, plusieurs lui conseillèrent de mettre de bonnes et grosses garnisons dedans les villes, pour plus sûrement les tenir en bride : mais il leur répondit : *J'aime mieux être appelé par longtemps débonnaire, que peu de temps seigneur.* Et comme ses familiers lui conseillaient de chasser de sa cour un médisant qui ne faisait que détracter de lui, il leur répondit *qu'il n'en ferait rien, de peur qu'il n'allât partout ailleurs semer sa médisance.*

Saricythus accusait souvent Nicanor envers lui, disant qu'il ne faisait autre chose que détracter de lui, tellement que ses plus familiers étaient d'avis qu'il l'envoyât quérir, et qu'il le fît châtier ainsi qu'il le méritait. *Voire mais*, Nicanor, ce dit-il, *est l'un des hommes de bien de la Macédoine. Ne vaut il pas donc mieux s'enquérir si la faute ne vient point de nous?* Et de fait, ayant fait diligence d'enquérir dont venait ce mécontentement de Nicanor, il trouva qu'il était oppressé d'extrême pauvreté, et qu'on n'avait tenu compte de le secourir en sa nécessité : par quoi il commanda incontinent qu'on lui portât un bon présent, qu'il lui envoya ; depuis Saricythus lui vint rapporter que Nicanor faisait merveilles d'aller prêchant ses louanges partout. *Voyez-vous donc*, dit alors Philippe, *comme il dépend de nous que l'on parle bien ou mal de nous ?* Il semblait ainsi dire qu'il était bien tenu aux harangueurs des Athéniens, pource que médisant de lui, ils étaient cause de le rendre plus homme de bien et de parole et de fait : *Car je m'efforce* disait-il, *tous les jours et en mes dits et en mes faits de les faire trouver menteurs.*

(*Les dits notables des anciens rois.*)

Taxils était un des rois des Indes qui vint au devant d'Alexandre et le pria qu'ils n'eussent point de guerre ensemble. *Mais si tu es*, dit-il, *moindre que moi, reçois des bienfaits de moi, et si tu es plus grand, que j'en reçoive de toi.* Alexandre lui fit réponse: *Pour le moins faut-il que nous combattions de cela, à savoir lequel de nous deux fera le plus de bien à son compagnon.* Entendant ce que l'on disait d'une place des Indes, assise dessus un rocher, que l'on appelait Aorne, qu'elle était de tout point imprenable, mais que celui qui la tenait était homme lâche et couard: *La place*, dit-il, *est donc prenable*. Un autre qui tenait un château que l'on estimait semblablement imprenable, se rendit à lui, et se mit, lui et sa place, entre ses mains. Alexandre lui rendit son pays, voulant qu'il le tînt comme il faisait auparavant : et si lui ajouta encore d'autres terres qu'il lui donna, disant : *Cet homme a fait sagement de se fier plutôt à un prince, homme de bien, qu'à une place forte.*

(*Les dits notables des anciens rois.*)

Étant le roi Porus pris, Alexandre lui demanda comment il le traiterait. Porus lui répondit *qu'il le traitât royalement.* Alexandre lui redemanda s'il voulait rien dire davantage, et il répondit derechef que tout comprenait sous ce mot, *royalement*. Parquoi Alexandre ne lui laissa pas seulement les provinces dont il était roi auparavant, pour, delà en avant, les tenir de lui comme satrape, en forme de gouvernement, mais aussi lui ajouta encore beaucoup de pays.

(*Alexandre.*)

Comme Alexandre voulait se mettre à table pour souper, on lui vint dire qu'on lui amenait la mère et la femme de Darius prisonnières entre les autres dames, et deux de ses filles non encore mariées, lesquelles ayant vu son chariot et son arc, s'étaient prises à crier et à se battre désespérément, pensant qu'il fût mort. Alexandre demeura assez longtemps sans rien répondre à cela, sentant plus de pitié de leur mauvaise fortune, que de joie de la sienne bonne: puis envoya à l'heure même Léonatus devers elles, pour leur faire entendre que Darius n'était pas mort, et qu'il ne fallait point qu'elles eussent peur d'Alexandre, parce qu'il ne faisait la guerre à Darius que pour régner seulement: et qu'au regard d'elles elles auraient de lui tout ce qu'elles avaient de Darius, pendant qu'il était régnant, et avait son empire en son entier.

Si ce propos sembla doux à ces dames prisonnières, les effets suivirent après, qu'elles trouvèrent de non moindre humanité: car premièrement il leur permit d'inhumer tous ceux qu'elles voulurent des seigneurs Persiens morts en la bataille, et de prendre au pillage tous les draps, joyaux et ornements qu'elles voudraient pour honorer leurs funérailles, et si ne leur diminua chose quelconque de tout l'honneur ni du nombre des officiers et serviteurs, ni de tout l'état qu'elles avaient auparavant, ains leur fit payer encore plus grandes pensions qu'elles ne voulaient avoir: mais la plus honorable, la plus belle et la plus royale grâce qu'il fit à ces princesses prisonnières, qui avaient toujours vécu en grande honnêteté et grande pudicité, fut qu'elles n'ouïrent ni n'entendirent oncques chose qui leur dût donner crainte, ou seulement soupçon de rien qui fût au préjudice de leur honneur: mais eurent leur privé secret, sans que personne hantât parmi elles ni les vît, non comme en un camp d'ennemis, mais tout ne plus ne moins que si elles eussent été en quelque saint monastère de religieuses étroitement reformées et gardées.

(*Alexandre.*)

Étant échu le temps de la fête qu'on appelle Isthmia, il s'y trouva une multitude infinie de peuple pour voir l'ébattement des jeux qui s'y font, parce que la Grèce, après avoir été longuement travaillée de guerres, se voyant lors en paix certaine, et en bonne espérance de pleine liberté, ne demandait qu'à faire fête et à se réjouir. Il fut donc fait commandement de l'assemblée à son de trompe, qu'on eût à faire silence ; et, cela fait, le héraut se tira en avant au milieu de toute l'assistance, qui proclama à haute voix que le Sénat de Rome et Titus Quintius, consul du peuple romain, après avoir vaincu et défait en bataille le roi Philippe et les Macédoniens, délivraient de toutes garnisons, et affranchissaient de toutes tailles, subsides et impôts, pour désormais vivre en leurs lois anciennes en pleine liberté les Corinthiens, Locriens, ceux de la Phocide, ceux de l'île d'Eubée, les Achaïens, les Phthiotes, les Magnésiens, les Thessaliens et les Perrhaebiens.

Or, pour la première fois, toute l'assemblée ne put pas ouïr la voix du héraut ; et de ceux qui l'ouïrent, la plupart ne put encore pas distinctement entendre ce qu'il avait dit ; ains y avait par tout le parc où se faisaient les jeux un bruit confus, et un tumulte du peuple qui s'émerveillait, et demandait que ce pouvait être : de sorte qu'il fallut que le héraut recommençât une autre fois à proclamer. Par quoi étant derechef fait silence, le héraut, poussant sa voix plus fort que devant, s'écria si haut, que son cri fut ouï de toute l'assemblée : et lors se leva une clameur de joie que tout le peuple jeta si haute, qu'elle fut entendue jusqu'en la mer, et incontinent tout le monde qui avait jà pris place, et s'était assis pour voir l'ébat des combattants, se leva en pieds sans plus se soucier des jeux, et s'en allèrent tous à grande joie saluer, embrasser et remercier leur bienfaiteur et le protecteur et affranchisseur de la Grèce, Titus.

(*Quintius Flaminius.*)

Après qu'ils furent bien las de crier et de chanter autour de son pavillon jusques à la nuit, à la fin ils se retirèrent, et en se retirant, ils rencontraient quelques-uns de leurs parents, amis ou citoyens, ils s'entr'embrassaient et se baisaient l'un l'autre de joie, puis s'en allaient souper et faire bonne chère ensemble, là où s'éjouissant encore davantage, comme l'on peut penser, à la table, ils ne tenaient autres propos que des affaires de la Grèce, discutant entre eux combien de grosses guerres elle avait faites et souffertes par le passé, toutes pour recouvrer ou défendre sa liberté, et néanmoins jamais ne l'avait pu ni plus joyeusement ne plus certainement obtenir qu'elle faisait alors, recevant le plus honorable loyer, et le plus digne d'être combattu qui saurait être au monde, par la prouesse d'hommes étrangers qui combattaient pour elle, sans qu'il lui coûtât une seule goutte de sang, par manière de dire, ne qu'elle perdît un seul homme, pour la mort duquel on dût porter le deuil.

Aussi se glorifiait Titus d'avoir remis la Grèce en liberté, plus que de nul autre exploit qu'il eût oncques fait.

(*Titus Quintius Flaminius.*)

Gaïus persuada au Sénat de faire vendre le blé que Fabius avait envoyé d'Espagne, et en renvoyer l'argent aux villes et communautés qui l'avaient fourni, et en même temps d'en faire une réprimande à ce Fabius, parce qu'il rendait l'empire romain odieux et insupportable aux sujets d'icelui. Cette proposition lui engendra grande gloire et grande bienveillance ès provinces sujettes aux Romains.

Davantage il mit en avant plusieurs repeuplements de villes détruites, de faire paver et accoutrer les grands chemins, et bâtir de grands greniers pour y faire provision et munition de blés, de toutes lesquelles œuvres lui-même entreprenait la charge et la superintendance de les conduire à chef, ne se lassant point, pour travail qu'il eût, de pourvoir et donner ordre à tant et de si grandes entreprises, mais les achevant toutes avec si grand labeur et si merveilleuse diligence et promptitude, qu'il semblait qu'il n'en eût qu'une seule à faire, tellement que ceux mêmes qui le haïssaient et qui le craignaient, s'ébahissaient de voir comment il était actif et expéditif en toutes choses.

Le peuple semblablement s'émerveillait aussi à le regarder seulement, voyant toujours autour de lui une tourbe grande d'ouvriers, manœuvres, ambassadeurs, officiers, gens de guerre, gens de lettres, à tous lesquels il satisfaisait avec une facilité merveilleuse, retenant toujours sa dignité, et usant toutefois de courtoisie et d'humanité grande, en s'accommodant particulièrement à chacun d'eux, de sorte qu'il faisait trouver ses calomniateurs importuns et fâcheux, quand ils allaient disant qu'il était à craindre, en l'appelant homme violent et insupportable, tant il savait bien gagner la bienveillance de la commune, étant encore plus populaire en sa conversation et en ses actions, qu'il n'était en ses harangues.

(Caïus Gracchus.)

Quoique Cicéron eût une extrême ambition et convoitise d'honneur en la tête, il ne portait envie quelconque à la gloire des autres, ains était fort libéral à louer les hommes excellents, tant ceux qui avaient été paravant lui que ceux qui étaient de son temps, comme on peut voir par ses écrits : et l'on a encore mis par mémoire quelques mots notables qu'il dit d'aucuns des anciens, comme d'Aristote, *que son style était un fleuve d'or coulant* : et de Platon, *que, si Jupiter même voulait parler, il parlerait comme lui* : et de Théophraste, *qu'il l'appelait ses délices* : et des oraisons de Démosthène, au jour qu'on lui demanda laquelle lui semblait la meilleure, il répondit : *la plus longue.*

Et des hommes qui de son temps ont été renommés, ou en éloquence, ou en savoir, il n'y en a pas un duquel il n'ait encore éclairci la renommée, en écrivant ou parlant honorablement de lui.

(Cicéron.)

Magnanimité

Comme lors chacun écrivait sur sa coquille le nom de celui qu'il voulait bannir, on dit qu'il y eut un paysan si grossier et si ignorant qu'il ne savait ni lire, ni écrire, lequel s'adressa à Aristide, pource qu'il le rencontra le premier, et lui bailla sa coquille, en le priant de vouloir écrire dessus le nom d'Aristide. De quoi Aristide s'ébahissant, lui demanda si Aristide lui avait fait quelque déplaisir. *Nenni*, répondit le paysan, *et, qui plus est, je ne le connais point, mais il me fâche de l'ouïr ainsi par tout appeler le Juste.* Aristide ayant ouï ces paroles ne lui répondit rien, ains écrivit lui-même son nom dessus la coquille et la lui rebailla. Mais au partir, en sortant de la ville, il leva ses deux mains vers le ciel, et fit une prière du tout contraire à celle d'Achille en Homère, priant aux dieux que jamais il n'advînt de telles affaires aux Athéniens, qu'ils fussent contraints d'avoir souvenance d'Aristide.

(*Aristide.*)

Périclès était véritablement grand et excellent personnage, non seulement pour la douceur et clémence qu'il avait toujours conservées au maniement de si grandes affaires, entre tant d'ennemis et de malveillants, mais aussi pour avoir eu ce jugement, de réputer que le meilleur de ses plus glorieux actes était n'avoir en si absolue puissance jamais rien concédé à haine, envie, ni à courroux, ni s'être sans merci vengé d'aucun sien ennemi. Il me semble que cela seul rendait son surnom d'*Olympien*, c'est-à-dire divin ou céleste, lequel autrement était trop arrogant et trop superbe, non odieux ni envié, ainçois plutôt bien séant et convenable pour avoir eu la nature si bénigne et tant débonnaire, et en si grande licence avoir conservé ses mains pures et nettes, ne plus ne moins que nous réputons les dieux pour être auteurs de tous biens, et cause de nuls maux, dignes de gouverner et régir tout le monde.

(*Périclès.*)

On peut recueillir du discours de la vie d'Alexandre que la providence divine fit présent des vertus les plus apparentes dans les autres hommes illustres Grecs et Romains à ce prince-ci, lequel, outre sa piété, justice, équité, prudence, suffisance, conduite, expérience, sagesse, vaillance, continence et félicité, en ses adversités se fortifie d'espérance, en prospérité, environné de flatteurs, ne s'enivre point de sa grandeur humaine, se reconnaît mortel et fait joug en diverses sortes, est patient à merveilles, supporte les médisances de ses familiers, ne met pas la main à la plume ou à l'épée pour se venger de ceux qui l'offensaient, estimant chose digne d'un roi souffrir d'être blâmé, et ouïr mal pour faire bien : démontrant une affection cordiale et un grand honneur à ses amis, jusques à quitter ses commodités nécessaires pour l'amour d'eux, leur écrire fort familièrement, et avoir un soin spécial de leurs personnes et de leurs affaires. Il pourvoit ses serviteurs, paye aux créanciers six millions d'or dus par ses soudards, envoie d'Asie en Grèce pareille somme pour faire rebâtir des temples aux dieux au lieu de ceux que les Perses avaient démolis : bref au milieu des affaires il montre une adresse et valeur invincible, sans succomber à difficulté quelconque.

(Alexandre et César.)

Alexandre séjourna quelque temps en la Cilicie pour une maladie, laquelle aucuns disent lui être advenue de travail, les autres pour s'être baigné en la rivière de Cydnus, qui était froide comme glace. De quoi que ce fût, il n'y eut pas un des autres médecins qui osât entreprendre de le secourir, estimant que le mal était incurable et plus puissant que tous les remèdes qu'on lui pourrait bailler, et craignant que les Macédoniens ne s'en prissent à eux, et ne les calomniassent, s'ils faillaient à le guérir. Mais Philippe Acarnanien, considérant qu'il se portait très mal, et se confiant en l'amitié que son maître lui montrait, pensa que ce serait trop lâchement fait à lui, si, le voyant en tel danger de sa vie, il ne se hasardait jusques à éprouver tous les derniers et plus extrêmes remèdes de son art, à quelque péril que ce fût de sa propre personne ; au moyen de quoi il entreprit de lui donner médecine, et lui persuada de la prendre et boire hardiment, si bientôt il voulait être sain et dispos pour aller à la guerre. Sur ces entrefaites, Parménion lui écrivit une lettre du camp, par laquelle il l'avertissait qu'il se donnât bien garde de ce Philippe, pour ce qu'il avait été pratiqué et gagné par Darius, sous promesses de grands biens, qu'il lui devait donner avec sa fille en mariage, pour loyer de faire mourir son maître. Alexandre ayant lu cette missive la mit dessous son chevet, sans la montrer à personne de ses plus familiers ; et quand l'heure de prendre la médecine fut venu, Philippe entra dedans la chambre avec les autres privés amis du roi, portant en sa main le gobelet où était la médecine.

Alexandre adonc lui donna la lettre, et prit au même instant le gobelet de la médecine franchement, sans montrer qu'il eût doute ni soupçon de rien ; si fut chose émerveillable et qu'il faisait fort bon voir, que l'un d'un côté lisant la lettre, et l'autre buvant le breuvage en même temps, et de considérer comme ils jetèrent tous deux ensemble les yeux l'un sur l'autre, mais non pas avec un même visage, mais Alexandre avec un visage riant et ouvert, témoignant la confiance qu'il avait en son médecin Philippe, et l'amitié qu'il lui portait, et l'autre avec contenance d'homme qui se passionnait et se tourmentait pour cette fausse calomnie qu'on lui avait mise sus ; car tantôt il tendait les mains vers le ciel, appelant et invoquant les dieux à témoins de son innocence, et tantôt il approchait du lit et priait Alexandre d'avoir bon courage et de faire assurément ce qu'il lui dirait ; car la médecine commençant à être maîtresse, chassa et enfondra par manière de dire, jusques au fond du corps la vigueur et force naturelle, de manière qu'il perdit la parole, et lui vint une grande faiblesse et pâmoison, telle qu'il n'avait presque plus de pouls ni d'apparence de sentiment : toutefois, cela passé, il fut en peu de jours remis sus par Philippe. Et après s'être un petit renforcé, il se montra aux Macédoniens ; car jamais ils ne voulurent avoir patience, quelque chose qu'on leur sût dire ne promettre de sa convalescence, jusques à ce qu'ils l'eurent vu.

(*Alexandre.*)

Tout ne va donc, dit Darius, *encore pas mal pour les Perses, et ne nous réputera-t-on pas du tout lâches et efféminés pour avoir été vaincus par tel adversaire. Quant à moi, je prie aux dieux qu'ils m'envoient heureux succès, et enfin la victoire de cette guerre, afin que je puisse aussi surmonter Alexandre en bénéficiance ; car j'ai une émulation et jalousie de me montrer encore plus bénin envers lui que lui envers moi. Mais si c'est fait que de moi et de ma maison, je te supplie, Jupiter, protecteur de l'empire des Perses et vous, dieux tutélaires des rois et des royaumes, que vous ne permettiez qu'autre qu'Alexandre seye au siège et trône royal de Cyrus.* Voilà comme on **gagne la victoire par vertu.**

(*De la fortune ou vertu d'Alexandre.*)

Ils trouvèrent Darius, à grande peine, étendu dessus un chariot, ayant le corps tout percé de plusieurs coups de dards et de javelots, qu'on lui avait donnés, et étant bien près de rendre l'esprit : ce néanmoins encore, demanda-t-il à boire, et but de l'eau fraîche que lui bailla Polystrate, auquel, après avoir bu, il dit : *Cetui est le dernier de mes malheurs,* mon ami, *qu'ayant reçu à plaisir de toi, je n'ai pas moyen de te le rendre ; mais Alexandre t'en donnera la récompense, et les dieux* à Alexandre, de la bonté, douceur et humanité dont il a usé envers ma mère, ma femme et mes enfants, en la main duquel je te prie que tu touches pour moi. En disant ces dernières paroles, il prit la main de Polystrate, et rendit l'âme tout aussitôt.

Alexandre y survint incontinent après, et montra évidemment qu'il lui déplaisait fort de sa fortune, et détachant son manteau, le jeta dessus le corps, et l'en enveloppa. Depuis, ayant trouvé moyen d'avoir Bessus entre ses mains, il le fit démembrer avec deux arbres hauts et droits, qu'il fit courber l'un devers l'autre, et attacher à chacun une partie du corps, puis les laisser retourner en leur naturel par telle impétuosité, que chacun en emporta sa pièce. Mais pour lors, ayant fait ensevelir et embaumer royalement le corps de Darius, il l'envoya à sa mère, et reçut au nombre de ses amis son frère Exathres.

(Alexandre.)

Dion, celui qui chassa Denis hors de sa tyrannie, étant très averti que Callippe, auquel il se fiait plus qu'à nul autre de ses hôtes ni amis, épiait les moyens de le faire mourir, n'eut jamais le cœur d'en informer pour le convaincre, disant *qu'il aimait mieux mourir que vivre en cette peine, d'avoir à se garder, non de ses ennemis seulement, mais aussi de ses amis.*

(Les dits notables des anciens rois.)

Après la mort d'Antipater, les Athéniens ayant recouvré leur liberté du gouvernement populaire, Phocion fut condamné à la mort par le peuple, en pleine assemblée de ville, et ses amis aussi, lesquels s'en allèrent pleurant et se lamentant au supplice ; mais Phocion, marchant gravement, sans mot dire, trouva par le chemin l'un de ses ennemis qui lui cracha au visage ; et lui, se retournant devers les magistrats, leur dit : *N'y aura-t-il personne qui réprime l'insolence et vilenie de cet homme ici ?* L'un de ceux qui devaient mourir avec lui, se courrouçait et se tourmentait, et Phocion lui dit : *Ne te réconfortes-tu pas*, Philippe, *de ce que tu t'en vas mourir en la compagnie de Phocion ?* Et comme on lui tendait la coupe où était le breuvage de la ciguë, on lui demanda s'il voulait plus rien dire ; alors, adressant sa parole à son fils : *Je te commande,* dit-il, *et te prie de ne porter point de rancune pour ma mort aux Athéniens.*

(*Les dits notables des anciens rois.*)

Dans une escarmouche, fut pris un Romain, nommé Pomponius, homme estimé, lequel fut mené, tout blessé qu'il était, devant Mithridate, qui lui demanda si, en lui sauvant la vie et le faisant guérir, il ne voudrait pas devenir son serviteur et son ami : *Oui bien*, lui répondit-il promptement, *si tu fais paix avec les Romains; sinon je te serai toujours ennemi.* Le roi estima beaucoup sa vertu, et ne lui fit aucun déplaisir.

(*Lucullus.*)

On peut connaître la magnanimité et grandeur du courage de Sertorius, premièrement à ce qu'il appelait les bannis qui s'étaient sauvés de Rome, et retirés devers lui, *sénateurs*, et les tenant arrière soi, les nommait le *sénat*, et en faisait les uns questeurs, les autres préteurs, ordonnant toutes choses selon les coutumes et à la guise de son pays, et puis, à ce que, faisant la guerre avec les armes des villes d'Espagne, et la soutenant à leurs dépens, jamais néanmoins, il ne leur céda un tout seul point de l'autorité souveraine, non pas seulement des paroles, mais leur bailla toujours gouverneurs, officiers et capitaines romains, comme celui qui disait toujours qu'il combattait pour la liberté du peuple romain, non pour accroître la puissance des Espagnols au préjudice des Romains.

Car aussi, à la vérité, il avait une grande dévotion envers son pays, et désirait singulièrement y pouvoir être rappelé : mais neanmoins en ses adversités, quand ses affaires se portaient mal, c'était alors qu'il se montrait de plus grand cœur, sans donner apparence aucune à ses ennemis, de courage affaibli ni ravalé ; mais en ses prospérités, quand il avait avantage sur eux, il mandait à Métellus et à Pompée, qu'il était bien content de poser les armes, et de vivre chez soi en homme privé, moyennant qu'il fût par édit public rappelé et restitué, et qu'il aimait mieux être le moindre citoyen de Rome, qu'ôtant banni de son pays, être appelé empereur de tout le reste du monde.

(*Sertorius.*)

(A la bataille de Philippes) Aussi y demeurèrent morts sur le champ tous les plus gens de bien qui fussent en l'armée, qui s'exposèrent courageusement à tout danger pour sauver la personne de Brutus; entre lesquels y avait un de ses plus familiers, nommé Lucilius, qui, voyant une troupe d'hommes d'armes barbares ne faisant compte de tous les autres qu'ils rencontraient en leur voie, et tirant tous en foule droit à l'encontre de Brutus, se délibéra de les arrêter tout court, au péril de sa vie, et, étant demeuré derrière, leur dit qu'il était Brutus ; et à celle fin qu'ils le crussent plutôt, les pria de le mener à Antoine, *pource*, disait-il, *qu'il craignait César et qu'il se fiait plus à Antoine*.

Ces Barbares étant fort joyeux de cette rencontre et cuidant bien avoir trouvé une très heureuse fortune, le menèrent qu'il était déjà nuit, et envoyèrent devant quelques-uns d'entre eux pour en avertir Antoine, lequel en fut aussi très aise, et vint au devant de ceux qui le menaient. Les autres, qui entendirent qu'on amenait Brutus prisonnier, y accoururent aussi de toutes parts, les uns ayant compassion de sa fortune, les autres disant qu'il avait fait chose indigne de sa réputation, de s'être, pour peur de mourir, laissé ainsi lâchement prendre vif à des Barbares.

Quand ils approchèrent les uns des autres, Antoine s'arrêta un peu, pensant en lui-même comment il se devait porter envers Brutus; et cependant Lucilius lui fut présenté, qui se prit à dire d'un visage fort assuré : *Je te puis assurer, Antoine, que nul ennemi n'a pris ni ne prendra vif Marcus Brutus, et à Dieu ne plaise que la fortune ait tant de pouvoir sur la vertu ; mais quelque part qu'on le trouve, soit vif, soit mort, on le trouvera toujours en état digne de lui. Au reste, quant à moi, je viens ici au devant de toi ayant abusé ces hommes d'armes ici, en leur faisant accroire que j'étais Brutus, et ne refuse point de souffrir tous tels tourments que tu voudras.*

Ces paroles de Lucilius ouies, tous les assistants en demeurèrent fort étonnés, et Antoine, regardant ceux qui l'avaient amené, leur dit : *Je pense que vous êtes bien marris d'avoir failli à votre entente*, compagnons, *et qu'il vous est avis que celui-ci vous a fait un grand tort ; mais je veux bien que vous sachiez que vous avez fait une meilleure prise que celle que vous poursuiviez ; car au lieu d'un ennemi, vous m'avez amené un ami : et quant à moi, si vous m'eussiez amené Brutus vif, je ne sais certes que je lui eusse fait, là où j'aime trop mieux que tels hommes que celui-ci soient mes amis que mes ennemis.* En disant cela il embrassa Lucilius, et pour lors le consigna et bailla en garde à l'un de ses amis, en le lui recommandant ; et Lucilius le servit toujours depuis loyalement et fidèlement, jusques à la mort.

(*Brutus.*)

CHAPITRE XI

LA BONTÉ, LA DOUCEUR, LE DÉVOUEMENT

La bonté d'une chose, c'est sa perfection. De même, je crois qu'on peut dire que la bonté humaine est la perfection de la vertu. Dans la justice et même la générosité, on sent parfois encore l'effort sur soi, parce qu'il y a peut-être plus de respect de soi et de dignité que de sympathie et d'amour pour les autres. Mais la bonté est comme la grâce de la vertu. L'habitude de faire le bien étant devenue comme une seconde nature, l'âme répand à la fois et tout naturellement sa lumière et sa chaleur sur tous ceux qui sont à la portée de son rayonnement. Ainsi elle s'épanouit et se contente elle-même ; et ses actes ont quelque chose de doux et de pénétrant qui réchauffe le cœur et lui fait sentir la joie de vivre. Il était réellement bon, celui qui a dit que « le bien faire à autrui est plus plaisant que le bien recevoir d'autrui » (Épicure). Mais on ne comprend cette parole que lorsqu'on a fait soi-même l'expérience : elle reste lettre close pour celui qui recherche, au lieu du bien, le plaisir de bien faire, de s'en applaudir et d'en être loué. La bonté n'est parfaite que si elle est absolument désintéressée. Alors tout ce qui touche les autres produit en elle un mouvement de sympathie qui lui donne en un instant l'intuition de leur situation et lui inspire les paroles et les actes qui sont les meilleurs dans les circonstances actuelles. Au-dessus de la joie d'être si bien compris et de rencontrer des procédés si délicats, il n'y a que la joie de faire des heureux.

La bonté est à la portée de tous, puisqu'elle est par-dessus tout le don du cœur. Le charme de la bonté est irrésistible. Il est particulièrement touchant chez ceux que la fortune a maltraités, et qui ont profité de ses coups pour se rendre plus doux et plus compatissants. Il a quelque chose de divin chez les grands et les puissants de ce monde. C'est que trop souvent, à ces hauteurs, le vertige fait perdre de vue les multitudes tourmentées par des maux infinis; et il faut une grande âme pour se défendre contre les enivrements de l'orgueil, et ne se servir de son pouvoir que pour le bonheur d'autrui. Des héros, tels qu'Épaminondas, Paul-Émile, Lucullus, Alexandre et bien d'autres ont su allier à l'intrépidité la bénignité; et ils ont mis au-dessus de la gloire de leurs hauts faits les joies de la bonté et de la clémence. Caton, terrible et redoutable en droit et en justice, « se montrait au demeurant humain, gracieux, bénin envers tout le monde. » Flaminius « se trouvait plus volontiers avec ceux qui avaient besoin de son aide qu'avec ceux qui pouvaient lui faire du bien ». Cimon faisait ôter de ses terres toutes les clôtures et tenait table ouverte pour tous ceux qui voulaient jouir de ses biens. Les Gracques consacraient leur vie au droit des pauvres, et s'exposaient à la vengeance de leurs injustes oppresseurs. Cicéron bravait l'animosité des puissants en plaidant la cause des petits. César même fait oublier ses fautes en disant que « le plus grand et le plus doux fruit de la victoire était de sauver ceux qui avaient porté les armes contre lui. » Phocion, inflexible pour la justice, était doux, gracieux, courtois, humain envers tous et faisait du bien même à ses adversaires. Sa vie abonde en traits de bonté dont le moindre n'est pas d'avoir défendu, en procès criminel, un méchant, malgré les reproches de ses amis qu'il déconcerte par cette parole : « Les gens de bien n'ont pas besoin de telle défense. » Artaxerxès Longue-Main, dont le grand cœur resta incorruptible au milieu de toutes les splendeurs de la royauté, aimait à donner et ne dédaignait pas les moindres présents de ses sujets. C'est ainsi qu'il reçut avec émotion le don d'un pauvre, qui, n'ayant rien à lui offrir, lui présenta de l'eau fraîche dans le creux de sa main. Par sa grâce exquise, il nous montre que les plus empressés à faire le bien sont aussi les plus reconnaissants des bienfaits d'autrui. Le cœur répond au cœur.

Il y a une sorte de bonté qui est faite d'humilité : c'est celle qui juge avec indulgence les fautes d'autrui. On apprend, en effet, à pardonner, quand on s'interroge soi-même et qu'on reconnaît en soi ce qu'on reproche à ses semblables. Ainsi la bonté excuse, supporte et pardonne tout. Pleine de pitié pour les faibles, elle leur évite les occasions de chute ; et quand elle a sur eux quelque autorité, elle en use avec le plus de modération. Au lieu d'accabler un ennemi vaincu, elle ménage avec délicatesse son orgueil et ne se sert de sa victoire que pour pratiquer la clémence avec la simplicité d'une âme accoutumée à faire aisément les plus grandes choses.

Ce qu'il y a de plus parfait dans la bonté, c'est l'oubli complet de soi, le sacrifice de tous ses plus chers intérêts pour le bien d'autrui. L'histoire nous rapporte un nombre infini de traits de dévouement ; et ce sont là les plus belles annales de l'héroïsme. Quand une noble passion, telle que l'amitié, l'amour de la famille, de la patrie ou de l'humanité enflamme un grand cœur, il est heureux de vivre et de mourir pour le salut de ce qu'il aime plus que soi. Alors même que son immolation reste sans effet pour les choses de ce monde, elle n'en élève pas moins l'âme à la suprême grandeur et lui suscite une glorieuse lignée de héros et de martyrs.

L'homme de bien aime mieux donner que recevoir

L'homme de bien est premièrement de facile accès, affable à tous, tenant sa maison ouverte comme un port de refuge pour tous ceux qui se veulent servir de lui. Et puis il ne montre pas sa débonnaireté soigneuse aux négoces et affaires de ceux qui l'emploient, mais aussi en ce qu'il se va réjouir avec ceux à qui il sera arrivé quelque bonne aventure, et condouloir aussi avec ceux auxquels il sera échu quelques mésaventures; ne se rendant pas moleste ni fâcheux à personne par un grand nombre de valets qu'il mènera avec soi aux bains, ni à retenir places aux théâtres, quand on y jouera des jeux, ni remarquable par aucuns signes extérieurs de délices et de somptueuse superfluité : mais, étant égal et semblable au commun des autres en habillement, en dépense de table, en la nourriture de ses enfants, suite, état et vêtement de sa femme, et bref se voulant emporter en toutes choses, comme un simple homme et simple citoyen.

(Que l'on ne saurait vivre joyeusement selon la doctrine d'Épicure.)

Quelles donc et combien grandes voluptés devons-nous estimer qu'étaient celles de Platon, quand Dion, sortant de son école et de sa discipline, alla ruiner le tyran Denis et délivrer la Sicile ! Et quelles joies devait sentir Aristote, quand il fit réédifier la ville de sa naissance, qui était toute par terre, et fit rappeler ses citoyens, qui en étaient tous chassés et bannis ! Et quelles Théophraste et Phidias qui ruinèrent les tyrans qui avaient usurpé la domination de leur pays !

(*Instructions pour ceux qui manient affaires de l'État.*)

Épicure dit que le faire bien à autrui est non seulement plus honnête que le recevoir bien d'autrui, mais encore plus plaisant : car il n'y a rien qui engendre tant de joie que fait la grâce, c'est-à-dire la bénéficence, et avait bon jugement celui qui imposa les noms aux trois Grâces, Aglaïa, Euphrosyné et Thalia : car certainement la joie et le contentement est bien plus grand et plus net en celui qui donne la grâce, qu'en celui qui la reçoit. Voilà pourquoi plusieurs souvent rougissent de honte quand ils reçoivent du bien, là où l'on est toujours bien aise quand on en fait.

(*Que l'on ne saurait vivre joyeusement selon la doctrine d'Épicure.*)

Il est bien vrai qu'à son avènement à la couronne, Artaxerxès Longue-Main ensuivit fort la bénignité et débonnaireté du premier Artaxerxès dont il portait le nom : car il écoutait plus gracieusement ceux qui avaient à faire de lui, honorait et récompensait plus largement ceux qui l'avaient mérité, et faisait punir les délinquants avec telle modération, qu'il donnait assez à connaître que ce n'était point par appétit de vengeance, ni par volonté désordonnée d'outrager personne qu'il le faisait ; quand il recevait des présents, il ne montrait pas moins que lui d'aise et de bon accueil envers ceux qui les lui donnaient, et donnait avec autant de franchise et de bonté : car toute chose qu'on lui présentait, pour petite ou légère qu'elle fût, il ne la dédaignait point, mais l'acceptait de bien bon cœur.

Comme il dit un jour d'un nommé Romises qui lui faisait présent d'une pomme de grenade belle et grosse à merveille : *Par le soleil*, dit-il, *cet homme ici en peu de temps ferait d'une petite ville une grosse cité, qui la lui donnerait à gouverner.* Une autre fois, il y eut un pauvre homme de métier, qui voyant que chacun offrait quelque présent au roi, l'un d'une chose, et l'autre d'une autre, ainsi comme il passait, et ne trouvant promptement autre chose en son chemin, qu'il lui pût offrir, s'encourut à la rivière, là où il puisa de l'eau en ses deux mains, et la lui alla présenter. Le roi Artaxerxès en fut si aise et le trouva si bon, qu'il lui envoya dedans une coupe d'or massif mille dariques, qui étaient pièces d'or ainsi nommées, pour ce que l'image de Darius y était imprimée.

(*Artaxerxès.*)

Étant Cimon devenu riche, il dépensa les biens qu'il avait honorablement gagnés sur les Barbares, encore plus honorablement à en survenir aux nécessités de ses pauvres citoyens: car il fit ôter toutes les clôtures de ses terres et héritages, afin que les étrangers passants et ses citoyens qui en auraient affaire, y pussent prendre du fruit qui y serait, tout comme ils en voudraient, sans danger, et tenait tous les jours en sa maison une table, non friande, mais où il y avait à manger pour beaucoup de personnes, et où ses pauvres bourgeois qui y voulaient venir étaient reçus et repus, sans qu'ils eussent besoin de travailler de leur métier pour vivre, afin qu'ils eussent plus grand loisir de vaquer aux affaires de la chose publique. Toutefois le philosophe Aristote écrit que ce n'était pas à tous Athéniens indifféremment qu'il tenait maison, ains à ceux qui étaient du bourg de Lacia seulement, dont lui-même était natif. Davantage il avait toujours à l'entour de lui quelques jeunes hommes de ses domestiques, bien vêtus; et si d'aventure, en allant par la ville, il rencontrait quelque vieil citoyen qui fût pauvrement vêtu, il faisait dépouiller un de ces jeunes gens, et charger d'accoutrement à lui, et cela n'était point pris en mauvaise part, ains semblait à tous chose vénérable : qui plus est, ces mêmes jeunes hommes portaient toujours sur eux bonne somme d'argent, et quand ils trouvaient sur la place ou par les rues quelque honnête citoyen qu'ils connussent être souffreteux, ils lui mettaient secrètement, sans mot dire, quelques pièces d'argent en la main.

(*Cimon.*)

Anaxagore abandonna sa maison, et laissa ses terres venir en friche et en pâturages par un mépris des choses terriennes, et un ravissement de l'amour des célestes. Il se trouva

délaissé de tout le monde en sa vieillesse, et se coucha la tête affublée, en résolution de se laisser mourir de faim. De quoi Périclès étant averti, s'encouru aussitôt tout éperdu devers lui, et le pria le plus affectueusement qu'il lui fût possible, qu'il retournât en volonté de vivre, en lamentant non lui, mais soi-même, de ce qu'il perdait un si féal et si sage conseiller aux occurrences des affaires publiques : adonc Anaxagore se découvrit le visage et lui dit : *Ceux qui ont affaire de la lumière d'une lampe*, Périclès, *y mettent de l'huile pour l'entretenir.*
(*Périclès.*)

Il y eut une fois un sien hôte qui conviait Philippe d'aller souper chez lui. Il y alla ; mais par le chemin il rencontra plusieurs qu'il y mena aussi avec lui, dont il aperçut que son hôte se troubla tant, pour ce qu'il n'avait pas apprêté assez à souper pour tant de gens ; ce qu'ayant Philippe aperçu, envoya secrètement dire en l'oreille à tous ceux qu'il avait amenés, qu'ils gardassent en leur estomac lieu pour la tarte ; les autres, cuidant qu'il le dit à bon escient, s'abstinrent de manger, de manière que la viande vint à être suffisante pour tous.
(*Du vice et de la vertu.*)

Quelquefois je m'émerveille, comment ni pourquoi, un homme si âpre et si sévère, comme il appert que Phocion a été, eut onques le surnom de *bon*. Toutefois à la fin je trouve que c'est bien chose difficile, mais non pas impossible de trouver, un homme comme un vin qui soit gracieux et un peu ferme tout ensemble, comme des autres au contraire, qui de prime face semblent doux au hanter, et puis se trouvent fort fâcheux et dédommageables à ceux qui conversent avec eux.

Phocion ne fit jamais mal ne déplaisir à citoyen quelconque, pour inimitié privée qu'il eût à l'encontre de lui, ni n'en haït onques pas un, mais était seulement âpre, rude et aigre à l'encontre de ceux qui résistaient à quelque chose qu'il entreprenait de faire pour le bien public ; car au demeurant il se montrait en toute autre chose, doux et gracieux, courtois et humain à tout le monde, jusques à hanter privément avec ceux qui lui étaient adversaires, et les secourir en leurs affaires, s'ils venaient à tomber en quelque danger et en quelque adversité ; suivant lequel propos, ses amis le tansèrent un jour de ce qu'il défendait en jugement un méchant, à qui l'on faisait le procès criminel, et il lui répondit *que les gens de bien n'avaient point besoin de telle défense.* Une autre fois Aristogiton, le calomniateur, étant en la prison, après avoir déjà été condamné, envoya devers lui le supplier de le venir voir : ce qu'il fit, et alla jusque dedans la prison, dont ses amis le voulaient détourner ; mais il leur dit : *Laissez-moi faire; car en quel lieu pourrais-je voir Aristogiton plus volontiers qu'en la prison ?*

Au reste, quand il partait d'Athènes quelque armée en mer, s'il y avait un autre capitaine qui en fût chef que Phocion, les villes maritimes alliées des Athéniens et les insulaires munissaient leurs murailles, comblaient leurs ports, et apportaient des champs dedans la ville, leurs femmes, leurs enfants, leurs esclaves, leur bétail et tout le reste de leurs biens, comme si c'eussent été ennemis déclarés en guerre ouverte ; mais au contraire, si Phocion en était chef, ils allaient jusque bien loin au-devant avec leurs vaisseaux couronnés de festons et de chapeaux de fleurs en signe de réjouissance publique, et le conduisaient eux-mêmes en leurs maisons.

(Phocion.)

Un nommé Pésillas demanda de l'argent à Alexandre pour marier ses filles : il lui fit bailler cinquante talents, qui sont environ trente mille écus ; l'autre lui dit *que c'était bien assez de dix seulement.* Alexandre lui répliqua : *si c'est assez à prendre pour toi, ce n'est pas assez à donner pour moi.* Il commanda aussi à ses trésoriers de donner au philosophe Anaxarque tout ce qu'il leur demanderait : les trésoriers lui rapportèrent qu'il demandait une somme excessive de cent talents : et Alexandre leur répondit : *il fait bien s'assurant qu'il a en moi un ami qui peut et veut lui en donner autant.*

(Les dits notables des anciens rois.)

Alexandre étant de sa nature libéral, et aimant à donner, cette volonté lui crût encore davantage, à mesure que ses affaires allèrent prospérant ; et si accompagnait les présents qu'il faisait d'un visage gai, et d'une caresse qui les rendait encore beaucoup plus agréables. De quoi je veux, en cet endroit, réciter quelque peu d'exemples : Ariston, qui était colonel des Péoniens, ayant occis un des ennemis, et lui en montrant la tête, lui dit : Sire, *un tel présent en notre pays se récompense d'une coupe d'or.* Alexandre en se riant lui répondit : *Oui bien d'une coupe vide ; mais j'en bois à toi dedans celle-ci pleine de bon vin, que je te donne.* Une autre fois il trouva un pauvre homme macédonien, qui menait un mulet chargé de l'or du roi, et comme le mulet se trouvait si las et recru qu'il ne pouvait plus se soutenir, le muletier macédonien chargea la somme sur ses épaules, et la porta lui-même un espace de chemin ; mais à la fin il s'en trouva si chargé, qu'il voulait mettre son fardeau en terre : ce que voyant, Alexandre demanda que c'était, et l'ayant entendu, lui dit : *Ne te lasse point, et fais tant que tu le portes encore jusqu'en ta tente, car je te le donne.*

Bref, il savait plus mauvais gré à ceux qui ne voulaient point prendre de lui, qu'à ceux qui lui demandaient : comme il écrivit à Phocion qu'il ne le tiendrait plus pour un de ses amis, s'il refusait les présents qu'il lui faisait.

Il n'avait d'aventure rien donné à un jeune garçon qui se nommait Serapion, lequel servait de jeter la balle à ceux qui jouaient, non pour autre cause que pource qu'il ne lui demandait rien. Parquoi, un jour que le roi y vint pour jouer, ce garçon jeta toujours la balle aux autres qui jouaient avec lui, et à lui non ; tellement que le roi, à la fin, lui dit : *Et à moi, ne me donnes-tu point ? Non,* répondit-il, sire, *pource que tu ne me demandes point.* Alexandre entendit incontinent ce qu'il voulait dire, et s'en prenant à rire, lui fit depuis beaucoup de bien.

(*Alexandre.*)

Alexandre, devenu roi de toute l'Asie, fit de somptueux et magnifiques sacrifices aux dieux, et donna à ses familiers de grandes richesses, terres, maisons et seigneuries : et voulant aussi montrer sa libéralité aux Grecs, il leur écrivit qu'il voulait que toutes tyrannies fussent abolies en la Grèce, et que tous les peuples grecs vécussent sous leurs lois en liberté : mais particulièrement il fit entendre à ceux de Platée qu'il voulait faire rebâtir leur ville, pour autant qu'anciennement leurs prédécesseurs avaient baillé et donné leur pays aux

Grecs, pour y combattre contre les Barbares pour la défense de la liberté commune de toute la Grèce, et envoya jusques en Italie à ceux de Crotone, partie du butin, pour honorer la mémoire de la vertu et bonne affection de Phaylus, leur citoyen, qui, du temps des guerres médoises, comme les Grecs habitant en Italie eussent abandonné ceux de la vraie Grèce, pource qu'ils ne pensaient pas qu'ils se dussent jamais sauver, s'en alla avec un sien vaisseau, qu'il arma et équipa à ses propres coûts et dépens, à Salamine, afin de se trouver à la bataille, et être participant du commun péril des Grecs : tant était Alexandre affectionné ami de toute vertu, et désirait conserver la mémoire des beaux et louables faits.

(*Alexandre.*)

Encore qu'Alexandre entrât en la guerre avec peu de moyen pour la soutenir, si ne voulut-il jamais monter sur un navire que premièrement il ne se fût informé de l'état de tous ses amis, pour entendre les moyens qu'ils avaient de le suivre, et qu'il n'eût distribué à l'un des terres, à l'autre un village, et à l'autre le revenu de quelque bourgade, ou de quelque port ; tellement qu'en ces dons-là, il employa et consuma presque tout le domaine des rois de Macédoine. Parquoi Perdiccas lui demanda : *Mais pour toi, sire, que retiens-tu ?* Et il lui répondit promptement : *L'espérance.*

(*Alexandre.*)

Marcellus était de douce et humaine nature : encore avait-il une grâce de savoir attraire et gagner les cœurs des personnes par courtoisie. Au moyen de quoi Bandius l'étant un jour allé voir et saluer, Marcellus lui demanda qui il était, combien que de longtemps il le connût assez pour seulement avoir occasion d'entrer en propos avec lui. L'autre lui répondit qu'il était *Lucius Bandius.*

Et adonc Marcellus montrant d'en être tout éjoui et ébahi : *Comment,* dit-il, *et es-tu donc celui Bandius duquel on parle tant à Rome, et qu'on dit qu'il fit si bien son devoir en la journée de Cannes, et qu'il n'abandonna jamais le consul Paul Émile, ains reçut sur son propre corps plusieurs coups qui étaient adressés à lui ?* Bandius répondit *que c'était lui vraiment ;* et lui montra sur sa personne plusieurs cicatrices des coups qu'il avait reçus. Et Marcellus lui répliqua : *Dea, vu que tu avais de si évidentes et si notables marques de la bonne volonté et amitié que tu nous portes, comment ne t'en renais-tu incontinent vers nous ? Penses-tu que nous soyons si lâches et si ingrats, que nous ne veuillions dignement rémunérer la vertu de nos amis, laquelle est honorée même de nos ennemis ?* Après lui avoir usé de ces gracieuses paroles, et l'avoir embrassé et caressé, il lui fit présent d'un bon cheval de service pour la guerre, et lui donna cinq cents drachmes d'argent ; et depuis ce jour-là jamais ce Bandius n'abandonna les côtés de Marcellus, ains lui fit toujours partout très loyale et fidèle compagnie, se montrant très âpre à chercher, découvrir et accuser ceux qui, en sa ville, tenaient parti contraire.

(*Marcellus.*)

L'une des qualités plus estimées et plus louées qui fussent en Paul-Émile était la libéralité et la magnanimité : car il ne voulut pas seulement voir l'or et l'argent qui se trouva en extrême abondance dans les trésors du roi (Persée), ains les fit livrer par comptes et consigner entre les mains des questeurs et trésoriers, pour les porter aux coffres de l'épargne à Rome ; seulement permit-il à ses enfants qui aimaient l'étude et les lettres, de prendre les livres de la librairie du roi ; et en distribuant des présents et prix d'honneur à ceux qui s'étaient bien comportés en la bataille, il donna à son gendre Ælius Tubero une coupe du poids de cinq marcs d'argent (c'est celui duquel nous avons dit auparavant qu'il se tenait et vivait avec autres seize siens proches parents en une même maison, et du revenu d'une même petite terre et possession qu'ils avaient aux champs). Et dit-on que ce fut le premier meuble d'argent qui entrât en la maison des Æliens ; encore y entra-t-il par la voie d'honneur et de vertu ; mais auparavant, ni eux ni leurs femmes n'avaient onques voulu avoir ni or, ni argent.

(*Paul-Émile.*)

Quand les Romains, anciennement, avaient vaincu quelques-uns de leurs voisins, pour l'amende ils leur ôtaient bien souvent une portion de leurs terres, dont partie se vendait au profit de la chose publique, et partie se joignait au domaine, qui se baillait puis après à ferme ou à rente aux pauvres citoyens qui n'avaient point d'héritages, en payant un bien peu de rentes tous les ans : mais les riches commencèrent à hausser la rente, et à en débouter, par ce moyen, les pauvres : à l'occasion de quoi fut faite une ordonnance, *qu'il ne fut loisible à citoyen romain de tenir plus de cinq cents arpents de terre.*

Cette ordonnance refréna pour un peu de temps l'avarice des riches, et aida aux pauvres qui demeuraient aux champs sur les terres qu'ils avaient prises à ferme de la chose publique, et vivaient de ce qu'eux ou leurs ancêtres en avaient eu dès le commencement : mais par le laps de temps leurs voisins riches, sous noms de personnes supposées, trouvaient moyen de transférer en eux les arrentements ; et à la fin, sans plus déguiser rien, en tinrent eux-mêmes publiquement et notoirement, en leur nom, la plus grande partie, de manière que les pauvres, en étant ainsi déboutés, n'allaient plus de bon courage à la guerre, ni ne se souciaient plus de nourrir et élever des enfants ; tellement qu'en peu de temps l'Italie se fût trouvée dépeuplée d'hommes de libre condition, et remplie de barbares et d'esclaves, par lesquels les riches faisaient labourer les terres dont ils avaient chassé des citoyens romains ; auquel inconvénient essaya de pourvoir et de remédier Caïus Lælius, l'ami de Scipion.

Tiberius, aussitôt qu'il fut élu tribun du peuple, se mit incontinent sur ses brisées.

Jamais ne fut faite loi si douce ni gracieuse que celle qu'il proposa contre une si griève injustice et si grande avarice ; car ceux qui devaient être punis de ce qu'ils avaient contrevenu aux lois, et à qui on devait ôter par force les terres qu'ils tenaient injustement contre les ordonnances expresses de Rome, et leur en faire payer l'amende, il voulut que ceux-là fussent remboursés par le public de ce que les terres qu'ils tenaient illicitement pouvaient valoir, et qu'elles fussent remises aux mains des pauvres bourgeois qui n'en avaient point, et qui avaient besoin d'aide pour vivre.

(*Tibérius Gracchus.*)

Archélaüs, roi de Macédoine, comme un jour à sa table quelqu'un de ses familiers, homme qu'il savait de peu de bien et d'honneur, lui demanda en don une coupe d'or dont on se servait à sa table, le roi commanda à l'un de ses gens de la porter en don au poète Euripide. Ce que l'autre trouvant étrange, il lui dit : *Ne t'en ébahis point, car tu mérites de demander et lui d'avoir, encore qu'il ne demande point.*

(*Les dits notables des anciens rois.*)

Pour montrer la facilité et simplicité grande de César en son vivre ordinaire, on allègue cet exemple que Valérius Leo, un sien hôte, lui donnant un jour à souper en la ville de Milan, servit à table des asperges où l'on avait mis d'une huile de senteur au lieu d'huile simple ; il en mangea simplement, sans faire semblant de rien, et tança ses amis qui s'en offensaient en leur disant qu'il leur devait bien suffire de n'en manger point, si cela leur faisait mal au cœur, sans en faire honte à leur hôte, et que celui qui se plaignait de telle incivilité, était bien incivil lui-même.

Quelque autre fois, en allant par pays, il fut contraint, par une grosse tempête qui se leva soudainement, de s'héberger en la maisonnette d'un pauvre paysan, où il n'y avait pour tout logis qu'une seule chambre, si petite qu'il n'y pouvait gésir qu'une seule personne, encore bien maigrement. Il dit à ses amis qui l'accompagnaient : *Il faut céder les lieux honorables aux plus malades*, suivant lequel propos il voulut qu'Oppius, qui était mal disposé, couchât à couvert au dedans, et lui, avec ses autres amis, coucha sous la saillie de la couverture de la maison au dehors.

(*César.*)

Lucullus renvoya les Grecs en leur pays, leur donnant argent pour faire leurs dépens par les chemins, et les Barbares aussi qui avaient été là tirés par force hors des lieux de leur naissance : ainsi advint-il que, de la désolation et destruction d'une ville désertée, plusieurs furent rebâties et repeuplées ; au moyen de ce, qu'elles recouvrèrent leurs naturels habitants, lesquels en aimèrent et révérèrent depuis Lucullus comme leur bienfaiteur et leur fondateur.

Toutes autres choses lui succédaient semblablement, ainsi que méritait sa vertu : car il aimait et désirait plus les louanges qui procèdent de bonté, de justice et de clémence, qu'il ne faisait celles qui naissent des hauts et grands faits d'armes, parce qu'il disait que son armée avait part à celles-ci, et que la fortune s'en attribuait une bonne partie, mais que celles-là étaient propres à lui tout seul. En quoi il montrait bien qu'il avait une bonne âme, bien composée et bien instruite à la vertu : aussi en reçut-il le fruit dont il était digne ; car par ces qualités il gagna les cœurs des Barbares.

(*Lucullus.*)

Cicéron, qui était consul, en défendant Marcus, se moqua si plaisamment des philosophes stoïques et de leurs étranges et extravagantes opinions, qu'il en fit rire les juges; de sorte que Caton même, se souriant, dit à ceux qui étaient autour de lui : *Voyez que nous avons un plaisant consul, qui fait ainsi rire les gens!* Mais ayant été Marcus absous en ce jugement, il ne se porta point depuis en homme mauvais ni étourdi envers Caton ; mais tant que son consulat dura, se gouverna toujours par son conseil ès principales affaires, et continua de l'honorer et suivre son conseil en ce qui appartenait au devoir de son magistrat : de quoi Caton lui-même était cause, pource qu'il n'était terrible ni redoutable, sinon au conseil et en ses harangues devant le peuple, pour la défense du droit et de la justice seulement ; car au demeurant il se montrait humain, gracieux et bénin envers tout le monde.

(*Cicéron.*)

Antoine, surnommé le Critique (père de Marc-Antoine), fut homme de bien et de bonne nature, et mêmement libéral à donner, comme on peut juger par un sien tel acte : il n'avait pas grands biens, et, pour ce, sa femme le gardait d'user de sa libéralité et bonté naturelle. Comme donc un jour il fut venu vers lui l'un de ses familiers amis le prier de lui donner quelque argent, dont il avait nécessairement affaire, il se trouva d'aventure qu'il n'en avait point pour lui bailler ; mais il commanda à l'un de ses serviteurs qu'il lui apportât de l'eau dedans un bassin d'argent, et après qu'il lui eût apporté, il se mouilla la barbe comme si l'eût voulu raser, puis trouva quelque occasion pour faire absenter le serviteur, et donna à celui sien ami le bassin d'argent, lui disant qu'il s'en aidât. Quelques jours après, tous les serviteurs de la maison furent en grande peine à chercher ce bassin, et, voyant que sa femme s'en tourmentait fort et qu'elle voulait faire donner la question à tous ses serviteurs l'un après l'autre, pour savoir qu'il était devenu, il confessa l'avoir donné, et la pria de lui pardonner.

(Antoine.)

Reconnaissance

Les Syracusains, après que Timoléon fut devenu aveugle, allaient souvent le visiter et y menaient les étrangers passants jusques en sa maison de ville et jusques à la possession qu'il avait aux champs, pour leur faire voir leur bienfaiteur, s'éjouissant et tenant à grand heur ce qu'il avait choisi d'achever le demeurant de ses jours avec eux et, pour ce faire, avait méprisé le glorieux retour qui lui était préparé en la Grèce pour les grandes et heureuses victoires qu'il avait gagnées en la Sicile.

Mais, entre plusieurs autres choses que les Syracusains firent et adonnèrent en son honneur, celle-là me semble l'une des principales, qu'ils décrétèrent, par édit perpétuel, *que toutefois qu'ils auraient guerre contre peuples qui ne seraient de leur même nation, ils se serviraient d'un capitaine corinthien.*

C'était aussi une chose belle à voir ce qu'ils faisaient pour l'honorer en leurs assemblées de conseil. Car, s'il était question de quelque affaire de peu de conséquence, ils le jugeaient et dépêchaient eux-mêmes tous seuls ; mais si c'était quelque matière qui requît plus grande délibération, ils le faisaient appeler, et lui s'en allait dedans sa litière à travers la place, jusques au théâtre où se tenait l'assemblée du peuple, et y entrait tout ainsi qu'il était assis dedans sa litière ; et là le peuple tout d'une voix le saluait, et lui leur rendait aussi leur salut, et après avoir donné quelque espace de temps à ouïr les louanges et bénédictions que toute l'assemblée lui donnait, on lui proposait l'affaire dont il était question et lui en disait son avis, lequel étant passé par les voix et suffrages du peuple, ses serviteurs le ramenaient derechef en sa litière à travers le théâtre, et les citoyens le reconvoyaient

quelque temps avec acclamations de joie et battements de
mains, puis se remettaient comme devant à dépêcher le reste
des affaires publiques par eux-mêmes.
(*Timoléon*.)

A chaque faute qui nous aiguisera la colère, nous pourrons
répondre : *Je savais bien que je n'avais pas acheté un esclave
qui fût sage comme un philosophe ; je savais bien que j'avais
acquis un ami, qui pouvait bien faillir ; je savais bien que la
femme que j'avais épousée était femme*. Mais si quelqu'un davantage y voulait encore ajouter ce refrain de Platon: *Ne suis-je point moi-même en quelque chose tel ?* et détournait ainsi
la discussion de son jugement du dehors au dedans, et entrejetait un peu, parmi le reprendre autrui, la crainte d'être repris lui-même, il ne serait à l'aventure pas si âpre à condamner les autres pour leurs vices, quand il verrait que lui-même
aurait tant besoin de pardon.
(*De la colère*.)

Tout ainsi comme quand nous faisons peindre et pourtraire
après le vif quelques beaux visages, et qui ont fort bonne
grâce, si d'aventure il s'y trouve quelque imperfection et quelque chose de laid, nous ne voulons pas ni qu'on la laisse du
tout, ni qu'on s'étudie aussi trop à la représenter, pour ce que
l'un rendrait la portraiture difforme, et l'autre dissemblable ;
aussi, pour autant qu'il est malaisé, ou, pour mieux dire, peut-
être impossible, de montrer un personnage duquel la vie soit
entièrement innocente et irrépréhensible, il se faut arrêter à
écrire pleinement les choses qui auront été vertueusement
faites, et en cela tâcher à représenter parfaitement la vérité,
ne plus ne moins que le vif. Mais où il se trouve quelques
fautes et erreurs, parmi leurs actions, procédées ou de quelque passion humaine ou de la contrainte des temps de la chose
publique, il les faut plutôt estimer défauts et imperfections
de vertu non du tout accomplie, que méchancetés expresses
procédantes de vice formé, ni de certaine malice : et ne sera
jà besoin de s'amuser à les exprimer trop diligemment et par
le menu en notre histoire, ains plutôt les passer légèrement
comme par une révérentiale honte de la pauvre nature humaine, laquelle ne peut produire un homme si parfait ni si

LA BONTÉ, LA DOUCEUR, LE DÉVOUEMENT

bien composé à la vertu, qu'il n'y ait toujours quelque chose à redire.

(*Cimon.*)

Quant aux rébellions des villes sujettes et soulèvements des peuples alliés, Fabius était d'opinion qu'il valait mieux les contenir par doux et humain traitement, de manière qu'ils eussent honte de se remuer sans occasion, que d'aller sévèrement rechercher toutes suspicions, ni se porter trop aigrement envers ceux qui seraient aucunement soupçonnés. Auquel propos on raconte qu'il y avait en son ost un soldat Marsien de nation, vaillant homme de sa personne, et d'aussi noble maison qu'il y en eût entre tous les alliés, lequel avait tenu quelques paroles avec d'autres soldats, de s'en aller rendre aux ennemis. Fabius, qui en sentit le vent, ne lui fit point pire chère pour cela, mais, l'appelant à soi, lui dit *qu'il confessait qu'on n'avait pas tenu tel compte de lui comme il méritait ; de quoi,* dit-il, *pour le présent je blâme les particuliers capitaines, qui vont ainsi distribuant les appointements et honneurs par grâce et par faveur, non pas par mérite ; mais ci-après je t'en donnerai le tort à toi-même ; si tu ne parles quelquefois à moi et ne me dis privément les nécessités, quand tu auras besoin de quelque chose.* Lui ayant dit ces paroles, il lui donna un cheval de service pour la guerre, et l'honora d'autres prix d'honneur, dont on a accoutumé de récompenser les gens de bien ; ce qui fit que le soudard depuis ce jour-là devint très fidèle et très affectionné au service des Romains ; car il était bien avis à Fabius, qu'il n'y avait raison quelconque, que les veneurs écuyers et autres qui se mêlent de dompter les bêtes irraisonnables, leur ôtassent la fierté sauvage et farouche qu'elles ont de nature, par diligence, accoutumance et soin de leur nourriture, plutôt que par les battre à coups de fouet, ni les tenir empêtrées, et que celui qui prend à gouverner les hommes n'usât plus de patience, de douceur et de clémence, que de rudesse pour les corriger, et qu'il les traitât plus rudement et plus durement que les laboureurs ne font les figuiers, oliviers et pommiers sauvages, lesquels ils apprivoisent et adoucissent si bien, qu'ils en font à la fin de bons figuiers, bons oliviers et bons pommiers.

(*Fabius Maximus.*)

Flaminius était honoré par tous les Grecs universellement comme il lui appartenait, et merveilleusement aimé pour la douceur et débonnaireté de sa nature : ce qui montre que ce n'était point par contrainte ni par feinte, mais à bon escient, et de bonne volonté qu'ils l'honoraient. Car, combien qu'il ait eu quelques différends pour les occurrences des affaires, ou pour quelque jalousie d'honneur à l'encontre de Philopœmen premièrement, et depuis à l'encontre de Diophane, capitaines généraux de la communauté des Achéiens, jamais il ne tint son cœur, ni ne passa oncques son courroux jusques à mettre en exécution aucune mauvaise chose contre eux, mais se termina toujours en quelque contention de parole aux assemblées de conseil, là où il parla franchement à eux : aussi n'y eut-il jamais personne qui le tînt pour homme aigre ni vindicatif, mais bien a-t-il semblé à plusieurs léger, prompt et soudain à se colérer de sa nature.

Autrement c'était bien la plus douce et la plus agréable compagnie d'hommes qu'il était possible, et qui rencontrait aussi plaisamment et aussi aigrement, comme quand il dit une fois aux Achéiens qui se voulaient attribuer l'île des Zacynthiens, pour les divertir de cette entreprise : *vous vous mettrez en danger, seigneurs Achéiens, si vous sortez une fois hors du Péloponèse, ne plus ne moins que les tortues quand elles mettent la tête hors de leur coque.*

(Titus Quintius Flaminius.)

Lucullus s'en alla visiter les villes de l'Asie, afin que, cependant qu'il n'était point occupé aux affaires de la guerre, elles eussent quelque soulagement des lois et de la justice : car à faute que de longtemps elle n'y avait point été administrée ni exercée, la pauvre province était affligée et oppressée de tant de maux et de misères, qu'il n'est homme qui le pût presque croire, ni langue qui le sût exprimer, et ce par la cruelle avarice des fermiers, gabeleurs et usuriers romains, qui la mangeaient et la tenaient en telle captivité, que particulièrement et en privé les pauvres pères étaient contraints de vendre leurs beaux petits enfants, et leurs jeunes filles à marier, pour payer la taille et l'usure de l'argent qu'ils avaient emprunté pour la payer, et publiquement en commun les tableaux dédiés aux temples, les statues de leurs dieux et autres joyaux de leurs temples ; encore à la fin étaient-ils eux-mêmes adjugés comme esclaves à leurs créanciers, pour user le demeurant de leurs jours en misérable servitude; et pis encore était ce qu'on leur faisait endurer avant qu'ils fussent ainsi adjugés : car ils les emprisonnaient, ils leur donnaient la géhenne, ils les détiraient sur le chevalet, ils les mettaient aux ceps et les faisaient tenir à découvert tout debout en la plus grande chaleur d'été au soleil, et en hiver dedans la fange ou dessus la glace, tellement que la servitude leur semblait un relèvement de misères et repos de leurs tourments.

Parquoi les gabeleurs et fermiers s'en allèrent crier à Rome contre Lucullus, disant qu'il leur faisait le plus grand tort du monde, et à force d'argent suscitèrent quelques-uns des harangueurs ordinaires à l'encontre de lui : ce qui leur était aisé à faire, pour autant mêmement qu'ils tenaient en leurs papiers plusieurs de ceux qui s'entremettaient des affaires à Rome : mais Lucullus n'était pas seulement aimé des pays auxquels il faisait du bien, ains était aussi désiré et souhaité des autres provinces, lesquelles réputaient bien heureuses celles qui pouvaient avoir un tel gouverneur.

(*Lucullus.*)

César arriva en Alexandrie, que Pompée y avait déjà été mis à mort; si eut en horreur Théodote, qui lui en présenta la tête, tournant le visage d'un autre côté pour ne la point voir; mais bien prit-il son cachet, et en le regardant se prit à plorer; et à tous ses familiers et amis, que le roi d'Égypte avait fait arrêter ainsi qu'ils allaient errants par ses pays, il leur fit des biens, et les gagna tous à sa dévotion : suivant lesquels offices, il écrivit à ses amis de Rome que le plus grand et le plus doux fruit qu'il recevait de sa victoire, était qu'il sauvait tous les jours la vie à quelques-uns de ses citoyens qui avaient porté les armes contre lui.

(*César.*)

Dévouement. — Sacrifice.

Quand Lycurgue vit que jà par rangs les principaux points de son gouvernement avaient pris pied, et que sa forme de police était assez forte pour se maintenir et se conserver d'elle-même, ainsi comme Platon dit que Dieu s'éjouit grandement après qu'il eut achevé le monde, quand il vit tourner et mouvoir son premier mouvement : aussi lui ayant singulier plaisir et contentement en son esprit de voir ses ordonnances si belles et si grandes mises en usage, et si bien acheminées par réelle expérience, chercha encore de les rendre immortelles, autant qu'il lui était possible par prévoyance humaine : de sorte qu'elles ne pussent à l'avenir jamais être changées ni altérées. Pour à quoi parvenir il fit assembler tout le peuple, et en pleine assemblée leur remontra que la police et l'état de la chose publique lui semblait assez bien établi pour vivre heureusement et vertueusement, mais qu'il y avait néanmoins un point de plus grande conséquence que tout le demeurant, lequel il ne leur pouvait encore déclarer, jusques à ce qu'il en eût communiqué et demandé conseil à l'oracle d'Apollon : et ainsi qu'il fallait qu'ils observassent ses lois et ordonnances inviolablement, sans y rien changer, remuer, ou altérer jusques à ce qu'il fût de retour de la ville de Delphes ; et quand il en serait retourné, alors ils feraient ce que le dieu lui aurait conseillé. Ils promirent tous de le faire ainsi, et le prièrent qu'il se hâtât d'y aller : mais avant que partir il fit jurer premièrement aux rois et aux sénateurs, puis conséquemment à tout le peuple, qu'ils garderaient ses ordonnances et statuts, sans y rien changer ni remuer aucunement, jusques à tant qu'il fût de retour ; quoi fait, il s'en alla vers la ville de Delphes ; là où sitôt qu'il fut arrivé il sacrifia au temple à Apollon, et lui demanda si les lois qu'il avait établies étaient bonnes pour bien et heureusement vivre. Apollon lui fit réponse *que ses lois étaient vraiment fort bonnes, et que sa ville, gardant la forme de gouvernement qu'il lui avait ordonnée, deviendrait très glorieuse et très renommée.* Lycurgue fit écrire cet oracle qu'il envoya à Sparte, et après avoir encore derechef sacrifié à Apollon et pris congé de ses amis et de son fils, résolut de mourir, afin que ses citoyens ne pussent jamais être absous du serment qu'ils avaient fait entre ses mains.

Il était, lorsqu'il prit cette résolution, parvenu à l'âge que l'homme est assez vigoureux pour vivre encore, et meurt aussi pour mourir s'il veut : parquoi se sentant heureux d'être parvenu au-dessus de son entreprise, il se fit mourir à faute de prendre nourriture, en s'abstenant volontairement de manger : pource qu'il estimait être convenable que la mort même des grands personnages portât quelque fruit à la chose publique, et que la fin de leur vie fût non plus oiseuse ni inutile que le demeurant, ains fût un de leurs actes plus méritoires, et de leurs plus vertueux exploits. Si pensa que sa mort viendrait à être le comble et le couronnement de sa félicité, après avoir fait et ordonné tant de si belles, si bonnes et si grandes choses à l'honneur et au bien de son pays : et serait comme un sceau de sauvegarde, qui conserverait en être les bonnes ordonnances qu'il avait acheminées, attendu que ses citoyens avaient tous juré de les garder inviolablement jusques à ce qu'il fût de retour.

Il n'a point été déçu de son espérance : car sa ville a été la première du monde en gloire et en bonté du gouvernement l'espace de cinq cents ans durant autant comme elle a observé ses lois, sans que nul des rois successeurs y changeât ou altérât chose quelconque, jusques au roi Agis.

Pendant la vigueur et durée des lois de Lycurgue, le gouvernement de Sparte ne semblait pas être police de choses publiques, ains plutôt règle de quelque dévote et sainte religion.

Et tout ainsi que les poètes feignent que Hercule avec sa massue et sa peau de lion allait par tout le monde, punissant les voleurs, cruels et inhumains tyrans : aussi la ville de Sparte avec un petit billet de parchemin, et une pauvre cape, commandait et donnait loi à tout le demeurant de la Grèce, du gré, consentement et volonté d'icelle, ôtant les tyrans qui usurpaient domination violente sur leurs citoyens ès autres villes, décidant leurs querelles, et apaisant leurs séditions, bien souvent sans faire marcher un seul homme de guerre, mais seulement y envoyant un simple ambassadeur, au commandement duquel les autres peuples obéissaient incontinent, ne plus ne moins que les abeilles qui se rangent et assemblent à l'entour de leur roi, sitôt qu'elles l'aperçoivent. Tant était la révérence grande que l'on portait au bon gouvernement et à la justice de cette ville !

(*Lycurgue.*)

Étant encore jeune garçon, Alcibiade fut au voyage de Potidée, là où il logea toujours avec Socrate et l'eut toujours à ses côtés en toutes les rencontres et escarmouches où il se trouva, entre lesquelles il y en eut une fort âpre, où ils se comportèrent tous deux très bien, et y fut Alcibiade blessé ;

mais Socrate se jeta au-devant de lui pour le couvrir, et le secourut si bien à la vue de tout le monde, qu'il le sauva, lui et ses armes, qu'ils ne vinssent en la puissance des ennemis. Si était, selon le droit et la raison, le prix d'honneur de ce combat dû, sans aucun doute, à Socrate ; mais toutefois les capitaines désiraient l'adjuger à Alcibiade, parce qu'il était de grande et noble maison; et Socrate, voulant augmenter et aiguiser sa conviction d'honneur et de gloire aux choses honnêtes et louables, fut le premier qui témoigna qu'il l'avait mérité, et qui pria les capitaines de lui adjuger la couronne et le harnais complet.

(*Alcibiade.*)

Phocion, accusé de trahison, ayant difficilement et à grande peine audience aux Athéniens, leur demanda: *Seigneurs Athéniens, comment nous voulez-vous faire mourir, justement ou injustement ?* Quelques-uns lui répondirent : *Justement. — Et comment*, répliqua-t-il, *le pourez-vous faire, si vous ne nous oyez premièrement en nos justifications ?* Non pour cela encore ne purent-ils avoir audience. Et adonc Phocion, s'approchant de plus près, leur dit : *Bien, seigneurs, je confesse vous avoir fait tort, et que les fautes que j'ai faites en l'administration de votre chose publique, méritent la mort; mais ceux-ci qui sont avec moi, pourquoi les voulez-vous faire mourir, attendu qu'ils n'ont rien forfait ?* La commune lui répondit : *Pource qu'ils sont tes amis.* Cette réponse ouïe, Phocion se retira sans plus dire un seul mot.

(*Phocion.*)

CHAPITRE XII

LA FAMILLE, FEMME, MARI, PÈRE, MÈRE, ENFANTS, FRÈRES

Le mariage, selon Plutarque, n'est pas, comme pour la plupart des Grecs, une association fondée sur des convenances extérieures, telles que la naissance, la condition et la fortune. C'est l'union complète de deux êtres qui s'aiment et se respectent réciproquement, qui mettent en commun tout ce qu'ils sont, tout ce qu'ils possèdent, et confondent leurs deux vies en une seule. Cette communauté étroite est entretenue et perfectionnée par des devoirs mutuels. La femme, « par son obéissance, sa douceur, sa bonne grâce et sa vertu doit s'étudier à acquérir l'amour de son mari » ; et « comme l'âme domine le corps, le mari doit dominer sa femme par une mutuelle dilection, en lui complaisant et la gratifiant. » Peut-être le mari, selon Plutarque, a-t-il trop le sentiment de sa supériorité, qu'il considère comme étant celle de l'âme sur le corps. Mais l'expression en est si naïve et si conforme aux préjugés de son temps, que sa femme n'a pu en concevoir aucune crainte. Elle se serait rassurée d'ailleurs par l'exemple de bien des dominateurs, et des plus illustres, avouant simplement qu'ils étaient gouvernés par leurs femmes. De la raison pratique de Plutarque, nous revenons avec une indicible satisfaction aux enseignements élevés de Socrate sur l'égalité morale des deux sexes et, en particulier, à cette parole incomparable qu'il met dans la bouche d'Ischomaque : « Le charme le plus doux, ce sera lorsque, devenue plus parfaite que moi, tu m'auras rendu ton serviteur. » Nous ne prétendons pas dire cependant que les conseils de Plutarque manquent d'élévation et de délicatesse, mais nous voudrions qu'il y en eût davantage : car nous sommes de ceux qui pensent que l'affection établit l'égalité et que dans une union parfaite chacun des époux se fait volontairement le serviteur de l'autre.

Et pourtant aucun moraliste chez les anciens et chez les modernes n'a rendu un hommage plus sincère et plus complet à la vertu de la femme que Plutarque qui nous fait connaître par des exemples cette vertu égale à celle de l'homme. Il nous rappelle les actions glorieuses des épouses et des mères dont l'amour dévoué a fait des héroïnes et des sages. C'est ainsi qu'il nous montre Cornélie, femme de Pompée, ferme et constante dans le malheur ; Porcia, dont l'âme est aussi magnanime que celle de Brutus ; la femme de Pantée, qui « meurt aussi constamment que saurait faire le plus vertueux homme du monde » ; Chélonis, qui, partagée entre son père et son mari, ne cesse d'être équitable et intrépide dans le devoir ; la femme de Pythes, qui par sa sagesse guérit son mari de l'avarice ; Agésistrata, qui, après avoir secondé son fils dans ses justes réformes, meurt dans sa vieillesse pour la justice, en souhaitant que sa mort cruelle « puisse profiter à Sparte » ; et tant d'autres mères Spartiates et Romaines, qui ont estimé au-dessus de tout la patrie et la vertu et fait de leurs fils des citoyens dévoués et vaillants.

Nous comprenons par ces grands modèles que, si les Lacédémoniennes ont trop souvent semblé renier la douceur et la tendresse de leur sexe, elles ont prouvé aussi que la femme est capable de pratiquer des vertus plus larges que les vertus domestiques et de sacrifier au devoir ce qu'elle a de plus cher.

L'autorité de l'homme étant « la domination de l'âme sur le corps », point n'est besoin de citer des exemples de pères fermes, justes et sages, puisqu'il est admis que la plupart sont tels. Aussi Plutarque, étant donné que l'on n'attribue pas d'ordinaire la tendresse aux pères, nous montre-t-il un père tendre et complaisant jusqu'à participer aux jeux de ses enfants et à s'en faire le compagnon : c'est Agésilas, un des plus grands rois que l'humanité ait produits.

La vertu des pères et des mères engendre le plus souvent celle des enfants, dont la plus constante pensée doit être de donner de la joie aux auteurs de leurs jours et de les honorer par une conduite digne de leurs nobles enseignements. La piété filiale est la source de toutes les vertus. Aussi nous voyons les plus grands héros toujours fidèles au respect et à la vénération dus aux parents. Épaminondas se réjouit de ses victoires surtout à l'idée de la joie qu'en ressentiront ceux qui l'ont rendu vaillant et fort. Alexandre respecte sa mère jusqu'à supporter son intervention excessive dans les affaires de son gouvernement. Coriolan immole à l'amour filial son ressentiment et sa vie. Sertorius, si grand et si généreux, aimait de toute son âme sa mère qui l'avait élevé orphelin. Les Lacédémoniens enseignaient à la jeunesse à révérer les vieillards, « afin, disaient-ils, qu'en faisant cet honneur à ceux qui ne leur appartiennent point, ils apprennent à en honorer davantage leurs pères et mères.

L'amour fraternel procède tout naturellement de l'amour filial. « Quelle action, quelle grâce, ni quelle disposition des enfants envers leurs pères et mères leur pourrait être plus agréable, ni leur donner plus de contentement, que de voir une bienveillance et une amitié assurée et certaine entre les frères? » Les premiers amis que la nature nous ait donnés, ce sont nos frères et nos sœurs auxquels nous nous attachons par la communauté des enseignements, des mœurs et des souvenirs, plus encore que par celle d'origine; si les relations-fraternelles ne sont pas toujours aussi douces qu'elles doivent être, elles sont pour nous le moyen d'apprendre la justice et, bien plus encore, la charité, le support, le pardon, pour les pratiquer ensuite dans la grande famille humaine.

La femme. — Le mari

La femme doit ressentir par compassion les maux de son mari et le mari, encore plus ceux de sa femme, afin que, comme les nœuds prennent leur force de ce que les bouts s'entrelacent l'un dedans l'autre, aussi la société de mariage s'entretient et se fortifie, quand l'une et l'autre des parties y apportera affection de bienveillance mutuelle : car la nature même nous mêle par nos corps, afin que, prenant partie de l'un et partie de l'autre, et mêlant le tout ensemble, elle rende ce qui en provient commun à tous deux, de manière que ni l'une ni l'autre des parties n'y puisse discerner ni distinguer ce qui est propre à elle, ni ce qui est à autrui.

Cette communauté de bien mêmement doit être principalement entre ceux qui sont conjoints par mariage, qui doivent avoir mis en commun et incorporé tout leur avoir en une substance; de sorte qu'ils n'en réputent point une partie être propre à eux, et une autre à autrui, ains le tout propre à eux et rien à autrui. Comme en un corps où il y aura plus d'eau que de vin, nous l'appelons vin néanmoins, aussi le bien doit toujours et la maison être nommée du nom du mari, encore que la femme en ait apporté la plus grande partie.

Il ne faut point qu'une femme se confie ni en ses biens, ni en la noblesse de sa race, ni en sa beauté, mais en ce qui touche de plus près au cœur de son mari, c'est-à-dire en son entretien, en ses mœurs et en sa conversation, donnant ordre que toutes ces choses ne soient point dures, fâcheuses, ni ennuyeuses chaque jour à son mari, mais plaisantes, agréables et accordantes à ses conditions. Car tout ainsi que les médecins craignent davantage les fièvres qui s'engendrent de causes occultes assemblées de longue main petit à petit, que celles qui viennent tout à coup de causes tout apparentes et manifestes : aussi y a-t-il quelquefois de petites hargnes et querelles quotidiennes et continuelles entre le mari et la femme, que ceux de dehors ne voient ni ne connaissent pas, qui les séparent plus l'un de l'autre, et gâtent plus le plaisir de leur cohabitation que nulle autre cause.

C'est une force inexpugnable qu'une femme épousée et légitime qui, mettant en elle-même toutes choses, son avoir, sa noblesse, ses charmes, s'étudie par douceur, bonne grâce et vertu, d'acquérir l'amour de son mari.

Ceux qui sacrifient à Junon conjugale ou nuptiale, n'offrent pas le fiel avec le demeurant de la bête immolée, ains le tirent dehors, et le jettent auprès de l'autel : par laquelle cérémonie, celui qui l'a premièrement instituée, a voulu donner à entendre qu'en mariage il n'y doit point avoir de fiel, c'est-à-dire amertume de colère ni de courroux quelconque : non que la dame ne doive être grave et un peu austère, mais cette austérité doit être comme celle du vin, utile et plaisante, non pas amère comme celle du chicotin, ou de quelque autre drogue de médecin.

Une dame honnête a encore besoin de grâces envers son mari, à cette fin qu'elle vive joyeusement avec lui, et qu'elle ne se fâche ni ne se repente point d'être femme de bien: car il ne faut pas, ni que pour être bonne ménagère, elle mette en nonchaloir d'être propre et nette, ni que pour bien aimer son mari, elle laisse d'être courtoise, pource que la mauvaise tête d'une femme rend son honnêteté odieuse, comme la saleté fait aussi haïr son épargne et son bon ménage : tellement que celle qui craint de rire devant son mari, ou de faire quelque autre gaieté, de peur d'être estimée affétée et effrontée, fait ne plus ne moins que si elle laissait de s'oindre la tête de tout point, de peur que l'on ne l'estimât parfumée, ou de se laver le visage, de peur qu'on ne la soupçonnât pas fardée.

Que l'honnête mère de famille, en bien faisant, évite toute afféterie, toute mignardise, et bref toute façon de faire qui sente sa femme qui se veuille montrer.

Quand les femmes obéissent et se soumettent à leurs maris, elles en sont louées; mais quand elles en veulent être maîtresses, cela leur est plus malséant que non pas ceux qu'elles maîtrisent ; mais il faut que le mari domine la femme, non comme le seigneur fait son esclave, de ce qu'il possède, mais comme l'âme fait le corps, par une mutuelle dilection et réciproque affection, dont il est lié avec elle : comme l'âme peut bien avoir soin du corps, sans s'asservir aux voluptés, ni aux appétits désordonnés d'icelui, aussi peut bien le mari dominer sa femme, en lui complaisant et la gratifiant.

Les lois romaines défendent aux conjoints par mariage de s'entrefaire donations mutuelles, non afin qu'ils n'aient rien l'un de l'autre, mais à cette fin qu'ils estiment toutes choses communes entre eux.

Les femmes de bon entendement, quand elles voient que leurs maris étant en colère crient, elles se taisent, et au contraire, s'ils ne disent mot, en parlant à eux et les réconfortant, elles les apaisent et adoucissent.

(*Les préceptes du mariage.*)

Quant à ta femme, Polianus, amasse-lui de tous côtés, comme font les abeilles, tout ce que tu penseras lui pouvoir profiter; le lui apportant toi-même et en toi-même, fais-lui en part et en devise avec elle, en lui rendant amis et familiers les meilleurs livres et les meilleurs propos que tu pourras trouver :

> Car tu lui es au lieu de père et mère,
> Et désormais tu lui es comme frère,

et ne serait pas moins honorable d'ouïr une femme qui dirait à son mari : Mon mari, tu es mon précepteur, mon régent et mon maître en philosophie, et en la connaissance de très belles et très divines sciences.

Car ces sciences-là et ces arts libéraux premièrement retirent et détournent les femmes d'autres exercices indignes : car une dame qui étudiera en la géométrie, aura honte de faire profession de baller ; et celle qui sera jà enchantée des beaux discours de Platon et de Xénophon, n'approuvera jamais les charmes ni enchantements des sorciers, et s'il y a quelque enchanteresse qui lui promette d'arracher la lune du ciel, elle se moquera de l'ignorance et de la bêtise des femmes qui se laissent persuader cela, avant appris quelque chose de l'astrologie, et entendu comme Aganice, fille de Hegeton, grand seigneur en la Thessalie, sachant la raison des éclipses qui se font alors que la lune est au plein, et le temps auquel elle entre dans l'ombre de la terre, abusait les femmes du pays, en leur faisant accroire que c'était elle qui ôtait la lune du ciel.

(*Les préceptes du mariage.*)

Le soleil, ce disent les fables, surmonta le vent de bise : car tant plus qu'il s'efforçait d'ôter par force la robe à l'homme, et que pour ce faire il soufflait plus violemment, d'autant plus l'homme se serrait et restreignait son habillement ; mais quand le soleil vint à être chaud après le vent, l'homme, se sentant échauffé, dépouilla sa robe, et puis après, brûlant de chaud, il ôta son saye et tout. La plupart des femmes en fait tout de même : car, quand elles voient que leurs maris leur veulent ôter l'autorité et par force les délices et la superfluité, elles combattent à l'encontre et en sont marries, et au contraire s'ils leur remontrent avec la raison, elles les ôtent d'elles-mêmes tout paisiblement, et le supportent patiemment.

(*Les préceptes du mariage.*)

On enquérait Lycurgue pourquoi il avait institué que les filles fussent mariées sans doire : *Afin*, dit-il, *que ni à faute de doire il n'y en eût qui demeurassent à marier, ne qui pour les biens fussent requises ; ains qu'en regardant aux mœurs et conditions de la fille, chacun fît élection de la vertu en celle qu'il voudrait épouser.*

(*Les dits notables des Lacédémoniens.*)

Pompée épousa Cornélie, la fille de Métellus Scipion, non fille, ains de naguère demeurée veuve de Publius Crassus, le fils, qui fut occis par les Parthes, auquel elle avait été mariée la première fois. Cette dame avait beaucoup de grâce pour attraire un homme à l'aimer, outre celle de sa beauté : car elle était honnêtement exercitée aux lettres, bien apprise à jouer de la lyre, et savante en la géométrie, et si prenait plaisir à ouïr propos de la philosophie, non point en vain ni sans fruit ; mais qui plus est, elle n'était point pour tout cela, ni fâcheuse ni glorieuse, comme le deviennent ordinairement les jeunes femmes qui ont ces parties et ces sciences-là. Davantage elle était fille d'un père auquel on n'eût su que reprendre, ni quant à la noblesse de sa race, ni quant à l'honneur de sa vie.

On donne à Marcus Caton les louanges d'avoir été bon père envers ses enfants, bon mari envers sa femme et bon ménager à bien gouverner et faire profiter ses biens ; car il n'estimait point que ce fût chose légère ni dont on dût faire peu de compte, et ne s'en mêler qu'en passant le temps seulement... Il disait que celui qui battait sa femme ou son enfant commettait aussi grand sacrilège, comme qui violerait ou pillerait les plus saintes choses qui soient au monde ; et estimait plus grande louange à un homme d'être bon mari que bon sénateur ; à l'occasion de quoi il ne trouvait rien plus louable en la vie de l'ancien Socrate que sa patience de s'être toujours humainement et doucement porté envers sa femme, qui avait si mauvaise tête, et ses enfants, qui étaient si écervelés.

(*Marcus Caton.*)

En devisant de la puissance que les dames romaines avaient sur leurs maris : *Les autres hommes*, dit Marcus Caton, *commandent à leurs femmes, et nous à tout le demeurant des hommes, et nos femmes nous commandent*. Mais ce dernier est emprunté et translaté des dits aigus de Thémistocle, lequel comme son fils lui fit faire beaucoup de choses par le moyen de sa mère, dit un jour à sa femme : *Les Athéniens commandent au demeurant des Grecs, moi aux Athéniens, toi à moi, et ton fils à toi ; pourtant admoneste-le, qu'il use un peu plus modérément et plus resserrément de la licence qu'on lui permet,*

par le moyen de laquelle il a, tout étourdi et fol qu'il est, plus de puissance et d'autorité que nul autre des Grecs.
                                        Marcus Caton.

Vertueux faits des femmes

Ce discours a pour but de montrer que c'est une même vertu, celle de l'homme et celle de la femme, par la preuve de plusieurs exemples tirés des anciennes histoires, qui n'ont pas été par moi recueillis en intention de donner plaisir à l'ouïe.

Si d'ailleurs, pour montrer que la science poétique de représenter en vers toutes choses, n'est point différente chez les femmes d'avec celle qui est aux hommes, mais toute une même, je venais à conférer les vers de Sapho avec ceux d'Anacréon, ou les oracles des Sibylles avec les réponses de Bacchis, y aurait-il homme qui pût justement blâmer cette démonstration, pource qu'elle attirerait l'auditeur à la croire, avec plaisir et délectation ? Jamais homme ne le dirait. Et néanmoins il n'y a moyen de connaître mieux d'ailleurs la similitude ou différence de la vertu de la femme et de l'homme, qu'en conférant les vies aux vies, et les faits aux faits, comme en mettant l'un devant l'autre les ouvrages de quelque grande science, et considérant si la magnificence de la reine Sémiramis a un même air et même forme que celle du roi Sésostris ; et la prudence de Tanaquil, que celle du roi Servius ; ou la magnanimité de Porcia que celle de Brutus, ou celle de Timoclée que celle de Pélopidas, en ce qui est principalement commun entre eux, et en quoi gît leur principale valeur ; pource que les vertus prennent quelques autres différences, comme couleurs propres et particulières, selon la diversité des natures, et se conforment aucunement aux mœurs et conditions des sujets en qui elles sont, et aux températures des corps, aux aliments même, et aux façons de voir ; car Achille était vaillant d'une sorte, et Ajax d'une autre ; et la prudence d'Ulysse n'était pas semblable à celle de Nestor ; ni n'était pas Caton juste de même qu'Agésilas, ni Irène n'aimait pas son mari de la même façon que faisait Alceste, ni Cornélie n'était magnanime comme l'était Olympiade ; mais pour cela nous ne dirons pas qu'il y ait plusieurs diverses vertus de vaillance, ni plusieurs prudences, ni plusieurs justices, pour les dissimilitudes de la façon de faire particulière qu'est à un chacun, lesquelles ne forcent point d'avouer que la vertu soit diverse.

(*Vertueux faits des femmes.*)

C'est chose manifestement fausse de dire que les femmes n'aient aucune vertu : car qu'est-il besoin de parler de leur tempérance, prudence, foi, loyauté et justice, vu que la force même, la constance et magnanimité en plusieurs d'icelles est apparente ? Or de dire que leur naturel ne soit pas malpropre aux autres vertus, mais qu'à l'amitié seule, comme on leur impute, il ne soit aucunement convenable, il n'y aurait point de propos ; car il est tout notoire qu'elles aiment leurs enfants et leurs maris, et la charité naturelle qui est en elles, comme un champ fertile, apte à recevoir et porter amitiés, n'est point destituée de grâce, de persuasion et de raison.

(*De l'Amour.*)

On dit que la femme du riche Pythes, du temps que le roi Xerxès vint faire la guerre aux Grecs, fut une bonne et sage dame ; car ce Pythes ayant trouvé des mines d'or, et aimant non par mesure mais excessivement, le profit qui lui en venait, lui-même y employait toute son étude, et contraignait tous ses citoyens également à fouiller, porter, ou purger et nettoyer l'or sans leur permettre de faire ni exercer autres œuvres du monde ; de quoi plusieurs mouraient, et tous se fâchaient, tellement que les femmes à la fin s'en vinrent avec rameaux et suppliantes à la porte de cette femme pour l'émouvoir à pitié, et la prier de les vouloir secourir à ce besoin.

Elle les renvoya en leurs maisons avec bonnes paroles les admonestant de bien espérer, et de ne se déconforter point ; et cependant elle envoya secrètement quérir des orfèvres à qui elle se fiait, et les renfermant en certain lieu, les pria de lui faire des pains d'or, des tartes et gâteaux de toutes sortes de fruits, et de toutes les chairs et viandes principalement qu'elle savait que son mari Pythes aimait le mieux ; puis quand il fut de retour en sa maison, car il était lors allé en quelque voyage, comme il demanda à souper, sa femme lui présenta une table chargée de toutes sortes de viandes contrefaites d'or, sans autre chose qui fût bonne à boire ni à manger, mais tout or seulement.

Il y prit plaisir du commencement, mais après qu'il eut assez rassasié ses yeux à voir tous ses ouvrages d'or, il demanda à manger à bon escient ; et elle, lui demandant ce qu'il voudrait bien manger, le lui présentait d'or, tant qu'à la fin il s'en courrouça et cria qu'il mourait de faim. *Voire mais*, dit-elle, *vous en êtes cause, car vous nous avez fait avoir foison de cet or, et fait fi de toute autre chose : car tout artifice, tout métier et toute autre vocation cesse entre nous, et n'y a personne qui laboure la terre ; ains, laissant en arrière tout ce que l'on sème et que l'on plante en la terre pour nourrir les personnes, nous ne faisons que fouiller et chercher des choses qui sont à nous nourrir inutiles, nous consommons nous-mêmes de labeur et nos citoyens après.* Ces remontrances émurent Pythes, qui pour cela ne cessa pas entièrement toute son entremise des mines ; mais, y faisant travailler la cinquième partie seulement de ses citoyens les uns après les autres, il permit au reste d'aller vaquer à leur labourage et à leurs métiers.

(*Vertueux faits de femmes.*)

Agis, estimant que ce serait une belle chose, comme à la vérité elle l'eût été, de repeupler la ville et y ramener l'ancienne égalité, allait sondant les cœurs et les volontés des hommes, et trouva, contre son espérance, que les jeunes furent ceux qui plutôt y prêtèrent l'oreille, et se rangèrent du côté de la vertu, en changeant facilement, et tournant ne plus ne moins qu'un habillement leur manière de vivre, pour recouvrer liberté : mais la plupart des vieux, comme ceux qui étaient envieillis en la corruption, craignaient de retourner à l'austérité des ordonnances de Lycurgue, comme un esclave fugitif qui tremble de peur quand on le ramène devant son maître.

Agis essaya d'attirer sa mère, qui était sœur dudit Agésilas, et femme qui pouvait beaucoup pour le grand nombre qu'elle avait d'amis, de serviteurs et de débiteurs, en la ville, par le moyen desquels elle maniait à sa volonté une bonne partie des affaires de la chose publique : lui en ayant donc ouvert le propos, elle s'en étonna du commencement et lui dit qu'il se tôt, s'il était sage, et se déportât de mettre en sa fonction des choses qui n'étaient ni possibles ni utiles; mais quand Agésilas lui eut un peu remontré la belle chose que ce serait, et comme elle se pouvait bien conduire à chef avec une utilité très grande, et que le roi Agis commença à la presser instamment de prières, qu'il lui plût quitter volontairement sa richesse pour acquérir gloire et honneur à son fils, lui alléguant qu'il ne pourrait jamais arriver à être égal aux autres rois en chevaux et en avoir, attendu que les serviteurs et facteurs seulement des rois Séleucus et Ptolomée avaient plus de biens que n'en eurent jamais tous les rois de Sparte ensemble : mais si par tempérance, magnanimité et continence surmontant leurs délices, il venait à remettre les Lacédémoniens en communauté et égalité, comme ils avaient coutume d'être anciennement, il acquerrait la gloire et le renom d'un véritablement grand prince et grand roi : alors, ces remontrances ouïes, les dames émues et encouragées de voir si grande magnanimité en ce jeune homme, commencèrent à changer d'opinion et furent soudainement, comme par inspiration divine, si éprises de l'amour des vertus, qu'elles se mirent elles-mêmes à inciter et hâter Agis, et envoyèrent quérir leurs amis pour les prier et admonester de favoriser à son entreprise, et, qui plus est, en parlèrent aussi aux autres dames, sachant bien que de tout temps les Lacédémoniens croient et défèrent beaucoup à leurs femmes, leur permettant de s'enquérir et se mêler plus avant des affaires de la chose publique, qu'à eux-mêmes en leurs maisons des affaires domestiques.

(*Agis et Cléomène.*)

Le roi Ptolémée commanda qu'on pendît le corps de Cléomène l'ayant devant courroyé, et qu'on fît mourir ses enfants sa mère Cratesiclea et toutes les femmes qui étaient avec elle, entre lesquelles était la femme de Pantée, l'une des plus belles dames de son temps et de plus gentil cœur. Il n'y avait guère qu'ils étaient mariés ensemble, quand ces malheurs leur advinrent, et était encore leur amour en sa plus grande chaleur ; ses parents ne l'avaient pas voulu laisser aller et s'embarquer avec son mari, ains l'avaient enfermée pour la retenir à force ; mais peu de temps après, ayant trouvé moyen de recouvrer un cheval et quelque peu d'argent, elle s'enfuit une nuit, piquant à toute bride vers le port de Ténan, là où elle s'embarqua sur un navire qui partait pour aller en Egypte, et s'en alla trouver son mari, avec lequel elle supporta doucement et joyeusement le vivre hors de sa maison en pays étranger.

Et lorsque les sergents vinrent prendre Cratesiclea pour la mener mourir, elle la conduisit par-dessous le bras, en lui aidant à porter sa robe et la réconfortant, combien qu'elle ne fût point autrement étonnée pour l'appréhension de la mort, et qu'elle demandât seulement cette grâce, qu'on la fît mourir devant ses petits enfants : toutefois quand ils furent arrivés au lieu où l'on avait accoutumé de faire telles exécutions, les bourreaux tuèrent premièrement les enfants devant ses yeux, et puis elle après ; laquelle en si griève angoisse de douleur ne dit aucune parole sinon : *Hélas! mes enfants, où êtes-vous allés?* Et la femme de Pantée, étant grande et forte, ceignant sa robe par-dessus, accoutra et enveloppa les corps des autres, à mesure qu'elles furent exécutées, de ce qu'elle put recouvrer, sans dire un seul mot ni montrer aucun signe d'être troublée, et finalement s'étant elle-même accoutrée, et ayant arrangé son vêtement autour d'elle, sans vouloir souffrir qu'autre personne s'approchât d'elle, ni la regardât, sinon le bourreau qui était ordonné pour lui couper la tête, elle mourut aussi constamment que saurait faire le plus vertueux homme du monde, sans avoir besoin de personne qui couvrît son corps ni l'enveloppât après sa mort, tant elle fut soigneuse de garder, même à la fin, l'honnêteté qu'elle avait toujours observée en sa vie, et retenant encore en mourant le soin de l'honneur dont elle avait toujours muni son corps, tant comme elle avait vécu. Ainsi ces dames lacédémoniennes en cette piteuse tragédie ayant joué leur rôle à l'envi des hommes en leurs derniers jours, à qui plus magnanimement endurerait la mort, fournirent de preuve évidente, pour vérifier que la vertu ne peut être outragée par la fortune.

(*Agis et Cléomène.*)

Porcia était fille de Caton, et l'épousa Brutus, qui était son cousin, non point fille, mais bien jeune veuve après la mort de son premier mari Bibulus, duquel elle avait eu un petit garçon nommé Bibulus, qui depuis a écrit un petit livre : *Des faits et gestes de Brutus*, qu'on trouve encore aujourd'hui. Cette jeune dame étant savante en la philosophie, aimant son mari, et ayant le cœur grand, joint avec un bon sens et une prudence grande, ne voulut point essayer d'interroger son mari de ce qu'il avait sur le cœur, que premièrement elle n'eût fait une telle épreuve de soi-même : elle prit un petit ferrement, avec lequel les barbiers ont accoutumé de soigner les ongles, et ayant fait sortir de sa chambre toutes ses femmes et servantes, elle se fit une plaie bien profonde dans la cuisse, tellement qu'il en sortit incontinent une grande effusion de sang, et tantôt après pour l'âpre douleur de cette incision la grosse fièvre la commença à saisir : et voyant que son mari s'en tourmentait fort, et en était en fort grand émoi, au plus fort de sa douleur elle lui parla en cette manière : *Je*, dit-elle, Brutus, *étant fille de Caton l'ai été donnée, non pour être participante de ton lit et de ta table seulement, ains pour être aussi prisonnière et compagne de toutes tes bonnes et mauvaises fortunes. Or quant à toi, il n'y a que plaindre ne reprendre de ton côté en notre mariage: mais de ma part, quelle démonstration puis-je faire de mon devoir envers toi, et de combien je voudrais faire pour l'amour de toi, si je ne sais supporter constamment avec toi un secret accident, ou un souci qu'il soit besoin de céler fidèlement? Je sais bien que le naturel d'une femme semble communément trop débile pour pouvoir sûrement contenir une parole de secret : mais la bonne nourriture, Brutus, et la conversation des gens vertueux ont quelque pouvoir de réformer un vice de la nature: et quant à moi, j'ai cela d'avantage, que je suis fille de Caton et femme de Brutus; à quoi néanmoins je ne me fierais pas du tout par ci-devant, jusques à ce que maintenant j'aie connu que la peine même et la douleur ne me sauraient vaincre.* En disant ces paroles, elle lui montra sa blessure, et lui conta comment elle se l'avait faite pour s'éprouver elle-même. Brutus fut fort ébahi quand il eut ouï ces paroles, et levant les mains au ciel fit prières aux dieux de lui faire tant de grâce qu'il pût mener à chef son entreprise, si bien qu'il fût trouvé digne d'être mari d'une si noble dame comme Porcia : laquelle pour lors il réconforta le mieux qu'il put. Porcia, étant sur le point de se départir d'avec Brutus pour s'en retourner à Rome, tâchait le plus qu'elle pouvait à dissimuler la douleur qu'elle en portait en son cœur; mais un tableau la découvrit à la fin, quoiqu'elle se fût au demeurant jusques-là toujours constamment et vertueusement portée. Le sujet de la peinture était pris des narrations grecques, comment Andromaque accompagnait son mari Hector, ainsi qu'il sortait de la ville de Troie pour aller à la guerre, et comment Hector lui rebaillait son petit enfant : mais elle avait les yeux et le regard toujours fichés sur lui. La conformité de cette peinture avec sa passion la fit fondre en larmes, et retournant plusieurs fois le jour à revoir cette peinture, elle se prenait toujours à pleurer.

Ce que voyant Acilius, l'un des amis de Brutus, récita les vers qu'Andromaque dit à ce propos en Homère :

> Hector, tu tiens lieu de père et de mère
> En mon endroit, de mari et de frère.

Adonc Brutus, en se souriant : *Oui, mais*, dit-il, *je ne puis de ma part dire à Porcia ce que Hector répondit à Andromaque au même lieu du poète :*

> Il ne te faut d'autre chose mêler,
> Que d'enseigner les femmes à filer.

Car il est bien vrai que la naturelle faiblesse de son corps ne lui permet pas de pouvoir faire les mêmes actes de prouesse que nous pourrions bien faire ; mais de courage, elle se portera aussi vertueusement en la défense du pays comme l'un de nous. Bibulus, le fils de Porcia, l'a ainsi écrit en son histoire.

(*Brutus.*)

Avant que les Gaulois passassent les montagnes des Alpes, et qu'ils eussent occupé cette partie de l'Italie, où ils habitent maintenant, une grande et violente sédition s'émut entre eux, qui passa jusques à une guerre civile ; mais leurs femmes, alors que les deux armées furent prêtes à s'entrechoquer, se jetèrent au milieu des armes, et prenant leurs différends en mains, les accordèrent, et jugèrent avec si grande équité et si au contentement de toutes les deux parties, qu'il s'en engendra une amitié si bienveillante très grande réciproquement entre eux tous, non seulement de ville en ville, mais aussi de maison en maison ; tellement que depuis ce temps-là ils ont toujours continué de consulter des affaires, tant de la guerre que de la paix, avec leurs femmes, et de pacifier les querelles et différends qu'ils avaient avec leurs voisins et leurs alliés, par le moyen d'elles. Et c'est pourquoi, en la composition qu'ils firent avec Annibal, quand il passa par les Gaules, entre autres articles ils y mirent que, s'il advenait que les Gaulois prétendissent que les Carthaginois leur tinssent quelque tort, les capitaines et gouverneurs Carthaginois qui étaient en Espagne, en seraient les juges ; et si au contraire les Carthaginois voulaient dire que les Gaulois leur eussent fait quelque tort, les femmes des Gaulois en jugeraient.

(*Vertueux faits des femmes.*)

La mère. — Le père

Une mère avait envoyé ses enfants, qui étaient cinq, au camp, et attendait aux faubourgs de la ville quelle issue prendrait la bataille. Au premier qui en retourna, elle demanda des nouvelles, et il lui répondit que ses enfants y avaient été tués tous cinq. *Ce n'est pas cela que je te demande, méchant esclave que tu es*, dit-elle, *mais comment se portent les affaires de la chose publique.* — *La victoire est nôtre*, répondit-il. — *Je suis donc*, dit-elle, *maintenant contente de la perte de mes enfants.*

Une autre, ainsi comme elle ensevelissait son fils, survint une pauvre vieillotte qui se prit à lui dire : O femme, *quelle fortune !* — *Bonne, par les dieux jumeaux*, répondit-elle : *car le but auquel je l'avais enfanté m'est advenu, afin qu'il mourût pour Sparte.*

Une dame du pays d'Ionie se glorifiait d'un sien ouvrage de tapisserie, qu'elle avait fait au métier, fort somptueux : mais une Laconienne lui montrant quatre siens enfants, fort honnêtes et bien morigénés : *Tels*, dit-elle, *doivent être les ouvrages d'une dame de bien et d'honneur, et voilà de quoi elle se doit vanter et glorifier.*

Une autre mère ayant eu nouvelles que son fils se gouvernait mal en pays étranger, où il était, lui écrivit : *Il court un mauvais bruit de toi par deçà ; efface-le, ou te meurs.*

Une autre accompagnant son fils boiteux, qui s'en allait à la bataille, lui disait : Mon fils, *à chaque pas, souviens-toi de bien faire.*

Une autre, de qui le fils était retourné de la bataille, blessé au pied, et se plaignait fort de la grande douleur qu'il sentait : Mon fils, dit-elle, *si tu te veux souvenir de la vertu, tu t'apaiseras, et ne sentiras plus de douleur.*

Un Lacédémonien avait tellement été blessé en une bataille, qu'il ne se pouvait pas bien soutenir sur ses jambes, et fallait qu'il cheminât à quatre pieds : et comme il eût honte de voir les gens qui se riaient, sa mère lui dit : *Et combien est-il plus raisonnable,* mon fils, *de te réjouir pour le témoignage de ta prouesse, que d'avoir honte pour un rire insensé !*

Une autre, baillant à son fils son bouclier, en l'admonestant de faire son devoir : Mon fils, dit-elle, *ou rapporte ce bouclier ou qu'on te rapporte dedans.*

Une autre, baillant aussi le bouclier à son fils, partant pour s'en aller à la guerre, lui dit : *Ton père t'a toujours conservé ce bouclier ; avise de le conserver aussi, ou de mourir.*

Une autre répondit à son fils, qui se plaignait d'avoir courte épée : *Approche-toi d'un pas.*

Une autre, entendant que son fils était mort très vaillamment en la bataille : *Aussi était-il mon fils,* dit-elle.

Au contraire, une autre entendant que son fils s'était sauvé de vitesse : *Aussi n'est-il pas à moi,* dit-elle.

Une autre, entendant que son fils était mort en bataille au même lieu où l'on l'avait mis : *Otez-le donc,* dit-elle, *de là, et mettez son frère en sa place.*

(*Dits et reponses notables des dames lacédémoniennes.*)

Volumnia à Coriolan : *Estimes-tu qu'il soit licite de concéder tout à son ire et à son appétit de vengeance, et non honnête de condescendre et incliner aux prières de sa mère en si grandes choses ? Et cuides-tu qu'il soit convenable à un grand personnage se souvenir des torts qu'on lui a faits, et des injures passées, et que ce ne soit point acte d'homme de bien et de grand cœur, reconnaître les bienfaits que reçoivent les enfants de leurs pères et mères, en leur portant honneur et révérence ? Si n'y a-t-il homme en ce monde qui dût mieux observer tous les points de gratitude que toi, vu que tu poursuis si âprement une ingratitude : et si y a davantage, que tu as jà fait payer à ton pays de grandes amendes pour les torts que l'on t'y a faits, et n'as encore fait aucune reconnaissance à ta mère. Pourtant serait-il plus que honnête que, sans autre contrainte, j'impétrasse de toi une requête si juste et si raisonnable ; mais puisque par raison je ne te le puis persuader, à quel besoin épargné-je plus et différé-je à la dernière espérance ?* En disant ces paroles, elle se jeta elle-même, avec sa femme et ses enfants, à ses pieds. Ce que Martius ne pouvant supporter, la releva tout aussitôt, en s'écriant : *O mère ! que m'as-tu fait ?* Et en lui serrant étroitement la main droite: *Ha,* dit-il, *mère, tu as vaincu une victoire heureuse pour ton pays, mais bien malheureuse et mortelle pour ton fils ; car je m'en revais vaincu par toi seule.*

(*Coriolan.*)

Cornélie, après le trépas de son mari, prenant tout le soin de sa maison et de ses enfants, se montra si honnête, si bonne envers ses enfants, et si magnanime, que le roi Ptolémée lui voulut communiquer l'honneur du diadème royal, et la faire reine, la demandant à femme : mais elle le refusa, et perdit en sa viduité tous ses enfants, excepté une fille, qu'elle donna en mariage au jeune Scipion *Africain*, et Tibérius et Gaïus, lesquels elle nourrit et institua si diligemment, qu'étant devenus plus honnêtes et mieux conditionnés que nuls autres jeunes hommes Romains de leur temps, on estima que la nourriture en valait mieux que la nature...

(*Les Gracques.*)

Cornélie porta constamment et magnanimement la mort de ses fils : et quant aux chapelles qu'on bâtit et consacra aux lieux où ils avaient été tués, elle dit seulement qu'ils avaient telles sépultures qu'ils avaient méritées : mais depuis elle se tint presque toujours auprès du mont de Misène, sans rien changer de sa manière de vivre, car elle avait beaucoup d'amis : et pour ce qu'elle était dame honorable, aimant à recevoir et traiter les étrangers, elle tenait ordinairement bonne table, au moyen de quoi elle avait toujours autour d'elle compagnie de Grecs et de gens de lettres, et n'y avait roi qui ne reçût d'elle, et qui ne lui envoyât aussi des présents

Si prenaient grand plaisir ceux qui l'allaient visiter et qui la hantaient, à lui ouïr conter les faits et la manière de vivre de son père Scipion l'*Africain* : mais encore s'émerveillaient-ils davantage de lui ouïr réciter les actes et la mort de ses enfants, sans en jeter larme d'œil, et sans autrement en faire des regrets ni en mener deuil, non plus que si elle eût raconté quelque ancienne histoire à ceux qui les lui demandaient ; tellement qu'il y eut quelques-uns qui écrivirent que la vieillesse, ou bien la grandeur de ses malheurs lui avaient troublé le sens, et hébété le sentiment de douleur ; mais eux-mêmes étaient insensés, quand ils disaient cela, n'entendant pas combien l'être bien né et bien nourri sert aux hommes à constamment supporter une douleur, et que souvent la fortune est bien plus forte que la vertu, laquelle veut garder tous les points du devoir : mais toutefois elle ne lui peut ôter la constance de porter, en tombant, patiemment son adversité.

(*Tibérius et Gaïus Gracchus.*)

Tu vas regardant seulement aux ouvrages des tailleurs de pierres et des maçons, estimant que cela seul soit la maison, non pas ce qui est dedans chacun, et qui lui est propre et domestique, comme sont les enfants, la femme, les amis, les serviteurs, auxquels étant sages et bien conditionnés, le père de famille communiquant et faisant part de ce qu'il a, fût-ce dedans un nid d'oiseau, ou dedans une fourmilière, se peut dire habiter une bonne et heureuse maison.

(*Le banquet des sages.*)

Agésilas avait cela entre autres choses, qu'il aimait fort tendrement ses enfants ; et conte-t-on de lui qu'il se jouait avec eux emmi la maison, quand ils étaient petits, montant dessus un bâton ou dessus une canne, comme sur un cheval ; auquel étant l'un de ses amis l'ayant un jour trouvé en son privé, il le pria de n'en vouloir rien dire, jusques à ce que lui-même eût de petits enfants.

(*Agésilas.*)

Le respect filial

La nature et la loi qui conserve la nature ont donné le premier lieu de révérence et d'honneur, après les dieux, au père et à la mère ; et ne sauraient les hommes faire service qui soit plus agréable aux dieux que de payer gracieusement et affectueusement aux père et mère qui les ont engendrés, et à ceux qui les ont nourris et élevés, les noms des grâces vieilles et nouvelles qu'ils leur ont prêtées : comme au contraire, il n'y a point de plus certain signe d'un Athéiste que de mettre à nonchaloir, ou commettre quelque faute à l'encontre de son père et de sa mère.

(*L'amour fraternel.*)

Agésiclès, roi des Lacédémoniens, étant de sa nature convoiteux d'ouïr et d'apprendre, il y eut quelqu'un de ses familiers qui lui dit : *Je m'ébahis, sire, vu que tu prends si grand plaisir à ouïr bien dire, que tu n'approches de toi le rhétoricien Philophane pour l'enseigner.* Il répondit : *C'est pource que je veux être disciple de ceux dont je suis né.*

(*De la mauvaise honte.*)

Comme aux autres la fin qui lui faisait aimer la vertu était la gloire ; aussi à Martius (Coriolanus) la fin qui leur faisait aimer la gloire était la joie qu'il voyait que sa mère recevait ; car il estimait n'y avoir rien qui le rendît plus heureux ne plus honoré, que de faire que sa mère l'ouït priser et louer de tout le monde, et le vît retourner toujours couronné, et qu'elle l'embrassât à son retour, ayant les larmes aux yeux épreintes de joie ; laquelle affection on dit qu'Épaminondas avoua et confessa semblablement être en lui, réputant son principal et plus grand heur être que son père et sa mère vivants avaient vu la victoire qu'il gagna en la plaine de Leuctres. Or quant à Épaminondas, il eut ce bien-là, d'avoir ses père et mère participants à sa joie et à sa prospérité ; mais Martius, estimant devoir à sa mère ce qu'il eût encore dû à son père, s'il eût été vivant, ne se contenta pas de la réjouir et honorer seulement, mais à son instance et prière il prit femme, de laquelle il eut des enfants, sans toutefois se départir jamais d'avec sa mère.

(*Coriolan.*)

Olympias écrivit un jour à Alexandre : *Je suis bien d'avis que tu fasses autrement des biens à tes familiers amis, et que tu les tiennes en honneur auprès de toi, mais tu les fais égaux aux grands rois, et leur donnes les moyens de faire beaucoup d'amis en te les ôtant à toi-même.* Et comme sa mère lui en écrivit souvent de semblables à ce même propos, il les gardait secrètement sans les communiquer à personne, sinon un jour que, comme il en ouvrit une, Ephestion, qui se trouva présent, s'approcha, ainsi qu'il était accoutumé, et la lut avec lui. Alexandre ne l'en empêcha point, mais, après qu'il l'eut achevée de lire, il tira de son doigt l'anneau duquel il scellait et cachetait ses lettres, et en mit le cachet contre la bouche d'Ephestion.

Il envoya plusieurs beaux et grands présents à sa mère ; mais il lui manda qu'elle ne se mêlât point autrement plus avant de ses affaires, et qu'elle n'entreprit point l'état d'un capitaine : de quoi elle s'étant courroucée, il supporta patiemment l'âpreté de son courroux. Et comme Antipater un jour lui eût écrit une longue lettre à l'encontre d'elle, après l'avoir toute lue, il dit : *Antipater n'entend pas qu'une seule larme de mère efface dix mille telles lettres.*

(*Alexandre.*)

En ses prospérités, Sertorius mandait à Métellus et à Pompée qu'il était bien content de poser les armes, et de vivre chez soi en homme privé, moyennant qu'il fût par edit public rappelé et restitué, et qu'il aimait mieux être le moindre citoyen de Rome, qu'étant banni de son pays, être appelé empereur de tout le reste du monde. Et disait-on que l'une des principales causes pour lesquelles il désirait tant être rappelé, était l'amour qu'il portait à sa mère, sous laquelle il avait été nourri enfant orphelin de son père, et avait mis toute son affection entièrement en elle : de sorte que, quand ses amis qu'il avait en Espagne, le mandèrent pour y venir en prendre le gouvernement et y être leur capitaine, après y avoir été quelque temps, ayant eu nouvelle que sa mère était décédée, il en sentit si grande douleur, que peu s'en fallut qu'il n'en mourût de regret : car il demeura sept jours entiers couché par terre en plorant, sans donner le mot du guet à ses gens, et sans se laisser voir à aucun de ses sujets, jusques à ce que les autres capitaines principaux et de même qualité que lui vinrent à l'entour de sa tente, et l'importunèrent tant, par prières et remontrances, qu'ils le contraignirent d'en sortir, et de se montrer et parler aux soudards, et d'entendre à ses affaires, qui étaient très bien acheminées.

(Sertorius.)

Télécrus répondit à quelqu'un qui se plaignait à lui de ce que son père médisait toujours de lui : *S'il n'en fallait médire, il ne le ferait pas.* Son frère aussi se mécontentait de ce que les citoyens ne se déportaient pas en son endroit comme ils faisaient envers lui, combien qu'ils fussent nés de même père et de même mère, ains le traitaient plus iniquement : *C'est*, dit-il, *parce que tu ne sais pas comporter un tort comme je fais.* Étant enquis pourquoi la coutume était en leur pays, que les jeunes se levassent de leurs sièges au-devant des vieux : *C'est*, dit-il, *afin qu'en faisant cet honneur à ceux qui ne leur appartiennent point, ils apprennent à en honorer davantage leurs pères et mères.*

Un vieillard, désirant voir l'ébattement des jeux Olympiques, ne pouvait trouver place à s'asseoir ; et, passant par-devant beaucoup de lieux, on se gaudissait et moquait de lui, sans que personne le voulût recevoir, jusques à ce qu'il arrivât à l'endroit où étaient les Lacédémoniens assis, là où tous les enfants et beaucoup des hommes se levèrent au-devant de lui, et lui cédèrent leur place. Toute l'assemblée des Grecs remarqua bien cette honnête façon de faire et avec battements des mains déclarèrent qu'ils la louaient grandement, aussi le pauvre vieillard

Croulant sa tête et sa barbe chenues,

en pleurant : *Hé dieu*, dit-il, *que de maux ! On voit bien que tous les Grecs entendent bien ce qui est honnête, mais il n'y a que les Lacédémoniens qui le fassent.*

(Les dits notables des Lacédémoniens.)

L'amour fraternel

Il est impossible que les frères en toutes choses soient égaux ni pareils, d'autant que, ou la nature dès la naissance, ou, depuis, la fortune leur départent inégalement leurs grâces et faveurs ; d'où procèdent les envies et jalousies.

On pourrait conseiller à celui qui aurait avantage sur ses frères, qu'il leur communiquât tout ce qu'il aurait par-dessus eux, en les honorant par son crédit et réputation, et les avançant par le moyen de ses amitiés ; et si d'aventure il est plus éloquent qu'eux, leur offrant sa peine et suffisance, comme étant à eux autant comme à lui-même, et puis n'en montrant aucune enflure d'arrogance ni de mépris envers eux, mais plutôt, en s'abaissant et soumettant, rendre sa préférence et son avantage non sujet à l'envie, et égale, autant comme il lui est possible, l'inégalité de la fortune par modérée opinion de soi-même : comme Lucullus ne voulut jamais entreprendre office ni magistrature avant son frère, encore qu'il fût plus âgé que lui ; mais laissant passer son temps, attendit celui de son frère. Et Pollux ne voulut pas être dieu même seul, ains plutôt demi-dieu avec son frère, et participer de la condition mortelle pour lui faire part de son immortalité.

Scilarus, un roi des Tartares, laissa quatre-vingts enfants et peu avant que mourir commanda qu'on lui apportât un faisceau de dards, qu'il bailla à tous ses enfants les uns après les autres, leur commandant qu'ils s'efforçassent de rompre le faisceau tout entier ; et après qu'ils eurent bien essayé et n'en purent venir à bout, lui-même les tira du faisceau les uns après les autres, et les rompit tous sans peine quelconque, leur voulant par là donner à connaître *que leur union et concorde serait invincible ; mais la discorde les rendrait faibles, et serait cause qu'ils ne dureraient guère.*

(*De l'amour fraternel.*)

Le devin d'Arcadie, ainsi comme écrit Hérodote, fut contraint de se faire un pied de bois, après qu'il se vit privé du sien naturel : mais un frère qui fait la guerre à son frère, et qui est contraint d'acquérir un ami, étranger, ou de la place, en s'y promenant, ou du parc des exercices, en regardant ceux qui s'y exercent, me semble ne faire autre chose que volontairement se couper un membre de sa propre chair tenant à lui, pour y en appliquer et attacher un étranger ; car la nécessité même qui nous induit à rechercher et à recevoir amitié et conversation, nous enseigne d'honorer, entretenir et conserver ce qui est de notre parenté, comme ne pouvant vivre, ni n'étant point nés pour demeurer sans amis, sans fréquentation, solitaires, à part comme bêtes sauvages.

(*De l'amour fraternel.*)

Pource qu'il est convenable à l'aîné d'avoir soin, enseigner, reprendre et admonester ; et au puîné, honorer, suivre et imiter, je voudrais que la sollicitude de l'aîné tînt plutôt du compagnon que du père. et de la persuasion plutôt que du commandement ; et qu'il fût plus prompt à s'éjouir pour le devoir fait, et à le louer, que non pas à le reprendre et blâmer pour l'avoir oublié, et fasse l'un, non seulement plus volontairement, mais aussi plus humainement que l'autre ; et aussi qu'au zèle du puîné, il y eût plus de l'imitation que de la jalousie et contention.

(*De l'amour fraternel.*)

Timoléon eut un frère aîné, nommé Timophane, qui ne lui ressemblait de qualité quelconque ; car c'était un homme écervelé, et furieusement épris et perdu de convoitise de régner, que lui avaient mise sur la tête une troupe de gens de basse condition, qui se disaient ses amis, et des soudards ramassés qu'il avait toujours autour de lui, et pource qu'il était impétueux et aventureux en la guerre, ses citoyens l'en estimaient capitaine belliqueux et homme d'exécution et à cette cause lui donnaient souvent charge de gens, à quoi Timoléon lui aidait en couvrant du tout les fautes qu'il y faisait, en les faisant apparaître moindres et plus légères qu'elles n'étaient, et en augmentant et embellissant ce peu de bon que sa nature produisait.

(*Timoléon.*)

CHAPITRE XIII

L'AMITIÉ

On donne le nom d'amitiés aux relations affectueuses qui sont formées par d'autres liens que ceux du sang et dans lesquelles la raison et la volonté ont plus ou moins de part. Mais au-dessus de ces amitiés, souvent trop faciles et superficielles qui se nouent et se dénouent sans toucher profondément l'être moral, il y a l'amitié idéale, ou l'harmonie parfaite de deux âmes unies par l'amour du bien. A la conformité d'aspirations et de pensées que fait naître la poursuite d'une fin si élevée, se joint peut-être aussi ce je ne sais quoi, sympathie mystérieuse et divine, dont le charme est irrésistible autant qu'inexplicable. Je crois que dans toutes les affections de rencontre où l'âme se donne plus ou moins, elle suit le penchant souvent inconscient qui l'entraîne vers son idéal : elles ont donc toutes quelque chose de cette noble passion de l'amitié, qui est à la fois le reflet de la vertu et sa plus douce récompense. Mais elles n'ont pas la constance et la force d'ascension qui résultent de la fermeté et de la stabilité dans la vertu. Tant que l'âme n'a pas trouvé son assiette, elle change de goûts et d'opinions et s'attache tour à tour à divers objets qui successivement semblent répondre à ses désirs. Au fond, c'est à la perfection qu'elle aspire, et l'inconstance de ses affections tient autant à sa propre faiblesse qu'à l'imperfection des autres âmes qui l'attirent sans être capables de la fixer. Mais, quand elle a mis un terme à ses fluctuations pour s'orienter vers le bien, elle tend de toutes ses forces vers ce but, et ce qu'elle cherche dans les autres, c'est par-dessus tout une même volonté bonne et droite. Deux âmes ainsi liées ne sont pas pour cela parfaites, mais elles s'efforcent de se rendre telles par une culture mutuelle, qui ne dégénère pas en une idolâtrie réciproque, parce qu'elle est fondée sur la vérité et la vertu. En s'aimant l'une l'autre, elles aiment encore le bien. Cependant leur amitié n'est pas un culte impersonnel du beau moral; le charme personnel qui le reflète avec ses diverses nuances, y a bien sa part. Aussi « le hanter ensemble est le plus doux fruit de l'amitié. »

Parmi les grands modèles que nous propose Plutarque, il y en a peu qui nous attirent autant qu'Épaminondas et Pélopidas, unis par une « affection et charité divine, qui était de voir leur pays très puissant et très florissant par leur moyen. » Si aucune ambition mesquine, aucune basse envie n'a jamais troublé l'harmonie de ces deux amis, c'est que leur fin n'était pas la gloire, le bonheur égoïste : ils ne vivaient que pour la patrie et la vertu. Alexandre nous a prouvé par quelques beaux traits de générosité et de dévouement que son grand cœur savait aimer, bien qu'il ne se soit pas élevé jusqu'à la pleine possession de lui-même ; Agésilas nous touche par sa confiance en la justice de ses amis, et plus encore par la peine qu'il éprouve de ne pouvoir concilier la tendresse et la sagesse : « Oh ! qu'il est malheureux, dit-il, d'aimer et être sage tout ensemble. » Mais Blossius nous ravit par la véhémence de sa foi dans l'amitié, qui est en même temps la foi dans la vertu.

Ce qui fait l'amitié

La vraie et parfaite amitié requiert trois choses : la vertu comme honnête, la conversation comme plaisante, et l'utilité comme nécessaire : car il faut recevoir l'ami après l'avoir bien éprouvé, s'éjouir de sa compagnie, et se servir de lui à son besoin, toutes lesquelles choses sont contraires à pluralité d'amis, mêmement celle qui est la principale, c'est le jugement de l'épreuve.

Il ne faut pas légèrement recevoir, ni s'attacher d'affection facilement aux premiers qui se présentent, ni aimer incontinent ceux qui nous poursuivent d'amitié ; ains plutôt faut que nous mêmes poursuivions ceux qui sont dignes d'être aimés ; car il ne faut pas du tout élire ce qui se prend facilement, pource que nous passons par-dessus la ronce et le gratteron qui s'attache à nous et les rejetons, là où nous allons chercher l'olive et la vigne : aussi n'est-il pas toujours expédient d'admettre en notre familiarité celui qui aisément nous embrasse, mais au contraire nous faut affectueusement embrasser ceux que nous éprouvons utiles, et qui méritent que l'on en fasse compte. Celui-là garde une amitié et familiarité longuement, qui a demeuré longtemps à l'éprouver.

Or s'il n'est pas possible à l'homme d'éprouver beaucoup d'amis, sera-t-il facile de converser ensemble avec plusieurs, où il sera du tout impossible ? Et néanmoins toute la jouissance et la fruiction de l'amitié gît en la conversation, et le plus doux fruit consiste en s'entrefréquenter, et hanter ensemble. L'amitié nous serre, nous unit et nous étreint par fréquentes et continuelles conversations, caresses et offices d'amitié, comme dit Empédocle ; car elle désire faire une telle union et incorporation, là où la pluralité d'amis nous sépare, nous distrait et divertit en nous rappelant et nous transférant de l'un à l'autre, ne permettant pas que la commixtion et le collement de la bienveillance se fasse par la familière conversation épandue et figée, en manière de dire, à l'entour ; et

cela quant et quant nous apporte une égalité et difficulté grande aux offices et services, qui sont convenables entre amis.
(*De la pluralité d'amis.*)

Comment est-il possible qu'il s'engendre une bonne amitié entre gens qui sont de mœurs toutes différentes, conditions toutes diverses et façons de vivre tendantes à toutes autres fins ? Car les accords de la musique, soit en voix ou en instruments, ont bien leurs consonances par contrariété de sons, se formant je ne sais quoi de similitude et convenance du haut et du bas ; mais en cette consonance et harmonie de l'amitié, il n'y doit avoir du tout rien de dissemblable, ni d'inégal, ni de couvert et obscur, ains doit être composée de toutes choses pareilles de même volonté, même opinion, même conseil, et toute même affection, comme si ce n'était qu'une seule âme distribuée et départie en plusieurs corps.
(*De la pluralité d'amis.*)

J'ai besoin d'un ami qui avec moi juge la vérité et qui la dit franchement. Voilà l'une des manières qu'il y a pour éprouver et discerner le vrai d'avec le faux ami. Le vrai ami n'imite point toutes les conditions ni ne loue point toutes les actions de celui qu'il aime, ains seulement tâche à imiter les meilleures, et comme dit Sophocle :

Il veut aimer, non haïr, avec lui.

Les grâces des amis, parmi l'honnêteté et l'utilité qu'elles ont, apportent je ne sais quoi qui délecte, ne plus ne moins qu'une fleur qui paraît par-dessus ; et quelquefois ils usent d'un jeu, d'un boire et manger ensemble, d'une risée, d'une facétie l'un avec l'autre.
(*Comment discerner le flatteur de l'ami.*)

Si étaient Épaminondas et Pélopidas également nés à toute vertu, excepté que Pélopidas prenait plus de plaisir à exercer le corps, et Épaminondas à exercer l'esprit et apprendre, de manière que leur passetemps, quand ils étaient de loisir, à l'un était lutter, aller à la chasse, et faire tous tels exercices de la personne et à l'autre, ouïr, étudier et apprendre toujours quelque chose de lettres et de philosophie. Mais entre plusieurs belles et bonnes parties qui leur ont apporté tant d'honneur et de gloire à tous deux, les hommes de bon jugement ne trouvent rien de si grand ne si louable, que d'avoir maintenu tout le long de leur vie leur amitié et bienveillance inviolée, depuis le commencement jusques à la fin, parmi tant de combats, tant de guerres, tant de charges d'armées, et tant d'affaires de gouvernement qu'ils ont eus à démêler ensemble.

Car si l'on regarde les déportements d'Aristide et de Thémistocle, de Cimon et de Périclès, de Nicius et d'Alcibiade, en l'administration de la chose publique, comment ils ont été pleins de dissensions, d'envies et de jalousies les uns contre les autres, et puis à l'opposite, que l'on considère l'amour et l'honneur que se sont toujours continuellement portés l'un à l'autre Pélopidas et Épaminondas, on trouvera sans point de doute, que ceux-ci sont bien plus dignes d'être nommés *frères d'armes*, par manière de dire, et *compagnons de charges publiques* que nuls de ces autres-là, lesquels ont toujours plus étudié et plus travaillé à vaincre l'un l'autre qu'à vaincre leurs ennemis ; duquel effet la cause véritable était la seule vertu ; pource que par leurs faits ils n'allaient point cherchant ni gloire, ni richesse pour eux, à la convoitise desquelles toujours est attachée la querelleuse et séditieuse envie ; ains s'étant tous deux énamourés, dès le commencement, d'un amour, affection et charité divine, qui était de voir leur pays très puissant et très florissant par leur moyen et en leur temps, ils réputaient tous les bons exploits l'un de l'autre servant à cet effet comme leurs propres.

Toutefois la plupart des historiens estiment que cette grande et véhémente amitié qu'ils se portaient l'un à l'autre, commença et procéda d'un voyage où ils furent ensemble à Mantinée au secours des Lacédémoniens, qui pour lors étaient encore alliés et confédérés des Thébains ; car étant rangés en bataille l'un auprès de l'autre entre les gens de pied, contre les Arcadiens qu'ils avaient en front, il advint que la pointe du bataillon des Lacédémoniens, en laquelle ils étaient, recula, et y en eut plusieurs qui fuirent à val de route, mais eux aimant mieux mourir que fuir, se serrèrent ensemble, et firent tête à ceux qui les pressaient, jusques à ce que Pélopidas, étant blessé en sept endroits, tous par devant, tomba finalement dessus un monceau de morts, tant de leurs gens que des ennemis, les uns parmi les autres ; et lors Épaminondas, encore qu'il le tînt pour mort, se jeta néanmoins au-devant pour défendre le corps et les armes, et soutint lui seul le combat contre plusieurs, aimant mieux mourir que d'abandonner Pélopidas gisant entre les morts, jusques à ce que lui-même étant blessé d'un coup de pique en l'estomac, et d'un coup d'épée au bras, n'en pouvait presque plus, quand Agésipolis, le roi des Lacédémoniens, y survint de l'autre point de la bataille tout à temps, qui les sauva tous deux hors de toute espérance.

(*Pélopidas.*)

Le flatteur, contrefaisant seulement la douceur et l'agréable façon de l'ami, se montre toujours gai, joyeux et plaisant, sans jamais résister ni contredire. Pourtant ne faut pas soupçonner universellement que tous ceux qui louent autrui soient incontinent flatteurs : car le louer quelquefois, en temps et lieu, ne convient pas moins à l'amitié, que le reprendre et le blâmer ; et à l'opposite, il n'y a rien si contraire à l'amitié, ni si mal acceptable, que l'être fâcheux, chagrin, toujours reprenant et toujours se plaignant : là où quand on connaît une bénévolence prête à louer volontiers et largement les choses bien faites, on en porte plus patiemment et plus doucement une libre répréhension et correction aux choses mal faites, d'autant que l'on le prend en bonne part, et croit-on que, *qui loue volontiers, il blâme à regret.*

(*Comment discerner le flatteur d'avec l'ami.*)

C'est principalement à ceux qui ont fortune à leur commandement, que les amis parlant librement sont nécessaires, pour leur rabattre un peu la hautaineté de cœur que la prospérité leur apporte ; pource qu'il y en a bien peu qui en félicité retiennent le bon sens, et la plupart ont besoin de sagesse empruntée, et de raison venant d'ailleurs pour les abaisser et affermir, quand ils sont enflés ou ébranlés par les faveurs de la fortune.

(*Comment discerner le flatteur d'avec l'ami.*)

Namertes étant envoyé ambassadeur quelque part, il y eut un de ceux où il était envoyé, qui lui dit qu'il le tenait et réputait pour homme bien heureux, d'autant qu'il avait beaucoup d'amis : il lui demande *s'il savait bien la preuve, à laquelle on connaissait si l'on avait beaucoup d'amis.* L'autre lui dit que non, mais qu'il le priait de la lui enseigner : *C'est,* dit-il, *adversité.*

(*Que l'on ne saurait vivre joyeusement selon la doctrine d'Épicure.*)

Agésilas était en toutes autres choses bien roide à observer de point en point tout ce que les lois commandaient : mais aux affaires de ses amis, il disait que garder étroitement la rigueur de justice était une couverture, dont se couvraient ceux qui ne voulaient point faire quelque chose pour leurs amis.

Auquel propos on trouve encore une petite lettre missive qu'il écrivait à Idrien, prince de la Carie, pour la délivrance d'un sien ami : *Si Nicias n'a point failli, délivre-le ; s'il a failli, délivre-le pour l'amour de moi ; mais comment que ce soit, délivre-le.* Tel donc était Agésilas en la plupart des affaires de ses amis : toutefois il échéait bien des occasions, où il regardait plutôt à l'utilité publique ; comme il montra un jour à quelque délogement qu'il fut contraint de faire un peu en trouble à la hâte, tellement qu'il lui fût force qu'il abandonnât un qu'il aimait, malade ; et comme l'autre l'appelait par son nom, ainsi comme il s'en partait, et le suppliait de ne le vouloir point abandonner, Agésilas se retourna et dit : *Oh ! qu'il est malheureux d'aimer et d'être sage tout ensemble !*

(*Agésilas.*)

Après la mort de Tibérius, Blossius de Cumes fut mené devant les consuls, qui l'interrogèrent sur ce qui s'était fait : il leur confessa franchement qu'il avait exécuté tout ce que Tibérius lui avait commandé. Et comme Nasica lui demandait : *et quoi, s'il t'eût commandé d'aller mettre le feu au Capitole ?* il répondit que Tibérius ne lui eût jamais commandé une telle chose. Et comme plusieurs autres, par plusieurs fois recoupassent, lui demandant : *Mais s'il te l'eût commandé ?* — *Je l'eusse fait,* répondit-il : *car il ne me l'eût point commandé, s'il n'eût été profitable pour le peuple.*

(*Tibérius Gracchus.*)

CHAPITRE XIV

LE PATRIOTISME

Le patriotisme est à la fois l'attachement de l'homme à la terre qui l'a vu naître, le sentiment de ses obligations envers sa patrie et la disposition constante à mettre les droits de la patrie au-dessus des droits personnels et de ceux de la famille. Les anciens élevaient avec raison la vertu du patriotisme à l'état de culte ; et les nations qui l'exaltaient le plus étaient aussi les plus puissantes et les plus heureuses. Si elles étaient parfois étroites et exclusives dans leur manière de le comprendre, elles étaient toujours grandes dans la manière de le pratiquer, car leur dévouement était absolu. Elles avaient le sentiment, au plus haut degré, de la solidarité nationale, ce qu'il faut attribuer moins peut-être au règlement de la vie commune par leurs plus parfaits législateurs, qu'à l'inspiration même de ces âmes magnanimes, qui a donné esprit et vie à leurs lois. Plutarque nous dit que « Lycurgue accoutuma ses citoyens à ne vouloir et ne pouvoir jamais vivre seuls, ains être collés et incorporés les uns avec les autres, et à se trouver toujours ensemble comme les abeilles à l'entour de leurs supérieurs, sortant hors d'eux-mêmes presque par un ravissement d'amour envers leur pays, et de désir d'honneur pour servir entièrement au bien de la chose publique. » Sans doute, cette communauté de vie a pu contribuer beaucoup à créer un esprit national, en particulier chez les peuples plus rapprochés de la nature. Elle devait surtout rendre concrète pour la jeunesse l'idée de la patrie commune dont tous les citoyens doivent être comme les membres d'une grande famille, mettant en commun leurs intérêts, leur bonne et leur mauvaise fortune. Même les nations plus civilisées, qui ont une conception plus spiritualiste de la solidarité, ne peuvent pas se passer des moyens extérieurs pour la rendre plus sensible à la jeunesse. Solon, « pour accoutumer les citoyens à se ressentir et se douloir du mal les uns des autres, permettait à qui voulait de prendre et épouser la querelle de celui qu'on avait offensé » et il estimait que « la nation la plus policée était celle où ceux qui ne sont pas outragés, poursuivent aussi âprement la réparation de l'injure d'autrui, comme ceux-mêmes qui l'ont reçue. » Et parmi ses lois, il y en a une qui déclare « infâme le citoyen qui, dans une sédition civile, ne se range à l'une ou l'autre partie. »

Il serait certainement désirable de réveiller de leur indifférence ou de leur apathie ceux qui se soustraient au lien de la solidarité nationale ; mais je doute que la contrainte extérieure puisse effectuer ce résultat. C'est sur le cœur et la volonté qu'il faut agir par la persuasion ; c'est donc le rôle de l'éducateur d'inspirer le patriotisme plus encore par l'exemple que par le précepte. Et s'il a le culte du devoir sous quelque forme qu'il se présente, il le fera aimer aussi à l'enfant ; il saura lui faire comprendre ce qui est dû à la patrie, source de notre vie, de tout ce que nous aimons et révérons. Elle ne sera plus pour l'enfant une vaine abstraction, quand il la verra personnifiée dans ses parents, ses amis, ses initiateurs, dans tous ceux qui ont grandi avec lui sous les auspices des mêmes institutions, dans les ancêtres qui lui ont légué un patrimoine d'honneur et de vertu, et dans la mémoire des héros qui l'ont couverte de gloire par leurs exploits et leur dévouement. L'histoire nationale, rendue vivante par le souffle d'une âme patriotique, a le pouvoir de susciter de vaillants et fidèles citoyens. Celle des grands patriotes de tous les temps et de tous les pays est féconde aussi en nobles inspirations. Qui pourrait dire combien d'émules ont faits les grands hommes de Plutarque, surtout ceux qui ont su se vaincre eux-mêmes avec plus de courage encore qu'ils n'en ont déployé à vaincre les ennemis de leur patrie ; Camille, plus grand par sa générosité que par sa vaillance ; Aristide qui apaise l'inimitié de Thémistocle et le seconde humblement dans son entreprise pour le salut de la Grèce ; Agésilas qui oublie l'ingratitude de Sparte et revient de l'exil pour la sauver ; Phocion qui intercède pour sa patrie malheureuse après lui avoir fait entendre en vain le langage de la vérité ; Buris et Spertis s'offrant en sacrifice à Xerxès pour les Lacédémoniens et refusant toutes les faveurs du puissant roi par ces fières paroles : « Comment pourrions-nous vivre en abandonnant notre pays, nos lois et de tels hommes que, pour mourir pour eux, nous avons volontairement entrepris un si lointain voyage ! » Les femmes aussi ont leurs annales héroïques, où brillent les noms de Télésilla qui délivre Argos dans une guerre contre les Lacédémoniens ; d'Archidamia et ses compagnes, travaillant aux tranchées en face de Pyrrhus qui assiège leur ville ; de beaucoup d'autres encore qui, pour la patrie, ont supporté le malheur avec constance et la mort avec fermeté, montrant ainsi que pour elles aussi la patrie est en réalité vivante, digne de tous les amours et de tous les sacrifices.

Solidarité des citoyens

Lycurgue accoutuma ses citoyens à ne vouloir et ne pouvoir jamais vivre seuls, mais être (par manière de dire) collés et incorporés les uns avec les autres, et à se trouver toujours ensemble, comme les abeilles, à l'entour de leurs supérieurs, sortant hors d'eux-mêmes presque par un ravissement d'amour envers leur pays, et de désir d'honneur pour servir entièrement au bien de la chose publique ; laquelle affection on peut facilement et clairement voir empreinte en quelques unes de leurs réponses, comme en ce que dit un jour Pédarète ayant failli à être élu du nombre des trois cents : car il s'en retourna tout joyeux et tout gai en sa maison, disant *qu'il s'ejouissait de ce qu'il s'était trouvé en la ville trois cents hommes meilleurs que lui*. Et Polistratidas, ayant été envoyé ambassadeur, avec quelques autres, devers les capitaines et lieutenants du roi de Perse, les seigneurs Persiens lui demandèrent s'ils venaient de leur privé motif, ou s'ils étaient envoyés par le public. *Si nous obtenons*, dit-il, *c'est de par le public ; si nous n'obtenons, c'est de notre privé mouvement que nous venons*. Et Argiléonide, la mère de Brasidas, demanda à quelques-uns, qui, au retour du voyage d'Amphipolis à Lacédémone, l'étaient allés visiter, si son fils était mort en homme de bien et digne d'être né à Sparte ; et comme ils le lui haut louassent, en disant qu'il n'y avait pas encore un aussi vaillant homme en tout le pays de Lacédémone, elle leur répliqua : *Ne dites pas cela, mes amis ; car Brasidas était bien vaillant homme, certainement ; mais le pays de Lacédémone en a beaucoup d'autres qui le sont encore plus que lui*.

(Lycurgue.)

Estimant qu'il était besoin de pourvoir à la faiblesse du menu populaire, Solon permit à qui voudrait de prendre et épouser la querelle de celui qu'on aurait outragé : car s'il y avait aucun qui eût été blessé, battu, forcé, ou autrement endommagé, il était loisible à quiconque voulait d'appeler l'outrageant en justice, et le poursuivre. Ce qui fut sagement ordonné à lui, pour accoutumer les citoyens à se ressentir et se douloir du mal les uns des autres, comme d'un membre de leur corps qui aurait été offensé; et à cette ordonnance se rapporte une réponse qu'on dit qu'il fit une fois. Etant interrogé *quelle cité lui semblait la mieux policée*, il répondit : *Celle où ceux qui ne sont point outragés poursuivent aussi âprement la réparation de l'injure d'autrui, comme ceux mêmes qui l'ont reçue.*

(*Solon.*)

Entre les lois de Solon, il y en a une qui lui est péculière, pource que jamais ailleurs n'en fût établie de semblable. C'est celle qui veut qu'en une sédition civile, celui des citoyens qui ne se range à l'une ou l'autre partie, soit noté d'infamie ; par où il semble qu'il ait voulu que les particuliers ne se souciassent pas seulement de mettre leurs propres personnes et leurs privées affaires en sûreté, sans autrement se passionner ou affectionner pour le public en faisant vertu de ne communiquer point aux malheurs et misères de leur pays, mais que, dès le commencement de la sédition, ils se joignissent à ceux qui auraient la plus juste cause, pour leur aider et prendre le hasard avec eux, plutôt que d'attendre, sans se mettre en danger, quelle des deux parties demeurerait victorieuse.

(*Solon.*)

Courage patriotique

Camille voyant que prendre d'assaut la ville de Vériés, c'était chose trop dangereuse et trop difficile, commença à la faire miner, trouvant la terre d'alentour propre à caver, et faire mines si profondes, que les ennemis n'en pouvaient rien apercevoir : et lui, ayant cette besogne réussi selon son espérance, il fit donner un assaut général à la muraille, afin d'y faire venir tous ceux de la ville ; et pendant qu'ils entendaient à la défendre, ses gens entrèrent secrètement par les mines dedans le château, à l'endroit du temple de Junon, qui était le plus grand de toute la ville, et auquel les habitants avaient plus de dévotion. Si dit-on qu'à l'instant même le capitaine des Toscans y sacrifiait aux dieux, et que son devin, ayant considéré les entrailles des bêtes immolées, s'écria tout haut « que les dieux donnaient la victoire à celui qui surviendrait sur ce sacrifice. »

Les Romains qui étaient dedans la mine entendirent cette parole, et tout incontinent rompirent la terre, et se jetèrent dehors en criant et faisant briller leurs armes : de quoi les ennemis s'effrayèrent, de sorte qu'ils se mirent à fuir, et eux prirent les entrailles et les portèrent à Camille. Cela ressemble fort aux contes que l'on fait à plaisir : toutefois Camille ayant par ce moyen pris la ville, et voyant du haut du château comme les Romains pillaient et saccageaient une opulence infinie qu'il y avait dedans la ville, s'en prit à pleurer de pitié ; et comme ceux qui étaient autour de lui, lui dirent qu'il était bienheureux, il leva les mains vers le ciel, et fit une telle prière : *O très haut Jupiter, et vous, ô dieux, qui voyez et jugez les bonnes et mauvaises œuvres des humains, vous savez assez que nous autres n'avons point volontairement, à tort et sans cause, commencé cette guerre, mais justement et par contrainte, pour nous venger d'une ville ennemie qui nous avait fait beaucoup d'outrages. Mais toutefois, si d'aventure en contrepoids de cette prospérité, il nous est prédestiné quelque malheur, je vous supplie qu'au lieu de les faire tomber sur toute la ville de Rome, ou sur toute son armée, il vous plaise le faire avec le moins de mal qui sera possible choir sur moi seul.* Ayant prononcé ces paroles, il se voulut tourner à main droite, comme est la coutume des Romains, quand ils ont fait leurs prières et oraisons aux dieux ; mais, en se voulant tourner, il tomba tout de son long emmi la place. Les assistants, prenant cette chute à mauvais présage, s'en troublèrent : mais lui, après s'être relevé, leur dit *que ce qu'il avait requis aux dieux lui était advenu. C'était un peu de mal en contrepoids d'une très grande félicité.*

(*Camille.*)

Pompée avait proposé en soi-même de donner la charge de l'armée de mer à Caton, qui n'était pas moindre que de cinq cents vaisseaux de guerre, sans les frégates, fustes et autres tels petits vaisseaux non couverts, dont il y avait un nombre infini : mais, s'étant soudain avisé de soi-même ou bien en ayant été averti par aucuns de ses amis, que la fin et le but où tendait Caton en toutes ses actions de gouvernement, était de délivrer Rome de tyrannie, et que, si une fois il était maître d'une si belle et si grosse puissance, il voudrait que le jour même qu'on aurait défait César, Pompée aussi laissât les armes et se soumît aussitôt aux lois, il changea de conseil, combien qu'il lui en eût déjà tenu propos à lui-même, et au lieu de lui, en donna la charge à Bibulus : mais pour cela il ne s'aperçut point que Caton en fût moins affectionné, ains dit-on qu'en l'une des escarmouches et rencontres qui furent faites devant la ville de Dyrrachium, comme Pompée prêcha les soudards, et commanda aux autres particuliers capitaines d'en faire autant, chacun en son endroit, à ceux qui étaient sous leurs charges, les soudards les écoutaient assez froidement, sans faire démonstration quelconque qu'ils en eussent les cœurs guère plus échauffés : mais quand Caton après tous les autres vint à leur discourir, autant que la commodité du temps le portait, la raison de la philosophie, touchant la liberté, la vertu, la mort et la gloire, avec une véhémence d'affection grande, et à la fin venant à conclure sa harangue par invocation des dieux, tournant son parler à eux, ne plus ne moins que s'ils eussent été présents, et regardant ceux qui combattaient vertueusement et vaillamment pour la défense de leur pays, ils jetèrent un si haut cri, et conçurent en eux-mêmes une telle ardeur de vouloir bien faire, que tous les capitaines en prirent fort bonne espérance, et s'en allèrent la tête baissée donner dedans les ennemis, de si grande fureur, qu'ils les défirent et les tournèrent en fuite ce jour-là : mais la bonne fortune de César leur ôta l'entière victoire finale, par le doute et défiance de Pompée, qui ne sut pas connaître et se servir de son bonheur. Mais au lieu que tous les autres s'éjouissaient de cet exploit, et haut louaient cet avantage qu'ils avaient eu sur leurs ennemis, Caton au contraire déplorait la calamité de la chose publique, et lamentait la malheureuse ambition, qui était cause que tant de bons et vaillants citoyens d'une même ville s'entre-tuaient et meurtrissaient ainsi les uns les autres.

(*Caton.*)

Sacrifice à la patrie

Buris et Spertis, deux Lacédémoniens, se partirent volontairement du pays, et s'en allèrent devers Xerxès, le roi de Perse, s'offrir à endurer la peine que les Lacédémoniens avaient méritée par sentence de l'oracle des dieux, pour avoir occis les hérauts que le roi leur avait envoyés, et étant arrivés devers lui, lui dirent qu'il les fît mourir de telle sorte de supplice que bon lui semblerait en acquit des Lacédémoniens. Le roi, émerveillé de leur vertu, non seulement leur pardonna la faute, mais encore les pria de demeurer avec lui, leur promettant de leur faire bon traitement. *Et comment,* dirent-ils, *pourrions-nous vivre ici, en abandonnant notre pays, nos lois et de tels hommes, que pour mourir pour eux nous avons volontairement entrepris un si lointain voyage ?* Et comme l'un des capitaines du roi, nommé Indurne, les en pria davantage, en leur disant qu'ils seraient en même degré de crédit et d'honneur qu'étaient les plus favorisés et les plus avancés auprès du roi, ils lui dirent : *Il nous semble que tu ne sais pas que c'est de liberté ; car qui sait bien que c'est, s'il a bon jugement, ne l'échangerait pas avec le royaume de Perse.*

(*Les dits notables de quelques autres Lacédémoniens.*)

Trois ans après le bannissement d'Aristide, quand le roi de Perse Xerxès avec son armée passa par le pays de la Thessalie et de la Béotie, et entra jusques au fond de celui d'Attique, les Athéniens, dérogeant à la loi de leur ostracisme, rappelèrent tous ceux qu'ils avaient relégués, et ce principalement pour la crainte qu'ils eurent qu'Aristide ne se tournât du côté des Barbares, et que son exemple n'en incitât beaucoup d'autres à faire le semblable ; en quoi ils ne connaissaient pas bien le naturel du personnage : car auparavant qu'il fût rappelé, il ne cessa d'aller çà et là exhorter et encourager les Grecs à maintenir et défendre leur liberté. Et après que le décret de son rappel fut publié, et que Thémistocle fut élu seul capitaine général d'Athènes, il le secourut toujours fidèlement en tout et partout, tant de sa peine que de son conseil ; et, en ce faisant, rendit son plus grand ennemi comblé de gloire, pour autant qu'il était question du bien et du salut de la chose publique ; car, comme Eurybiade, qui était chef de toute l'armée des Grecs, eut délibéré d'abandonner l'île de Salamine, et que les galères des Barbares se fussent tirées en haute mer, et eussent environné les îles tout à l'entour, et l'issue du bras de Salamine, sans que personne sût rien de cet enveloppement, Aristide avec une étrange hardiesse, partant de l'île d'Egine, alla passer à travers les vaisseaux des Barbares, et fit tant qu'il arriva la nuit en la tente de Thémistocle, lequel il appela dehors, et, sorti qu'il fut, lui parla en cette manière : Thémistocle, *si nous sommes sages tous deux, il est désormais temps que nous laissions cette vaine pique et jalousie, que nous avons jusques ici eues l'un contre l'autre, et que nous en prenions une autre qui sera honorable et salutaire à l'un et à l'autre : c'est à savoir à qui fera meilleur devoir pour sauver la Grèce, toi en commandant et faisant l'office de bon capitaine, et moi en te conseillant et exécutant ton commandement, attendu mêmement que j'entends que tu es seul maintenant qui touches le mieux au point, et qui as le meilleur avis, étant d'opinion et conseillant qu'on hasarde la bataille par mer dedans ce détroit de Salamine, et le plus tôt qu'il sera possible ; mais si nos alliés et confédérés s'empêchent de mettre ce bon conseil en exécution, je t'avise que les ennemis t'y aident, pource que la mer, devant et derrière, et tout à l'entour de nous, est déjà couverte de leurs vaisseaux, tellement qu'il est force que ceux qui paravant ne le voulaient pas, maintenant veuillent ou non, combattent et fassent devoir de gens de bien, pource qu'ils sont enclos de tous côtés, et n'y a passage par où ils puissent échapper ni fuir.*

A quoi répondit Thémistocle : *Il me déplait,* Aristide, *qu'en ceci tu te sois montré plus homme de bien que moi ; mais puis qu'ainsi va, que l'honneur t'est dû d'avoir commencé, et de m'avoir provoqué à une si honnête et si louable émulation, je mettrai ci-après de te vaincre par bien continuer.* Ayant fait cette réponse, il lui conta la ruse, dont il avait proposé d'abuser le roi barbare, et le pria de faire tant envers Eurybiade qu'il voulût condescendre à son opinion, en lui remontrant qu'il n'y avait ordre de sauver la Grèce, sinon en combattant par mer, pource qu'Eurybiade ajoutait plus de foi aux paroles et remontrances d'Aristide, qu'il ne faisait à celles de Thémistocle. Et pourtant, au conseil où tous les capitaines furent assemblés pour délibérer si on donnerait la bataille ou non, comme Cléocrite Corinthien dit à Thémistocle que son avis ne plaisait pas à Aristide même, ainsi qu'il apparaissait parce qu'étant présent il ne disait mot, lui répondit soudain : *C'est au contraire : car je ne me tairais pas, si je ne pensais que son conseil fût bon ; mais maintenant je ne dis mot, non point pour bien que je lui veuille, mais pource que je trouve son conseil bon et sage.*

(Aristide.)

Quand ce vint à ordonner l'armée des Grecs en bataille, il y eut dissension entre les Athéniens et les Tégéates, pource que les Athéniens voulaient que, comme on avait toujours accoutumé de faire, si les Lacédémoniens avaient la pointe droite de la bataille, eux en eussent la sénestre et les Tégéates à l'encontre alléguaient les prouesses et hauts faits d'armes de leurs ancêtres, dont les Athéniens se mutinaient ; mais Aristide se tira en avant, qui leur remontra qu'il n'était pas temps de débattre contre les Tégéates de leur noblesse ni prouesse. *Et quant à vous, seigneurs Spartiates,* dit-il, *et vous autres Grecs, nous vous avisons que le lieu ne donne ni n'ôte point la vertu, et vous assurons que, quelque lieu que vous nous bailliez, nous le défendrons et garderons si bien, que nous n'y diminuerons point l'honneur ni la réputation que nous avons acquises ès batailles précédentes : car nous sommes ici venus, non point pour quereller ni débattre contre nos alliés, ains pour combattre nos communs ennemis, ni pour haut louer nos prédécesseurs, ains pour nous montrer nous-mêmes à l'effet gens de bien en la tuition et défense de la Grèce, pource que cette journée portera témoignage à tous les Grecs, combien chaque ville, chaque capitaine et chaque homme particulier en son endroit sera à estimer.* Ces paroles d'Aristide ouïes, les capitaines et tous ceux du conseil conclurent en faveur des Athéniens, qu'ils auraient l'une des pointes de la bataille.

(Aristide.)

Un peu devant que Callicratidas donnât la bataille des Arginuses, son pilote, nommé Hermon, lui remontra qu'il serait bon de s'ôter de là et faire voile, pource que les galères des Athéniens étaient bien en plus grand nombre qu'eux ; *et puis,* dit-il, qu'est-ce que cela ? Le fuir n'est-il pas infâme et dommageable à Sparte ? Il vaut beaucoup mieux, en demeurant, ou vaincre, ou mourir. Devant la bataille, ayant fait sacrifier aux dieux, le devin lui prédit que les signes des entrailles promettaient bien la victoire à l'armée, mais la mort au capitaine ; il ne s'en effraya point, mais dit : *Sparte n'est pas à un homme près : car, quand je serai mort, mon pays n'en sera de rien moindre, mais si je recule maintenant, il en sera diminué de réputation :* ainsi ayant substitué en son lieu pour capitaine Cléandre, s'il lui advenait quelque chose, il alla donner la bataille, en laquelle il mourut en combattant.

(*Les dits notables des Lacédémoniens.*)

Après leur victoire, les Grecs consultèrent l'oracle d'Apollon en la ville de Delphes pour savoir à quels dieux, et comment ils devaient sacrifier. Apollon leur répondit qu'ils fondassent un autel à Jupiter, protecteur de liberté ; mais qu'ils ne fissent dessus aucun sacrifice, que premièrement ils n'eussent éteint tout le feu entièrement qui était en toute la contrée, pource qu'il avait été pollu et contaminé par les Barbares, et puis qu'ils en allassent quérir de pur et net à l'autel commun, sur lequel on sacrifiait à Apollon Pythien en la ville de Delphes. Cette réponse ouïe, les magistrats et officiers des Grecs allèrent çà et là par tout le pays faire éteindre tous les feux.

Il y eut lors un homme de la ville même de Platée, nommé Euchydas, lequel se vint de lui-même offrir, et promettre qu'il apporterait du feu du temple d'Apollon Pythien, en la plus extrême diligence qu'il serait possible ; et arrivé qu'il fut en la ville de Delphes, après avoir aspergé et purifié son corps d'eau nette, il mit dessus sa tête une couronne de laurier, et en tel état alla prendre du feu sur l'autel d'Apollon, puis reprit aussitôt son chemin, tant comme il put courir, vers la ville de Platée, là où il fut de retour avant le soleil couché, et fit par ce moyen en un jour mille stades de chemin, qui valent environ soixante-deux lieues et demie ; mais après avoir salué ses citoyens et leur avoir livré le feu qu'il apportait, il tomba soudainement par terre et rendit l'esprit.

(*Aristide.*)

La ville de Thèbes ayant été entièrement détruite et rasée, comme Alexandre demandait à ceux d'Athènes qu'ils lui livrassent entre ses mains Démosthène, Lycurgue, Hypéride et Charidème, l'assemblée du peuple, ne sachant que répondre à cette sommation, jeta ses yeux sur Phocion seul, et l'appela plusieurs fois par son nom, pour en dire son opinion : parquoi il se leva, et approchant de lui l'un de ses amis, nommé Nicoclès, celui qu'il aimait le plus chèrement et en qui il avait plus de fiance, dit haut et clair: *Ceux qu'Alexandre vous demande, ont conduit cette ville en tel détroit de nécessité, que, si bien il demandait celui Nicoclès, je serais d'avis qu'on lui délivrât : car moi-même réputerais que ce me serait un grand heur, si je pourrais mourir, de sorte que ma mort saurât la vie à tous mes autres citoyens : et encore que j'aie en mon cœur grande pitié et compassion de ces pauvres désolés qui s'en sont fuis de la ruine de Thèbes en cette ville, si est-ce pourtant que je suis d'avis qu'il vaut mieux que les Grecs lamentent la perte d'une seule ville, que de deux, et me semble pour cette raison qu'il vaut mieux en l'un et en l'autre point tâcher, par prières et remontrances, à obtenir grâce de celui qui est le plus fort, que de s'opiniâtrer à vouloir combattre à sa certaine ruine.*

Si dit-on qu'Alexandre rejeta le premier décret, qui fut arrêté par le peuple sur sa demande, et se détourna pour ne point voir les ambassadeurs qui le lui avaient apporté : mais il reçut le second qui lui fut porté par Phocion même, entendant dire aux plus vieux serviteurs de son père, qu'il faisait grand compte de ce personnage : à raison de quoi Alexandre non seulement lui donna audience, et lui octroya sa requête, mais davantage suivit son conseil.

(*Phocion*.)

Comme la ville de Sparte était fort pressée de guerres que lui faisaient les autres peuples grecs, au moyen de quoi les éphores rappelaient Agésilas et lui mandaient qu'il eût à retourner pour défendre son pays, Agésilas ne fit oncques acte plus méritoire ne plus grand, que de s'en être retourné lors en son pays, ni ne fit oncques un plus bel exemple d'obéissance et de justice due à son pays, que par son retour. Car s'il est ainsi qu'Annibal commençant déjà à faire mal ses besognes et à être débouté de l'Italie, ne cuida encore presque jamais, sinon à toute force, obéir à ses citoyens, qui le rappelaient pour les aller défendre de la guerre qu'ils avaient sur les bras, et dedans leur propre pays; et Alexandre *le Grand* étant rappelé pour même cause en son royaume de Macédoine, tant s'en fallut qu'il y retournât, qu'encore s'en moquat-il, quand il apprit la grosse bataille que son lieutenant Antipater avait eue contre le roi Agis, disant : *Il me semble, quand j'oy conter ces nouvelles, que, cependant que nous défaisions par deçà le roi Darius, il y ait eu par delà en Arcadie une bataille de rats :* s'il est ainsi (dis-je), que ces deux grands capitaines aient tenu si peu de compte de leur pays, ne doit-on pas réputer la cité de Sparte bien heureuse d'avoir eu un roi qui lui ait porté tant d'honneur et de révérence et tant d'obéissance à ses lois, qui, tout aussitôt qu'il eut reçu le petit billet, par lequel il lui était commandé de s'en retourner, il abandonna et quitta tant de biens, et tant de puissances qu'il avait paisibles entre ses mains, avec une espérance très bien fondée, et très bien acheminée de beaucoup encore davantage, et s'embarqua pour s'en retourner tout soudain, laissant outre cela un très grand regret à tous les alliés et confédérés de son pays, de ce qu'il n'achevait pas un si beau chef-d'œuvre qu'il avait si bien commencé ?

(*Agésilas.*)

Le combat des dames Argiennes à l'encontre du roi de Lacédémone Cléomène, pour la défense de la ville d'Argos, qu'elles entreprirent sous la conduite et par l'exhortement de Télésilla, poétesse, n'est pas moins glorieux qu'autre exploit quelconque que jamais les femmes aient fait en commun. Cette dame Télésilla, à ce que l'on trouve par écrit, était bien de maison noble et illustre, mais au demeurant fort maladive de sa personne ; à l'occasion de quoi elle envoya devers l'oracle pour savoir comment elle pourrait recouvrer sa santé ; et lui ayant été répondu qu'elle suivît et honorât les Muses, elle, obéissant à la révélation des dieux, et se mettant à apprendre la poésie et harmonie du chant, fut en peu de temps délivrée de sa maladie, et devint très renommée et estimée entre les femmes, pour cette partie de poésie.

Depuis, étant advenu que le roi des Spartiates, Cléomène, ayant tué en une bataille grand nombre des Argiens, s'en alla droit à la ville d'Argos, espérant la surprendre vide d'habitants, il prit une soudaine émotion de courage et de hardiesse inspirée divinement aux femmes qui étaient en âge, de faire tout leur effort pour empêcher les ennemis d'entrer dedans la ville : et de fait, sous la conduite de Télésilla, elles prirent les armes ; et se mettant aux créneaux des murailles, les ceignirent et environnèrent tout à l'entour ; dont les ennemis demeurèrent fort ébahis. Si repoussèrent le roi Cléomène, avec perte et meurtre de bon nombre de ses gens, et chassèrent l'autre roi de Lacédémone, Démarate, hors de leur ville, qui était déjà entré bien avant dedans, et en avait occupé le quartier qui s'appelle Pamphyliaque.

Ainsi la ville ayant été sauvée par leur prouesse, il fut ordonné que celles qui étaient mortes au combat seraient honorablement inhumées sur le grand chemin que l'on nomme la voie Argienne ; et à celles qui étaient demeurées, pour un perpétuel monument de leur vaillance, on permit qu'elles consacrassent et dédiassent une statue à Mars.

(*Vertueux faits des femmes.*)

Pyrrhus se campa devant Sparte, en ferme opinion qu'il n'y trouverait personne pour le combattre. Mais quand la nuit fut venue, les Lacédémoniens tinrent conseil entre eux, où ils furent d'avis d'envoyer secrètement leurs femmes et petits enfants en Candie ; à quoi elles-mêmes s'opposèrent, et y en eut une entre les autres, nommée Archidamia, qui s'en alla en plein conseil avec une épée porter la parole au nom des autres dames, remontrant que les hommes leur faisaient grand tort, s'ils estimaient qu'elles eussent le cœur si lâche que de vouloir survivre après que Sparte serait détruite ; puis fut arrêté en ce conseil qu'on tirerait une tranchée à l'opposite du camp de l'ennemi, aux deux bouts de laquelle ils mettraient des chariots qu'ils enterreraient jusques à la moitié des roues, afin qu'ayant ainsi le pied ferme, ils pussent arrêter les éléphants et les empêcher de passer ; et comme ils commençaient à mettre la main à l'œuvre, y survinrent les filles et les femmes, aucunes ceintes par-dessus leurs cottes troussées, et les autres toutes en chemise, pour besogner à cette tranchée avec des hommes vieux, admonestant les jeunes qui devaient combattre le jour ensuivant, qu'ils se reposassent cependant.

Si prirent la tierce partie de la tranchée à faire, qui avait six coudées de largeur, et quatre de profondeur, et durait huit cents pieds de long, ainsi que dit Phylarque, ou un peu moins, comme dit Hiéronymus ; puis, quand ce vint au point du jour, que les ennemis commencèrent à se remuer pour venir à l'assaut, elles-mêmes allèrent quérir les armes, qu'elles mirent entre les mains des jeunes hommes, et leur rendirent la tâche qu'elles avaient prise à faire de la tranchée, toute faite, en les priant de la vouloir vaillamment garder et défendre, leur remontrant le grand plaisir que c'est de vaincre les ennemis en combattant à la vue de tout son pays, et le grand heur et le grand honneur qu'il y a à mourir entre les bras de sa mère et de sa femme après avoir fait le devoir d'homme de bien, et digne de la magnanimité de Sparte.

(Pyrrhus.)

Gaïus Gracchus fut conduit plus par contrainte au commencement de son entremise des affaires, que par jugement ni de propos délibéré ; et écrit l'orateur Cicéron qu'il avait résolu de faire toute administration de magistrat, et de vivre personne privée en paix et tranquillité : mais son frère lui apparut en songe, qui l'appelant par son nom, lui dit : *Que diffères-tu, mon frère ? Il n'est possible que tu puisses échapper, pource qu'une même vie et une même mort nous est à tous deux prédestinée pour avoir procuré l'utilité du peuple.*

Etant donc Gaïus arrivé en Sardaigne, il y fit voir toutes les preuves qu'un homme saurait faire de sa valeur et se montra plus vaillant que nul autre des jeunes hommes de son âge encontre les ennemis, plus juste envers les sujets, et plus obéissant envers son capitaine, en honneur qu'il lui rendait, et en bienveillance qu'il lui portait : mais en tempérance, sobriété et tolérance de labeurs, il surpassa ceux-mêmes qui étaient encore plus âgés que lui.

(Gaïus Gracchus.)

Plusieurs des amis de Caton l'incitaient et admonestaient de demander l'office de tribun du peuple ; mais il n'en fut pas d'avis pour lors, disant qu'il ne fallait pas employer ni dépendre la puissance d'un tel magistrat et de si grande autorité, non plus que d'une forte médecine, sinon en temps et en choses nécessaires ; et y ayant vacation publique d'affaires, il s'en alla à l'ébat en la Laconie, où il avait des maisons d'assez plaisant séjour, menant avec lui force livres et des philosophes pour lui tenir compagnie : mais par le chemin il rencontra force bêtes de somme, grande quantité de bagages, et un grand train de personnes ; il demanda qui c'était, et on lui dit que c'était Métellus Népos, qui retournait à Rome pour demander le tribunat. Si s'arrêta tout court ; et après avoir pensé un petit en soi-même commanda à ses gens qu'ils retournassent en arrière. De quoi ses amis étant ébahis, il leur répondit : *Ne savez-vous pas que Métellus de soi-même est à redouter pour sa folie ? Et maintenant qu'il vient avec l'instruction de Pompée, il se ruera à travers les affaires comme foudre, qui gâtera tout. A cette cause, n'est-il pas maintenant saison d'aller à l'ébat, ni de se donner du bon temps ; ains faut la vaincre ou mourir honorablement pour la défense de la liberté.* Toutefois, à la persuasion de ses amis, il alla premièrement un tour jusques à la maison des champs, là où il n'arrêta guère, ains s'en retourna incontinent à Rome.

Et y étant arrivé un soir, dès le lendemain matin il descendit sur la place, demandant et poursuivant l'office de tribun du peuple, expressément pour résister aux entreprises de Métellus, à cause que ce magistrat-là a beaucoup plus de puissance d'empêcher que de faire ; car si tous les autres, d'un accord, avaient arrêté une chose ensemble, et qu'il y en eût un seul qui s'y opposât, le seul opposant l'emporterait par-dessus tous les autres. Or n'eut-il pas du commencement grand nombre de ses amis autour de lui ; mais quand on entendit l'intention pour laquelle il faisait lors cette poursuite, tous les gens de bien incontinent se rangèrent à ses côtés, qui le confirmèrent en sa délibération, et l'encouragèrent de la poursuivre, à cause qu'il ne faisait pas tant pour soi que pour la chose publique, de demander cet office en un tel temps, attendu que, l'ayant pu obtenir par plusieurs fois sans difficulté, en temps où il n'y avait point d'affaires, il ne l'avait point voulu demander, ains s'était réservé à le poursuivre lorsqu'il fallait, non sans danger, combattre pour le bien de la chose publique, et pour la protection de la liberté. Si dit-on qu'il y eut si grande foule de gens qui vinrent pour lui assister à sa brigue, et de si chaude affection, qu'il en cuida être étouffé, et ne pensa jamais arriver jusques sur la place, pour la presse du monde qui l'accompagnait.

(*Caton.*)

CHAPITRE XV

LA RELIGION

La morale si vivante et si large de Plutarque ne saurait se concilier avec une religion étroite et formaliste. Aussi Plutarque, par ses croyances, ne semble-t-il se rattacher à aucune des religions positives dont il juge sévèrement les superstitions et les pratiques absurdes et souvent hypocrites. Il s'est fait une religion philosophique et spiritualiste qui rappelle un peu la doctrine de Pythagore, mais qui s'est surtout inspirée de Socrate et de Platon. Dieu seul a l'être, parce qu'il est éternel; il n'a ni commencement ni fin ; et le présent, le passé et le futur de la vie humaine se confondent dans le néant. Par là-même que Dieu seul *est*, il est *un*. Il est le créateur et le maître du monde ; et ses principaux attributs sont la justice et la bonté. C'est parce que Dieu est juste, qu'il use de patience envers les méchants ; et lui seul peut être juste, parce qu'il est omniscient, lui seul sachant « quand, comment et jusques où il est raisonnable de châtier et punir un chacun des méchants. »

Et ici nous remarquons la haute conception du droit et de la justice que Plutarque considère comme étant « la médecine de l'âme ». Les lois humaines sont forcément imparfaites, parce qu'elles ne contiennent pas toujours ce qui est simplement raisonnable et qu'elles ne peuvent avoir aucun caractère universel. Ce qui nous montre le lien entre la morale et la religion de Plutarque, c'est que Dieu est pour lui, comme pour Platon, « le patron et le parfait exemplaire de tout bien, qui influe à ceux qui peuvent suivre sa divinité l'humaine vertu qui est comme une conformation à lui. » Pour lui, l'œuvre qui importe surtout, c'est de « penser à Dieu, de monter toujours plus haut et de contempler ce qui est par-dessus nous. » Ainsi se développent le sentiment d'adoration pour Dieu et la connaissance de « l'imbécillité et de la débilité de notre nature. » Ce qui nous frappe chez Plutarque, c'est la spiritualité du culte rendu à la divinité. Il nous cite Numa, qui interdit aux Romains de se faire des images des dieux, « attendu qu'il n'est pas possible d'atteindre aucunement à la connaissance de la divinité, sinon par le moyen de l'entendement. » Aussi la philosophie est-elle pour Plutarque le moyen d'arriver à une « vraie dévotion accompagnée d'assurée espérance de bien. » Et c'est à l'ignorance qu'il attribue à la fois l'impiété et la superstition, la première provenant d'un faux jugement de Dieu, et la seconde d'une passion, la crainte ou plutôt la terreur, procédant d'un faux jugement. Il nous rappelle que d'abord les philosophes étaient bannis par les nations ignorantes, parce qu'ils attribuaient les phénomènes à des causes naturelles ; mais que la doctrine de Platon fut dans la suite publiquement reçue, tant pour la bonté de sa vie, comme aussi pource qu'il soumettait la nécessité des causes naturelles à la puissance divine, comme à un plus excellent principe et à une aussi plus puissante.

Il nous montre aussi que, pour fuir la superstition, on

se précipite souvent dans « l'impiété de l'athéisme, en sautant par-dessus la vraie religion qui est assise au milieu entre les deux. » Dans l'exemple d'Alexandre, qu'il nous cite pour nous prouver que l'abandon d'une vaine foi entraîne souvent à la crédulité superstitieuse, nous voyons que ce trouble moral si profond est causé par une déchéance de l'âme. Quand elle se sépare de Dieu en se détournant du bien, elle ne peut plus compter sur l'assistance divine. Les gens de bien ont foi en la bonté de Dieu, et ils implorent son secours avec une pleine confiance, parce que leur volonté est une avec la sienne. Mais ceux qui se laissent entraîner par leurs passions égoïstes, n'ayant plus une volonté droite, tremblent devant Dieu et se laissent aller à toutes les aberrations de la superstition. Et jusqu'à quel point l'homme de bien peut-il espérer l'aide de Dieu ? Plutarque nous le fait comprendre : « Dans la tempête, dit-il, le bon pilote prie aux dieux de lui faire la grâce d'en échapper, mais cependant il prend en main le timon, il baisse l'antenne et tâche, en amenant la maîtresse voile, à se jeter hors de la mer ténébreuse. » Il faut donc agir, travailler en priant. Plutarque n'admet pas que les inspirations divines puissent anéantir le libre arbitre : « Les dieux, dit-il, excitent la partie active de notre âme et notre franc arbitre, ou au contraire le détournent et le retiennent par quelques imaginations et appréhensions qu'ils nous inspirent. »

Il serait à souhaiter que tous les chrétiens eussent de la prière et du culte en général une idée aussi élevée que ce païen qui dit qu'il faut « demander surtout dans la prière la connaissance de Dieu en la vérité, et les prier de bouche droite et juste. » Mieux que beaucoup de dévots, il a compris le culte en esprit et en vérité, qui fait de la religion une vie : « Comment, dit-il avec un autre philosophe de l'antiquité, l'homme de bien n'estime-t-il pas que tous jours soient fêtes pour lui ? Oui certainement, et fête fort célèbre et solennelle, si nous sommes sages. La vie de l'homme est comme une profession et entrée en une très parfaite religion. »

Plutarque n'a pas une ferme croyance en l'immortalité de l'âme. Ce n'est pas chez lui une conviction, mais une espérance qui semble être au fond de sa religion. Elle ressort aussi de ses conceptions de la nature de l'âme qui aspire à la conscience d'avoir bien fait, qui embrasse l'éternité et qui a soif de la vérité qu'elle ne peut posséder ici-bas. Nous retrouvons la même espérance dans sa manière d'envisager la mort, qui est « comme un retour en notre pays naturel. » Il conclut de la justice de Dieu à une rétribution future. « Si l'âme, dit-il, demeure après la mort, il est plus vraisemblable et plus équitable que lors les rétributions de peine ou d'honneur lui seront rendues : car durant tout le temps qu'elle est en vie, elle combat, et puis après, quand elle a achevé tous ses combats, alors elle reçoit ce qu'elle a en sa vie mérité. » D'autres sont plus affirmatifs ; mais si l'assurance de l'immortalité est une grande force, l'espérance à elle seule est déjà un principe de vie morale et d'activité.

La foi n'est-elle pas une vive représentation des choses qu'on espère, et une démonstration de celles qu'on ne voit point ?

Dieu, ses attributs — révélé par la philosophie

C'est plus grande présomption à ceux qui ne sont qu'hommes, d'entreprendre de parler et de discourir des dieux et des demi-dieux, que ce n'est pas à un homme ignorant de chanter, et de vouloir disputer de la musique, ou à un homme qui ne fut jamais en camp, vouloir disputer des armes et de la guerre, en présumant de pouvoir bien comprendre, nous qui sommes ignorants de l'art, la fantaisie du savant ouvrier, par quelque légère conjecture seulement : car ce n'est pas à faire celui qui n'a point étudié en l'art de médecins, de deviner et conjecturer la raison du médecin, pour laquelle il a coupé plus tôt, et non plus tard, le membre de son patient, ou pourquoi il ne le baigna pas hier, mais aujourd'hui.

Aussi n'est-il pas facile ni bien assuré à un homme mortel de dire autre chose des dieux, sinon qu'ils savent bien le temps et l'opportunité de donner la médecine telle qu'il faut au vice et à la malice, et qu'ils baillent la punition à chaque maléfice, tout ainsi qu'une drogue appropriée à guérir chaque maladie : car la mesure à les mesurer toutes n'est pas commune, ni n'y a pas un seul ni un même temps propre à la donner : car que la médecine de l'âme, qui s'appelle *droit et justice*, soit l'une des plus grandes sciences du monde, Pindare même après infinis autres le témoigne, quand il appelle seigneur et maître de tout le monde, *Dieu*, le très bon et parfait ouvrier, comme étant l'auteur de la justice, à laquelle il appartient définir et déterminer, quand et comment, et jusques où il est raisonnable de châtier et punir un chacun des méchants : et dit Platon que Minos, qui était fils de Jupiter, était en cette science disciple de son père : voulant par cela nous donner à entendre qu'il n'est pas possible de bien se conduire en l'exercice de la justice, ne bien juger de celui qui s'y conduit ainsi qu'il appartient, qui n'a appris et acquis cette science.

(*Pourquoi la justice divine diffère quelquefois
la punition des maléfices.*)

Un même roi et même prince de tout ce monde qui est Dieu, a en sa main le commencement, le milieu et la fin de tout l'univers, marchant droitement et se promenant partout, selon nature, toujours accompagné de droiture et justice, qui venge ceux qui transgressent aucun point de la loi divine, de laquelle nous autres usons envers tous autres hommes, comme envers nos citoyens.

(*Du bannissement ou de l'exil.*)

Quant à moi, j'estime que la béatitude et la félicité de la vie éternelle dont Jupiter jouit, consiste en ce qu'il n'ignore rien, et que rien de tout ce qui se fait ne le fuit; et pense que l'immortalité qui en ôterait la connaissance et intelligence de tout ce qui est et qui se fait, ne serait pas une vie, mais un temps seulement.

Aussi pouvons-nous dire que le désir d'entendre la vérité est un désir de la divinité, mêmement la vérité de la nature des dieux, dont l'étude de telle science est comme une profession et entrée de religion.

(*Que signifiait ce mot EI, gravé sur les portes du temple d'Apollon.*)

Qu'est-ce donc qui est véritablement? *Ce qui est éternel*, c'est-à-dire n'a jamais eu commencement de naissance, ni n'aura jamais fin de corruption, à qui le temps n'apporte jamais aucune mutation : car c'est chose mobile que le temps, et qui apparaît comme en ombre, avec la matière coulante et fluante toujours, sans jamais demeurer stable ni permanente, comme le vaisseau percé, auquel sont contenues génération et corruption, à qui appartiennent ces mots, *devant et après*, et *a été* ou *sera*, lesquels tout de prime face montrent évidemment que ce n'est point chose qui soit : car ce serait grande sottise, et fausseté tout apparente, de dire que cela soit qui n'est pas encore en être, ou qui déjà a cessé d'être : et quant à ces mots de *présent, instant, maintenant*, par lesquels il semble que principalement nous soutenions et fondions l'intelligence du temps, la raison le découvrant incontinent, le détruit tout sur-le-champ; car il se fend et s'écache tout aussitôt en futur et en passé, comme le voulant voir nécessairement méparti en deux.

Autant en advient-il à la nature, qui est mesurée, comme au temps qui la mesure : car il n'y a non plus en elle rien qui demeure, ni qui soit subsistant, mais y sont toutes choses ou naissantes, ou mourantes, mêlées avec le temps : au moyen de quoi ce serait péché de dire de ce qui est, *il fut* ou *il sera;* car ces termes-là sont déclinaisons, passages et vicissitudes de ce qui ne peut durer ni demeurer en être. Par quoi il faut conclure que Dieu seul est, et est non point selon aucune mesure de temps, ains selon une éternité immuable et immobile, non mesurée par temps ni sujette à aucune déclinaison, devant lequel rien n'est ni ne sera après, ni plus nouveau ou plus récent, ains un réellement étant qui par un seul maintenant emplit le toujours, et n'y a rien qui véritablement soit que lui seul, sans qu'on puisse dire : il a été, ou il sera, sans commencement et sans fin.

C'est donc ainsi qu'il faut qu'en l'adorant nous le saluions, et révéremment l'appelions et le spécifiions, ou vraiment, ainsi comme quelques-uns des anciens l'ont appelé, *toi qui es un* : car Dieu n'est pas plusieurs, comme chacun de nous, qui sommes une confusion, et un amas composé d'infinies diversités et différences procédantes de toutes sortes d'altérations, ains faut que ce qui est soit un, et que un soit ce qui est : car diversité est la différence d'être, sortant de ce qui est pour produire ce qui n'est pas.

Or maintenant tant que nous sommes en cette vie, comme si nous songions le plus beau songe que l'on pourrait songer de Dieu, excitons-nous et nous exhortons de passer plus outre, et monter plus haut à contempler ce qui est par-dessus nous, en adorant bien principalement son essence, mais honorant aussi son image le soleil, et la vertu qu'il lui a donné de produire, représentant aucunement par sa splendeur, quelques ombres, apparences et simulacres de sa clémence, bonté et félicité, autant comme il est possible à une nature sensible d'en représenter une intelligible, et à une mouvante une stable et permanente.

Tout ce qui, en quelque sorte que ce soit, vient à naître en ce monde, c'est Dieu qui l'y entretient, et qui assure son essence, d'autant que l'infirmité et imbécillité de la nature corporelle tend toujours à corruption et définiment.

Et me semble que principalement contre ce propos-là a été directement opposé ce mot *ei*, c'est-à-dire *tu es*, comme pour témoigner de Dieu, que jamais il n'y a en lui changement ni mutation quelconque.

Au demeurant, il semble que ce mot *ei* est aucunement contraire à ce précepte, *connais-toi toi-même* : et en quelque chose aussi accordant et convenable : car l'une est parole d'admiration et d'adoration envers Dieu, comme étant éternel, et toujours en être ; et l'autre est un avertissement et un recors à l'homme mortel, de l'imbécillité et débilité de sa nature.

(*Que signifiait ce mot EI*, etc.)

Numa disait tenir des Muses la plus grande partie de ses révélations, et enseigna aux Romains à en vénérer une par-dessus toutes les autres, laquelle il appelait *Tacite*, comme qui dirait muette : ce qu'il semble avoir inventé à l'exemple et imitation de Pythagore, qui tant commandait et recommandait le silence à ses disciples ; joint aussi que ce qu'il ordonna touchant les images et représentations des dieux, se conforme du tout à la doctrine de Pythagore, lequel estimait que la première cause n'était ni sensible, ni passible, mais invisible et incorruptible, et seulement intelligible. Et Numa semblablement défendit aux Romains de croire que Dieu eût forme de bête ou d'homme ; de sorte qu'en ces premiers temps-là il n'y eut à Rome image de Dieu ni peinte, ni moulée, et furent l'espace des cent soixante et dix premiers ans qu'ils édifièrent bien des temples et des chapelles aux dieux, mais il n'y avait dedans statue ni figure quelconque de Dieu, estimant que ce fût un sacrilège de vouloir représenter les choses divines par les terrestres, attendu qu'il n'est pas possible d'atteindre aucunement à la connaissance de la divinité, sinon par le moyen de l'entendement.

Numa.

La superstition. — La foi

L'ignorance et faute de bien savoir que c'est que des dieux s'étant dès le commencement partagée en deux branches, l'une, se rencontrant avec des mœurs dures, comme en un pays rude, y engendra *l'impiété*; l'autre avec des mœurs tendres, comme en un pays mol, y imprima la *superstition*.

L'impiété de l'athéiste est un faux et mauvais jugement qui lui fait croire qu'il n'y a point de nature souverainement heureuse et incorruptible, et le conduit, par cette mécréance, à n'en sentir point aussi de passion, car sa fin, de n'estimer point qu'il y ait de Dieu, c'est de ne le craindre point aussi. Mais la superstition, ainsi comme la propriété du nom grec, qui signifie *crainte des dieux*, le donne clairement à connaître, est une opinion passionnée et une imagination, laquelle imprime en l'entendement de l'homme une frayeur qui abat et atterre l'homme, estimant bien qu'il y ait des dieux, mais qui soient malfaisants, invisibles et dommageables aux hommes, de manière que l'athéiste ne s'émeut aucunement envers la Déité, là où le superstitieux, se mouvant et affectionnant envers elle autrement qu'il ne faut, se détord et fourvoie. Ainsi l'ignorance fait à l'un décroire la nature, qui est cause de tout bien, et à l'autre, croire qu'elle soit cause de mal; tellement que l'impiété vient à être un faux jugement de Dieu, et la superstition une passion procédant d'un faux jugement.

De la superstition.

Le peuple ne pouvait lors endurer les philosophes traitant des causes naturelles, qu'on appelait alors *meteoroleschés*, comme qui dirait, disputant des choses supérieures qui se font au ciel ou en l'air, étant avis à la commune qu'ils attribuaient ce qui appartenait aux dieux seuls à certaines causes naturelles et irraisonnables et à des puissances qui font leurs opérations, non par providence ni discours de raison volontaire, ains par force et contrainte naturelle ; à raison de quoi Protagoras en fut banni d'Athènes, Anaxagoras en fut mis en prison, dont Périclès eut bien affaire à le retirer ; et Socrate, encore qu'il ne se mêlât aucunement de cette partie de la philosophie, néanmoins en fut condamné à mort pour la philosophie : et bien tard depuis, la doctrine de Platon venant à être publiquement reçue, tant pour la bonté de sa vie, comme aussi pource qu'il soumettait la nécessité des causes naturelles à la puissance divine, comme à un plus excellent principe et à une cause plus puissante, ôta la mauvaise opinion que la commune avait de toutes telles disputes et donna cours et entrée publique aux sciences mathématiques. Et c'est pourquoi l'un de ses condisciples et familiers, Dion, étant survenue une éclipse de lune à l'instant même qu'il levait les ancres au partir de Zacynthe, pour aller faire la guerre au tyran (Denis), sans autrement s'en étonner ni troubler, ne laissa pas de faire voile ; et arrivé qu'il fut à Syracuse, en déchassa le tyran.

Nicias.

Périclès apprit aussi d'Anaxagore à chasser hors de soi et mettre sous les pieds toute superstitieuse crainte des signes célestes, et des impressions qui se forment en l'air, lesquelles apportent grande terreur à ceux qui en ignorent les causes, et à ceux qui craignent les dieux d'une frayeur éperdue, pource qu'ils n'en ont aucune connaissance certaine, que la vraie philosophie naturelle donne, et au lieu d'une tremblante et toujours effrayée superstition, engendre une vraie dévotion, accompagnée d'assurée espérance du bien.

(*Périclès.*)

Alexandre s'étant laissé aller à la défiance de l'aide des dieux, en devint si troublé de sens, et si épouvanté en son entendement, qu'il ne lui advenait plus chose extraordinaire, pour petite qu'elle fût, qu'il n'en fît cas comme d'un signe et présage céleste, de manière que son logis était toujours plein de prêtres et de devins qui sacrifiaient, ou qui le purifiaient, et qui vaquaient aux devinations : tant a de pouvoir et d'efficace d'un côté la mécréance et l'impiété de mépriser les dieux, quand elle se met ès cœurs des hommes, et de l'autre côté aussi la superstition, coulant toujours, ne plus ne moins que l'eau contre bas, ès âmes abaissées et ravalées par crainte, comme elle remplit alors Alexandre de folie, depuis qu'une fois la frayeur l'eût saisi.

(*Alexandre.*)

...Ès choses étranges et extraordinaires, où il y a besoin de quelque inspiration et instigation divine, encore ne faut-il pas que Dieu ôte le franc arbitre à l'homme, ains plutôt qu'il l'incite, non pas qu'il engendre en nous la volonté, mais bien quelque imagination qui tire et pousse la volonté : ainsi ne rend-il pas par cette imagination qu'il offre à la volonté, l'opération non volontaire ni forcée, ains plutôt donne commencement à la volonté, et lui ajoute l'assurance et la bonne espérance. Car, ou il faut dire totalement que les dieux n'ont part quelconque aux causes mouvantes et aux principes des opérations humaines, ou confesser qu'il n'y a autre moyen par lequel ils puissent aider aux hommes, ni coopérer avec eux : car il est bien certain qu'ils ne manient pas nos corps, ni ne remuent pas nos mains et nos pieds, ainsi que le besoin le requiert à chaque fois qu'il faut besogner, mais excitent la partie active de notre âme et notre franc arbitre ; ou au contraire, le détournent et le retiennent par quelques imaginations et appréhensions qu'ils nous inspirent.

(*Coriolan.*)

L'âme. — Sa nature

L'âme n'est point chose petite, ni basse et vile, qui étende ses cupidités seulement jusques à ce qui est bon à manger, comme font les poulpes, leurs bras ; car ces cupidités-là sont incontinent rassasiées et saoulées en un moment d'heure; mais depuis que les élans et mouvements de l'âme, tendant à l'honneur et à la gloire et au contentement de la conscience d'avoir bien fait, sont une fois venus à leur vigueur et perfection, alors ils ne prennent plus pour leur terme de désir seulement la longueur de la vie humaine, mais le désir d'honneur, et l'envie de profiter à la communauté des hommes, embrassant toute l'éternité, s'efforcer d'aller toujours en avant, avec des actions qui leur donnent des joies et voluptés impossibles à exprimer, desquelles les grands personnages et gens de bien ne se peuvent dépêtrer, encore qu'ils les fuient, pour ce qu'elles les environnent de tous côtés, et leur viennent de tous côtés au devant, quand ils ont, par leurs bienfaits, réjoui beaucoup de gens.

> Chacun regarde un tel homme en la face,
> Ainsi qu'un Dieu, quand par la ville il passe.

Car celui qui a tellement disposé les autres envers soi, qu'ils se réjouissent et tressaillent d'aise quand ils le voient, qu'ils désirent le toucher, le saluer et parler à lui, il est tout manifeste, voire à un aveugle, que celui-là sent en soi-même de grandes voluptés, et qu'il jouit d'un très doux contentement.

(*Du vice et de la vertu.*)

Considérez que, selon le dire de Platon, Dieu s'étant mis devant les yeux de tout le monde, comme un patron et parfait exemplaire de tout bien, influe à ceux qui peuvent suivre sa divinité, l'humaine vertu, qui est comme une conformation à lui : car la nature de l'univers, étant premièrement toute confuse et désordonnée, eut ce principe-là, pour se changer en mieux, et devenir *monde* par quelque conformité et participation de l'idée de la vertu divine ; et dit encore ce même personnage, que la nature a allumé la vue en nous, afin que par la contemplation et admiration des corps célestes qui se meuvent au ciel, notre âme apprît à le chérir, et s'accoutumant à aimer ce qui est beau et bien ordonné, elle devînt ennemie des passions déréglées et désordonnées, et qu'elle fuît de faire les choses témérairement et à l'aventure, comme étant cela la source de tout vice et de tout péché : car il n'y a jouissance plus grande que l'homme pût recevoir de Dieu, que, par l'exemple et imitation des belles et bonnes propriétés qui sont en lui, se rendre vertueux.

(*Des oracles qui ont cessé et pourquoi.*)

Le culte. — La prière

Les princes et les rois tiennent bien maisons ouvertes et cour plénière quelquefois à tous venants, et font des festins publics ; mais ceux qui se font dans les sacrifices, fêtes et solennités des dieux, parmi les parfums et encensements, là où il semble aux hommes qu'ils touchent et hantent de plus près avec eux, en tout honneur et toute révérence : tels honneurs, tels festins, dis-je, donnent bien une joie plus rare, et une délectation plus singulière, auxquelles n'a part aucune celui qui n'a foi ni fiance quelconque en la providence divine : car ce n'est pas la quantité du vin qui s'y boit, ni la rôtisserie de bonnes viandes que l'on y mange, qui donnent la joie en telles fêtes, mais l'assurance et la persuasion que Dieu y est présent, propice et favorable, et qu'il prend en gré l'honneur et le service qu'on lui fait : car il y a bien des fêtes et sacrifices, où le plaisir de la musique, des flûtes et hautbois, et des chapeaux de fleurs, n'est point ; mais un sacrifice où il n'y a point de dieu, non plus qu'une fête, ou un temple, où l'on ne banquette point, est athée, je veux dire désagréable à Dieu, sans piété, sans religion, sans ravissement de dévotion : et pour mieux dire, il déplaît à celui même qui le fait, d'autant qu'il contrefait par hypocrisie des prières et des adorations, dont il ne pense pas en son cœur avoir aucunement affaire, mais il le fait pour la crainte du peuple.

(*De la superstition.*)

Les hommes sages doivent en leurs prières demander tous biens aux dieux, mais ce que plus nous désirons obtenir d'eux, c'est la connaissance d'eux-mêmes, autant comme il est loisible aux hommes d'en avoir, pource qu'il n'y a don ni plus grand aux hommes à recevoir, ni plus magnifique et plus digne aux dieux à donner, que la connaissance de vérité.

(*De la superstition.*)

Dans la tempête, le bon pilote prie bien aux dieux de lui faire la grâce d'en échapper, et invoque à son aide ceux que l'on appelle *Salutaires* ; mais cependant, en faisant ses prières, il prend en mains le timon, il baisse l'antenne et tâche en amenant la maîtresse voile, à se jeter hors de la mer ténébreuse.

Hésiode commande, avant que le laboureur commence à labourer ou semer :

> Faire ses vœux à Jupiter terrestre,
> Et à Cérès la déesse champêtre ;

mais c'est en ayant la main sur le manche de la charrue. Et Homère fait que Ajax, étant sur le point de combattre tête à tête contre Hector, admoneste les Grecs de faire prière aux dieux pour lui ; mais que, cependant qu'ils prient, lui s'arma très bien de toutes pièces. Et Agamemnon, après avoir recommandé aux soudards grecs :

> Chacun sa lance aiguise et tienne prête,
> Et son écu ainsi qu'il faut apprête,
> Alors il requiert à Jupiter :
> O Jupiter, donne-moi cette grâce,
> Que de Priam la cité je terrasse.

Car Dieu est espérance de vertus, non pas excuse de lâcheté.

(*De la superstition.*)

Anciennement, quand un joueur de cithare commençait à sonner, on lui commandait qu'il chantât de bouche juste, au moins ceux qui voulaient entretenir la musique légitime, afin qu'il ne dît rien de déshonnête : mais il est bien plus raisonnable que nous prions les dieux de bouche droite et juste, et non pas en visitant les entrailles des hosties immolées, prendre garde si la langue en est pure et droite, et cependant détordre la nôtre.

(*De la superstition.*)

Ne puis que je ne loue grandement le propos de Diogène, lequel voyant quelquefois en Lacédémone un étranger, qui se parait et ornait curieusement pour un jour de fête : *Comment*, dit-il, *l'homme de bien n'estime-t-il pas que tous jours soient fêtes pour lui? Oui certainement, et fête fort célèbre et solennelle, si nous sommes sages.* Car ce monde est un temple très saint et très dévot, dedans lequel l'homme est introduit à sa nativité, pour y contempler des statues non ouvrées et taillées de mains d'hommes, et qui n'ont aucun mouvement, mais celles que la divine pensée a faites sensibles, pour nous représenter les intelligibles, comme dit Platon, ayant en elles les principes empreints de vie et de mouvement, c'est à savoir : *le soleil, la lune, les étoiles et les rivières*, jetant toujours eau fraîche dehors, et *la terre* qui envoie et fournit sans cesse aliments aux animaux et aux plantes.

Ainsi faut-il estimer que la vie de l'homme soit comme une profession et entrée en une très parfaite religion ; aussi était-il convenable qu'elle fût remplie de grande tranquillité d'esprit et de continuelle joie, non pas comme fait le vulgaire de maintenant, qui attend la fête de Saturne, ou celle de Bacchus, ou celle de Minerve, pour se réjouir et pour rire un ris acheté à prix d'argent, qu'ils paient à des baladins et à des badins et joueurs de farces pour les faire rire à force. Et puis, en ces fêtes-là, nous demeurons assis honnêtement, sans nous tourmenter: car il n'y a personne qui fasse des regrets quand on le reçoit en la confrérie, ni qui se lamente en regardant les jeux pythiques, ni qui jeûne ès fêtes de Saturne : et en contraire, les fêtes que Dieu même a instituées, et que lui-même conduit et ordonne, ils les contaminent et les déshonorent, les passant le plus souvent en pleurs, regrets et gémissements, ou pour le moins en soucis et ennuis fort laborieux.

(*Contentement d'esprit.*)

Lycurgue voulait remuer tout le gouvernement de la chose publique, et changer entièrement toute la police, estimant que faire seulement quelques lois et ordonnances particulières ne servirait de rien, non plus qu'à un corps tout gâté et plein de toutes sortes de maladies, rien ne profiterait ordonner quelque légère médecine, qui ne donnerait ordre de purger, résoudre et consommer premièrement toutes ses mauvaises humeurs, pour puis après lui donner une nouvelle forme et règle de vivre.

Ayant donc pris cette résolution en son entendement, il s'en alla devant toute œuvre en la ville de Delphes, là où après avoir sacrifié à Apollon, il lui demanda de son affaire, et en rapporta ce tant renommé oracle, par lequel la prophétesse Pythie l'appelle *aimé des Dieux et Dieu plutôt qu'homme* : et au demeurant, quant à ce qu'il requérait la grâce de pouvoir établir de bonnes lois en son pays, elle lui répondit qu'Apollon le lui octroyait, et qu'il ordonnerait une forme de chose publique la meilleure et la plus parfaite qui fût en tout le monde. Cette réponse l'encouragea encore davantage.

(*Lycurgue.*)

Il y a beaucoup d'institutions de Numa, dont la raison est occulte, comme de n'offrir point aux dieux vin de vigne non taillée, et de ne leur sacrifier point sans farine, de tournoyer un tour en adorant et saluant les dieux, et de se seoir après les avoir adorés. Or quant aux deux premières ordonnances, il semble que par icelles il ait voulu recommander la clémence et la douceur, en commandant défricher la terre, comme étant partie de la dévotion envers les dieux ; mais quant à ce tournoiement qu'il veut que fassent ceux qui adorent les dieux, on dit que c'est une représentation du tour que fait le ciel par son mouvement ; mais il me semblerait plutôt que ce serait pource qu'étant les temples tournés vers le soleil levant, l'adorateur en y entrant montre le dos à l'Orient, et à cette cause se tourne vers cette part, et puis se retourne devers le dieu, faisant le tour entier, et parachevant la consommation de sa prière par cette double adoration qu'il fait devant et derrière : si ce n'est d'aventure qu'il ait secrètement voulu signifier et donner à entendre par ce tournoiement et changement de regard, ce que les Égyptiens figurent par leurs rêves, voulant montrer que les choses humaines ne demeurent jamais fermes en un état, et pource qu'il nous faut prendre en gré et endurer patiemment, en quelque sorte qu'il plaise à Dieu remuer et tourner notre vie.

Et quant à ce qu'il commandait que l'on s'assît après qu'on avait adoré, l'on dit que c'était un présage de bonne espérance, aux priants, que leurs prières seraient exaucées, et que leurs biens leur demeureraient fermes. Les autres disent que le repos est une séparation des actions, et pourtant qu'il voulait qu'on s'assît aux temples des dieux, pour montrer qu'on avait mis fin à l'affaire qu'on avait en mains auparavant, afin d'en reprendre des dieux le commencement d'un autre. Et peut-être aussi que cela se rapportait à ce que nous avons dit naguère, que Numa voulait accoutumer ses gens à ne servir ni ne parler point aux dieux en passant ou en faisant autre chose, et à la hâte, mais voulait qu'on le fît quand on a temps et loisir, toutes autres choses cependant entremises.

(*Numa*.

La mort

Eschyle semble reprendre avec bien bonne raison ceux qui estiment que la mort soit mal, disant ainsi :

> A bien grand tort les hommes ont en haine
> La mort, qui est guérison souveraine
> D'infinis maux à quoi ils sont sujets.

Autant en fait celui qui dit en suivant cette sentence :

> Viens me guérir de tous mes maux, ô mort;
> Car tu es seule en ce monde sûr port.

Car c'est véritablement une grande chose que pouvoir dire hardiment, avec ferme foi :

> Comme est-il serf qui ne craint point la mort?

Et :

> La mort m'étant secours en tous périls,
> Je ne crains point les ombres des esprits.

Qu'y a-t-il de mauvais, ne qui tant nous doive contrister au mourir ? C'est grand cas comme, étant chose si familière, si ordinaire et si naturelle, elle nous semble, je ne sais comment, au contraire, si pénible et si douloureuse. Quelle merveille est-ce, si ce qui de sa nature est sujet à fendre, se fend, qui est propre à se fondre se fond, à brûler se brûle, à corrompre se corrompt ? Et quand est-ce que la mort n'est en nous-mêmes ? Car, comme dit Héraclite, c'est une même chose que la mort et le vif, le veillant et le dormant, le jeune et le vieil, parce que cela passé devient ceci, et ceci derechef passé devient cela : ne plus ne moins que l'imager, d'une même masse d'argile, peut former des animaux, et puis les confondre en masse, et puis derechef les reformer et derechef les reconfondre, et continuer cela incessamment l'un après l'autre ; aussi la nature, d'une même matière, a jadis produit nos aïeux, et puis après consécutivement a procréé nos pères, et puis nous après, et de nous, par tous, en engendrera d'autres et après d'autres de ces autres : tellement que le fleuve perpétuel de la génération ne s'arrêtera jamais, ni au contraire aussi celui de la corruption, soit Achéron ou Cocyte que les poètes l'appellent, dont l'un signifie privation de joie, et l'autre lamentation.

Ainsi la première cause qui nous a fait voir la lumière du soleil, elle-même nous amène les ténèbres de la mort. De quoi nous est bien évidente similitude l'air qui nous environne, faisant l'un après l'autre le jour et puis la nuit en comparaison de la vie et de la mort, du veiller et du dormir. Aussi est à bon droit appelé le vivre *un prêt fatal*, pource qu'il le nous faut rendre et acquitter. Nos prédécesseurs l'ont emprunté, et il le nous faut payer volontairement et sans y avoir regret, quand celui qui l'a prêté nous le redemandera, si nous ne voulons être tenus pour très ingrats. Et crois que la nature, voyant l'incertitude et la brièveté de notre avis, a voulu que l'heure de notre mort nous fût inconnue, pource qu'il nous était plus expédient ainsi : car si elle nous eût été connue, il y en eût eu qui se fussent séchés de langueur et d'ennui, et fussent morts avant que de mourir.

De combien de douleurs est pleine notre vie ! De combien de soucis est-elle submergée ! Si nous les voulions tous et toutes comprendre en nombre, certainement nous la condamnerions comme trop malheureuse, et ferions croire comme véritable l'opinion que quelques-uns ont eue, qu'il est trop meilleur à l'homme de mourir que de vivre.

S'il est ainsi donc, n'est-il pas plus raisonnable de réputer heureux ceux qui sont délivrés de la servitude à laquelle on est sujet en la vie, que non pas de les déplorer ne lamenter, comme la plupart des hommes font par ignorance ? Le sage Socrate disait que la mort ressemblait totalement ou à un très profond sommeil, ou à un lointain et long voyage hors de son pays ; ou, pour le troisième, à une entière destruction et anéantissement du corps et de l'âme ; et que, selon lequel que l'on voudra de ces trois, il n'y avait rien de mal en la mort.

Le philosophe cynique Diogène dit fort sagement, étant surpris d'un profond sommeil un peu avant qu'il fût près de rendre l'esprit, comme le médecin l'éveilla et lui demanda s'il lui était rien survenu de mal : *Non*, répondit-il, *car le frère vient au-devant de sa sœur* ; c'est à savoir, le dormir au-devant de la mort. Et si la mort ressemble plutôt à un lointain voyage et longue pérégrination, encore n'y a-t-il point de mal ainsi, mais plutôt le bien au contraire ; car n'être plus asservi à la chair, ni enveloppé des passions d'icelle, desquelles l'âme étant saisie, se remplit de toute folie et vanité mortelle, c'est une béatitude et félicité grande.

Il faut qu'un chacun, soit en pensant en soi-même, soit en discourant avec autrui, tienne pour certain que la plus longue vie de l'homme n'est pas la meilleure, mais bien la plus vertueuse, parce que l'on ne loue pas cel[ui] qui a plus longuement joué de la cithre, ni plus longtemps harangué, ou gouverné, mais celui qui l'a bien fait. Il ne faut pas colloquer le bien en la longueur du temps, mais en la vertu, et en une convenable proportion et mesure de tous faits et tous dits ; c'est ce que l'on estime heureux en ce monde, et agréable aux dieux.

La mort avancée, quant au regard de la nature humaine, ne diffère rien de celle qui est tardive : car c'est comme un retour en notre pays natal, qui nous est proposé à tous nécessairement, sans que personne s'en puisse exempter. Les uns marchent devant, les autres vont après, et tous se rendent à même lieu : aussi en cheminant devant notre fatale destinée, ceux qui y arrivent plus tard, ne gagnent rien davantage que ceux qui y sont plus tôt logés.

(*Consolation à Apollonius.*)

Nous avons appris (grâce à la bonté divine) en meilleure école qu'en la leur, que notre mort dépend d'une autre volonté que de la nôtre, et que si en aucun temps de notre vie nos passions doivent être retenues, c'est lorsque l'impatience nous conseille d'attenter quelque chose contre nos propres personnes. Si nous vivions pour nous-mêmes seulement, il nous serait loisible de prendre la clef des champs, et, d'une infinité d'issues qui se présentent, en choisir quelqu'une ; somme, nous pourrions mourir où, quand et comme bon nous semblerait. Et encore que parfois la providence divine semble nous laisser en un être de vie pire que la mort, néanmoins, si nous avons de bons yeux nous regardons notre vie affligée d'un autre œil que ne font les stoïques, et l'estimons toujours beaucoup quand elle tend à son but, encore que ce soit à travers de grandes calamités.

Mais le souverain législateur, défendant le meurtre, comprend en cette défense celui qui se tue soi-même : et nature bien écoutée et reconnue réfute et abhorre cette absurde opinion. Aussi quelques autres qui ne semblent pas si grands philosophes, et qui toutefois philosophent mieux en cet endroit, nous enseignent à demeurer en notre vocation au monde, et attendre que celui qui nous y a posés comme en garde, nous vienne lever de là pour nous donner repos. Ce n'est pas constance ni patience de dire : *Je ne puis demeurer en celle place. Est-ce sagement fait de partir sans congé?* A ce compte il ne nous faudra point de supérieur. Encore le sage des stoïques est-il un degré au-dessous de Jupiter. Qu'il attende donc que son maître dénoue la chaîne. Il y a plus de magnanimité à la porter doucement qu'à la rompre. L'indiscrétion, l'impatience et le désespoir hâtent le pas aux hommes qui cherchent ainsi leur mort.

Mais n'entrons pas plus avant en la considération de ce paradoxe étrange : plutôt déplorons l'aveuglement de l'homme naturel, voyant tels personnages que Caton, Brutus et autres, chopper si lourdement à la fin de leur vie. Il ne la faut jamais quitter, disait Cléomène à un possédé de cette humeur, tant qu'il y a un doigt d'espérance de reste. Combien la vie d'un homme généreux a-t-elle de constance et de toute sorte de lustre à une minute près de sa fin ! Caton pouvait faire beaucoup de services à sa patrie, remontrer à César son devoir, déployer en ce besoin tout ce qu'il y avait de reste en son esprit, puis attendre l'événement, comme il avait fait tant d'autres fois, ayant vu sa vie sur le tranchant du rasoir, comme on dit. Il estimait, dira quelqu'un, que tout était perdu, et n'avait plus affection de vivre.

Nous ne devons jamais laisser du tout fondre notre cœur, ni ruiner ce qui ne nous a pas été commis pour en disposer à notre fantaisie. Mais la conduite de Caton en la ville d'Utique pour apaiser les uns et faire évader les autres, rend cette tragédie encore plus pitoyable ; et au reste ç'a été une terrible lutte d'empoigner par deux fois la mort au collet, et un courage merveilleusement atroce de s'arracher ainsi les entrailles. Ce sont des élans d'une pensée qui a étudié et digéré la mort de longue main : et ce qu'il lisait dans le discours de Platon, touchant l'immortalité de l'âme, n'était pas qu'il eût besoin d'assurance nouvelle. Il en avait beaucoup plus que Platon n'en a représenté dedans ses écrits : sa science et résolution étaient pour ce regard par-dessus la philosophie. Il ne prit pas cette occupation pour le service de sa mort, car même il n'interrompit pas son sommeil pour l'importance d'une telle délibération. Ce fut une continuation de coutume de mêler ses études avec les autres actions : mais lors il trouva un livre conforme à son dessein.

Or combien qu'en ce coup il y ait de la faute, comme a été dit, toutefois on y remarque encore cette magnanimité qui a relui en toute sa vie. aimant mieux la perdre que la tenir de celui qu'il jugeait être meurtrier des lois et de la liberté des Romains.

(*Phocion et Caton.*)

Ceux qui déplorent les trépassés, les déplorent-ils pour l'amour d'eux-mêmes, ou pour l'amour des trépassés? Si c'est pour l'amour d'eux-mêmes, d'autant qu'ils se trouvent privés d'un plaisir, ou d'un profit, ou d'un support en vieillesse qu'ils reçoivent des trépassés, voilà une occasion peu honnête de pleurer, d'autant qu'il semble qu'ils ne regrettent pas les personnes des trépassés, mais la perte des commodités qu'ils en reçoivent; et si c'est pour le regard des trépassés qu'ils lamentent, s'ils supposent pour chose vraie qu'ils ne sentent mal quelconque, ils seront exempts et délivrés de toute douleur, en obéissant à une ancienne et sage sentence qui nous admoneste d'étendre le plus que nous pourrons les choses bonnes et restreindre les mauvaises.

Au demeurant, l'aimer et avoir cher un trépassé ne consiste pas en s'affliger et se contrister soi-même, mais en servir et profiter à celui que l'on aime. Or le service et profit que l'on peut faire à ceux qui sont ôtés hors de ce monde, c'est l'honneur que l'on leur porte par la bonne mémoire que l'on en a, pour ce que nul homme de bien ne mérite d'être lamenté ni pleuré, mais plutôt d'être célébré et loué ; ni que l'on en mène deuil, mais que l'on en fasse honorable et glorieuse mémoire ; ni que l'on en jette larmes, indices de douleur, mais que l'on lui fasse des honnêtes offrandes et oblations, s'il est ainsi que celui qui est passé en l'autre monde, soit en plus divine condition de vie, étant délivré de la malheureuse servitude de ce corps, et des infinies sollicitudes et misères qu'il est force que soutiennent ceux qui sont en cette vie mortelle, jusques à ce qu'ils aient parachevé le cours préfixe de cette vie, que la nature ne nous a point donné pour toujours, mais à chacun de nous en a distribué la portion qui lui était ordonnée par les lois de la fatale destinée.

La raison voudrait que les hommes bien appris considérassent en eux-mêmes que ceux que nous estimons avoir été privés de la vie avant la maturité, nous précèdent de bien peu de temps : car la plus longue vie qui soit, est courte et brève, ne montrant non plus qu'un point ou une minute de temps, au regard de l'infini éternité, et que plusieurs de ceux qui mènent le plus de deuil, en peu de temps sont allés après ceux qu'ils ont pleurés.

(*Consolation à sa femme sur la mort de sa fille.*)

Immortalité

Celui qui a tant soit peu de connaissance de la nature de l'âme, et qui discourt et considère en soi-même que, la mort advenant, il se fait une mutation d'icelle en mieux, ou pour le moins non en pis, certainement ce lui est un grand entretien de repos et tranquillité en son âme de ne redouter point la mort.

Celui qui peut dire : *Je t'ai prévenue, Fortune, et t'ai bouché toutes les avenues, j'ai étouffé toutes tes entrées*, celui-là ne s'assure pas sur des barrières, ni sur des portes fermées à clefs, ni des murailles, ains sur des sentences philosophiques et discours de raison, dont tous ceux qui le veulent sont capables.

(*Que l'on ne saurait vivre joyeusement selon la doctrine d'Épicure.*)

Il n'y eut jamais homme de ceux qui sont énamourés de savoir, qui ait en ce monde assouvi son désir de la connaissance de vérité, et de la contemplation de ce qui est, attendu qu'ils ne le voient qu'à travers une nuée, ou un brouillas, qui sont les organes de ce corps, se servant du discours de la raison humaine, faible, trouble et empêchée à merveilles, en regardant toujours contremont et tâchant de s'envoler hors de ce corps, comme un oiseau qui prend son vol pour voler en un autre grand lieu reluisant, rendant leur âme légère, et déchargée de toutes passions et affections terrestres, basses et transitoires, par le moyen de l'étude de philosophie, laquelle ils prennent pour un exercice de mourir tant ils estiment que la mort soit un bien grand et parfait à l'âme, qui alors vivra par delà d'une vie vraie et certaine : là, où maintenant elle ne vit pas à certes mais ressemble sa vie présente aux vaines illusions de quelque songe.

(*D'Isis et d'Osiris.*)

Et si la mort ressemble plutôt à un lointain voyage et longue pérégrination, encore n'y a-t-il point de mal ainsi, mais plutôt du bien au contraire : car n'être plus asservi à la chair, ni enveloppé des passions d'icelle, desquelles l'âme étant saisie, se remplit de toute folie et vanité mortelle, c'est une béatitude et félicité grande.

La mort est comme un retour en notre pays naturel, qui nous est proposé à tous nécessairement, sans que personne s'en puisse exempter. Les uns marchent devant, les autres vont après, et tous se rendent à même lieu : aussi en cheminant devant notre fatale destinée, ceux qui y arrivent plus tard ne gagnent rien davantage que ceux qui y sont plus tôt logés.

(*Consolation à Apollonius sur la mort de son fils.*)

Si l'âme n'a sentiment aucun après le trépas, et que la mort soit le but et la fin de toute rétribution et de toute punition, l'on pourrait dire, à bon droit, des méchants qui sont promptement punis et qui meurent incontinent après leurs méfaits commis, que les Dieux les traitent trop mollement et trop doucement.

(*Pourquoi la justice divine diffère quelquefois la punition des maléfices.*)

Si l'âme demeure après la mort, il est plus vraisemblable et plus équitable, que lors les rétributions de peine ou d'honneur lui soient rendues : car durant tout le temps qu'elle est en vie, elle combat ; et puis après, quand elle a achevé tous ses combats, alors elle reçoit ce qu'elle a en sa vie mérité.

(*Pourquoi la justice divine diffère quelquefois la punition des maléfices.*)

Il faut que tu penses que ton fils s'en est allé de bonne heure de cette vie mortelle, emportant avec soi louanges éternelles de sa piété et observance envers toi, et de la tienne envers lui, ne plus ne moins que s'il fût sorti d'un banquet, avant que de tomber en quelque ivrognerie et folie, laquelle ne peut fuir qu'elle n'advienne en longue vieillesse ; et si le dire des anciens poètes et philosophes est véritable, comme il est vraisemblable, que les gens de bien et qui ont été dévots envers les dieux, quand ils viennent à mourir, aient en l'autre monde honneur et préférence, et un lieu à part où leurs âmes demeurent, tu dois avoir bonne espérance de feu ton fils, qu'il sera colloqué au nombre de ceux-là.

(*Consolation à Apollonius sur la mort de son fils.*)

TABLE

Portrait de Mme Jules Favre (*Frontispice*).

Discours prononcés aux obsèques de Mme Jules Favre par MM. Lemonnier, Chantavoine et Joseph Fabre	vii
Notice sur Mme Jules Favre et son œuvre	xvii
Avant-propos	1
Préface	3
Chapitre I. — L'éducation proprement dite	7
Chapitre II. — L'éducation de soi	40
Chapitre III. — La vertu	61
Chapitre IV. — La force dans l'action. — Le courage	86
Chapitre V. — La force de souffrir, de supporter	133
Chapitre VI. — La force de se détacher	154
Chapitre VII. — La prudence et la sagesse	161
Chapitre VIII. — La tempérance	192
Chapitre IX. — La justice	222
Chapitre X. — La générosité et la magnanimité	248
Chapitre XI. — La bonté, la douceur, le dévouement	263
Chapitre XII. — La famille, femme, mari, père, mère, enfants, frères	285
Chapitre XIII. — L'amitié	309
Chapitre XIV. — Le patriotisme	316
Chapitre XV. — La religion	332

Mayenne, Imprimerie Ch. COLIN.

www.ingramcontent.com/pod-product-compliance
Lightning Source LLC
Chambersburg PA
CBHW070333240426

43665CB00045B/1882